"私の"東大闘争

駒場解放派の光と影

岩井 哲

柘植書房新社

序

一九六七年から一九七〇年の「四年間の激動」、それは、日本の先進的学生・青年労働者の尖鋭な実力闘争が、戦後二十数年の「戦後民主主義」という「パンドラの箱」を開けた四年間だった。〈ベトナム反戦＝羽田10・8闘争〜東大・日大全国学園闘争〜70年安保闘争〉と続く闘いは、戦後社会と政治を根底から問い直し続け、国家権力の足元に迫ろうとした四年間であった。米国の歴史学者ジョン・ダワーは、「戦後民主主義」を「天皇制民主主義」と喝破し、われわれが開けた「箱」からは、以来半世紀かけて、〈戦後民主主義の虚構〉というおどろおどろしい正体が次々とこぼれ出てきた。

自公政治の一段の横暴・腐敗、日本経済の栄光と転落＝失われた二〇年、労働運動の変容・解体と社会党の崩落、小泉・アベ政権の鼓吹による新自由主義・市場原理主義・グローバリズムの跋扈、それにより、かつてない「格差拡大による分断社会」が現出した。今やアベ政権は、戦後自民党の伝統的「保守主義」をかなぐり捨て、「日本会議」が圧倒的多数を占める「極右政権」へと変貌したのである。

これに対し、「脱アベ政治」を掲げ、「異議申し立て」を続ける不屈の国会前行動のうねりや、今や「原発の存続を脅かすに至った」反原発運動の全国的なダイナミックな前進は、時代が移り、闘いの形が変わり、担い手こそ変われ、かの一九六七〜一九七〇年の「激動の四年間」を脈々と受け継ぐ流れという見方もできよう。

しかしながら、アベ政権による安保諸法制の制定と自衛隊の米軍への隷属の強化、自衛隊海外派兵への不気味な動き、日米両政府による一段の沖縄支配の強化、アベ政権による改憲攻撃のなりふり構わぬ激化が次々と進められてきている。その中で日本社会は、「偏狭なナショナリズムの鼓吹」＝嫌中・嫌韓などのヘイト攻撃、さらに「忖度─イジメ社会」の広がりとともに、「戦前回帰」の様相を強めている。こうして「天皇制民主主義」は、少なからぬ変容を見せつつ、昭和（後期）・平成という二幕を経て、この秋から令和という三幕目に入ろうとしているのである。

この新しい時代を的確に捉えて分析し、次なる闘いの態勢を準備していくためにも、今われわれは、「激動の四年間」が切り開いた地平（意義と限界）をしっかりと見極めておかなければならない。この書は微力ながら、その解明を意図している。

二〇一九年一〇月一八日＊

岩井　哲

＊この日は、われわれ反帝学評の部隊が、首相官邸などの対政府中枢ゲリラ戦を敢行した一九六九年一〇月一八日から、ちょうど五〇年目にあたる。

〝私の〟東大闘争——駒場解放派の光と影◆目次

［特別寄稿］

＊写真提供：毎日新聞社、蔭山一広

第1章　眩しかった東大駒場キャンパス

はじめに

「東大闘争」とひと口で言うが、それは壮大な広がりを持った「歴史的ドラマ」であった。広すぎ、かつ深すぎて、ちっぽけな自分個人では、とてもじゃないが、把えきれない、語りきれない、大きな運動のうねりであった。そんなことは当たり前である。だがしかし、あのとき＝五〇年前、たしかに私は駒場キャンパスにおり、ささやかながらなんらかの関わり・働きをしたことも、また間違いのない「歴史的事実」である。

そうした観点から、「東大闘争」を、「私・岩井哲の東大闘争」として、きわめて個人的な視点から、前後約七年（一九六七〜一九七三年）を中心に書き綴ってみたい。

一、一九六七年入学　私が見た駒場キャンパス

私の生い立ち――大学入学まで

私は、一九四六年生まれ、鹿児島の揖宿《いぶすき》郡喜入町瀬々串（その後、喜入《きいれ》町は鹿児島市に合併された）という錦江湾（＝鹿児島湾）の西岸海辺の寒村から、三〇分ぐらいかけて汽車通学で、鹿児島市の南隣りの谷山市（当

時。その後、鹿児島市に合併）のラサールという、当時としては洒落たカトリック系の私立中高一貫校に通い、高校進学の一年後、下宿住まいに転じた。当時のわが家の家計からすれば、かなり分不相応な学校に、両親が期待を託して無理をして入学（四年後、高二から下宿）させてくれたのであった。そこで当初、私は無心に勉強に励み、高校一年くらいまでは、そこそこ以上の成績を上げており、当時の先輩たちの進学実績によれば、当然「東大進学は当たり前」という感じで、高校一年の終わりまでは過ごしていた。

しかしながら、その後、敬愛する国語の西亮一先生の強い影響で、太宰治に出遭い、傾倒し、その後、足かけ八年間（一九六三〜一九七〇年）は、太宰の呪縛にしばられ、逃れることが叶わず、精神的に転々彷徨のときを過ごすこととなった。自然、勉強にはほとんど身が入らなくなり、学校の定期テストの成績も次第に下がり、まして、計画的な「入試勉強」に至っては、高三の一二月末まで、まったく手がついていないくらいに遊び呆《ほう》けていた（そこから、私の親不孝は始まっている）。あとから考えればまったくもって冷や汗もので、寝ていて、「あーっ、あの科目を全然やってなかったー、この科目もー」という案配に、その後二〇年くらいは、たまらない悪夢に頻回にうなされたモノである。

そんな中学―高校生活は、当時そのなかにいては、さほどの不自由も感じず、結果、漫然と過ごしたのだが、大学入学後、その感覚は一変した。所詮ラサールも思想的文化の香り届かぬ「田舎高校」であった。宗教にしばられていたわけではまったくないが、同級生同士、思想的に影響を与え合うこともなく、まして政治的な言動は、学内ではまったく見られず、当時すでに都会の学校では動き始めていたという「高校生運動」（本書三一七頁以下参照）などの気配は、微塵も感じることはできなかった。学内外に「思想の風」が吹いてくることはまったくなかった。

入学後の駒場キャンパスと駒場寮——解放派の位置取り

私は、大学に二年遅れで、一九六七年に東京大学に入学した。そして入学後、三月末から駒場寮に入寮し、ガラリと思想的な環境が変わった。

寮の部屋は、なんとなく身近そうな「アジア問題研究会」（私は人を選んだというより、この部屋の名称を好んだ。一年上の薛《せつ》静也さん主宰―私のラサールの同級生Sさんが、先に入学しこの部屋の住人となっていた縁もあった。他には、哲研、思想研、駒場新聞会などが解放派系の部屋としてあった）に入り、そこを生活のベースに活動家たちの拠点部屋＝「社会思想研究会＝社思研」（当時、北寮〈三棟あった中央〉の入口にあった）に足繁く出入りするようになった。この部屋は、むさ苦しくゴタついたという点では他の活動家部屋と同じだが、なんとなく明るい近代的な雰囲気と、後で詳しく述べるが、彼らの唱える「ベトナム人民抑圧戦争」論が、すんなり耳に入り、最も理に適っているように、私の感性・理性にピタリとはまった。

ここで駒場寮について若干ふれてみたい。駒場寮は、一九三五年に旧制第一高等学校が文京区向丘から東京帝大農学部と用地交換で駒場に移転、その後、構内に寄宿舎として建てられた鉄筋コンクリート製三階建てであった。敗戦後、一九五〇年に第一高等学校が新生東京大学の教養学部となり、「駒場寮」となった（一二三頁参照）。広大な駒場キャンパスの北東の端に位置し、三棟（向かって左から明寮、北寮、中寮）と順に並び、うち明寮は、奥行きが他の半分の長さであった（第一高等学校当時は、中寮の隣り、東側にもうひとつ、南寮があったが、新生東大移管時に研究棟となった）。いずれも三階建てで、屋上もあったが、そこに上がって時を過ごす人はあまり見かけなかった。

その北・中寮の裏手に「寮食堂」があった。その寮食も七〇年代半ばからは使われなくなり、一九七六年ごろからは、野田秀樹らの「夢の遊眠社」が改装し、約三〇〇人収容可能な演劇スペース「駒場小劇場」として使われていたという。

キャンパス全体がそうだが、駒場寮のまわりも銀杏の木がかなり密生していて、駒場キャンパスは目黒区に属しているけれど、渋谷駅からも近く（井の頭線で二つ目）、渋谷という都会の中心地に近いわりに、その喧噪もまったく聞こえず、ひっそりと閑静なたたずまいの只中にあった。寮の本来の位置付けからして、通学可能圏に住む東京出身者はほとんど入寮せず、入寮者のほとんどが地方出身者で占められていた。

寮の各部屋は、基本六人部屋で、中の間取りは、各部屋思い思いに本棚と机と木製のベッドでそれぞれに仕切られて、あとはカーテンで各個人のプライバシーが辛うじて守られていた。学生運動の活動家だけでなく、寮生には、奇人・変人が多く、その巣窟と言ってもよかった。麻雀愛好家（のための麻雀部屋は、夜通し明かりが灯り、各寮一階の入口に設定されていた）や、その他、一般人と異なる絵画や音楽などの趣味・特技の持ち主も多かった。民青を除き、諸党派の活動家群も、その奇人・変人の極みと言ってもよかっただろう。

そんな駒場寮であったが、私が駒場寮に入ってから二十数年後の一九九一年、大学当局によって廃寮とする決定がなされ、学生との間で「自治」をめぐって争われたが、二〇〇一年八月二二日に強制執行が行われ入居者は強制退去させられ、現在そこには、「駒場コミュニケーション・プラザ」が建っている。

眩しかった駒場キャンパス

こういうなかで私は、晴れがましいはずの入学式に出ることもなかった。そして、入学式の前から当時のベトナム反戦のデモに参加、霞ヶ関界隈を日常活動の場とするようになり、いつの間にか、そちらの活動が生活の中心となり、大学の勉強は二の次、入学当初から教室へは、ビラ配りやアジ演説、クラス討論のためにだけ出入りする状態となった。

そんな私にとって、当時の駒場キャンパスの雰囲気は、まことに眩しいものであった。キラめくような指導的活動家の群像―福嶋喜久満さん・三井一征さん・白形允さん・近藤弘さんの四人（四天王）は、年齢的には一～二歳上に過ぎなかったが、それぞれ個性に溢れ、頭脳明晰、シャープな判断力、理論的なメリハリ、弁舌爽やか、行動力・指導力抜群など、四者の連携・協力も見事で、田舎から来た半端な文学青年で、鈍くさいだけの私には、あまりに眩しく、心躍る日々を提供してくれる運動の諸先輩たちであった。比較は難しいが、ちょうど明治維新の若き指導者群にも匹敵すべき、若くして時代をリードすべきポジションにいる人々だったように、今にして思える。

駒場寮・明寮（写真提供：蔭山一広）

当時の駒場の活動家グループ＝諸党派の皆さんといえば、民青（民主青年同盟、日本共産党）は生真面目なだけで言うことが飛び切り鈍くさく頭の固い田舎者の集団（一部幹部は驚くほど弁が立った）で、ブント（社学同マル戦派、社会主義学生同盟マルクス主義戦線派）は駒場では切れ味の悪いナイフのように行動力に乏しく、中核派（革共同＝革命的共産主義者同盟全国委員会、マルクス主義学生同盟中核派）は学外＝法政大などでは活発であったようだが、駒場ではまるで内向きな集団で、ひっそりとして魅力に乏しく、また革マル（革共同＝革命的共産主義者同盟革命的マルクス主義派、マルクス主義学生同盟革命的マルクス主義派）は、早稲田大では強力な基盤を誇っていたようだが、駒場では、その思想内容に相応しく、いじけて歪んだ風貌をした冴えない小者たちのグループで、あまり人は寄り付かなかった。社学同ML派（マルクス・レーニン主義者同盟、一九六八年結成）は、駒場寮にはほとんどおらず、三鷹寮を中心に活動する田舎風で毛沢東主義に傾倒する小グループであった。フロント（社会主義学生戦線、構改派）は、都会的でグラムシ（アントニオ・グラムシ、イタリア共産党の創設者）などを語る中間主義のお坊ちゃん集団で、駒場寮には拠点部屋はなく、行動力に乏しく、六八年夏の自治会権力奪取までは、どこにいるかわからない程度の小グループであった（なぜか、私のクラスLⅠⅡ17Dにはフロントが三名もいた）。いずれの党派も（ML・フロントを除き）、駒場寮一階入口の向かい合わせの二室に「活動家部屋」と称して陣取り、他の一般学生とは異なる、独特の異様な生活・行動スタイルをとっていた。

そういうなかで、わが解放派（社青同＝社会主義青年同盟解放派、反帝学評＝反帝国主義学生評議会）は、その指導者群の力により、知的で明るく開明（近代）的な雰囲気を漂わせ、正門から駒場東大前駅（正門の目の前に駅の昇り口がある。京王井の頭線）にかけての朝情宣や、北寮の前での昼情宣などで、いつも他派を圧倒し、学内を賑わせていた。そんななかに、私はいつの間にか、自分の身の置き所を定めるようになっていた。

私が入学した年の一九六七年一〇月八日、後に「ジュッパチ」「第一次羽田闘争」と称される日本学生運動史上空前の闘いが闘われるのである。

当時、ベトナム戦争が泥沼化し、米軍は五〇万もの兵をベトナムに投入するもいっこうに出口は見えず、戦死者も増大、反戦運動の機運が米国内でも学生の抗議・反乱として始まり、世界各国へ広がっていった。米国映画「いちご白書」（一九七〇年公開）はコロンビア大学での反戦運動をテーマにしてつくられた。

二、私のベトナム反戦へのアプローチ（浪人生活まで）

そのベトナム戦争であるが、後述するようにアメリカによるトンキン湾事件を皮切りに、一九六四年に開始されてからすでに三年が経過していた。私は高二の頃からその情報が新聞・テレビから入るたび、「ベトナム戦争許さじ」の意思に燃えながらも、遠い田舎で反戦運動に加わるすべも知らず、ひとり悶々と過ごしていた。同級生とそのことについて話し合ったこともまったくない。そういう友はいなかった。私は孤独であった。今から思えば、あのキャンパスでは政治は「禁忌」であったような気がしている。

私にとって「天皇制、戦争は親の仇《かたき》」

私には、「天皇の軍隊による太平洋戦争は、親の仇」という小さい頃からの「信念」があった。それは、三三歳上の私の父が、台湾にいて数学の旧制中学の教員をしていたが、やがて兵役にとられ、戦地にこそ行かなかったものの、兵営の中の不自由な生活のなかで「蓄膿症」を患い、その治療をほとんど受けられないため病状がどんどん悪化し、ついには「視神経」がじかに侵されるようにまでなり、その後、敗戦で内地（鹿児島）に引き揚げてから三年で「完全失明」に至った。私が三歳のときである。

以来、私の家庭は母が小学校の教員をして支え、父が「主夫」として、眼が見えないながら炊事・洗濯・掃除・

教育などの家事全般を巧みにこなすという、世間一般とは逆の構造で展開されるようになった。

そういう父に育てられ、かつ未熟ながら思想的に社会主義に傾倒していた父の影響で、私のなかには「天皇制と戦争は、社会悪の根源」「資本主義は必ず戦争に至る」という批判精神が培われていった。加えて、私の母親は、日教組の地味で真面目な活動家であったが、思想的には、父親の生き方・批判精神にピタッと寄り添っていた。

私は中一で、『共産党宣言』を読み始め、中二で、小林多喜二の『蟹工船』や徳永直の『太陽のない街』などを読み耽った。そういう私にとり、自分の父親の社会的活動の可能性を根こそぎ奪い去った「戦争と天皇制」は、身に沁みて「親の仇《かたき》」であった。

父、そして妹によって「不抜の意志」を形成

さらに私は、五人家族の長男であるが、二人の妹のうち、すぐ下の五歳違いの妹が、一歳のとき、ある頭部外傷を負う事故により脳性小児麻痺―左半身不随になり、当時鹿児島市からかなり離れた田舎（薩摩半島の南端にある開聞岳を南上方に望む池田湖の北側湖畔の高い丘の上）に住んでいた私は、妹を背負う眼の見えない父の手を引き、長距離バスに片道二時間乗り市電に乗り継いで三〇分、妹の治療のために鹿児島大学附属病院に、雨の日も風の日も、月2ペースくらいで何年も通い続けた。

その甲斐あって妹は、腹部癲癇に加え軽度の知的障害もあり、左半身はだいぶ不自由ながら、小学校入学時にはなんとか自力で歩けるまでに回復した。五人家族のうち二人が重度の障がい者というこの家族構成―不遇な父に加えて妹の存在―は、私の思想形成に少なからぬ影響を与えた。「階級闘争（反戦闘争）と差別を

めぐる闘い」への「不抜の意志」の形成であった。

そんな私にとって、浪人二年間の「受験＝牢獄生活」は、田舎とはまるで違う、東京という騒然たる雰囲気のなかで、心中の「ベトナム反戦」のマグマが溜まりにたまっていく「培養器」の役割を果たしたようである。そのエネルギーが、大学合格――駒場寮入寮以降、一気に解き放たれていった。それが私の「二〇歳――六七年春」であった。

三、「佐藤訪ベト阻止・羽田10・8《ジュッパチ》闘争」の炸裂

羽田10・8闘争への参加

当時の三派全学連（全日本学生自治会総連合、ブント・中核派・解放派の三派と第四インター系との連合）の諸行動（清水谷公園で集会を行い、霞ヶ関方面にデモをかけるスタイルが多かった）に参加しながら、毎週のように（多い時には週二回も）集会・デモに明け暮れる日々が続くようになっていった。

そして、最初の大闘争が、かの歴史に残る「10・8（ジュッパチ）羽田闘争」であった。

ゲバ棒での武装、そもそもは対中核派

一九六七年一〇月七日夜、三派全学連（ただし、中核派は別行動）の九〇〇名が、翌日の佐藤訪ベトナム阻止の闘いに備え、東京・駿河台下の中央大学学生会館に泊まり込んでいた。

広い一階ロビーの床に新聞紙を敷いて夜を過ごしたわれわれの前に、翌朝起きてみると、ゲバ棒数百本

が用意されていた。それは、対機動隊用の〝武器〟というよりは、三派全学連を意識的に割って出た中核派に対する警戒心から用意されたものだった（詳しくは後掲「『10・8前夜』中核派による解放派へのテロ」、および三二七頁以降を参照）。それを用いてどうこうといった「方針」が定まっていたわけではなかった。が、日本の学生運動史上初めての対機動隊の大衆的実力闘争は、このような偶発的な事情から生まれた。

首都高・鈴ヶ森ランプから突入、穴守橋での激闘

この日、わが解放派は、ブント・第四インターと共同で行動し、お茶の水・駿河台の中大学館を出発した九〇〇人の部隊は全員ヘルメットと角材で武装し、今のJR御茶ノ水駅から電車に乗り込み、京浜急行線で羽田に迫り、終点のひとつ前の大森海岸駅を降りるや、あっという間に首都高・鈴ヶ森ランプから高速道路に駆け上がり、当初、羽田空港とは逆方向に全員が走るという笑うべき錯誤もあったが、そこをなんとか修正しつつ、羽田方向に大集団で走り抜けた。途中押っ取り刀で駆けつけた機動隊の小部隊をゲバ棒で蹴散らし、倒れた機動隊員らを文字通り足蹴にし（私も、行きがけの駄賃とばかりに、倒れた隊員の頭をヘルメットの上から蹴飛ばした記憶がある）、空港近くの穴守橋まで到達し、橋の上で装甲車を数台止め阻止線を張る機動隊と正面からぶつかった。

血気盛んな私は、放水銃から放たれる強烈な放水の束をものともせず、真っ先に一台の装甲車の上によじ登り（あとから思えば、あんなツルツル面をよく上がれたもんだ）、他にもう一人上がってきた工藤君明君とともに、赤地に青で「社青同解放派」と大書した大旗を振り回し続けたことを今でも、鮮明に記憶している。中核派の京大生・山﨑博昭君が、隣りの弁天橋上で機動隊との衝突で、無惨にもその若い生涯を終えさせられたが、それを知ったのは、確か駒場寮に帰り着いてからのことであった。

六〇年安保闘争の大高揚以来、それまでの数年間、大学管理法案反対闘争や日韓条約反対闘争においても、学生の盛り上がりや大衆的結集も乏しく、街頭をデモすれば、隊列を上回る数の警官隊により「併進規制」を受けて、どこにデモ隊がいるかわからないような「屈辱的な時代」が長く続いてきたことを思えば、この日、戦闘的学生集団（反帝全学連と中核派）が切り開いた大衆的実力闘争は、時代の閉塞感を切り裂く、闇夜が明けた黎明下の雷鳴のごとき衝撃をもって、日本社会を揺るがした。特に、若年層・学生層に与えた衝撃は大きかった。それが、次なる東大・日大全国学園闘争の導火線となっていったことは疑いない。

この、10・8羽田闘争について、一緒に行動したブントはどのようにとらえていたのであろうか。当時のブント（社学同）の指導者であった早稲田大学の荒岱介氏の著書『新左翼とは何だったのか』（幻冬舎新書、二〇〇八年）から、以下みてみたい。

10・8羽田闘争の前夜の事態、三派の内紛

……六〇年代新左翼運動の画期的な地平を切り開いたのは、六七年の10・8羽田闘争だった。北爆開始以降、毎日、横浜の米軍貯油施設からは一日七十両のジェット燃料輸送タンク車が、立川基地と横田基地に運ばれていたのです。北爆に使われるB52は、当初グアム島から飛び立っていたが、六八年初頭には沖縄の米軍嘉手納基地から飛び立つようになります。（略）

六七年十月八日、佐藤首相は、米軍支援を兼ねて東南アジアを歴訪するために、最初の訪問地・南ベトナムに飛び立とうとしていた。

三派全学連では、一〇月七日、社青同解放派の全学連書記局員二人（実際は三人―引用者）が、法大で中

核派にリンチを受ける事件がありました。直接の原因はそのまえに解放派が中核派の書記局員に暴力をふるったためですが、背景には中核派が全学連主流派を名乗り、六〇年安保のブントと同じように全学連を支配しようとしていたことがあります。中核派の清水丈夫、北小路敏などは六〇年安保全学連の立て役者ですから、同じような流儀で三派も牛耳ろうとしていたのです。(『新左翼とは何だったのか』八三〜八四頁)

六七年10・8羽田闘争の炸裂、角材武装の経緯

党派対立が激しさを増し、その対抗関係のなかで、前夜角材とヘルメットで武装し、中大に泊まり込んだ社学同と社青同解放派、ML派、社青同国際主義派(第四インター)の九百人は、八日早朝、京浜急行大森海岸駅に降り立ちました。

そこから首都高速一号羽田線鈴ケ森ランプに突入しようとしたのです。最初、行動隊が突入を試みますが、機動隊の警棒と小盾で一度は阻止されてしまいます。そこで全体の学生部隊が線路の石を拾い投げました。機動隊は逃げ出し、学生部隊は鈴ケ森ランプから機動隊を追いかける形で、高速道路上に駆け上がっていきました。石は投げ終わってもっていなかったのですが、逃げる機動隊員の延髄めがけ角材を水平打ちすると、機動隊員はバタバタひっくり返ったのです。それを踏んづけながら学生たちは駆けました。

B52の空爆に耐え、果敢に闘うベトナム人民との連帯が誰もの頭を支配していました。学生が実力的に機動隊を粉砕した初めての闘いだったのです。(『新左翼とは何だったのか』八四〜八五頁)

穴守橋・弁天橋での闘い、多摩湖畔での赤旗祭り

そのころ、萩中公園で行われていた反戦青年委員会もまじえた、中核派主体の本集会では、「羽田空港内に突入した」との報告がなされていました。それを聞いた部隊千人は行動を開始し、弁天橋で機動隊と衝突したのです。装甲車を奪うなど、ここでも学生・労働者が機動隊を圧倒しました。取っ組み合いながら学生と機動隊員が海老取川に転落していくような激戦が行われたのです。しかし京大生山崎博昭さんがその渦中で死亡してしまいます。警察は装甲車を運転していた学生が轢いたと主張するのですが、検視などでは警棒による死の可能性のほうが強くなり、事後逮捕された学生は釈放されます。

穴守橋や弁天橋では装甲車五台が焼かれ、何十発もの催涙弾が撃たれました。重軽傷二百五十人、放火・公務執行妨害の罪で五十八人が現行犯逮捕される闘いだったのです。(略)

この10・8闘争がそのあとに続く、六〇年代後半実力闘争の幕開けであったのです。実力闘争をものともしない新左翼の存在が、広く世に知られるようになったのも、この10・8闘争からであった。

この10・8の日、共産党は多摩湖畔で赤旗祭りを開いていました。なんで闘わないのかの批判が向けられました。しかし共産党は10・8に対し「一部暴力学生集団の挑発」と六六年二月より改題された機関紙『赤旗』に発表するのです。六七年一月には同紙に「紅衛兵の不当な非難に応える」を掲載、中国共産党とも全面対決姿勢を増すなかでのトロツキスト批判でした。

共産党は六七年三月には、中国人留学生と善隣学生会館で暴力的に対立するなど、新左翼を含めた対立党派との対決の姿勢を強めていくのですが、闘争については抑制するという基本スタンスを固め、大衆運動上のヘゲモニーを完全に喪失していきます。(『新左翼とは何だったのか』八六〜八八頁)

「10・8前夜」中核派による解放派へのテロ

以後の、ヘルメットにゲバ棒という三派全学連スタイル、それは初めから「対警察機動隊用の〝武器〟というよりは、三派全学連を意識的に割って出た中核派に対する警戒心から用意されたものだった」ということは先に述べたとおりである。

では、その一方の当事者であった中核派は、当時、どのような事情を抱えていたのであろうか。その当時、駒場の数少ない中核派の活動家、キャップであった加納明弘氏〈一九六五年入学〉の証言から見ていきたいと思う。

引用するのは、小杉亮子著『東大闘争の語り』〈新曜社、二〇一八年〉。著者の小杉氏は、一九八二年生まれ。二〇〇五年京都大学文学部卒業。二〇一六年東北大学大学院文学研究科博士課程後期修了。本著はその博士論文として書かれたものという。ちなみに、小杉氏の父は、東大闘争時、東大で民青の活動家として活動していたということである〈あとがき〉。

そのなかで、加納氏は当時のことを『東大闘争の語り』で、次のように語っている。

■加納明弘氏〈元東大駒場中核派〈一九六五年入学〉〉の証言

〈BB　要するに、三派全学連の分裂の始まりは人事問題なんですよ。〔当時、三派全学連の〕委員長がブントで、書記長が社青同解放派（ママ）で、副委員長が中核派（ママ）だったんです。で、ブントの委員長をやめさせて、〔中核派の〕秋山勝行が委員長になるっていう提案を中核がしたんですね。私なんか基本的にあんまり関係してなかったんですが、三派のあいだでいろいろあって。〔一九六七年〕一〇月八日羽田大闘争がありましたよね。〔その前日の〕一〇月七日に法政で中核派の総決起集会やっていた〔ところに〕解放派の中心メンバー3人が中核派の幹部と話し合い〔をするために〕法政に来たんですね。で、中核派がその3人をとっつかまえて、リンチしたんですね。そのとき、解放派の全学連書記長の高橋孝吉の足を折ったんですね。＊中核派指導者が明確な意図をもって、足を折るというリンチをした。それが東大に伝わって、東大の解放派の連中が私たちをとっつかまえて、報復的に〔リンチを〕やったんです。

私は法政でなにが起きているかまったく知らない〔状況でした〕。とにかく、「お前ら高橋の足を折ったろ」って〔言われてリンチされた〕。私は幸いに足を折られたり腕を折られたりはしなかったけれど、相当痛めつけられまして。ひっぱたく、殴る、蹴る〔とやられました〕。……解放された後は、一晩とにかく寝てました。で、次の日〔第一次羽田闘争の〕デモで、京大の山﨑〔博昭〕が死にましたね。〔僕は〕寝ててデモに行かなかった。山﨑が死んだって連絡が入って、そのとき前進社で緊急会議があって、それ〔に〕行った覚えがありますね。

――ある種の内ゲバが始まったわけですが、嫌気はさしませんでした？

BB　やっぱり嫌気はさしましたよ。当たり前ですよね。僕の認識では、解放派が悪いんじゃなくて中核派の方が悪いと思ってましたから。……それで当時中核派のなかで、小野田襄二さんと〔書記長の〕本多延嘉とのあいだでいろいろ亀裂が起きたんですね。本多延嘉が小野田さんを外して清水丈夫〔を学生対策部長〕にしたんですよ。で、清水丈夫の路線が要するに三派全学連否定〔で〕、全学連乗っ取り路線、中核派全学連結成〔路線〕で、それに対して僕は全然ネガティブだったから。そのへんが、私が〔中核派を脱退して〕小野田さんと一緒に〔『遠くまで行くんだ』創刊委員会を〕やったってことの基本〔的な理由〕です。

……〔そのあとの佐世保エンタープライズ闘争は〕私の気持ちのなかでは最後のご奉公だったんです。そのときはもう気持ちも肉体的にも中核から離れているんですね。〉（『東大闘争の語り』三二四～三二五頁）

＊編集部注：実際は骨折までには至っていなかった（高橋孝吉さん談）。

三派全学連の解体は、もともと「野合」＝求心力のなさという問題があったことは確かだが、一九六一年七月の全学連第一七回大会の主導権争いにおいて、「つるや連合」（旧ブント、革共同関西派、社青同の連合体）を会場から、ゲバ棒を史上初めて用いて排除したマル学同の中軸たる清水丈夫（シミタケ）は、一方で、優れた運動勘の持ち主であったが、他方、特異で排他的な性格の持ち主であり、この「つるや連合」排除においても、後の三派全学連分裂においても、その排他的・暴力的体質を遺憾なく発揮した。この特異な人格なかりせば、あるいは「安保全学連」の歴史のその後も、「三派全学連」のその後も大きく変わっていたかもしれない。「暴力的壊し屋シミタケ」の名前は日本学生運動＝「全学連の負の歴史」に深く刻まれているのである。なお、清水は、一九七五年三月一四日に革マルに虐殺された本多延嘉書記長の後を受け、現在まで中核派を率い、現在議長を務めている。

四、六八年一月　エンプラ佐世保寄港反対闘争の高揚

ベトナム反戦闘争に油を注いだ

太平洋戦争で日本軍攻撃の立役者だった空母・エンタープライズが、その後二〇年を経て巨大原子力空母に生まれ変わり、ベトナム戦争の主力空母として、ベトナム人民虐殺の先頭に立っているという情報は、広く日本にも伝わっていた。それが、一九六八年一月一七日、長崎県・佐世保港に寄港するという。その報せは、

一九六四年の北爆開始以来、一段と激化していた日本におけるベトナム戦争反対の陣営の闘争心に火をつけた。一方、佐世保港は明治時代後半、横須賀・舞鶴・呉に並ぶ四軍港の一つに指定され、各港には鎮守府と海軍工廠が置かれ、艦隊や航空隊の母港・所属地となった。この軍港に対する太平洋戦争末期の惨禍は、日本の他の都市以上に及んだ。急坂に囲まれたこの軍港の美称は、「葉港」。それは、佐世保湾のヤツデの葉のような形状と佐世保の字からきている（サセボのサが草冠、佐世保の世、木という漢字をくずしてホ、三つを組み合わせて「葉」になる）。

この元軍港・佐世保に、悪鬼のごとき原子力空母・エンタープライズが寄港するという。日本全体が騒然としたという以上に、エンタープライズの寄港は、佐世保市民の間にかつての悪夢（裏腹に栄光も）の再来と不安、ベトナム人民への一定の共感という複雑な波紋を広げていた。そこへ、「三派全学連」がやってくる。警察も不安であり、市民の気持ちはもっと複雑であった。一月一七日当日の警察の過剰警備・弾圧は、そのような佐世保市民の感情を殊更に刺激した。

そういう日々の中、一九六七年はたちまち暮れ、翌六八年一月一七日、佐世保に寄港する「空母エンタープライズ入港阻止闘争」が闘われることになった。諸党派や無党派の派遣部隊が全国各地で編成され、東京からも、これに参加するため解放派の仲間たちも、まず、解放派の九州の拠点である九州大学キャンパスへ向かった。佐世保現地闘争で全学連部隊の指揮を執ったのは、前年の10・8羽田闘争の前日、法政で中核派によってリンチにあった傷も癒えた高橋孝吉全学連書記長（早大解放派）であった。

私は、後述するが、東京残留部隊として対外務省闘争を闘うこととなり、そこで初めて逮捕されるのである。以下、「エンプラ佐世保寄港反対闘争」の記述は、島泰三著『安田講堂　1968―1969』（中公新書、二〇〇五年、以下『安田講堂』と略記）より、一部、著者の了解を得たうえで、引用する。

島泰三さんは、私と同年生まれだが、先に理学部（本郷）に進学していて、同じキャンパスにいたことはない。だが、たまたま同じ解放派なので、時折、集会や本郷での行動で一緒になるくらいであった。同著を精読したのは今回が初めてだった。実に詳しく書かれていて、彼の性格が表れているが、温厚な人柄だけでなく、剛毅な一面、行動の果敢さが同書の記述によく表れている。今から一四年も前に、この書を著し、記憶力の乏しい私を先導してくださったことに関し、深い尊敬と感謝の念をささげたい。

原子力空母エンタープライズ佐世保寄港

〈原子力空母エンタープライズの佐世保入港決定というニュースは衝撃だった。この空母がベトナム戦争での一方的な暴力の核であることは、周知の事実だった。銃を持って面と向かい合い生死をかけて戦うのなら、それは戦争であり、どちらに正義があると言おうと、人間とはそんなものだと納得もできた。しかし二〇世紀のベトナムでは、二一世紀のアフガニスタン、イラクでの場合と同様、アメリカはいかにも卑怯だった。

ベトナム人の手の届かない洋上から、原子力空母エンタープライズは、一方的な爆撃、砲撃、枯れ葉作戦のための催奇形剤の散布を自由におこなった。それは、戦争というよりただの虐殺、暴行だった。しかも、その空母の艦名が「エンタープライズ」だった。アメリカ合衆国海軍が太平洋戦争開戦当初から保有していた七正規空母のうち、エンタープライズばかりは僅かな損傷を受けただけで、ミッドウェイ海戦で決定的な勝利をあげる立役者となり、終戦まで日本攻撃の先頭に立っていた。そのうえ、このエンタープライズは、加圧式原子炉八基を推進力とし、戦闘機など七〇～一〇〇機を搭載する七万五七〇〇トンの巨大原子力空母に蘇っていた。日本がアメリカの原子爆弾の生け贄にされたことは、アジアやアラブの民衆にまで知れわたった事実である。エンタープライズは、その核を燃料にし、核攻撃が十二分にできる巨大空母であることも世界周知の事実であった。

二重三重の重石をひっさげて、原子力空母エンタープライズが佐世保に来る。日本の「知識人」はともかく、「日本人」ならば戦慄した。そして、反応した。反戦闘争を武装してでも戦う決意を持った青年たちは、「暴力学生」と世に喧伝されてマスコミの鼻つまみ者になっていたが、彼らもむろん反応した。〉（『安田講堂』二〜四頁）

一月一七日　佐世保現地・平瀬橋での闘い

〈一月十七日、九州大学を出発した三派全学連部隊は、博多駅から素手で佐世保行きに乗った。鹿児島本線の鳥栖駅で佐世保へ向かう長崎本線が分かれるが、その駅のホームに角材の束を運んでくる学生たちの一団が現れた。鳥栖駅から動き出した列車のなかで、青年たち全員に角材が配られた、これを持って、どこへ？

「佐世保駅からアメリカ軍基地へは直接につながる引き込み線がある。これを伝ってまっすぐ基地へ突入する」。そう、指導者は吠えた。

軍事基地への引き込み線と言うからには、周囲は鉄条網か何かで囲まれているだろう。そこに突撃すると逃げ道がないだろうと、青年たちは一瞬思った。しかもその先はアメリカ軍基地だから、下手をすると銃殺される。しかし、ここまで来て「いや」とも言えないし、引き返しようもないから、とにかくやってみよう、と。決意した青年たちは、列車が佐世保駅前に着くや否や、線路に飛び降りて引き込み線を走った。

その行き止まりが平瀬橋だった。〉（『安田講堂』六〜七頁）

一月一七日　佐世保現地・機動隊の過剰警備

〈橋の上には警察機動隊の放水装甲車（警備車）が砦を作り、近づいてきた青年たちに猛烈な放水を浴びせ、機動隊は催涙ガス弾を青年たちに向けて次々に打った。前年の十月八日、羽田空港に通じる橋の上の装甲車に飛び乗って機動隊の壁を破り始めた青年たちに、はじめての催涙ガス弾が打ち込まれたとき、その数は二発でしかなかった。その二発の音と臭いに驚いて青年たちは四散した。だが、その後の十一月十二日の第二次羽田闘争では、阻止戦を張った機動隊をゲバ棒で殴り倒す実績を青年たちは積んでいた。乱れ飛ぶ催涙ガス弾にも慣れていた。この日は、飛んできた催涙ガス弾から逃げるどころか、落ちたそれが爆発する前に拾って投げ返している強者もいた。

しかし、警察が青年たちに打ち込む催涙ガス弾は、そこに立ち止まれるほどやわなものではなく、放水もただ水圧が強いだけでなく特殊なガス液で、それに触れるとすぐに水膨れができた。あたりには催涙ガスの臭いがたちこめて、息苦しいほどになった。この混乱のなかで、機動隊が突撃してきた。すでにガス弾とガス液の放水で弱っている学生の隊列は、もろくも崩れた。あとは、戦闘ではなく機動隊の力のデモンストレーションだった。追い散らす、殴り倒す、逮捕する。なんでもできた。

しかしこのとき、機動隊はやりすぎた。市民病院まで学生を追ってきて、病院前にもかまわず催涙弾を打ちこみ、市民と報道陣の目の前で、溝に落ちた学生をよってたかって警棒で乱打した。この惨劇は、テレビと新聞報道で広く知れわたった。〉（『安田講堂』七〜八頁）

一月一七日　佐世保　マスコミ・市民たちの反応

〈このときの『朝日新聞』夕刊の「素粒子」欄の記事はこうなっていた。「ひどいじゃないか。抵抗力を失った者たちをめった打ち。警棒は『凶器』たる角材と違うはずではないか（テレビ所見）」（『朝日』No.559、471頁）。この日の長崎県警・北折本部長の記者会見の題は「過剰警備申し訳ない」だった。……

この催涙ガスにまみれて佐世保から列車に乗った青年たちは、列車のなかでは車掌から「ご苦労さまです」と言われ、博多駅から九大までの路面電車では、坐っていた人たちから席を譲られた。「暴力学生」と呼ばれ続けてきた青年たちは、一般の人々からそういう好意を受けることがあろうとは思っていなかった。

青年たちは、この佐世保闘争で何ごとかを得た。それは、歴史はこうして動くものだという確信だった。いや、それは青年らしい早とちりで、歴史はこうして動くことがあるという予感だったと言うほうが正しいかもしれない。〉（『安田講堂』八〜一〇頁）

エンタープライズ佐世保入港反対闘争——1・17外務省突入闘争

一方、東京に残ったわれわれは、賑やかな渋谷駅頭ハチ公前で、連日の「街頭カンパ活動」（当時は、街行く人々から、「頑張ってねー」という激励の言葉とともに、舞うようにお札や硬貨がカンパ箱に投げ入れられた）などを展開していた。一月一七日の朝は、ブントの諸君とともに、外務省に向け、抗議の集会・デモを敢行した。

ガラ空きの外務省正門前

その日の朝、駒場からの指揮者に予定されていた二年生のメンバーが突然体調を崩し、代わりに一年生の私が急遽、駒場を代表し、解放派の「デモ指揮」の一人を買って出ることになった。突然の指名だったが、私は、ためらうことなくその代役を引き受け、仲間とともに、駒場を出発した。外務省から遠くないとある（たぶん、清水谷）公園での集会を終え、合わせて二五〇～三〇〇名規模の隊列が、ブント二名（内一名は、ラサール高の一学年上で、サッカー部の先輩でもあった早稲田大の花園紀男さんであった——彼は二年後、「赤軍派」の頭目として名を馳せることになる）、解放派二名（一名は他大学生）の計四名の指揮者のもと、二派の共同行動の隊列が、なんとなく、いつものように外務省に向けデモ行進を始め、外務省の交差点の角を回ったとき、いつもとは違う光景が突如みんなの眼に入った。

そして初めて逮捕される

なんと、外務省の正門前が、ガラ空きなのである。驚いた。次の瞬間、四名の指揮団を先頭に、もはや隊列などではなく、われ先にと正門に向かって駆け出し、あっという間に正門を通り抜け、正面玄関に突入してしまった。しかし困った。われわれは、なんの事前の打ち合わせもなく、したがってなんの「方針」も持ちあわせていなかったのである。予期せぬ正門前のガラ空き状況に誘い込まれるように、三〇〇名近くの部隊が建物内に突入してしまったのだ。こうなれば勢いで、結局四階にまで、ほぼ全員が駆け上がり、そこで、われわれ四名の指揮団が協議し、廊下に「全員座り込め！」と方針を出し、みんなはそれに従った。一斉に座り込み、互いにスクラムを組んだところに、慌てて駆けつけた機動隊が到着し、指揮官がたちまち「全員検挙！」の号令の下、ゴボウ抜きの指令を出し、その作業に取りかかった。われわれが抵抗空しく「全員検挙」されるのは時間の問題であった。罪状は、「公務執行妨害と建造物侵入」罪であった。

その後、自分がどこの警察署に留置されるに至ったのか、定かではないが、確か「数寄屋橋署」ではなかったかと、冬のさなかの留置場の寒々とした雰囲気とともに、かすかに覚えている。

さて、留置されてから二三日間、警察署に留め置かれ、その間に、取り調べは進み、当時はまだ、その後六九年くらいには定式化された「黙秘」などというシャレた意識もなく、他人のことは一切しゃべらないという「自己基準」はあったが、ぺらぺらと事実経過にそって供述は進み、二三日目に「起訴」後、即日釈放されたが、どうやら被起訴者は、ブントの花園紀男さんと、解放派からは私の二名であった。花園さんは、たぶん当時三年生で党派の「指導者格」で、早稲田ということもあり、「首謀者」と見なされたのも当然かと思われるが、この私に至っては、ホント、まだ一年生、駆け出しの無名の活動家であり、なんで私が、という思いもあったが、たぶん、解放派の拠点校＝東大駒場（当時、東C＝トンシーなどと呼ばれていた）の元気な活動家で、当日の指揮者の一人であったことから、権力側が目をつけた結果だったろうと自分なりに解釈している。

だが私は、変わらず意気盛んで、この逮捕―起訴により、自分が「意気阻喪」するなどということは、欠片《カケラ》もなかった。出所後、この裁判は淡々と進み、翌年暮れには、たしか「懲役一年六ヶ月―執行猶予三年」という相応の判決が出たように記憶している。逮捕・起訴後一年くらいは、「少しは自重しなければ」という自覚（と周囲の配慮も）が働いていたような気もするが、そう長くは続かなかった。

五、「解放派のベトナム戦争論」の独自性

「帝国主義間戦争を内乱へ」というレーニン・テーゼでは解き明かせない世界の構造

一九六〇年代中期、ベトナム反戦闘争が日本でも盛り上がろうとする時期、日本だけでなく、世界的にも、「ベトナム戦争」は、東西冷戦構造のなかで、南を支援するアメリカと北を支援するソ連・中国の〈代理戦争〉だとする見方が支配的だった。アメリカは、「ドミノ理論」に基づき、共産主義拡大の脅威を阻止するためと称し自己の戦争を正当化し、「北の侵略の不当性」を喧伝し、それに対して、世界の平和勢力は、北の掲げる民族解放・民族統一という主張を支持することで、民族独立を否定する「アメリカ帝国主義の侵略の不当性」を非難するという〈非難合戦〉の様相を呈していた。

構図としては、互いに相手の「侵略」を非難し合うという、論理だけでは決着が付けづらく、第三者にはわかりにくい構造になっていた。そこへ解放派は、「反革命階級同盟によるベトナム人民抑圧戦争」という新たな論理を引っ提げて、日本の新左翼戦線に華々しく登場した。

この解放派による「戦争の対立構図の分析」は、次節で詳しく見るが「ジュネーブ協定の構図」をよく見れば判然とする明確な論理構造である。一九五四年ジュネーブ協定に至る、太平洋戦争の戦中から戦後のフランス・イギリス・日本・蔣介石軍の連携構造を見ると、当時からすでに「反革命階級同盟」の形成は露骨であり、帝国主義諸国が寄ってたかってベトナム・インドシナを分割・共同統治しようとしていたことは、明々

白々な事態であった。

この帝国主義諸国の包囲網のただ中から、ベトナム人民は「民族独立」を掲げ、やむにやまれず不屈に立ち上がったのであり、「北の侵略」などという論が単なる言いがかり＝妄言に過ぎないことはあまりにも明らかであった。だから解放派は、この戦争の構図を「反革命階級同盟vsベトナム人民の戦い」と明快に掴み出し、ベトナム戦争の性格を「ベトナム人民抑圧戦争」と規定したのであった。

一九六七年春、東大駒場に入学した私は、中学・高校時代を通し、それまで新聞・テレビで語られてきた「侵略戦争論」では掴みきれないモヤモヤ感に長らく悩まされてきていたが、この解放派の「人民抑圧戦争論」を耳にするや、「あっ、これだ」と眼が開かれ、気持ちがスッキリ・晴れやかになったことを、今でも鮮やかに思い出す。その眼から見ると、共産党や新左翼諸派の、「レーニン帝国主義論」のみに依拠した「侵略戦争論」がいかにものごとの「本質」を捉えていない皮相な把握であるかは、歴然であった。

「帝国主義間戦争を内乱へ」というレーニン・テーゼでは解き明かせない世界の構造が戦後の冷戦構造下では、明らかに現出していたのである。そこを明らかにしたのが、解放派の「反革命階級同盟―ベトナム人民抑圧戦争」論の画期的地平であった。

では次に、その「画期的地平」を導き出したベトナム戦争を、時系列的に追ってみていくことにする。

六、ベトナム戦争と反革命階級同盟

一九六七年一〇月八日に佐藤首相がベトナムを皮切りに東南アジア訪問を行ない、それに反対する、「羽田10・8（ジュッパチ）闘争」が日本の学生によって闘われたが、それは唐突な出来事ではなかった。日本とベトナムとの関わりは、第二次大戦中の一九四〇年にさかのぼる。その夏、六～七月、ドイツがヨーロッパ戦線でフランスを下したのに乗じて、日本は、「南進政策」を決め、労せずして、ベトナムを手に入れた。そう、私を含め、戦後の多くの日本人は、ベトナムがかつて「日本の植民地」であったことを知らなかった。だから、約三〇年後の今、なぜ、どんな目的でベトナムを訪問しようとするのか、ほとんど認識がなかった。「旧宗主国」である日本が「アジア反革命階級同盟」の盟主たらんとして新たに勢威を示すために、佐藤首相がベトナムに行くということなど露ほども知らなかった。

【前史】抗日・抗仏戦争年譜

・一九三九年一月　インドシナ反帝民族統一戦線の結成
・一九四〇年九月　日本軍のベトナム侵入―バックソンの蜂起―南部八省での大蜂起―失敗
・一九四一年五月　ベトナム独立同盟＝ベトミンの結成
・一九四五年三月　日本軍によるクーデタ、その日本軍に対する蜂起の準備
・一九四五年八月　八月革命―ベトナム独立を宣言
・一九四五年九月　フランスの再侵略、ベトナムの抗戦開始

ベトナムは、フランスとの一九四六年の「予備協定」において、フランス・蒋介石軍・イギリス・アメリカに包囲・拘束されていたが、この姿こそ、地球上のどの地域にも先駆けてベトナムにおいて形成された「反革命階級同盟」の輪郭そのものであった。この構造の中で、「抗仏全面戦争」は、熾烈に展開されていき、ボー・

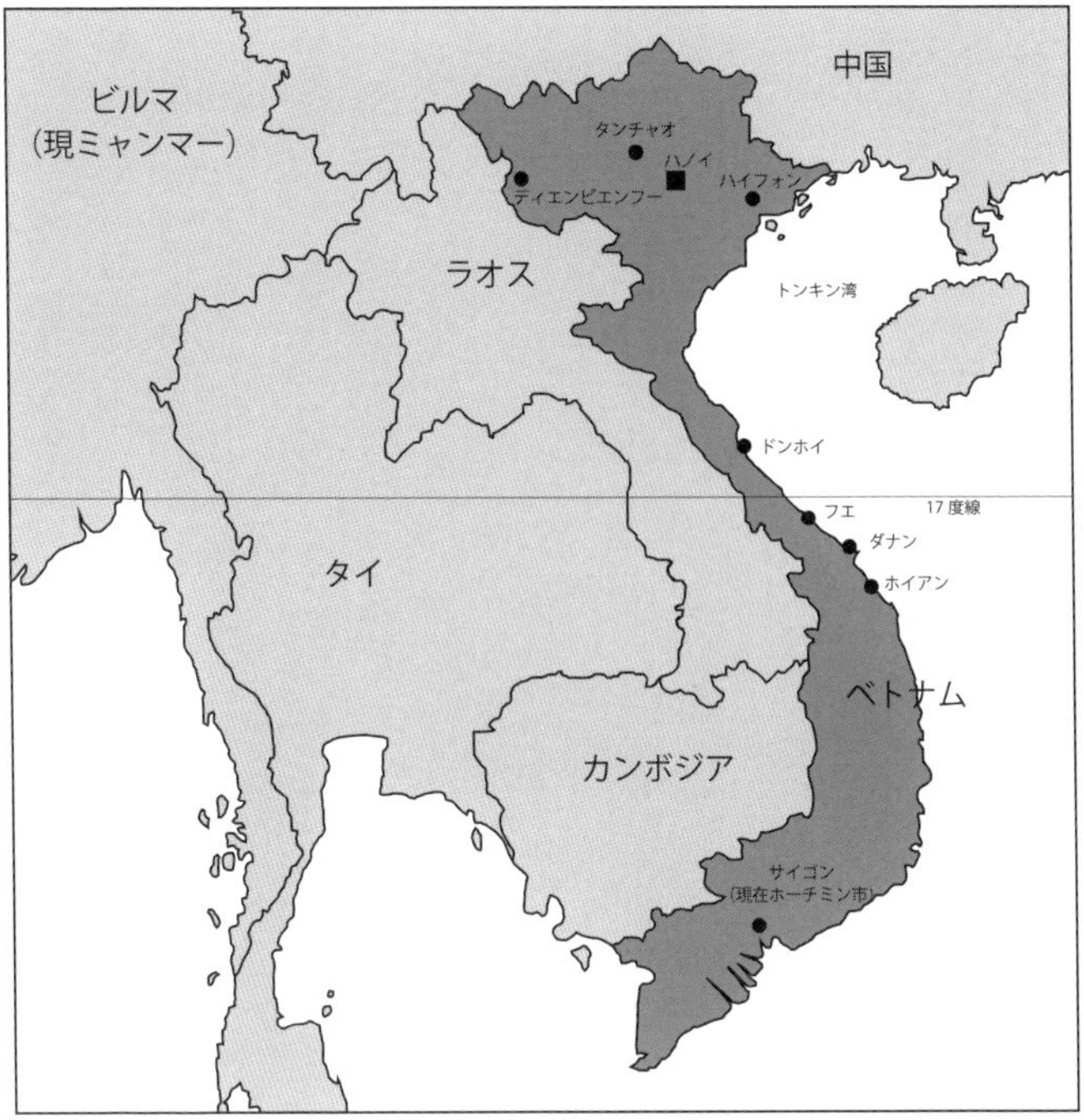

ベトナム関係図

グエン・ザップ将軍の指揮の下、その「長期抗戦三段階論」の三段階目＝「積極的対峙の段階」へと突き進んで行った。それは、一九五四年三月のディエンビエンフーの戦いの勝利をもたらし、七月「ジュネーブ協定」の締結へと結実した。しかし、やがて、アメリカの直接介入の開始という形で、「ジュネーブ協定」の限界が露呈していくことになる。

・一九四六年春　時をかせぐベトナム政府、仏・英・米の「反革命階級同盟」との対抗、フランスとの間に予備協定締結

・一九四六年秋　ベトナム北西部で、抗仏全面戦争へ

・一九四七年　抗仏全面戦争を支えるチュ・オン・チン論文『抗戦は必ず

勝利する』発表

抗日戦争の大先輩・中国は、毛沢東の『持久戦論』（一九三八年）を掲げ、抗日戦争を戦い抜き勝利した。それを受け、ベトナムはチユ・オン・チン論文『抗戦は必ず勝利する』（一九四七年）を掲げ、解放戦争の展望を示した。その特徴として、人民戦争では人民を武装させ、「民兵の運動」を起こすことの大切さが強調されており、軍事・政治・経済・文化のあらゆる面での総力戦の必要が説かれていた。この思想に導かれ、抗仏戦争はやがてチュ・オン・チン論文の説く「積極的対峙段階」へと進んで行く。

・一九四八年　抵抗戦争は、「積極的対峙」の段階へ
・一九五〇年九月　本格的な六週間の機動戦でベトナムは中国との国境地帯をすべて解放
・一九五〇年三月　アメリカのインドシナへの直接介入の開始↓ベトナム人民軍の整備＆ベトナム労働党の政治方針の刷新
・一九五四年三月　ディエンビエンフーの戦いの勝利
・一九五四年七月　ジュネーブ協定の締結
・一九五四年　ジュネーブ協定の限界―北緯一七度線の設定（南北分断の固定化）

【本史】アメリカの本格参戦＝ベトナム戦争

南ベトナム人民の闘いは、ベトナム労働党中央の思惑を超えて早く進み、一九六〇年一二月の「ベトナム南部解放民族戦線」の結成へと突き進む。一方、アメリカに登場したケネディ政権は、これに危機感を燃やし、「特殊戦争戦略」を策定し、それに基づき、一九六二年から「戦略村（囲い込み）計画」を開始したが、これ

はアメリカ国内でも不評で、ニューヨークタイムズは「アメリカ製強制収容所」と批判を浴びせた。
・一九五四年七月　ゴ・ディン・ジェム政権の登場
・一九六〇年一二月　ベトナム南部解放民族戦線の結成
・一九六二年〜　ケネディ政権の「特殊戦争戦略」発動＝「戦略村計画」開始
・一九六三年〜　解放民族戦線（主に南出身者）の勢力拡大・北の関与はまだごく一部
一九六三年一一月、ケネディが暗殺され、そのあとを受けたジョンソン政権は、ベトナム戦争遂行については、「中間政策」を模索したが、結果は、一九六四年八月の「トンキン湾事件」を契機に開始された北爆が、ベトナム労働党中央の考え方の転換を促し、一九六四年秋、北の正規軍たる人民軍の連隊規模の南ベトナムへの大量投入を決断させた。これにより、ベトナム労働党の「総力戦態勢」の構築が開始された。
・一九六三年一一月　クーデタ、ジェム政権崩壊
　　同　　　　　　ジョンソン政権の登場
・一九六四年八月　トンキン湾事件─北爆開始
・一九六四年秋　ベトナム人民軍の南下
・一九六五年七月　北爆の継続と米軍大量投入の決断
・一九六五年〜一九六八年　アメリカの「局地戦争態勢」強化vsベトナムの「総力戦態勢」の構築
一九六五年前後に至り「ベトナム戦争の多国籍化」が進んだ。これは「反革命階級同盟の多国籍化」の進行を意味した。ベトナム戦争は、日本・韓国・フィリピンなどの諸国に「ベトナム特需」による繁栄をもたらした。そのことを、解放派は、米・日帝国主義の立場からの「アジア太平洋圏安保」の推進と規定した。

一方、アメリカによる北爆は、北の南に対する全面支援を促すことになり、北では「農業合作社」をはじめとする「北の社会主義建設」による戦争遂行能力の向上が飛躍的に進展した。

・一九六〇年代中期～　ベトナム戦争の多国籍化＝「反革命階級同盟の全面化」

・一九六四年～　逆効果だった北爆 vs 北の社会主義建設の前進

一九六八年旧正月のテト攻勢は、ベトナム南部解放民族戦線側も甚大な犠牲をともなったが、一方、アメリカ国民に大きな衝撃を与え、深刻な「戦意の喪失」をもたらした。これにより、アメリカにおける「ベトナム反戦運動の高揚」が巻き起こり、「黒人公民権運動の昂揚」と相まって、ジョンソン政権は窮地に追い詰められ、次期大統領選への「不出馬声明」を余儀なくされた。

・一九六八年二月　テト攻勢の政治的効果と多大な軍事的犠牲　その収支は？

・一九六八年初頭　アメリカ国民の戦意喪失 ➡ ベトナム反戦運動の高揚

　同　　　ベトナム戦争の戦費増大➡ドル危機の顕在化➡アメリカの国力が限界に

・一九六八年三月　ジョンソン大統領の北爆の部分的停止と次期大統領選への不出馬声明

・一九六九年一月　ニクソン政権の登場➡〈戦争のベトナム化〉と農村支配拡大の不安定化

・一九六九年三月　アメリカのカンボジア秘密爆撃―ロン・ノル政権の登場―シアヌークの反転

ジョンソン政権の退陣後、代わって登場した「外交」を売り物とするニクソン政権は、「戦争のベトナム化」と称し、サイゴン政権軍の「自力更生」を促す作戦＝「農村平定計画」に転換、「米軍の段階的撤退」を打ち出し、装備・兵器の支援により、「サイゴン軍の米軍化」を推し進めたが、それはサイゴン政権軍には重荷過ぎて、前途は多難であった。一方、解放勢力側もサイゴン政権軍の強化に対し、北の人民軍の増強によってしか対応できなくなった。ニクソン政権は、「解放勢力のカンボジア聖域」を叩くため、カンボジア秘密爆撃を行い、シアヌーク殿下との提携を画策したが、結果、ロン・ノル政権の登場をもたらした。これは、ロン・ノル政権に反発する〈インドシナにおけるベトナム・カンボジア・ラオス三国民の共同行動〉という思わざる結果を生み、ベトナム労働党の長年の悲願達成につながった。ロン・ノル政権は、都市に追い込まれた。

・一九七〇年前後　米軍撤退のジレンマと北の人民軍の割合の増大
・一九六八年以来〜パリ会談の停滞→一九七一年夏からの和平交渉の進展
・一九七三年一月　パリ和平協定妥結
・一九七二年二月　ニクソン電撃訪中とデタント（緊張緩和）

ニクソン政権は、一九七二年二月に「電撃訪中」し、デタントに踏み切った。これに危機感を抱いたベトナム労働党は、戦局を転換するために、「春季大攻勢」をかけることを決め、サイゴン軍は危機に陥ったが、危惧するニクソンは、北爆の全面再開と北ベトナム港湾の機雷封鎖という「賭け」に出た。これに対し、危惧された中ソ側の「大反発」も実は起こらず、戦局は再び膠着状態となった。六八年以来歩み寄りがないまま経過したパリ会談は、ニクソン政権が北への「クリスマス爆撃」を行なうことでサイゴン政権の不満を慰撫し、アメリカ国内や世界中の反発を招いたが、サイゴン政権への多額の軍需物資の援助でサイゴン政権を押さえ込むことにより、漸く交渉再開→一九七三年一月二七日妥結の運びとなった。

・一九七二年三月　解放勢力・春季大攻勢—北爆の全面再開→戦局は新たな膠着状態に
・ベトナム労働党「積極論」へ戦略変更→一九七五年三月一〇日大攻勢開始→**四月三〇日サイゴン陥落**

しかしベトナム戦争は「パリ和平協定」調印後も、その終結になお三年余の月日を要した。ニクソン失脚後のフォード政権は内政方針も不明確で、戦争終結にも無策であった。また、「戦争」というものは、政治的な妥協よりも、何よりも「軍事的に決着」することが、その終結には不可欠なのであって、軍事的反攻の余地が残っていると思っている間は、「敗者」は決して「白旗」を掲げない。太平洋戦争の末期には、広島・長崎での原爆使用が、その軍事的決着の「決め手」となった。ベトナム戦争では、まだ、アメリカとサイゴン政権は、かつての「日本軍の悪足掻き」状態であった。そこへ、ベトナム労働党は、原爆に匹敵する「最後の鉄槌」を用意しなければならなかった。一九七四年の年末〜一九七五年の年始にかけて、情勢変化を決定づける事態が発生した。フォクロン省の省都解放である。これによって、まだためらいを残していた「労働党政治局」も、「最後の一撃」を加えることを決断し、ようやく一九七五年四月三〇日、解放勢力はサイゴンの大統領官邸に突入したのである。

アメリカにおけるベトナム反戦運動の高揚

ケネディ大統領暗殺疑惑の一端を引きずりながら、リンドン・ジョンソンはケネディ政権の後を継ぎ、ケネディの「ニューフロンティア政策」を継続し、さらにケネディと張り合うかのように、大胆な社会改革＝「偉大な社会」建設を提唱し進めていった。それは、かつてのルーズヴェルト大統領の下での「ニューディール政策」を彷彿させた。彼は、一九五三年から民主党でテキサスの南部民主党の支持を得るために保守へと軌道修正し、上院院内総務として実力をつけ、一九六〇年には大統領選の候補者争いでケネディに敗れるも副大統領となった。その後の彼は、一転、「保守の殻」を脱ぎ捨て、議会にケネディの念願であった「公民権法案」

を上程、さらに「貧困に対する戦争」まで提案した。

ジョンソンの掲げた「偉大な社会」の眼目は、①減税によるアメリカ経済の回復と②社会福祉における連邦政府の役割の増大にあった。①では数年間経済成長率は上昇、②では難航したが高齢者医療補助＝「メディケア」と、生活保護受給者に連邦政府の医療補助を与える「メディケイド」も成立させた。それでも、この両制度の恩恵に浴するのはまだ国民の一部であった。また、③公立学校強化のための連邦政府の資金援助も行った。また、④一九六五年にジョンソンが成立させた「移民法」は、一九二〇年代以来の北欧・西欧の出身者を優遇する差別的な移民政策にも終止符を打った。⑤経済成長と大規模な「貧困撲滅政策」の下で貧困は激減し、「貧困者の割合」は、一九五九年からの一〇年間で、黒人が五六％→三二％へ、白人が一八％→一〇％へ下がった。このようなジョンソンの広汎な「国内改革」の足元を揺るがしたのは、ベトナム戦争の進展と黒人の公民権運動の高揚であった。

ここまで有賀夏紀著『アメリカの二〇世紀』下巻（中公新書、二〇〇二年）を参照し、かつ以下に一部を引用させていただく。

ニューレフトの台頭

〈ニューレフトは公民権運動とベトナム反戦運動から生まれた。アメリカの人種問題を深刻に受け止め公民権運動に参加した理想主義的な白人の若者たちは、人種差別主義者の反対や暴力に直面し、より急進主義的な道へと進んでいった。……

学生たちの最初の運動は、大学のあり方に対して向けられた。一九六四年一〇月、カリフォルニア大学バークレー校で、キャンパス内での政治活動の自由を要求して起こった「フリースピーチ運動」は、巨大化した大学の非人間的官僚的な組織だけでなく、大学の社会における役割も問題にした。そして、ベトナム戦争の問題は学生の運動をいっそう過激にしていった。六八年になると、多くの大学のキャンパスでデモや暴動や建物占拠が頻繁に起こり、コロンビア大学、ハーヴァード大学などでは学長室や管理・事務室を占拠し、警官と衝突した。こうしたニューレフトの過激な行動を支持したのは少数の学生たちだったが、彼らはアメリカの政治を動かす重要な力となった。すなわち、彼らは、ベトナム反戦運動を全国的な運動に引き上げたのである。学生の活動家はキャンパス内の運動にとどまらず、全国各都市で反戦集会やデモを企画して国民を広範囲に動員し、政治家に圧力をかけた。

学生の反戦運動の高まりの背景には利己的な動機もあったことは否めない。学生、教員、妻帯者などに対する徴兵猶予が廃止され、戦争が自分たちの身に降りかかってきたのである。そのなかで多くの者が徴兵回避の方策を考えたり、国外に逃亡したり、反戦運動に参加したりしてこの災難から逃れようとした。ビル・クリントン前大統領もそうした若者の典型的な道をたどっており、彼は大学院在学中に徴兵を免れ、さらに留学先のイギリスで反戦運動を組織している。〉（『アメリカの二〇世紀』下巻、八三～八四頁）。

ベトナム反戦運動の社会的広がり

〈戦争が長引き戦場の悲惨な光景がテレビに映し出されるのを見て、国民は次第にベトナム戦争に対する疑問を抱き始めた。初期の頃、戦争に対する反対はまだ、知識人、学生、新聞などに限られていた。政治学者、歴史家、アジア研究者などは、六五年にアメリカのベトナム軍事介入は、東南アジアの政治と文化についてのアメリカの基本的理解の誤りを反映したものとして厳しく批判した。また、各大学のキャンパスで「ティーチ・イン」と呼ばれる反戦集会が開かれ、学生を中心とした平和を求める運動が大きくなり、六七年終わり頃になると戦争を批判する声は国民の間に広がっていった。そして、多くのジャーナリストがベトナムに行き、そこで見た空爆による被害やアメリカ軍の残虐行為などを生々しく報道し、国民の反戦感情を高めていった。

反戦の声は、政治家たちにも伝わり、六六年初めに、上院外交委員長ウィリアム・フルブライトの戦争批判を皮切りに、他の議員もこれに続き、ジョンソン政権内でも、軍事介入を進めた国防長官ロバート・マクナマラ自身が批判に転じ政権を離れた。また、国外においてもアメリカのベトナム軍事介入に対する批判の声が高まっていった。六八年一月末のベトナムの旧正月「テト」の期間中に、首都サイゴンも含めて防備の堅いはずの重要な都市がＮＬＦ（ベトナム南部解放民族戦線―引用者）の攻撃を受けたことで、戦勝を期待するタカ派の幻想も崩れた。この数週間後、アメリカのメディアはアメリカ軍の撤退を主張し始め、世論の大半が反戦に回った。

また、ベトナム政策が批判されるなかで、アメリカ経済も落ち込み始めた。国外の共産主義、国内の貧困と、両方の敵を相手に同時に戦うことは経済的に無理があった。六〇年代初めは二パーセントに抑えられていた物価上昇率は、六七年に三パーセント、六八年に四パーセント、六九年六パーセントと増え続け、（ジョンソンの―引用者）「偉大な社会」諸政策も予算を大幅に縮小され頓挫した。さらに、人種問題が悪化し、アメリカ国内は大きな危機感に覆われた。〉（『アメリカの二〇世紀』下巻、八一頁〜八二頁）

第2章　東大闘争の全経過

はじめに

本章は、主に次にあげる二冊の著書から引用し、それに対して著者（岩井）の独自コメントないし行動記録を挿入するという構成をとった。

小杉亮子著『東大闘争の語り』（新曜社、二〇一八年）と、島泰三著『安田講堂1968―1969』（中公新書、二〇〇五年、以下『安田講堂』）の二冊である。その他、伴野準一著『全学連と全共闘』（平凡社新書、二〇一〇年）を参考にさせていただいた。

東大闘争の経過については、島氏の前掲書をもとに引用し、そのとき、闘争にかかわった当時、学生・院生らはどのように考え、思い行動したのか、そのときから五〇年近くたった今、彼らはどう思っているのかを小杉氏前掲書から見ていきたい。

＊引用部分は、〈　〉で括った。

＊小杉前掲書で聞き取り対象者を示すアルファベット（イニシャルではない）の前にある【　】で記した聞き取り対象者の学部・学年、所属は、同書第2章「表2・3聞き取り対象者一覧」（三九頁）からと、文中に記されている場合はそこから記した。

＊■印の項は、小杉亮子著『東大闘争の語り』からの引用。
＊□印の項は、島泰三著『安田講堂』からの引用。
小杉氏、島氏の歴史的業績に多大の敬意を表しつつ、この両者のミックス引用で稿を成すことができたことは、二〇一九年のこんにちだからこそできる作業であることを確認しつつ、おふた方に心からの感謝の念を表明したい。

東大闘争は、六〇年代中期の、当時の社会的雰囲気の只中から誕生した。「戦後」が終わり、「高度成長」が軌道に乗りかけ、経済・社会システムの整備はそれなりに進んだ。しかしそれと、日本の政治やベトナム戦争など国際政治の動きはチグハグで軋みが大きく、大人たちは「戦後の総括」などは忘れて金儲け（ベトナム特需が効いていた）に走るが、若者たちは、「六〇年安保闘争の総括」を足下に意識しながら、将来を見据えて、日本の政治を大きく振り返り、自分たちの「足場」を定めようとしていた。そういうさなかの「羽田10・8闘争」の炸裂が若者たちに与えた衝撃は大きかった。

【文学部三年】
■〈MM　一〇・八に山﨑君がやられた。［その］翌日、抗議集会［に参加しないか］という声がバーッてかかるわけよね。確実に集会に行ってますから。記憶では、行ったのは渋谷ですね。それで、その後何度か［デモに］行ってる。ほんとに機動隊に対してアタマに来たということですね。だから、僕の意識のなかでは、東大闘争よりももっと前にこれがある。

東大闘争で〔は〕医学部の件で機動隊が導入されて〔学生が〕立ち上がったっていうのは一般論だけど、その前に底流があると僕は思う。僕の場合は、高校の時から、「国家に奉仕するんじゃねえ」って、友人の＊＊に言ったような気持ちがある。それで〔幼いころから好んで熱心に見ていた〕映画ですり込まれたような単純な正義感があるわけよ。〔そのうえで、決定打として山﨑君の死でアタマに来た〕。〉（『東大闘争の語り』一三三〜一三四頁）

一、ブントの多くのリーダー達が「革共同」に移行　書記長・島成郎は東大に復学

六〇年安保闘争を大きく領導した「ブントの敗北」は壮絶だった。組織は崩壊し、活動家の多くは唐牛健太郎・篠原浩一郎や、戦旗派の面々を筆頭に「革共同」に吸収され、プロ通派からは清水丈夫・北小路敏らが「革共同」に参加、その他は社会の中に散り散りとなり、思想的な総括もこれといったものは提出されず、その面では黒田寛一の「革共同」＝エセマルクス主義が幅を利かすようになったが、六五年日韓闘争からは漸く「新左翼」の再編・台頭が始まろうとしていた。

そういう中で、「虎は死してなお皮を残す」と言うように、一旦「燃え尽き症候群」に陥り、歴史の舞台から退場していたブント・元書記長の島成郎は、しばらくして東大医学部に復学して、精神科に潜伏し「医学部ブント」の精神的支柱となり、六八年東大闘争の「火種」を仕掛ける存在となっていった。

＊プロ通派―清水丈夫、青木昌彦ら全学連書記局メンバーを中心とする「プロレタリア通信」派。六〇年八月下旬旗揚げ。

＊革通派─六月一八日、国会突入できなかったことで革命の糸口を失ったとして書記局を激しく非難する東大細胞＋都学連副委員長・蔵田計成＋早大グループの一部、「革命の通達派」。一〇月下旬〜一一月上旬の「池田内閣打倒ゼネスト」で大惨敗→消滅。
＊戦旗派─古賀康正ら労対グループが六〇年一〇月旗揚げ。〜六一年二月頃から、守田典彦を中心に、革共同に移行。古賀康正・常木守ら少数のみが移行せず。ほぼ戦旗派は革共同に丸のみされた。

東大インターン制度廃止闘争の蘇生

島成郎の六〇年安保後の動向について、伴野は『全学連と全共闘』の（注）で、『精神医療二〇〇一年別冊　追悼島成郎』に収録された「島さんへの鎮魂歌」から引用し、次のように記している。

ブント書記長だった島成郎が東大医学部を卒業したのは一九六四年のことだが、島の後輩で、彼より一足早く一九六〇年に東大精神科医局に入局して精神科医としての道を歩み始めていた森山公夫によると、インターン制度廃止闘争が息を吹き返したのは、島ら一九六四年卒業組（三九卒）のクラスからだったという。島もまた一九六五年には東大精神科に入局しているが、一九六六年には、「これから大事が起こるから人を集めよう」と森山らを誘い、医学部の闘争を陰で支援していた。島は、東大医学部の中でも最も先鋭な改革運動の主戦場となった精神科の闘争を陰で支えながら東大闘争の契機をつくった一人であり、その後も病棟自主管理闘争の基本的アイディアを提案するなど、精神医療改革に積極果敢に取り組んでいた。彼は運動の表舞台に現れることはなかったが、運動家としての魂は医師になった後も健在だったのである。（『全学連と全共闘』第八章注3、二五一〜二五二頁）

東大闘争の口火となる医学部、そして日本の医学教育がどのようなものであったかを島泰三『安田講堂』から見てみよう。

一九六五年〜六七年　東大医学部の青年医師たちの闘い

□〈医学教育は六年制だったが、その卒業生は国家試験を受けて通りさえすれば医師免許を得て、医者として生計を立てられるわけではなかった。国家試験に通った者は、まずインターンとして一年間は医局（大学病院や指定された民間病院の）で働くことが義務づけられていた。これは、医師でも学生でもない中途半端な身分であり、「無給医局員」とも呼ばれて、働くことを強制されながら正規の給与は支払われない妙な身分だった。〉

〈（中略）研修という名目の下での、誰もがいやがる時間帯での、低賃金の労働だった。〉

〈つまり、インターン制度とはいい歳をした青年医師が使い捨てられる体制であり、旧い徒弟制度の慣習を利用した病院の営利主義経営の柱だった。

一九六五年（昭和四十年）三月には、これから医者になろうとする若い医学生たちにインターン制度などの医者世界の古い体質を改めようとする運動が起こり、「医学部卒業者連合」が組織された。この年に卒業予定の医学生が「インターン制度の完全廃止」を求めたのに対し、大学側は、「インターン願書を提出しなければ国家試験を受けさせせぬ」と強硬に突っぱねた。この大学側の強腰のために闘争がつぶれただけでなく、同年八月には「医学部卒業者連合」自体が崩壊した。

しかし、青年医師たちは巻き返した。翌六六年四月には「青年医師連合入局者会議」が東大など八大学で結成され、国家試験ボイコット闘争が組織された。六七年三月には、全国で八十七・四%が国家試験をボイコットした（『砦』13頁）。医者になるための免許にかかわることだから、このボイコットは壮絶な作戦だった。この闘争をくぐりぬけて卒業したばかりの医師たちは、卒業年度ごとに「青年医師連合」（略称「青医連」）を組織し、六七年四月からは医局研修を「青医連」による自主カリキュラムで行うようになった。

東大医学部と付属病院側、そして政府厚生省は、当局の権威を否定し、統制を逸脱しはじめた青年医師の動きに危機感を持った。これらの青年医師を管理するために、二年間以上研修した医師を登録医とするという「医師法一部改正案」が、六七年に国会に提出された。（中略）

医学生たちは管理体制を強めるだけでこれまでのインターン制度の矛盾が何ひとつ解決されていない「登録医制度」に反対し、医学部長と病院長に質問状をだした。〉（『安田講堂』一八〜二〇頁）

東大医学部　無期限ストライキ突入・卒業試験阻止

□〈一月二十七日の医学部学生大会は五世代（医学部一年〜四年&卒業生の42青医連）全体が参加し、票決は、賛成・二百二十九、反対・二十八、保留・二十八、棄権・一だった。圧倒的多数の医学生、研修生が、無期限ストライキに訴えても、つまり自分自身がこの春の国家試験を受けられないという〉リスク覚悟で、「登録医制度」廃止を訴えようとしたのである。

〈闘争中の全権は、各世代三十名の執行委員からなる「全学闘争員会（全学闘）」に委任され、一月二十九日には無期限ストライキに入るとともに、二百人がピケを張って四年生（M４）の卒業試験を中止させた。この学生のストライキに呼応して、二月五日には41青医連（昭和四一年卒業の青年医師）がストライキを始め、医者世界の支配者たちは危惧を強めた。

日本の医療の未来は、この医学生たちの闘争にかかっていた。だが日本社会は、それを理解しなかった。〉（『安田講堂』二二頁）

一九六七年三月一一日　東大医学部・一七人の懲戒処分発表

□〈この医学生たちの人生をかけた要望への回答が、三月十一日の処分だった。それは、病院内を騒がせたという理由になっているが、処分された者のなかには当日東京にいなかったことが明らかな粒良邦彦君さえ含まれてい〉るような、デタラメな処分だった。医学部当局の意図は明らかで、「スト潰し」そのものであった。〈それは東大では前例のない大規模な、しかも退学や研修停止を含む医師としての将来の抹殺を意味する深刻な処分だった。〉これは、通称「春見事件」という小さな事件を口実としていた。事件は、上田英雄病院長への会見要求から始まった。〈「上田教授は話し合いを要求する学生を体当たりで排除しながら、病院のアーケード下を通り、内科病棟の玄関まで逃げた。そこへ上田医局員数名が、突然学生の中に突入し、暴力的に学生を排除しようとした。特に春見医局員は、学生の顔面を肘で打ったり、えり首を持って引きまわし、眼鏡を壊す等の暴力行為を行い、これに対しては、上田教授自ら春見氏を制するほどであった」（『砦』、29頁）〉〈この騒動の後、上田教授は学生たちに自分の部屋で会おうと言ってこの場から去り、そのまま逐電した。しばらく待っていて結局、騙されたと知った学生と研修医たちは、春見医局員に対してその暴行を徹夜で追及して自己批判を要求〉し、しかるべき「謝罪文」を書かせた。これが「春見事件」の概要であり、結果、暴行した春見医局員ではなく、学生たちが「病院の静謐を破壊した罪」に問われ、一方的に不当処分されたの

である。(『安田講堂』一七〜二二頁)

【医学部三年】
■〈PP　やっぱり〔学生〕が処分されるってのは、聞く方にとってはすごく〔重かった〕。十何人も学生、処分されて。何人かが退学ですよね。そういう人を見捨てて、授業出るのはやっぱりできないよねっていう、なんとなく自然にそういう雰囲気になって。〉(『東大闘争の語り』一四〇頁)

三月一二日　医学部図書館バリ封鎖
　三月二八日　卒業式阻止vs学生自治会中央常任委員会(日本共産党)
□〈二月十九日の「春見事件」の直後、医学部教授総会では処分原案が医学部長に一任された。三月五日の学部長会議では、この処分原案が当事者からの事情聴取を欠いていることが指摘され、医学部に再考を求めたが、三月十一日の東大評議会(各学部評議員からなる最高議決機関)には原案のまま提出され、大河内総長は議長としてこれを提案し、評議会はこれを可決した。処分を聞いて激昂した青年たちは、三月十二日に開かれていた東大評議会に押しかけ、処分撤回を要求し、その日のうちに、医学部図書館をバリケードで占拠し、闘争拠点に作り替えた〉。〈これに対して、東京大学自治会中央常任委員会は、三月十八日付のビラで、医学部生の行動を非難する大学当局の「告示」全文を掲載し、「それ(注：全学の世論の力を集めること)をすすめてゆく上で、無用に機動隊導入を招くような挑発行動は闘い全体をきわめて困難に陥れる」と警告した。日本共産党はこの「中央常任委員会」を後押しした。〉〈二十六日、医学部生のストライキ闘争に賛同した学生有志で、「医学部闘争支援全東大共闘連絡会議」が結成され、三月二十八日の卒業式を阻止することを決めた。〉〈三月二十七日の午後三時から卒業式当日の翌二十八日朝まで、青年たちは安田講堂前に坐りこんだ。このため卒業式当日の午前八時五〇分になって、大学当局は、卒業式を中止した。〉〈同日、医学部一年生（M1）として進学してきた学生たちは、クラス会決議で医学部教授会に要望書を出したが、「クラス会などというものは認めていない」という教授会の返答に怒って、四月十五日にストライキに突入した。〉〈同じ日、昭和四十年（一九六五）に「インターン制度の完全廃止」を求めて闘ったが切り崩された40青医連がスト権を確立し、43までの各青医連と、医学部医学科の学生四世代、あわせて八世代がストライキに入った。〉（『安田講堂』二一四～二一六頁）

二、日本共産党も東大闘争を闘った？

日頃から本郷の運動展開と疎遠な駒場の学生たちにとっては、本郷、医学部で何が起きているのか詳しいことはまだよく伝わってはいなかった。

この時期、外からはよくは見えなかったが、医学部の中でブント・一般学生と民青がせめぎ合っていた時期に、われわれ駒場からも時折本郷に応援に行き、医学部キャンパスの中で、民青と対峙する機会が少なくなかったように記憶している。その中の一コマで、ラサールの二学年上で三浦聡雄さんという極め付きの優秀な（文武両道で、勉学のみならず、体操部のリーダーとして鹿児島県代表で国体出場の常連だった）先輩がいたが、彼はすでに当時、医学部民青の幹部クラスになっていたようで、われわれと対峙する医学部民青部隊の指揮を執っていたが、その現場で彼に対して私は、やや距離はあったものの、大声で「オーイ、三浦！　何やってんだー」というような声をかけ、私を認識した三浦さんが、同様の返答を返すという場面があったことを、やや懐かしく記憶している。

しかし私は、民青の活動家諸君が、三浦さんをはじめとして、後年「自分たちも東大闘争を闘った」という主張をするのを読んだり聞いたりするとき、大きな違和感に襲われる。「自分たちも闘った」？？？「なにを」？？？「誰を相手に闘った」？？？最初のうちは別として、途中経過は、宮本顕治の直接指揮下で「全共闘潰し」に奔走し、加藤代行登場後は、彼と「二人三脚」（七学部集会）で、かつ無論、宮本顕治の指揮下で、「東大闘争潰し」に邁進して来ておいて、何が「自分たちも東大闘争を闘った」だと⁉　バカも休み休み言えと言いたくなる。以下に書かれた記録が、東大闘争の「真実の記録」である。読者は、その内実・つぶさな事実経過を以下の報告で克明に読み、みずからの眼で確認していただきたい。

日本共産党は、早くもこの段階で、医学部生の行動を非難する大学当局の「告示」を支持し、「学生たちは無用な挑発行動をするな」という「警告」を発している。一〇カ月後の「七学部集会」の芽は早くもここに胚胎していた。

【医学部三年】

■〈ＰＰ　われわれがストライキに入ったけど、結局あまり状況は変わんない。学生側に有利にも別にならないし、不利にはならなかったんですけど。どうも誤認処分があるっていうことは、世間でだんだんと浸透してきたけど、打つ手がなくて。全学闘争委員会の指導部の人たちも、ちょっと打つ手がなくなって来てたんだと思うんですよね。（中略）そういう人の集まりですから、当然過激な意見しか出なくて。〝病院の一部を占拠しよう〟とか、それから、……〔医学部図書館の〕次に〝医学部本館を占拠しよう〟っていう声とか、それから、〝大学総長もあんなこと言って〔不当処分・誤認処分の問題性を積極的に認めないでい〕るんだから、やっぱり東大全体の問題だから、もう時計台を攻撃しよう〟とかいう声が出てですね。〉（『東大闘争の語り』一四六頁）

【当時、民青東大党委員長*・理学部四年】

■〈T　明らかに医学部の〔学生処分は〕不当処分だから、それはもちろん〔民青系学生も運動は〕やってたよ。ただし、医学部のブント系の諸君は、卒業式粉砕とか安田講堂占拠とか入学式粉砕とか、そういうことを言ったわけ。つまり簡単に言えば、戦術を激化することによって運動を広げようていう考えよね。われわれはその戦術には反対。だけど、もちろん青医連の運動は正当なことなんで、みんな怒ってるから、ああいう雰気のなかだと激烈な方向になびくわけよね。〉（『東大闘争の語り』一四六頁）

*なお、同書第三刷で表記のように「東大党委員会」と訂正、同じく「共産党全学委員会」も「共産党東大党委員会」と訂正＝同書著者より

【医学部三年】

■〈PP　私たちは一年生だから一番下で、あんまり相談に与らない方で、最終的には上の人たちが決めた

ようです。ブントの人たちとか、解放派の人たちとか、ML派、その辺の人たちの話し合いで、時計台を占拠すると決めたらしいんですよね。…現実に時計台占拠するときになると、占拠する人たちは主にお茶の水の東京医科歯科大学に集まって。その頃、医学連というのがありまして。そこはブントの人たちが主導権をとってて。何十人か、もう占拠するつもりで集まってたんですよ。（中略）もうほんとにバリバリの活動家が、赤いヘルメットかぶって、何十人か集まってて。当たり前ですけど、クラス会で議論したらみんなに安田講堂占拠案は否決されたわけですよ。……でも上の人たちは、六月一五日に時計台を占拠することは、スケジュール的に決めてて。〉（『東大闘争の語り』一四六～一四七頁）

学部当局の切り崩し・分断攻勢～安田講堂封鎖へ

□〈東大医学部の歴史に類を見ない長期間の、しかも青年医師四世代を含んだこれほど強力な闘争を続けても、大学当局が居直りつづけるかぎり、学生側にはジリ貧の結末が残っているだけだった。〉〈「医学部内に一定の崩壊現象がみえはじめていた」（『砦』、53～54頁）〉。〈こうして、医学部闘争を指導する青年たちのなかでは、安田講堂占拠が日程にのぼりはじめた。〉（『安田講堂』一二七頁）

三、事態は予想外の展開を

六月一五日の「安田講堂第一次封鎖」は、どちらかと言えば、東京医科歯科大を拠点とする「医学連ブント」中心の外部勢力に領導された占拠闘争であった。スケジュール設定も、東大の学内事情はお構いなしで、六〇年安保にちなんで、「六・一五ありき」で進められたようだ。ブント特有の「先駆性論」に導かれた闘争だったので、学内での事前準備も乏しく、長期の占拠に耐えうる学内基盤はまるでなく、二日後の機動隊導入に対しては、「白旗を掲げる」ようにして、みずから安田講堂から退去せざるを得なかった。それはいわば、「象徴的な占拠闘争」として闘われ、その限りでの役割は果たしたと言えるであろう。しかし正直、われわれ活動家レベルでは、「あっ、ブントがやったな」という程度の感覚で、ここから「新たな局面」が開けるという感覚はまるでなく、またその予測も立ちにくかった。しかし、大河内総長の二重の「失敗」（一つは六・一七機動隊導入の拙速、もう一つは六・一七総長告示の無内容）により、事態は予想外の展開を見せる。

六・一五安田講堂第一次封鎖→六・一七機動隊導入→六・一七大河内総長告示

□〈六〇年安保闘争の記念日、六月十五日を期して医学部全学闘争委員会（全闘委）は　安田講堂封鎖を決行した。これによって、凍りついていた医学部闘争の突破口を探し当てようとした。大学当局は直ちに警察に出動を要請し十七日午前四時三十五分、機動隊が東大本郷構内に入った。〉〈安田講堂前の銀杏並木を進む千二百人の機動隊の姿は、東大の青年たちに鮮烈な衝撃を与えた。〉〈紺の乱闘服、濃紺のヘルメット、輝くジュラルミンの大盾、樫の木の警棒、鉄板の入った乱闘用半長靴などの装備はすべて、弱者を圧殺する暴力を体現していた。〉〈「学問には不可侵の空間があるはず」という心の隅のよりどころが、決定的に叩きつぶされた瞬間だった。〉〈しかし、当時の青年たちのなかには、目の当たりにした権力の暴力の塊を見てもひるまなかった者たちがいた。〉〈私もまた「もう一度安田講堂を占拠したときには、機動隊の暴力の陰だけで尻尾を巻くようなことは、俺はしないぞ」と、その朝になぜかそう決めた。〉〈安田講堂は頭上高く、威圧するようにそびえ立っていたが、それを青年たちがものともしなかったのは、ひとえに時代のためだったかもしれない。〉〈大河内総長は、東大構内に機動隊を入れた六月十七日午前九時半に、早々と記者会見を開き、また手回しよく「機動隊導入に関する大学告示」をその日のうちに出して、その日の午後三時には（略）入院した。〉〈この総長告示が、当時の青年たちを激怒させた理由は、三十有余年の後になってもよく分かる。総長告示の特徴は、無責任で空虚な言葉の羅列である。「およそ大学においては、……建前としている」と語っているが、それは自ら言うように「建前」にすぎない。〉（『安田講堂』四七〜五一頁）

それは「語るに落ちた」と言うべきであり、「機動隊導入」という目の前の現実が、彼の言う「建前」性を裏書きしていた。処分は力であり、学部長・総長は学生を処分できるが、学生はその「力」の前に、とりあえずは「無力」であった。

【民青活動家・教養学部前期課程三年】

■〈J　最初は医学部の学生たちが時計台占拠したでしょ。そのときに〝これは機動隊入るな〟と思った。で、〝機動隊が入ったら全学ストライキだ〟とはじめっから僕たちは決めてたんですよ。学生は絶対ついてくる。しかも、その時に共産党都委員会の青〔年〕学〔生〕対〔策〕の人は完全に〝やれ、やれ〟っていう姿勢だったから、僕たちは、いわば機動隊が入るのを待ってたんですよ。〉（『東大闘争の語り』一五〇頁）

【加納明弘さん、東大教養学部中核派・文Ⅲ四年）】

■〈ＢＢは、一九六八年四月ごろに、中核派を脱退した。安田講堂への機動隊導入によって東大闘争が全学的に始まったのは、その直後だった。ＢＢは駒場キャンパスで結成された駒場共闘会議の〝事務局長〟として、新左翼とノンセクトの学生たちとの共闘が成り立つように調整する役割を担うことになった。党派活動家として長いキャリアがある一方で、すでに党派から脱退していたＢＢの語りからは、学園闘争を政治闘争の道程の一部とみる発想と、前衛―大衆関係に基づいて権力奪取を狙う左翼運動を疑ったノンセクトの発想、その双方が見られる。〉（『東大闘争の語り』三二六頁）

〈ＢＢ〔一九六八年六月一七日に東大に機動隊が導入されたときは〕非常に活動家的な発想で申し訳ないんだけど、チャンスって感じですよね。これでやんないと誰がやるんだよ、いつやるんだよと〔思いました〕。当時、七〇年〔の安保改定〕を自然延長でやると思ってなかったから、必ず条約改定をやるから、ここが天王山。で、天王山に向かってちょうどいいタイミングだなって、僕はすでに党派の人間でもなんでもないんだけども、瞬間的にそう思いました。……〔でも、教養学部のノンセクトの学生を七〇年安保闘争まで〕〝連れて行くぞ〟とかそういうふうには思ってませんでしたから。もうセクトの人間じゃないんで。〝来てくれればいいな〟と〔思っていただけです〕。〉（『東大闘争の語り』三二六頁）

機動隊導入抗議――「全学闘争連合」の結成

□〈この警察の実力行使を前に、占拠していた医学部の三〇人の青年たちは、事前に抜け出し、講堂の外でデモを行った。昼前には、安田講堂の前で、集会が始まり、たちまち三百人を越える抗議集会となり、大学院生たちが、「全学闘争連合」（略称・「全闘連」）をその日のうちに結成するに至った。その代表に理系大学院の山本義隆がおされた。痩せて背の高い、実に演説の下手な人で、聞いているほうはじれったくなるほどだったが、不思議な人間味を感じさせる青年だった。〉〈この日は一日中騒然として、各学部とも自然休講となった。昼過ぎには三千人規模の集会とデモが行われた。午後八時になっても青年たちは散らなかった。翌日には、各学部で学生大会が開かれ、続々とストライキが決定され、各学部単位のデモが学内に繰り出した。〉〈六月二十日、法学部を除く九学部がストライキを行い、全学総決起集会には七千人の学生が集まった。〉(『安田講堂』五二〜五四頁)

六月一五日以降の情勢の変化にもっとも強烈に反応したのは、教養学部・駒場の学生だったかもしれない。

【解放派シンパ・法学部三年】

■〈Z　ほんとにこれはびっくりしましたね。その点では、六七年の一〇・八と同じような〔衝撃を感じました〕。なおかつ、自分の庭に起こったという感じがしたもんだから、これはいかんと。おまけに医学部の処分の問題もいろいろ聞くととんでもない話で。当時、わりと学者を尊敬してたってところがあったんで、逆にそれでもってすごく怒っちゃったんですね。〉(『東大闘争の語り』一五二頁)

教養学部自治会選挙でフロントが勝利

日本共産党系の敗退と怪しげな策動〜六月二〇日教養学部スト可決

□〈六月十六日の教養学部自治会正副委員長選挙では、フロント(構造改革派)の今村俊一が千九百二十五票を集め、日本共産党系候補(千八百四十三票)、解放派・革マル派などの三候補(計九百五十八票)を破って委員長に当選していた。東大の学生自治会を握っていた日本共産党系の学生組織は、この敗北に戦慄した。入学後、一、二年生全員が所属する東大教養学部は、東大学生の半分を占める巨大組織であり、しかも学生運動に未経験で、組織にとりこみやすい学生が集まっていた。その自治会委員長選挙で負けたとなると、日本共産党系の学生にとっては責任問題である。〉〈このあたりの事情を聞き書きだと断りながら、宮崎学（当時、日本共産党の活動家＝引用者）は以下のような話を伝えている。〉〈（六月十六日の）深夜行われていたその（日本共産党の）細胞会議に機動隊導入の報せが届いた瞬間、これを自らの主導権によるストに導くことで、委員長選敗北を乗り越える方向が確認された。〉〈「この謀略で、翌朝の駒場は日共の全学ストのアジがキャンパスを制した。こうして東大の日共は駒場主導で一気に跳ねていくのである」〉（『安田講堂』五四～五五頁、『突破者』宮崎学著、南風社、一九九六年―引用者）

ここで図らずも、宮崎自身が「謀略」と吐露しているように、日本共産党の「戦略戦術」とは、一貫してかくも「（敵権力に対する）真の怒り」などとは無縁の、党派的政治力学に基づく、「主導権志向」の判断に基づくモノであった。よって、

□〈ここで「跳ねた」はいいが、七千人の学生の登場は予想外に大きかった。今村新委員長は駒場の第一本館の裏、駒場寮に続く銀杏並木に立って、機動隊導入糾弾の演説を行ったが、そのときの経験は圧倒的だったという。〉〈「民青諸君は駒場寮の前のT字路で大立て看を後ろにして集会をやっているわけですが、そちらに集まる学生も少なくないけれど、私たちの周りにはそんな数ではない学生がどんどん集まってくるんです。それこそ続々と。『人が湧く』といいますが、その言葉どおりに学生たちが『湧いて』くるんです。結局、

千六百人にもなったでしょうか？　あんな経験は初めてでした。」〉〈六月二十日の教養学部学生投票では、賛成三千二百七十、反対三百一、保留四十六でストライキを可決した。学生たちは、まず駒場構内の正門前に千人規模でピケを張り、集会のあと本郷構内へ、安田講堂前へと、東京を横断して集まった。そこで、東大の青年たちは、七千人と言われる空前の大抗議集会を開くことになる。〉〈六月二十六日、豊川行平医学部長は記者会見で「処分撤回はしない。他学部の学生とは会う気はない」と言い切った。〉（『安田講堂』五四〜五六頁）

この過程で、三つの学部、大学院などが無期限ストに入った。この全東大を包む抗議の嵐の中で、大河内総長は学生との会見を求めてきた。

【当時、民青東大党委員長・理学部四年】

■〈T（機動隊が入った翌朝の＝引用者）6時くらいかな僕は誰かの車で駒場に行って。われわれは大衆の動きっていうのは非常に不勉強だったと思うんだけど、そんなときにとにかく、「6・20ストライキのためにクラス討論をきちんとやって、そこで決議を上げて、それで体制を固めよう」という〔方針を考えていた〕。ところが現場のクラスの討論は、もう「本郷に〔抗議をしに〕行こうって〔いう結論に〕なるわけよ。それで僕らが駒場に行ったら、〔民青系学生によるビラに〕「みんな本郷へ」って書いてあった。彼らはよく従ったと思うけど、僕は全部書き直させたわけ。「駒場でまずクラス討論をやって、クラス決議を上げてから」って言ったんだけど、それは間違った方針で、（略）それで、最初に出遅れたんですね。われわれから〔見たら〕、

〔駒場の〕自治会選挙に負けたうえに、その誤った戦術で浮き上がって、東大闘争は初期の段階は非常に大変でしたよね。」(『東大闘争の語り』一五三頁)

【文学部四年】

■〈C〔民青への違和感の原因としては〕さまざまあるけれども、それは党派ってものがあっていいかどうかっていう話になるけれど、やっぱり中央が指令すると、とくにヒラの党員、専従者はそれに従わなきゃいけないじゃん。それは新左翼も同じだけれど、革命運動においてそういう組織をつくることがいいのかどうか。〉(『東大闘争の語り』一五七頁)

大河内総長会見が学生たちの憤激を呼んだ

□〈六月二十八日、安田講堂で行われた大河内総長の会見こそは、東大全学を沸騰させる火種となった。〉〈午後二時五〇分には大河内総長が現れ、割れるような拍手の中で総長会見が始まり、まず機動隊導入時の事情を説明した。〉〈総長の言葉は、ときどき学生たちのヤジ、怒号で途切れたが〉、〈定員三千人の安田講堂がいっぱいとそこから溢れた三千人以上の講堂前の学生たちは、懸命に総長の話を聞こうとしていたのである。……議長団の一人今村俊一君が立ち、『私達は多くのものが囲んでつるしあげをしようとしている訳ではありません』険悪な空気を吹き飛ばしたような発言に満場の拍手。続けていう。〉〈『交渉してきたのは、問題解決のための話し合いなのです。総長・評議会が責任をもって不当処分を取り消すように要求するのです。私達の論理の正当性と道義性によって、話し合いの場に臨んだ訳です』〉〈大きな拍手。〉(『安田講堂』五九頁)

この席で総長の口からは、「くどいようですがここに出てきたのは、セイシュクに…」「セイシュクに」が二〇回も出る。怒号・ヤジで中断。「…こういう会合が無意味というなら帰ります」。総長はヨロヨロと立ち上がり、四時一三分、支えられながら講堂を去った。

□〈総長会見の翌日配られた「全闘連」のビラは、画期的なものだった。冒頭の語りかけは、実に秀逸だった。〉〈学友諸君、聞いたか。あの無責任な、かつ学生を愚弄する総長の所見なるものを。（中略）総長は、一方的な所信表明以外を行なわず、（中略）大衆団交を拒否した。しかも拒否する論理は何一つ表明されなかった。『学生との話し合いで物事を決めることはやらない』と開き直るのみであった」（『砦』85〜86頁）〉（『安田講堂』六一頁）

その夜から、全闘連をはじめ学生たちは、「無期限泊まり込み抗議集会」と称して、安田講堂内での泊まり込みを継続した。

【教養学部一年】

■〈SS　Bさんは私の実験の指導教官で。一生懸命カエルの解剖してるのに、とにかく「授業はない！これからはクラス討論〔をしよう〕」と言われて、カエルを放り出して、〔キャンパスの〕芝生の噴水のところでクラスで討論すると。そこから、医学部の処分問題で「医学部で処分された人がいるんだよ」と〔教えられて〕、〝ああ、それは不当だね〟と。〉〈田英夫さんが「ハノイからの報告」っていう戦場報告〔のテレビ番組をTBSでやっていて〕、アメリカ〔の兵士〕がベトナム民族解放戦線の兵士だと決めつけた村人を撃ち抜く映像が〔流れたり〕。もうますます、そわそわしちゃうっていうかな。何が起こっているんだろうって。……たとえば沖縄から戦闘機が飛んでってあの人殺しを支援してるんだっていうことが、原罪〔のように感じられた〕っていうか、私たちがなんとかしなくっちゃって思ったし。〉〈で、授業もないし、クラス討論でB先生が〔話したことは〕〝私たち大学生は今の社会の中で、どういう位置にいて、どういうことを考えるべきなのか〟〝自分ていう存在を社会の中で対象化して、なにをするか〟っていうお話だったんですね。やさしく、伝わりやすく、心の襞に入るような感じで。こんなに私たちばっかりのほほんとしている間にも、ベトナムでは戦争〔が起きているの〕だし、私たちはある種恵まれてここにいるけれども、これではいけないんだと、すぐ思いましたね。……クラスの仲間が、みんなBさんにかぶれてしまいましてですね。〉（『東大闘争の語り』一六〇～一六一頁）

【教養学部一年】

■〈U　だんだん、だんだん医学部処分問題を知れば知るほど、あるいは国大協〔自主規制〕路線とか、そういうことを知れば知るほど、要は機動隊が導入されたことに対して反発したけども、〔そもそも〕大学の自治なんていうのはなかったんじゃないか。そういうふうにだんだん自然に意識が進化しますから。……でも、面白かったですよね。ほんとにあれを経験してよかったですよ。〔クラスの討論をとおして〕みんなが成長するでしょ。毎日毎日成長してるっていう実感がありますよね。〉（『東大闘争の語り』一六二頁）

四、七月二日　安田講堂再封鎖

六・一六駒場自治会委員長選でのフロントの勝利と、それによる日共・民青の目も当てられぬ狼狽、それに続く六・二八大河内総長会見での大学当局の破綻。このあと、事態はどのように動いていくのか？　東大全学において、医学部ブントは無論、全共闘派もフロントも、日共・民青も、そして大学当局も、およそ見当がつかない混沌のただ中にあった。そんななか、七月二日に至り、突如、解放派（全学）の部隊が、「安田講堂再封鎖」という大方の人々の意表を突く挙に出た。これは、「東大解放派」を中心とし、全闘連（大学院生の闘争組織）と、それに追随する一部諸派の共同行動であった。この前後私は、別の任務で動いていて、直接、封鎖行動に参加することはなかったが、直前の「方針討議」において、若干の反対意見も出されたとあとから聞かされたものの、おおむね、東C・本郷の解放派の活動家のなかでは、驚きとともに、熱烈な支持を得た行動方針であった。この「七・二安田講堂再封鎖」は、当局側は無論のこと、闘う学生の間にも、大きな衝撃と複雑な波紋を広げた。

七月二日安田講堂再封鎖〜それをめぐる反対派との攻防＝「暴力」をめぐって

□〈七月一日の夜、安田講堂再封鎖方針をめぐって、学生たちは烈しく議論した。〉それは「甲論乙駁」であった。〈この問題について工学部委員長の石井重信*（栃木県出身）は、簡潔な言葉で安田講堂占拠に同意した。「やるべきです」と。〉〈七月二日夜八時すぎ、二百五十人の学生たちは、安田講堂を封鎖しはじめた。すべての入り口をベニヤ板や机で閉じて、「封鎖中」の看板を立てた。例の「無期限泊まり込み抗議集会」という口実があったから、この封鎖は簡単だった。〉〈しかし、翌朝から日本共産党系の学生や職員たちが安田講堂のまわりに集まって口々に講堂封鎖に対して抗議し〉た。〈安田講堂の前で、詰め寄る日本共産党系と一般学生の集団と対峙した学生は、そのとき何人いたか。とにかく少数である。〉〈「学生大会決議でも認められていないのに、民主主義への挑戦じゃないか！」と叫ぶ数十人の輪は、あっと言う間に数百人に増えた、彼らは、口角泡を飛ばしてバリケードの前に立った学生たちにあれこれ言った。〉〈どれだけの多数に取り囲まれても、詰め寄られても、ごく少数の私たちは「それがどうした」と居直った。〉〈「学生大会決議はこれから出せばいい。横暴って言うが、大学は横暴じゃないのか？　抗議する相手が違うぞ」。〉暴力って言うが、〈医学部の学生処分は暴力じゃなかったのか？（略）機動隊導入は暴力じゃなかったのか？　大河内は暴力でもなんでもやるぞ。学生なんかと話し合いで決めるなんてことは金輪際やらない、と平気で言ってたじゃないか。お前はどうするんだ？　お前がやることを言ってみろ。それなら聞いてやる」〉〈そう言いながら、自分自身でもむちゃくちゃだなあ、と思っていた。しかし、無性にこの東大生たちに腹が立っていた。自分の身の安全なところから遠吠えだけは達者なやつら。その意味で、大河内総長とまったく同じやつら。そんな奴らと、まともな話はできない。〉一方、〈集まって来る学生、大学院生、助手たちの中に「代々木の受け売りをやってんじゃないよ」、「不当処分とどう闘うのか示せよ」と、私たちの助太刀を買って出る者が現れて、状況は五分五分になった。こうなると日本共産党系の面々は腰砕け、バリケードには手を触れることもできず、すごすごと立ち去ることになった。〉（『安田講堂』六一〜六五頁）

＊東大本郷解放派の主要メンバーの一人。（編集部）

【解放派シンパ・法学部三年】

■〈Z　法学部闘争委員会が法学部の有志の集まりですよね。僕としては、ワンゲルにいたときの一年先輩が社青同解放派の活動家として法学部で活躍してて、彼とは大変に馬が合ったということがあったんですね。〔その先輩の〕＊＊＊さんは、すごく情熱的で有能な活動家だった。学生運動っていうのは表面的にはすごく理論〔が重要〕なんだけど、けっこう人脈が効いてるっていうところもあるんですよね。〔法学部では、やはり（解放派＝引用者）は多かった〕フロントの活動家よりもね、解放派の活動家のほうが人間的な魅力があったんだよな〔笑い〕。僕の先輩は法学部闘争委員会のリーダー的な立場で、私なんかはそのパシリ〔使い走り〕と言っちゃ、ちょっと自虐的だけども、そんなもんですよ。〔六月二八日の大河内総長の会見には〕僕は出ました。けっこう頭に来て、野次を飛ばしたこともあった。〉〈のらりくらり〔と話している〕というか、それとやっぱり現場にいなかった人間を処分しちゃうってのは、もうあからさまに闘争に対する弾圧じゃないですか。いまにして思うと、学者を尊敬しすぎていたところもあるんだけども、まさに学者にあるまじき〔態度だと思った〕。〉（『東大闘争の語り』一六三頁）

五、七月一五日「七項目要求」が確定され、東大闘争の輪郭が一挙に公然化

「七・二安田講堂再封鎖」の直後から目覚ましい働きをしたのが、石井重信さん（解放派）率いる工学部であった。工学部は、七月三日の学生大会で「安田講堂再封鎖絶対支持」を決議し『朝日新聞』を驚かせ、その「再封鎖支持」の声は「一回目の占拠の時には想像も出来なかったくらいに大きかった」との記事を書かせた。これを受けて、七月五日、駒場の全学投票で「無期限ストライキ」が可決され、この熱気をうけて、同七月五日、安田講堂で「東大全共闘」が結成され、議長には山本義隆さんが推挙された。そして、七月一五日、「七項目要求」が確定され、東大闘争の輪郭が一挙に公然と姿を現していくのである。

安田講堂再封鎖をめぐる支持の輪の広がり

□〈七月三日、工学部の学生大会は「時計台（安田講堂）封鎖」支持を決議した。同じ日、教養学部代議員大会で無期限ストライキ提案が可決され、七月五日の教養学部全学投票の結果、賛成二千六百三十二票、反対千九百四票、保留三百三十三票で無期限ストライキを決定した。〉〈この駒場の全学投票を経て、今村俊一教養学部自治会委員長は、安田講堂再封鎖を認めるようになった。〉〈「（略）駒場で無期限ストライキ方針が確立された現在、本部封鎖のもつ意味はあきらかに変わっていることを確認しなければならない。我々の要求を一切黙殺せんとする大学当局に対して、我々は無期限ストをもって、更により鋭い戦術として本部封鎖をもつきつけねばならない」〉と。〈工学部学生大会は、「封鎖絶対支持」を決議した。ほかにも、クラス、サークルなどの「封鎖支持」声明が続いた。もちろん、全体からみれば再封鎖にはきびしい反対、批判が学内に強い。だが、再封鎖もやむなし、との感じも、封鎖派の学生たちさえがやや意外に思うほど浸透した。一回目の占拠のときには想像もできなかった現象である。〉（『朝日』No.565、２９７頁)〉（『安田講堂』六五～六六頁）

【全共闘・文学部三年】

■〈F　当時は、全共闘ではないっていうふうに意識することの方が相当意識的なことだったと思うね。政治的にごちゃごちゃ考えなければ、大学当局の対応がおかしいというのは、みんなそう思ってるわけだから。〉（『東大闘争の語り』一六六頁）

【医学部三年】

■〈PP　これだけいろいろ、こう大きくなっていくと、運動にとっては有利な話で。それはたぶん意識してたと思いますけど。別にこれが戦争だっていうんじゃないですけど、戦争ってみんな、ねえ、予期しないことがどんどん起きてきて。それにたいして大学当局も予期しない対応をして。われわれのほうから見ると、手詰まりになってたのが急に展望が少し開けたみたいな、自分たちの予期しない方向に調子に乗ってくみたいいな。悪く言うと。そういう面もあったと思いますよね。〉（『東大闘争の語り』一六六～一六七頁）

七月五日　東大全共闘結成──「七項目要求」確定

□〈七月五日、「東大全学共闘会議」（通称「東大全共闘」）が結成された。日大全共闘に遅れること、一か月と九日だった。日大は路上で、東大は安田講堂で、それまでの学生運動がまったく知らなかった組織を生み出したのだった。東大全共闘は、各学部の代表者や各党派の代表の集まりだった。それぞれの党派のうるさい主張をまとめる役割を、やや年上の大学院生組織の全学闘争連合（全闘連）が果たし、議長役として理学系大学院の山本義隆が選ばれ、彼は次第にその存在感を増していった。〉〈七月十五日、安田講堂で開かれた代表者会議で、東大全共闘の七項目要求が確定した。〉（『安田講堂』六九頁）

それは、以下のとおりである。①医学部不当処分撤回！②機動隊導入を自己批判し、声明を撤回せよ！③青医連を公認し、当局との協約団体として認めよ！④文学部不当処分撤回！⑤一切の捜査協力（証人・証拠等）を拒否せよ！⑥一月二九日よりの全学の事態に関する処分は行うな！⑦以上を大衆団交の場において文書をもって確約し、責任者は責任を取って辞職せよ！

【フロント・シンパ、教養学部文Ⅲ二年】

■〈Q　全学闘争委員会っていうのはあくまで自治会を中心にした駒場の闘争組織なの。私のクラスで全学闘〔を支持したのは、フロントのシンパだった何人かなんだよね。それに対して〔全学闘争委員会〕は〝生ぬるい〟という話になって、おもなクラスの闘争メンバーは、一斉に〝スト実〟に走るわけですよ。要するに〝形式民主主義〟を否定するっていう話ですよね。全学闘はあくまで自治会からつくっているわけだから、なかには民青から選ばれた委員もいたわけですよ。それに対して〝おかしい〟と。はっきり民青を排除した、闘う者だけの闘争組織、それがスト実なんだけどさ。……私のクラスも何人か〔スト実に入った人間が〕いてさ……〝闘う気のない人間も代表権を持っているのはおかしい〟って言うわけですよ。だから〝闘う気のある人間だけが集まって組織決定をするんだ〟って考え方だったですね。〉（『東大闘争の語り』一八六頁）

【日本共産党東大党委員会の指導部・教養学部文Ⅲ三年】

■〈J　僕たちには、この東大闘争を学生自治の運動、大学の自治を変えていく運動としてやんなきゃいけないっていう位置づけがあるわけですよ。それともう一つは、これを長期的にやろうっていう構えがあった。この闘争だけで決着のつくことじゃない。……そのためには、今回の闘争を通じて、大学の管理運営にたいしてなにか楔を打ち込んどかなきゃいけないと。それで〔運営〕協議会ってのが出てきたんですよ。〉〈ところが全国には全学協議機関を設けてる大学はいくつかあったんですよ。国立大学でもあったし、私立大学でもあった。それがどういうものかということを、実際に大学に行って調査しなきゃいけないというんで、僕が京大、立命と名古屋大学医学部に行ったんです。……資料もらって現状をつかんで学生組織の側の意見を聴いて研究するために、〔この年の〕夏休みに全部まわってたんですよ。で、この調査やってわかったのは、僕の判断では、これではダメだと。……悪くすると労使協調の経営協議会みたいになっちゃう。〉(『東大闘争の語り』一六九頁)

「八・一〇告示」~全共闘側「拒否」看板~医学部でのスト破り開始

□〈一九六八年八月、東大全共闘の青年たちは泊まり込み体制を作って、まわりのテント村とともに夏休みの「砦」を維持した。毎週火曜日が「行動日」で、講演会、ジャズコンサートなどが開かれて、安田講堂は一般に開放された。〉それに対し、〈総長以下東大当局は、〉〈学生たちがすぐには反応できない時期〉と見て、八月一〇日に「告示」を出し、郷里に帰った学生宛に郵送した。〈「学内に生じた紛争が解決を見ないまま夏期休暇に入ったことはまことに遺憾であり、大学の内外に対してその責任を痛感するものである。」「評議会は、その審査の公平を期するため」、「右の一一名の処分を発効以前の状態に戻すこととする」。〉(『安田講堂』八二~八三頁)

注目すべきは、問題の発端である「処分」について、その経緯にも触れず責任にも頬っかむりをして、「発効以前の状態に戻す」という姑息な対応であった。要は「処分はなかったことにしてやろう。これでどうだ」というわけである。あまりにも無責任かつ破廉恥な対応であった。

□〈講堂前のテント村には、二文字だけの巨大な看板が出た。「拒否」と。〉〈医学部では、「八・一〇告示」を受けて、学部長、付属病院長が交代した。小林新医学部長は、声明書を医学部学生たちに郵送し、対話とストライキ終結を呼びかけ〉、そのための提案を行った。〈たとえば、臨床研修についての最終案では、「付属病院に主任教授、指導医、研修医各十五名からなる三者協議機関を設け、投票での結論は有効数の四分の三以上の賛成で対等な立場での研修の仕方を決める」などとしている。〉この提案を受けて、八月二二日、〈医学部学生一一八人が「ストライキ終結宣言」を張り出した。〉さらに〈医学部当局は九月に異例の卒業試験を行うと掲示した。〉（『安田講堂』八四～八六頁）

このスト破りと卒業試験の発表は、〈弾圧手法として、あまりにも露骨だった〉。八月二八日、小林新医学部長が記者会見をしている場で、医学部の青年たちは団交を要求したが新医学部長がこれを拒否したので、午後五時から、赤門の正面にあり「聖域」ともされていた医学部本館を、ついに彼等は決意し封鎖に踏み切った。一方、九月七日、駒場での教養学部代議員大会で、八五二人の代議員中四三二人の投票で、スト中止提案を含む全提案が否決されて、無期限ストライキが続行されることになった。

【石田雄、社会科学研究所助教授】

■〈E　学生から見ると、大学はすごい権力構造のように見えるけれども、実はそうじゃなくて、学部がバラバラにあるというね。……縦割りで、なまじ教授会の自治が絶対的な伝統となっているからには医学部のやることには〔総長でも覆せない。つまり〕ずいぶん制度的に硬直していたわけですよね。だから、非常に政治的な、あるいは非常に人間的に統率力があって、医学部をなかから変えるだけの人物（あれ）がいたら、また〔展開は〕別〔になった〕かもしれないけど〔そんな人がいれば、そもそも医学部処分は起きなかっただろうし〕。〉（『東大闘争の語り』一七三頁）

【日本共産党東大党委員会の指導部・教養学部文Ⅲ三年】

■〈J　それまで駒場はともかくとして、本郷の闘争組織には、大河内一男に対する幻想があったんですよ。彼は、戦時中は生産力主義にもとづいて戦時統制経済を利用して社会主義に接近しようとしてたんだ、潜っている共産党に事実上協力したんだからってことなんかがあるわけですよ。それから共産党本部の方も大河内のことは評価してた。……ところが、あの8・10告示で〝なんだこんなことしか言えないのか〟ってことで、本郷の組織ががっかりして、大河内に対する幻想が冷めたと。やっぱり大河内執行部を倒さなくっちゃってことになった。本郷の民青系組織は、あの8・10告示で、完全に大学当局と対決するようになったっていうところがあるんですよ。〉（『東大闘争の語り』一七三～一七四頁）

【宮本眞巳、文学部三年】

■〈D　一般の学生は、それ以上どこから切り込むかってのが見えなかったんだけど、思わぬところから出てきたなって、最初は感じて。大学院生とか若手の教員研究者たちは、そこで自分の問題になったんだろうなあっていう。途中から、これはそういう必然性があるんだなというふうな気はしましたね。……〔助手や大学院生たちが〕覚悟を決めたんだろうなということもだんだんわかってきた。〉（『東大闘争の語り』一七九頁）

九月七日　〝あかつき部隊〟投入と『朝日新聞』の見方

□〈九月二日、日本共産党の機関紙『赤旗』は、「東大学生細胞の声明」として〉、〈「社学同などの『占拠』を一定の効果があるのではないかと見る諸君もいるが、がん迷な東大当局に譲歩をよぎなくさせた基本的力は、一万東大生の団結した一斉ストライキであって、今後とも東大の民主化をかちとるためには、学生が内部に意見の違いはあっても、大きく団結してたたかうことが何よりも重要である。団結を妨げる一切の行動は、絶対にやめるべきである」〉〈この日本共産党の方針を、より正確に、『赤旗』よりも早く、八月三十日の『朝日新聞・夕刊』は、「代々木系が反対方針」という見出しで伝えた。〉〈「(東大学生自治会中央委員会は) 九月の新学期に入ってから諸要求を貫くために全学ストライキを行う。(中略) 今後は、教授らと一緒になって彼らの〝暴挙〟に反対する。このためには暴力闘争も辞さない」(『朝日』、No.566、８６２頁)〉(『安田講堂』八九〜九〇頁)

見よ！『赤旗』よりも、赤裸々に『朝日新聞』は、日本共産党の方針を「今後は教授らと一緒になって…」と明かしているではないか！「教授ら」とは、すなわち「大学当局」ということに他ならない！　そして、「東大学生細胞声明」の言う「やめるべき」とは、「暴力を用いて阻止する」ということを意味していた。

【フロント活動家・法学部四年】

■〈W　僕は活動家だから、共産党が昔なにやってたかも知ってるからさ。いざとなればやりかねないっていうことは思ってたね。ちょっと古い話だけど五〇年代のリンチ事件とかあるから。そういう体質を持ってるからね。〉(『東大闘争の語り』一八一頁)

【福岡安則、文学部三年】

■〈A　(指導教官の) 自宅へ行ったら、(略) 僕らがそのモノポリーやって遊んでいるところに、一期上の

Cは「今すぐ大学へ戻れ。都学連が武闘訓練展開してるから、自分の目でこういうのは見なければならない」って〔電話してきた〕。（略）〔本郷に戻って武闘訓練を見た〕。……それ以前にもセクトの人たちはゲバ棒を持ってたけど、立て看をつくるためにやる材木で〔できていたから〕人間の体殴れば棒〔のほう〕が折れた。〔だけどこの日は〕明らかにヘルメットの上からやれば、ヘルメットが叩き割れる武器を持って彼らは登場したんだもん。民青は〝暴力反対で平和を〟って言ってるけど、〔実際は〕全然違う。樫棒持ってきて武闘訓練をやってみせる。要するに言うこととやってることと違うっていう話じゃん。〉（『東大闘争の語り』一八一～一八二頁）

六、闘いは、日本共産党からは手の届かない地平にまで

六〇年安保闘争以来、（学生）大衆運動の主導権を失ってきた日本共産党は、東大闘争において、それを奪還―死守しようと必死であった。しかし、「東大闘争」自体がそもそも、日本共産党がつくり出してきたものではなかった。「歌ってマルクス、踊ってレーニン」の〈六全協路線〉からは、現実の課題―権力との死闘を含めた階級闘争&学生運動は生まれてくるはずもなかった。

東大闘争は、六五年日韓闘争―六七年羽田10・8闘争の流れを組み、「労働力の生産―再生産過程における学生存在」の社会的位置づけでは最先端に位置する東大生たち&医者の卵たちが、みずからの存在に目覚め、日本労働者階級による階級闘争の一翼たらんとする可能性を秘めた新たな闘いであった。すでに、闘いの質は、日本共産党からは手の届かない地平に突き進まんとしていた。それを無理やり、「歴史の弁証法」

に背いて、みずからの「党の枠内」に収めるには、きわめて理不尽な手法＝「暴力的手段」に訴えるしかなかったのである。それが、「あかつき部隊誕生→東大に登場」の歴史的意味であった。

〝あかつき部隊〟の目的と内実

日本共産党の方針によってつくられた暴力専門の秘密部隊

その部隊の指揮者・宮崎学は、のちに自著『突破者』で次のように語っている。

「責任者や職分を明確にしない一種の非公然秘密組織的な性格が濃かった。要するに、世間体を憚る裏組織だった。この組織は、日共内部では『都学連行動隊』と呼ばれていたが、いつしか内外から〝あかつき行動隊〟と称されるようになる。」（『突破者』上、新潮文庫、二〇四〜二〇五頁）

本書では〝あかつき部隊〟と呼ぶ。これは、その呼称とは反対に〝暗闇（くらやみ）部隊〟であった。

□〈九月七日、日本共産党は東大にこの〝あかつき部隊〟を送り込んだ。「全共闘の病院封鎖反対」〉を口実（実はその時、かつそれ以降も、全共闘側には〝病院封鎖の方針〟は存在しなかった！）としていたが、〈ちょうどそのとき、安田講堂で全国から医学生が集まって「医学連大会」が開かれていたのは、偶然ではない。日本共産党は医学連で失い、東大で失おうとしていた主導力を、〝あかつき部隊〟によって取り戻そうとしていたのである。〉〈その夜、病院前に集まっていた〝あかつき部隊〟に抗議した全共闘の学生を、宮崎学自身が鉛の芯入りの木刀で殴りつけ、その頭を割った。日大生に右翼・体育会が日本刀で襲いかかったときと同じことで、東大生同士の争いではかけられていた〉（殺傷レベルの—引用者）〈暴力の止め金を、日本共産党が外した瞬間だった。〉〈以後、

〝あかつき部隊〟は、東大本郷キャンパスに居つくことになった。宮崎学が責任者だった早大の約百五十人など、全国の大学から選抜された少林寺拳法、剣道、空手や柔道の有段者などのツワモノたち〉である。（『安田講堂』九〇～九一頁）

多い時には三〇〇〇人が、主に教育学部内に寝泊まりしたという。日本共産党の指導部は、東大前にある「ふたき旅館」で陣頭指揮を取っていたと、宮崎学は同書で証言している。

□〈夜に動き出す暴力部隊のこの不気味な姿が、多くの東大の青年たちを日本共産党系の運動から離れさせた理由でもあった。〉〝あかつき部隊〟を率いた宮崎学本人が〈「優等生の暴力アレルギーも重なって、東大の一般学生の私たちに対する反発は異常なほどであった」〉（同書）と嘆きを吐露している。日本共産党の暴力部隊によるに脅しをはねのけ、〈医学部の闘いに応えた東大全共闘の運動は一挙に拡大し、一〇月の全学無期限ストライキに結実する。〉（『安田講堂』九〇～九二頁）

七、無期限ストライキの実現——継続に貢献した忘れられない二人の同志

「六八年の夏休み」は、東大当局にとっては「希望の夏休み」であった。学生たちは、故郷に帰り田舎の空気を吸い、気分を一変して戻ってきてくれるのではないかと期待を託して、特に医学部生たちの個別分断―説得策動に血道をあげた。長年、官僚システムに安住し伴食に勤しんできた東大の教授―教官たちが、この時ほど「大学のために働いた」ことはかつてなかったかも知れない。

しかし、「一部の若手医師、研究者、学生の連合軍」は、その教官たちの希望を見事に打ち砕いた。攻防

はすでに、「医師国家試験」をめぐるのるかそるかの局面に入っていた。そして、医学部の闘いを支援する「無期限ストライキ」の波は、ついに「保守の牙城」＝法学部にまで及び、東大全学＝一〇学部に広がった。この法学部において、法闘委のリーダーとして大活躍をし、無期限ストライキの実現―継続に貢献した東大本郷解放派の主要メンバーであった法学部の稲川慧さんの働きを、前述した工学部の石井重信さんとともに、われわれは忘れることはできない。

東大全学無期限ストライキへの波及・拡大

□〈「九月に入ってから医学部闘争の性格が一変し、医学部の旧秩序を守ろうとする教授、助教授陣とその根本的改革を迫る一部の若手医師、研究者、学生の連合軍による対決といった様相を日増しに濃くしている。」（『朝日新聞』、No.568、158頁）〉〈マスコミにさえ理解できるほどの医学部闘争の質の変化に対して、教授会の側の反撃もまた、尋常ではなかった。医学部教授会は、六百人の学生に対し百二十人の教授、助教授がマン・ツー・マンで対応し、切り崩し策を講じることに決めた。こうして九月半ばまでには、一九六八年卒業予定組（九十人）の約三分の二が国家試験に応じた。〉〈九月十一日、教養学部基礎科学科（百四十七人）も無期限ストライキに入り、十六日には、教養学部長との断交決裂をうけて、駒場共闘の手で教養学部の事務棟が封鎖された。翌日、日本共産党部隊はこの封鎖を一時解除したが、全共闘側は再封鎖した。〉（『安田講堂』一〇二～一〇三頁）

無期限ストライキの波は、東大全学に広がった。九月一九日～一〇月三日にかけ工学部、経済学部、教育学部、理学部、薬学部、農学部が次々と無期限ストライキに入り、ついに「難攻不落（保守の牙城）」と思われた法学部も無期限ストライキに入り、すでに入っていた医学部、文学部と合わせて、東大の全一〇学部が無期限ストライキに入った。

〈「闘争」の文字に無縁だった東大の専門学部の学生たちは〉徹夜での討論に討論を重ねて、この無期限ストの結論にたどり着いたのだった。それは日大の全学ストライキ突入の約一か月後だった。

東大病院での闘いの前進→医学部当局に「青医連」を認めさせる方向へ

□〈東大医学部と付属病院の青年医師たちの闘争もまた、この全学無期限ストライキ闘争に呼応し、外来系医局研究棟（九月二十二日）、臨床医局研究棟（九月二十七日）、医学部一号館と三号館（十月四日）の封鎖へ、つまり教授たちの聖域を占拠する方向へ向かった。〉〈重要だったのは、この封鎖に「医学部基礎・病院連合実行委員会」の医局員、青年医師、医学部研究者、医学部学生という医学関係の青年たちの各層があげて参加したことだった。〉〈大学院の青年たちもこの闘いの場に加わった。〉〈都市工学大学院が、十月二日には基礎医学・社会医学若手研究者の会（五十六人）が無期限ストライキを始めた。十月八日、精神神経科医局は医局の解散決議をした。医局制度こそ、研究と医療とそして人事を束ねる教授専制制度の源泉だったからである。こうして、学生だけでなく、その上の世代の青年たちもまた、この闘争に自らの未来を賭けることになった。〉〈十月十二日、東大医学部と病院の青年たちは「全医学部共闘会議」を結成し、若手医師を含む組織が生まれた。翌日、二十二の診療科の教授、助教授からなる「医学部臨床教授会」は、「青医連」を認める方向を打ち出さざるを得なかった。〉〈マスコミでさえも、これら若手医師の意見を報じざるを得なかった。「穏健派が支配的な他の医局でも、若手医師の〝ただ働き〟によって診療を支える現体制には批判の声が高く、（中略）

研究室を学生に追われた当時は、『研究の自由じゅうりんは許せない』と怒る人も多かったが、教授会が会議に明け暮れるだけで解決策を示せないのにあきたらず、ついに▽封鎖闘争を全学化せよ、▽全学部若手研究者の会を結成し大学改革を、などを決めた」（『朝日』、No.568、607頁）。〉〈十月十八日、東大付属病院神経内科の無給医（インターン）は診療拒否の闘いに入った。病院には教授から助手まで計三百八十五人の有給医がいたが、その二～三倍の人数の無給医が、診療体制を支えていた。こうして、青年医師の闘いは新しい段階へ入った。十月中に行われた病院封鎖でも分かるように、さしもの〝あかつき部隊〟も、病院内に居座ることはできなかったのである。〉（『安田講堂』一〇五～一〇七頁）

東院協の論理の行き詰まり＝奇妙な〝過激化〟

□「東大院生協議会」（東院協）は、一〇月三日、〈「東大闘争の勝利とは何か―全学共闘「七項目要求批判」と題するビラを出した。」〉〈「『七項目要求』は、大学の現体制内においてもほぼ容認できるものに限定されており、一言でいうなら『民主化』の展望の欠如、すなわち、大学当局との決定的な対決を回避している。つまり、その『戦闘性』『非和解性』にもかかわらず、そこに貫いている思想は、完全な日和見である。」（『砦』、224～225頁）〉〈この日本共産党系大学院生組織のひとりよがり〉で噴飯物の「戦闘的言辞」は〈まともに議論を進め闘ってきた学生たちから「総スカン」を食〉い、誰からも相手にされなかった。〈「東院協」を含む「七者協」は、医学部の処分問題以降、青年たちの闘争の邪魔こそしてきたが、何ひとつ前向きの方針を出してこなかった。それが、「全共闘は大学当局との決定的な対決を回避している」〉と言っても、学生たちに対する「説得力」を欠片も持たないのは余りにも〈当然であった。〉〈だが問題は、それだけではなかった。この東大大学院生組織の「過激化」は、日本共産党中央の神経にも触れた。このために、一か月後、東大内の日本共産党系組織は、方針を一変させる。〉(『安田講堂』一〇八〜一〇九頁)
宮本顕治党書記長じきじき出馬の「直接指導」である。

大河内総長辞任とその声明の愚劣さ

□〈大河内総長は自身の出身学部である経済学部教授会での半月近い討議も、そこでの総長辞任を含む収拾案の決定(十月十六日)さえ、翌日になるまで知らされなかった。総長は激怒して最後の抵抗をしたが、一〇月二六日の学部長会議で、総長と全評議員、全学部長の辞任と医学部生の処分撤回が決議された。〉〈大河内総長は辞任にあたって、「学生諸君へ」という声明を発表した(『弘報』、429〜433頁)。東大全共闘は、工学部一号館と列品館(工学部事務棟)の封鎖で、これに応えた。この「声明」が愚劣だったからである。〉〈「私は、これまでの半年間、紛争の解決のために、あらゆる努力を傾けてまいりました。けれども、こと志とちがい、事態の収拾は今日に至ってもなお困難であります」〉〈「こと志とちがい」総長にどんな「志」があったというのか? 医学部から処分が回って来れば、手続き上違法という問題にさえ目をつぶって承認し、安田講堂が占拠されれば、あわてて機動隊を導入しただけではないか。そのどこに「志」などという大層なものがあったたか。〉〈彼がやったのは、夏休み中に出した告示一枚だった。〉〈十の学部が一つ残らず、大学当局のやり方が不当だとストライキに突入しなくては、彼の心に学生の訴えは届かず、その頭も回らなかったわけだ。〉総長の文言を締めくくるのは〈「次の措置だけをいたしました」という二項目だけだ。そのひとつは、「粒良君問題」への謝罪である。〉もう一つは〈医学部生一一人への処分の取り消しである。〉取り消しの理由の三点目として〈「医学部教授会は、教育的な処分を行うのに、はなはだ不適格」であったことが根本的理由だ、と言う。こうして自分自身の責任は逃れてしまった。彼は処分が自分の名前で出されたという事実すら理解しない。それを理解すれば、この間の一切の問題は自分の問題だったとしなくてはならないからである。〉彼は〈「医学部が悪い。自分は悪くない」と言い張〉ったのである。（『安田講堂』一一二～一一五頁）

これが、日本教育界のトップに君臨する東大総長の責任の取り方か。情けないほど愚劣であり、読む者を愚弄していた。

八、「東大闘争圧殺の旗手」として以外、存在価値をもたなかった日本共産党

東大加藤総長代行の誕生は、日本共産党にとり、大いに歓迎すべきものだった。生真面目一方で病弱の大河内前総長に対し、加藤代行は身体壮健であり、自信に満ち溢れ、かつ、東大教授らしくない「稀代の戦略家」だった。当初から（警察だけでなく）国家権力の直接介入をも予測―期待し、かつ日本共産党の効率的利用も織り込んで、着々と布石を打っていった。全学集会を提案した時点で、彼はすでに、日共・民青を利用した「全共闘排除」を画策していた。「東大全共闘」の掲げる「七項目要求」などは眼中になく、一切、聞く耳をもたなかった。佐藤政権はこの加藤代行を全面的にバックアップする姿勢を明らかにし、東大内で頽勢著しい日本共産党は、加藤代行の路線に擦り寄り、全共闘派との「全面武力対決方針」に踏み切った。日本共産党は、「東大闘争圧殺の旗手」として自己の存在をアピールする以外、存在価値をもたなかったのである。

加藤一郎総長代行の収拾手法と日本共産党の役割

□〈大河内総長と各学部長の辞任を受けて、それぞれの学部で闘争収拾要員が学部長に選出され〉〈タフで強硬路線〉の新執行部がつくられた。〈その筆頭が加藤一郎法学部長〉で、法学部長になった三日後の十一月四日に総長代行に選ばれた。〈その動きはすばやく、就任当日に「全学集会」を提案した。〉〈「十一月中旬をめどとして全学集会をもち、全学的な問題点について、学生諸君との討論を通じて紛争の解決を図りたい。全学集会の議長団の構成、集会の持ち方などについて、学生諸君は代表を決め、至急、学生員会と話し合いを始めてほしい。」〉〈この一見何気ない提案は、口当たりのよさのなかに巧妙な意図を隠して〉いた。この提案は、〈学生のこれまでの要求は歯牙にもかけない。それは大河内前総長時代のことであり、処分の取り消しと総長の辞任ですでに決着がついている、とする。では、何をやるのか？　紛争の解決のための「全学的な問題点」を洗い出そう。何が全学的な問題点か？当局としては理解できないが、学生諸君の言いたいことは聞いてやろう。それは「学生諸君との討論」で明らかになるはずだ。〈加藤執行部のバックには佐藤政権が控えている。〉〈日大闘争は圧殺方針だが、東大闘争では一部強硬派学生は圧殺し、あとは懐柔〉路線で行く、という枠組みを立てた。〈最後は機動隊導入で強硬派学生を片付けるから、加藤代行は安心〉して強硬路線で行ってよい。学生とは決して約束をするな。騙せばよいのだ。〈どうせ、東大生である。もともとエリート志向である。騙されたということにして、闘争の収拾に向かいたいのは目に見えている。それを大学当局の責任ではなく、学生同士が内ゲバで自滅したということにして〉、闘争の収拾に向かえば済むことだ。〈大学当局はその救済に出たのだという外観を取れれば最高である。ちょうどいいことに、組織の衰退傾向に焦る日本共産党は全共闘との正面〉からの武力対決方針に踏み切った。これは効果的に利用できる。こういう「筋書き」だったに違いない。〈十二日、東大全共闘は、日本共産党系学生行動隊と全学封鎖方針をめぐって正面衝突する。〉（『安田講堂』一二七〜一三二頁）

宮本顕治・党書記長の管理による東大闘争収拾の方針

□一〇月〈日本共産党系学生組織の凋落は、決定的なものになった。日本共産党にとっては、東大は党の幹部候補生養成校でもあり、むろんほうっておけることではなかった。〉しかし、それ以上に深刻な問題が生じていた。先に見た〈大学院生組織「東院協」の過激化である〉。宮本顕治書記長は、〈そういう過激化に走りだす傾向に敏感だった。七〇年安保を前に、東大全共闘を「日和見」と断じるほど過激な分子が東大の日本共産党組織のなかに生まれたことに、六〇年安保を前にして、当時の全学連指導部が過激化して、日本共産党指導部を批判した事件と同じパターンを感じたとしても不思議ではない。〉〈十一月十日、彼は全共闘の主張する大衆団交について〉、『赤旗』紙上で次のように断罪した。〈「この方式（大衆団交）だけを絶対化する一部のトロツキストの主張は、〝直接民主主義〟だけを主張して、代議制民主主義を否定する無政府主義的見解につうじるものである。」〉〈したがって、日本共産党の方針は「大学の自治を内部から破壊するトロツキスト、分裂主義者の影響を学生運動から克服すること」である。〉（『安田講堂』一三三頁）

「克服」という用語法に問題はあるが、実質は「排除・粛清」のことである。日本共産党の統制下でなければ、いかなる運動も大衆の闘いも存在自体を許さない、という「独善的かつ尊大」な運動・組織観に他ならない。

この宮本論文の位置を内部から照らし出す格好の情報を、かつての〝あかつき部隊〟の指揮官・宮崎学が提供している。

□〈「この一週間におよぶ団交（林文学部長のカン詰め団交）の途中、いきなり『赤旗』一面にこれを非難する談話が発表され、共産党系の学生は団交からの撤退を指令される。これは、東大指導部はおろか、日共中央（から派遣された）現場指導部をも無視した頭越しの指導であったようで、おそらく宮本顕治の鶴の一声といった性格のものであったろうと思われる。そして、これを機に「党管理による東大闘争収拾」が始まる訳である。」（『突破者』）〉〈こうして、日本共産党系学生たちは、大学当局との全学集会（大衆団交ではない）へ「統一代表団」を選出しようとし、それができなくなると「統一代表団準備会」を作って、東大新執行部との交渉権をなんとか確保しようと〉画策した。〈その横車を押しとおすための力が、〝あかつき部隊〟だった。彼等が優遇されたのは当然だった。「何から何まですべて自弁だった早大闘争とは違って、東大闘争の場合は党からふんだんに金が出た。食事は毎度支給の弁当で、刺身弁当や唐揚げ弁当などなかなかの中身だった。しかも行動隊の連中は、食い放題。」〉〝あかつき部隊〟は〈……常時三〇〇人～四〇〇人程度が赤門近くの教育学部校舎に泊まり込んでいたが、私は本郷近辺のふたき旅館に泊まることもあった。ふたき旅館には党の中央委員、統一戦線部長、青学対部長や全学連・都学連の幹部連が大勢詰めて闘争の政治指導に当たっており、毎晩のように彼等との打ち合わせがあったからだ」（『突破者』）〉（『安田講堂』一三四～一三五頁）

【当時、民青東大党委員長・理学部四年】

■〈T　われわれの書いたビラも突然回収させられたしね。「これは極左的だ」と言われて。まあたぶん、トータルに見ればたぶん共産党の中央が正しかったのかも。われわれとしてはもうちょっと攻め〔よう〕と思ったんだけど。「これが限度だ」と、簡単に言えば「手を打つべきだ」と〔指導されたんです〕。これ以上は本当に自民党が介入して、あるいは警察が入ってくる。もうここが潮時だ」と、まあ簡単に言えばそうですよ。われわれはそんなことはないと思ったけども、共産党の中央の権限は絶対的だから。ある夜、集められて、「これは党の〔最高指導部〕の決定だ。従え」って言われて。そのあたりから、〔民青が発行する〕ビラの印刷の形態が変わったんでね。われわれの自力でやってる〔ビラを配る〕んじゃなくて、たとえば紙の横がギザギザ〔になってい〕るんですよ。それはもう、明らかにあかつき印刷っていう共産党の〔印刷所〕が作る〔ビラだ〕から。〉（『東大闘争の語り』二一八頁）

【日本共産党東大党委員会の指導部・教養学部文Ⅲ三年】

■〈J　なんたることか、共産党中央の直接指導が来たんです。「お前らはダメだ。お前らがつくった東大闘争勝利行動委員会は解散だ」と、それで東大闘争をすぐに収拾しろという指令が来てね。東大闘争を指導していた都委員は後退させられたわけです。学内指導部は交代させられなかったけども、そこに中央や都の幹部がくっついてきて、手取り足取り「これはだめ、あれもだめ」「これやれ、あれやれ」ということになって。……一番のトップ、つまり宮本顕治が直接乗り出して来たんです。宮本顕治は、いろいろなルートを使って東大の状況について情報をとっていて、東大の状況については非常に詳しかったんだけども、ところが「お前ら行って収拾してこい」って党中央から派遣されて東大に来た人たちは、東大闘争がどうなってるのか、学内の諸関係がどうなってるのか、ほとんどなにも知らないんです。ただ「俺たちが伝えることは中央委員会書記局の決定だ」と言えるだけで、「でも実際にはこうなってるんですけど、これはどうするんですか」ってこっちが言うと、「そんなことは知らない。

ともかく決定を実行しろ」としか言えないんですよ。それがために指導とは逆のことをやっても、「言うとおりやりましたけど、一般学生に乗り越えられました」「そのとおりやりましたけど、こうなっちゃいました」って言えば、彼らはどうすることもできないという面があったんですね。

　だから東大では、実質上党組織が分裂状態になったんですよ。つまり、中央についた部分と、それからかつての方針のままやろうとした部分が、組織的にはそのままでしたけれど、行動においては分裂したんです。〉

（『東大闘争の語り』二一八～二一九頁）

【日本共産党東大党委員会の指導部・教養学部文Ⅲ三年】

■〈J　評議会が7項目要求で妥結するっていう路線が出てきてるぞという情報が、一〇月に入ってから伝わって来たんですよ。それでどう考えたかっていうと、われわれは党派ですから、党派のヘゲモニーを考える。7項目要求で妥結されたら、東大闘争は一定の成果を挙《ママ》げたことになるけど、われわれは敗北ですよ。全共闘の勝利なんですよ。東大における学生運動のヘゲモニーが完全に全共闘に獲られると。少なくとも学生自治会は全部獲られるだろうという危機感があったんですよ。〉（略）これは党派というものの生理みたいなものなんですよ。その当時はやっぱり自治会握ってるかどうかってことはものすごく大きかったんです。（略）こういうことになったら自治会の主導権はどうなるかっていうことをすぐ考える。〉〈大学当局が全共闘の当事者性と要求を認めて、7項目で妥結されたら全共闘の全面勝利になって、われわれは組織を失うと思うわけですよ。それじゃどうするかっていうと、7項目では妥結させないってことになる。そのために僕らはもっと跳ねる。東大の根本的変革という線を強く押し出す。そして、〝全共闘は日和った。全共闘は妥協的だ。あ

当時の東大本郷キャンパス

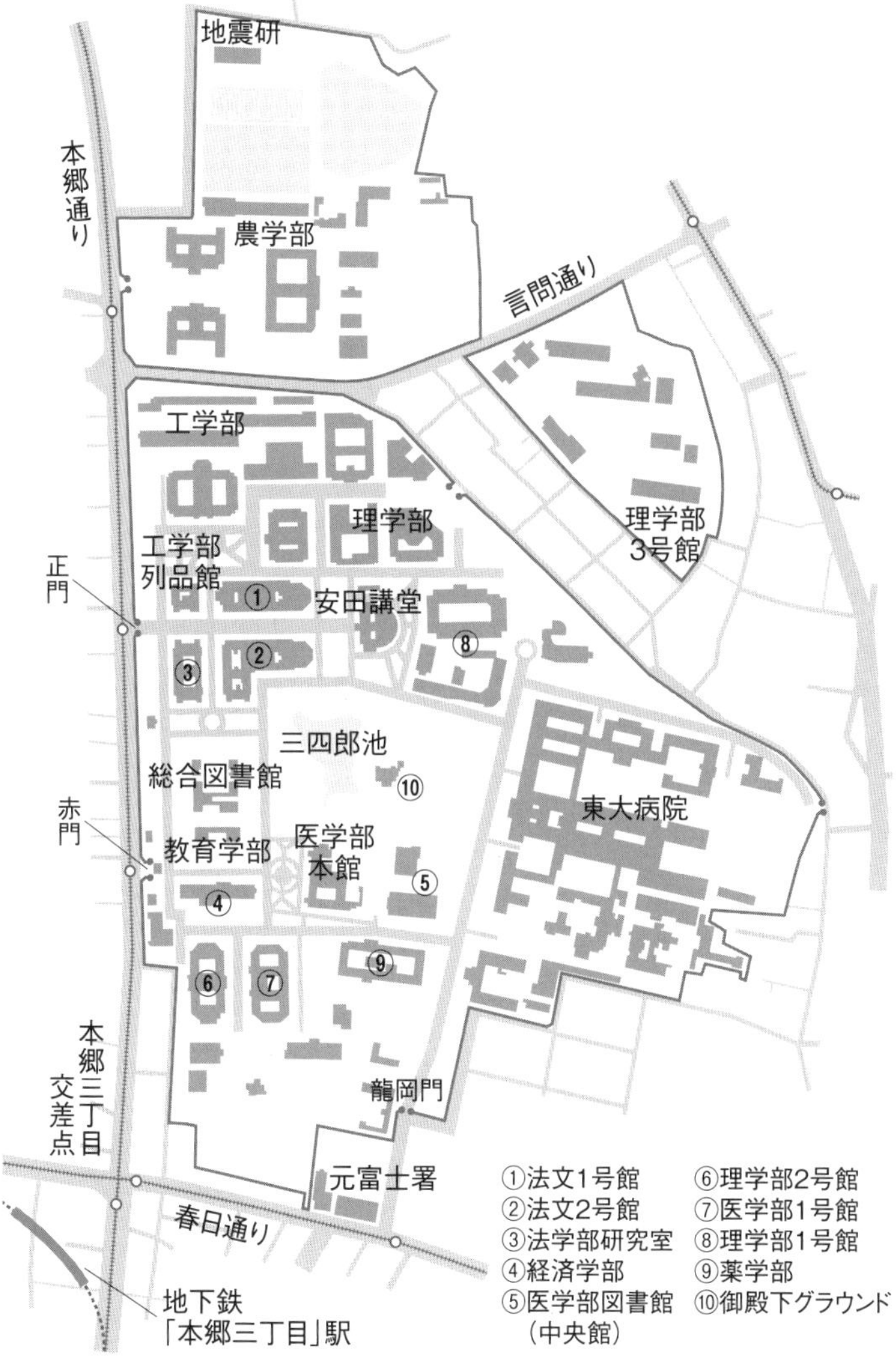

当時、本郷通り、春日通りには都電が走っていた。
出所：『安田講堂1968〜1969』島泰三、中公新書より作成

いつらはこんなことで闘争を収めようとしているのか〟というキャンペーンを張った。〝7項目要求が全部通ったってなにもかわらないじゃないか〟〝大量不当処分や機動隊導入が出されてきた体制そのものを変えるために、なにかの楔を打ち込まなきゃいけないんだ。それもしないで、このまま日常に帰っていくのか〟っていうアジテーションをしたわけです。……で、加藤一郎が〔総長代行として〕出てきた。僕らの見るところでは、加藤はやり手だったですよ。加藤が出てきたときに、〝あっ、これで俺たちはもうやられる。全共闘と妥結するわ〟と僕は思いましたよ。東大教授にこんな奴がいたのかと。今までの執行部なんかと全然違う。僕はほんとにどうしようかと思いましたよ。〉（『東大闘争の語り』二二〇〜二二一頁）

一一月一二日　総合図書館前の激突　日共の勝利・東大全共闘側の敗北

□〈東大全共闘は、加藤新執行部に対して、これまでよりも強硬な路線である「全学封鎖方針」で応えることに決めた。その焦点は、総合図書館だった。〉この日午後八時四十五分のぶつかり合いは、〈総合図書館の広い石段に並んだ五百人ほどの日本共産党系部隊の黄色いヘルメットの集団が、角材で殴りかかってくる全共闘諸派連合の攻撃を受け止めていた。その全員がヘルメットを前向きに傾けて顔を守り、体を斜めにして衝撃に耐えていた。いくら人数がいても、いくら勇ましく見えても、最前列の者しか相手を殴ることはできない。何より、うずくまって無抵抗で耐えているように見える相手の姿に、全共闘側は張り合いが抜け、そのうち疲れて殴る手を休めるときがくる。〉〈その瞬間、相手指揮者の笛が鳴った。〝あかつき部隊〟の黄色いヘルメットは、一斉に細い棒を振り上げて全共闘部隊に襲いかかった。杉の角材に比べると細く見えるが、樫の木刀で殺傷力さえある。しかも使い手が全都よりすぐりの暴力部隊である。伸びきった態勢の全共闘部隊の最前線は、たちまち崩れ去った。実にみごとな水際だった反撃だった。〉彼らは、言わば〈暴力のプロだったのである。〉（『安田講堂』一三六〜一三九頁）

九、〝あかつき部隊〟とのゲバルト

民青部隊やあかつき部隊とは、私も東大闘争の後半の局面において、それこそ何回となくゲバルト（肉体的衝突）を闘ったが、鮮明な記憶は、自分の二回の負傷である。一度目は、駒場の銀杏並木における激突で、この時は、ゲバ棒は使われず、隊列と隊列の素手のぶつかり合いで、前の方にいた私は前後の圧力で転んでしまい、その際、顔面、特に両眼を激しく殴打され、もしくは蹴っ飛ばされ、あとで気づいたら、完全な「赤目」＝「ウサギの眼」になっていた。これではいくら何でも人前に出られないので、一カ月くらいは大きめのサングラスを掛け、なんとか人目を取り繕っていたし、11・22安田講堂前にもその姿で登場した記憶がある。

二度目は、たしか本郷の総合図書館前の攻防だったたか、この時はお互いゲバ棒（日共は樫の棒）を持ち、投石まじりの数百人規模の激突だった。投石合戦の最中、やはり最前列にいた私は、一瞬、後続部隊が従ってきているか気になり後ろを振り返り、次に前へ向き直った瞬間、コブシ大の石が口に飛び込み、私はその場に昏倒、すぐさま東大病院に運び込まれたようだ。結果は、上の前歯三本が折れ、下の前歯四本がかなり欠けていた。その他には大きな損傷はなかったので、入院もせず、その日のうちに駒場寮に戻ったが、一〇日後の11・22安田講堂前に登場した私は、眼はサングラス、口の中は今述べたような上下の前歯の破損状況で、まあ、見るに堪えない様子だったのではないかと振り返る。

【当時、民青東大党委員長・理学部四年】

■〈T　図書館長はすごく権威が高くてね。〔全共闘が〕そこを占拠すると。それで〔一一月一二日には〕彼らは全国動員かけると〔いう話だった〕。そのあたりぐらいから共産党ももう外人部隊を投入すると。全共闘もそう。……宮本顕治が〔直接指揮をとって〕「図書館はここ〔に〕入り口があったはずだ」とか言った〔という〕話をきいたことがあるけども。彼は昔、東大の学生時代や一九五〇年の党分裂時期には、よく図書館に籠ってたから。あそこの図書館って全然構造変わってないから。それで、武力っていうか腕力では共産党の方が強いよ。だって屈強な労働者がいるわけだからさ。（略）

それは来てると思いますよ。本格的に入ったのは一一月からだけどね。そういうプロ集団も入れたけども、基本的には〔民青も全共闘派も〕両方とも全国動員ね。（略）

ほとんど日共の中央の決定ですね。〉（『東大闘争の語り』二二九頁）

日本共産党にとっての東大闘争の真の意味

□〈十一月十四日、〝あかつき部隊〟は東大教養学部にも現れて、駒場共闘による封鎖戦術を阻止した。全学封鎖を戦術とした全共闘に対して、各学部自治会レベルで反発が起こったのは、全共闘に不利な風向きだった。〉〈十六日、「東大民主化行動委員会」は、「トロツキスト暴力集団（『全共闘』一派）の暴挙を粉砕し、大学の自治と民主主義を守り抜こう」と題する活字ビラ〉、つまり党本部作成を出し、『赤旗』は、この全文を公開した。〈「いま最も緊急なことは、大学当局が学生、院生、教職員の真の統一代表団」との交渉を即時・

無条件に開始し、真の大衆団交を実現することにある。（中略）同時に、真の統一代表団との交渉によって、東大の管理運営の民主化を実現するためには、この道を無法極まる暴力と計画的挑発によって妨げているトロッキスト暴力集団を武装解除し、暴力による妨害を断固として制圧しなければならない。（中略）団結の力によって、学園民主化を妨害するトロッキスト暴力集団の暴挙を粉砕し、かれらの凶悪な暴力を学園から一掃することこそ、東大闘争の真の解決の保障である〉〈これこそ、日本共産党にとっての東大闘争の「真の」意味であった。〉短い文章のなかに、四回も「真の」が登場する。まるで「宗教団体」の文章のようである。〈全共闘は、十一月十八日に全都総決起集会、二十二日に日大全共闘が総力をあげて結集する「日大・東大闘争勝利」全国総決起集会を予定し、この力を背景に全学バリケード封鎖を実行することを宣言した。〉〈これに対し、十二日の対決で自信を深めた日本共産党は、「〝全学封鎖〟！断固阻止！」を掲げた。正面対決だった。日本共産党の出方ひとつで安田講堂の封鎖解除まで進みかねないという危機感から全共闘側は十七日夜から徹夜で、安田講堂のバリケードを強化した。新聞各紙は、「東大紛争で反代々木系が他大学の学生を動員したのは、十七日が初めて」と報道した。全共闘側の動員数は一千人、日本共産党側は三千人が泊まり込んだ。〉（『安田講堂』一四〇～一四二頁）

一〇、「安田決戦」は避けられない情勢に

総合図書館前の激突での勝利により、日共は頽勢をやや盛り返し、一方、加藤代行の存在感が高まり、打つ手の選択肢が増えた。加藤の提案する「公開予備折衝」が、一一月一八日実現した。しかしそこでは、東

大全共闘の「七項目要求」は完全に黙殺された。こうして「安田決戦」は避けられない情勢となった。

一一月一八日公開予備折衝＝加藤代行が〝流血回避に努力〟したという実績づくり

□〈加藤代行は、「流血回避」のための「全学集会の準備」として、十八日に「公開予備折衝」を行いたいむね、全共闘側に申し入れ、安田講堂を奪い返すための布石を着々と打ってきた。「流血回避」が目的である。東大闘争での東大全共闘の要求は、すっかりどこかへすっ飛ばされていた〉。〈十一月十八日。この日、安田講堂前は全共闘の全都総決起集会と「公開予備折衝」に集まった八千人の人波で埋まった。「紛争始まって以来の最大の数の一般学生」が集まったとされ、安田講堂前はもちろん、法文一・二号館や工学部の屋上まで人が鈴なりになった。全共闘と新執行部の話し合いで、あるいは東大闘争が劇的に解決するかもしれないという期待がふくらんでいたのだろう。その人垣のなかを、高校生のヘルメット集団のデモが通った。〉新しい時代の波を感じさせた。「常識的には、学生側の勝ちだろう。しかもなお学生の怒りは静まらないらしい」（『朝日』）と、傍観者の新聞記者は、楽観論を述べていた。講堂内に四〇〇〇人、外に四〇〇〇人の人波が溢れかえっていた。午後二時一〇分、加藤代行は話し始めた。〈「私は総長代行の加藤です。今日は私の考え、あるいは新執行部の基本的態度、考え方というものを諸君に伝えようと思って、予備折衝に来たわけであります（「ナンセンス！」と激しいヤジ）。私が直接話しかけたいということは、新執行部発足以来われわれが基本的に考えてきたところでありますよ」〉〈加藤代行はとうとうと巧みな弁舌を披露し、全共闘側は少したじろいだ。〉〈「われわれの要求している七項目要求について意見を聞きたい」と全共闘側は攻勢に出ようとしたが〉、加藤代行はそれを押しとどめ、〈「正しいと信じることを、諸君の前に提示したい。諸君の要求の中でわれわれが正当と思うことは取上げるし、不当と思われることは取入れることは出来ない」〉と堂々と言ってのけた。…こういう流れでは、全共闘側には「折衝」を続ける意味がない。〈「われわれは、これ以上、ノラリクラリの答弁に対して、一切の幻想を持つことは出来ない。われわれが現在、確認しなければならないことは、こうした加藤総長代行のギマン的な予備折衝の進め方である。このことをはっきりと確認して、彼をこの集会の場からたたきだす。」〉午後七時二〇分、「帰れ、帰れ」のシュプレヒコールの中を、加藤代行は退場した。〈十分な了解が成立したとは残念ながら申せませんが、最悪の事態を避け、東京大学の危機を理性的に解決するために、一歩前進することが出来たと確信しております。」(『弘報』、63頁)〉これを言うためだけの安田講堂入りで、「一歩前進」したのは、加藤代行の側だけだった。「流血回避」のために大学当局が全共闘側と議論したという「実績」づくりができれば上々である。〈十九日の日本共産党系学生による「公開予備折衝」は、十八日の翌日ということもあり、五百人の学生・院生しか集まらず、むざんな失敗に終わった。〉(『安田講堂』一四二～一四五頁)

一一、11・22〝全学封鎖〟をめぐる革マルの暗躍

島さんの『安田講堂』には書かれてないが、11・22安田講堂前全国結集の闘いには伏線がある。この日の闘いの表面上のハイライトは、東大闘争にかの日大全共闘が初めて合流するという画期的な出来事であったが、一方、東大闘争を支えてきた中枢部分では、先の「七・二安田講堂再封鎖」に続く第二段階への起爆剤として、「東大全学封鎖」を考える流れがあった。全共闘派の現実的力量としては、その実現を危ぶむ向きもあったが、しかし「局面打開の策」としては、十分検討に値するものとして、一部では真剣に検討された

作戦であった。

しかし、ここに「大きな邪魔」が入った。東大―日大全国教育学園闘争の空前の高揚に恐怖する革マルが、東大の関係各団体・諸党派に対して、裏で個別に必死の恫喝をかけ、「全学封鎖阻止」の妨害工作を行なっていたのである。すなわち、表の日共＝あかつき部隊一五〇〇名に加え、裏の革マル全国部隊までが「反革命の共同戦線」を組んで、全共闘派の「東大全学封鎖計画」に対抗しようと画策していたのが実態だった。

この革マルの動きは、二週間後の「東大駒場教職員会館急襲」という「晴天の霹靂」のような行動に先駆け、かつ直結する策動であった（その前段として早稲田での文連・早稲田祭実行委を解放派から乗っ取ろうとのテロが起きていた＝本書三五三頁を参照）。残念ながら、結果は、11・22直前における革マルの「全学封鎖阻止」の恫喝・画策は功を奏してしまった。全共闘派にとって、当然、日共との対決は「織り込み済み」だったが、しかし、伏兵＝革マルの正面からの敵対までは、正直、計算外だった。こうして、全国学生の総結集による「第二の安田講堂再封鎖」となるかに思われた作戦計画は、「幻の全学封鎖計画」として、「歴史の闇」に封じ込められてしまったのである。

本郷で連続する学生大会　駒場祭　11・22″あかつき部隊″の動き

□〈このころ（十一月中旬＝引用者）、東大本郷の各学部では学生大会が立て続けに行われた。〉工学部、理学部、法学部、薬学部で、無期限ストライキ解除を含むすべての提案が否決されるなど、一方では無期限ストライキ終結への動きが加速されたが、他方では頑強にストライキを維持しようとする勢力も力を失っていなかった。〈二二日から、教養学部では「駒場祭」が始まった。この年のポスターは、「背中の銀杏が泣いている」という当時はやりの任侠路線で、同じ学生としてちょっと恥ずかしかった。専門学部の学生に比べると、将来がより長い教養課程の学生たちには、この闘争のさなかに祭りの景色というか、学生生活を楽しむという余裕も感じられた。しかし、安田講堂を抱える本郷の学部学生たちにとっては、卒業ができない、就職ができないというタイムリミットが迫っていた。〉〈このなかで、「11・22」当日が来た。「日大・東大闘争勝利」全国総決起集会当日である。〉〈色とりどりのヘルメットと各派それぞれの武器を誇示する様子は、全共闘側の学生にはもちろん、敵対する日本共産党側の指揮者・宮崎学にも、「それはもはや、闘争というより祝祭のようなものだった」と感じられたようだが、対照的に日本共産党側に動員された面々の表情は重い。「この日は行動隊も五〇〇人ほど動員しており、その他にも数百人の労働者部隊が動員されていた。大学生協・職組、国労、全自交、全国一般傘下の《ママ》などの労働者たちだ。彼らは学生部隊が全共闘勢力にやられた場合に投入されるリリーフのごとき存在で、出番までは教育学部の地下に武装して潜んでいる手筈になっていた。私がそのリーダーとの打ち合わせのために地下に下りると、ヘルメット姿の労働者部隊は全員棍棒を握りしめたま、おし黙ってうつむいていた。」(『突破者』)〉〈日本共産党系〝あかつき部隊〟のいる教育学部には、大丸太で赤門を破った赤ヘルメットの社学同の五百人が攻撃をしかけた。これに対し、宮崎は早大の行動隊五十人を率いて立ち向かった。劣勢をカバーするために拳大の石を投げる策(!)が功を奏し、一時は赤門をはさんでの攻防となったが、結局〝あかつき部隊〟は総崩れとなって教育学部に逃げ込む羽目となった。こうして、一一月二二日の報復戦は全共闘側の圧勝となった。〉(『安田講堂』一四五〜一四九頁)

11・22午後　全国総決起集会に日大全共闘がいよいよ登場

□〈「午後二時頃から全共闘系は安田講堂前に集結し、日大からの集結を待って、四時から蹶起集会を開いた。一方、行動委系（日本共産党系）は、赤門から経済、教育、医学部に集結し、集会を開いていた。ノンセクト学生は、両派の衝突を避けるべく、図書館の東側・西側に坐り込んでいた。」（『弘報』、65〜66頁）〉〈駒場からも学生たちが続々と到着した。この日は、八十のクラス、百のサークルが参加したとは言え、例年に比べるとやや控えめの駒場祭の初日だったが、各派とも午前中に集会を終えて本郷に向かった。〉〈安田講堂前の広場から銀杏並木と正門前は、数千人の全共闘側の青年たちでうずめられた。日本共産党系は、教育学部前に五千人（八千人とも一万人とも）を集めていた。〉〈安田講堂前の広場は、赤、白、青、緑、黒、銀色のヘルメットで埋め尽くされ、その周囲に見物、報道、そして一般学生が隙き間もなく立ち並んでいた。その数は五千人を軽く超えた。講堂正面は、各派と各大学の旗が立ち並び、それを背景に幹部連中がつぎつぎにマイクを握っては大声で叫んでいた。〉〈しかし、ここに集まったすべての者が、「それ」を待っていた。暗闇が迫り、サーチライトが広場を照らし出したが、誰もがたったひとつの部隊の到着を待っていた。〉〈安田講堂の前に集まった数千人の青年たちは、はるかな轟のようなものを夕闇の向こうに感じた。そのとき、東大全共闘の一人がマイクで叫んだ。〉〈「学友諸君！列をあけてほしい。今、日大全共闘の闘う学友三千が機動隊の弾圧をはねのけて、正門前に到着した！」〉〈どよめきが起こった。安田講堂前広場を埋めていたすべての青年たちが道を開け、銀杏並木から講堂前まで、日大全共闘のためのタテ長の空間を作った。それまで正面の席をめぐって小競り合いを続けていた各党派も、急いで道を開けた。〉モーゼの指揮棒で〈海が割れて道ができるように、人波が割れて、かの無敵の勇士たちの通り道が開かれた。〉〈神田三崎町の日大経済学部バリケードを出発した無届けデモの日大全共闘三千人は、二千人の機動隊の壁を破り、銀、黒、赤、青、白と色とりどりのヘルメットのいでたちで、夕闇のなかを東大正門に堂々と登場した。〉〈正門から安田講堂の正面へ、先導する日大全共闘の数十の旗が翻るあとを低い姿勢で近づいてくる日大全共闘のデモ隊列は圧巻だった。「闘争！」「勝利！」の掛け声を轟かせながら、三千人のスクラムが銀杏並木を抜けて、安田講堂正面に日大全共闘のためにあけられていた人垣の間に入ってきた。鋭い笛と号令の下で、ひとしきりシュプレヒコールを繰り返した日大全共闘部隊は、安田講堂前に静止し、広場は隙間もない人波で完璧に埋められた。〉〈こうして、東大全共闘は日大全共闘と合流した。〉（『安田講堂』一四九〜一五二頁）

ベトナム反戦闘争と大学闘争を闘っていたすべての若者たちが自らつくり上げた青春の壮大な祭りだった。

加藤代行の紛争解決案　すぐさま『赤旗』が呼応　連続する各学部学生大会

□〈一九六八年が終わろうとしていた。〉〈十二月二日、加藤代行は「紛争解決案」なるものを学内に配布し、五日の『赤旗』は、「『加藤提案』検討に値する」とすぐさま応じた。〉阿吽の呼吸と言うべき反応だった。〈九日、文部省大学委員会は「年末までに授業再開の見通しがつかない大学では入試の中止もやむを得ない」と学生の闘争が続く東大、東京教育大、東京外国語大を恫喝した。〉〈この年末は、東大の学生たちにとって、卒業中止、留年が目の前にきており、どの学部でも学生大会〉が相次いだ。〈全員参加の会議を開いて、無期限ストライキを解除するか、封鎖を拡大するか〉の〈方針案を繰り返し討議し、多数決で方針を決めようとしていた。〉その意味で、民主的手続きを全員が律儀に守ろうとしていた。理学部、法学部、経済学部、薬学部、農学部、文学部、教育学部でそうだった。〈しかし、医学部と教養学部では、全共闘の方針を覆すために、日本共産党は、全国から集めた部隊の総力を投入して、医学部学生大会と教養学部代議員大会を強引に開こうとした。これが、他の学部では見られない暴力的衝突の原因となった。〉加藤執行部は、〈日本共産党系学生の暴力であれ何であれ利用するなりふり構わぬ方針を採用し、この無原則なやり方が、駒場での流血の惨事を拡大した。〉（『安田講堂』一五六～一六〇頁）

一二、「解放派と革マル派の内ゲバ」と喧伝されたが、真相は……

突如、鉄パイプ武装革マル、駒場の解放派を襲う！

11・22の「全学封鎖計画」を、日共との「陰の連携」のうえで自らの「直接的恫喝」によって封殺した革マルは、二週間後、自派の延命のために次の手に打って出た。一二月六日、駒場の解放派を数百名の鉄パイプで武装した部隊でもって集団急襲した。その武装襲撃に対して急遽、解放派は駒場キャンパスの南隅の教職員会館に緊急避難し、その後、約二週間近くにわたり革マルとの攻防が続いたのである（本書一二三頁参照）。

駒場は、「鬼の四機」と謳われた警視庁・第四機動隊のお膝元であった。警察機動隊の完全監視―包囲下、官許の「解放派殲滅作戦」に血道を上げる革マルに対し、解放派は、少数ながらよく耐え、何とか組織を防衛し、翌年早々の秩父宮ラグビー場での闘い、安田講堂決戦に戦列を進めることができたのである。

これは世上、マスコミによって「解放派と革マル派の内ゲバ」と喧伝されたが、真相は、「反革命革マル」を前面に押し立てた、警察権力による「解放派殲滅―東大闘争圧殺」の一大攻撃だった。

この当時の世相を付け加えるならば、東京府中で東芝の社員の暮れのボーナスを運んでいた現金輸送車が白バイを装った犯人に三億円を強奪されるという「三億円事件」が一二月一〇日に起きた。

革マルの目論みはどこに

一二月六日の革マルによる駒場での解放派襲撃。このタイミングは、決して偶然ではなく、狙い澄まされたモノであった。これは、本書「特別寄稿」で郡司さんが詳しく書いているが（本書三五三頁）、第一に、拠点早稲田における退潮に業を煮やした革マルが、この際一気に解放派を叩き潰し、日本の学生運動の主導権争いで優位に立とう（他には中核がいるが東大闘争では目立たなかった）としたこと。第二に、東大の学生運動、特に教養学部・駒場における運動を一貫して領導してきた解放派を叩くことによって、頂点に上り詰めてきた東大闘争の「牙」を抜いてしまおうと目論んだこと、第三に、これは結果としてそうなった面も強いが、駒場のみならず、東大の暴力嫌いの穏健な学生たちの眼前で大衆運動とは無関係な暴力的党派対立を見せつけることによって、厭戦気分を蔓延させ、無期限スト解除への機運を高めることになった。「運動の廃墟の上に凱歌を挙げる革マル」の本質が七〇年安保以降を待たずして、早くも正体を露呈したものであった。革マルの狙ったこの第三の目的は、日本共産党のむき出しの大衆運動場面での暴力行使（あかつき部隊の暗躍）と相まって、直後から、ものの見事に効を奏していくことになった。

一二月一三日教養学部代議員大会をめぐる日本共産党の二つの策謀

□〈(十二月）十一日、ストライキ中止のための代議員大会開催要求を、今村自治会委員長がはねつけたため、代議員大会を強行しようとする日本共産党系学生とストライキ解除派学生は、委員長たちが立てこもる第八本館のバリケードを攻撃した。東大全共闘は革マル派、解放派などを含む全力でこれに立ち向かって乱闘となり、入院した者十七名という流血の惨事となった。〉〈この乱闘のなかで、十三日午後五時頃、教養学部「代議員大会」は〉加藤代行が呼びかける〈全学集会のための代表を選出したとした。〉この事態は、重大な二つの問題を孕んでいた。〈第一は、東大教学部代議員大会という学内の会議を、日本共産党系部隊の公然たる暴力のなかで開かせ、〉その〈会議決定を「民主的」と呼ぶような流れを作〉ってしまったことであり、〈ここから東大では議論のときが終わり、むき出しの暴力の時が来た。〉第二は、〈この「代議員大会」では、「全学集会のための代表団選出」だけで、無期限ストライキを終結させなかった。なぜ、そうなったのか？　日本共産党系学生たちは無期限ストライキ〉をバックにして〈大学当局に譲歩を迫り、自派に有利な戦後処理（東大闘争終結後の論功行賞）を目指していたからである。〉（『安田講堂』一六〇〜一六一頁）

そういうズルい魂胆が見え透いていた。同じ手法は、医学部でも用いられる。

【最首悟、助手共闘リーダー・教養学部助手】

■〈この時期、大学執行部と7学部代表団との予備折衝が積み重ねられ、（略）東大全共闘代表者会議と大学執行部とのあいだの非公式な折衝が一二月末まで続けられていたことがわかっている（東京大学弘報委員会編1969：154）。この折衝の具体的な動向は、各学部で全共闘派として活動している多くの学生には見えないものだった。

助手共闘のB（一九六八年四月時点、教養学部助手）はこの交渉にあたったひとりである。学部生とも大学院生とも違い、大学教員の末端にいるという中間的な立場が交渉役に適任だった。〉（『東大闘争の語り』の筆者・解説＝引用者）

■〈B　安田講堂に加藤一郎を引っ張り出すためにいろいろ駆けずり回って。それを文学部の革マルなんか全然わかんないから、すぐぶち壊すんだけどさ。…そもそも助手共闘はお呼びじゃないしね。全共闘の一員として〔学生たちは〕認めてないよね。どうせあいつらの敵のひとつなんだから、助手なんて教授会にくっつく〔と全共闘の学生たちは思っていた〕。〔全共闘というのは、大学院生がつくっていた〕全闘連までで、助手共闘はみんな老人扱いだし、ご苦労様ですっていう感じだったよね。〉（『東大闘争の語り』二五〇頁）

ストライキ解除派と、ストライキ越年の各学部の攻防

東大のなかでも象徴的な位置にある法学部の動向から見ていこう。

□〈十一月三十日の学生大会では「法学部学生懇談会」が無期限ストライキ解除の提案を出したものの、日本共産党系の「緑会委員会」全共闘系の「法学部闘争委員会」および「法学部連絡会議」などが反対にまわり、ストライキ解除提案は賛成二四五票、反対三八〇票、保留四三票で否決された。これに危機感を持ったストライキ解除派は、続けて一二月四日の学生大会を要求したが、この学生大会で、ストライキ解除提案は百六十九票と、得票数を減らした。〉この得票結果に、政府、大学当局、それ以上に高級官僚のエリートコースがかかった解除派学生たちは危機感を募らせ、三者一体となった猛烈な説得工作が続けられ、一二月〈十三日に再々度の学生大会が開催された。ストライキ解除派は三百十票を集めたが、それでもまだストライキは解除できなかった。〉〈一九六八年最後の法学部学生大会は年末二十五日に開かれ、ストライキ解除提案は四三一票を集め、無期限ストライキの解除が決まった。マスコミはこの決定を大々的に取り上げ、「東大闘争の終結」を喧伝した。この得票数を見ればわかるとおり、それまで日本共産党系の無期限ストライキ解除提

案を支持してきた学生たちも、これ以上日本共産党の策謀に「お付き合い」する余裕もなくなり、切羽詰まってストライキ破りに転じた。〉経済学部、教養学科など、〈クリスマス商戦と年末商戦に沸くさなかに、東大のエリートコース志願者たちは、つぎつぎに闘争から脱落して行った。〉(『安田講堂』一六二〜一六五頁)

これに対し、教育学部、農学部、工学部、薬学部、文学部、理学部の学生大会では、無期限ストライキ継続が決議され、あるいはいずれの議案も通らずストライキ継続が自動的に決まり、越年することになった。

【スト反対の有志案の提案者のひとり、文学部三年】

■〈医学部処分の不当性や大学組織の硬直性などは認識しつつも、無期限ストライキは続けられないと考えていた。〉(『東大闘争の語り』の筆者)

■〈GG　そのときの基本的な状況認識は、大学内部の不祥事の問題と原潜反対とかベトナム反戦とかという話とはほんとは分けるべきと思ってたわけ。だけども、運動としては一体として当然やってるわけだから、もうこっちの手に負えない形になるわけだけど。

——医学部のその場にいなかった人間まで処分したっていうのは、間違いだと謝罪してしかるべき対応は取るべきだとは思ってた?(中略)〉

■〈GG　……でも、大学の先生ってほんとに考え方が浅いというか、丁寧じゃないという感じは持ってましたね。〉(中略)

■〈GG　それは〔就職を控えた〕四年生がもう切羽詰まってくる。四年生は真面目になんとかしなきゃと思ってきた。……〔くわえて〕どうしても全共闘が非常に過激化していって、東大の問題に限定しないかたちで国際反戦デーなんかと結びついてくるじゃないですか。そこらへんで、それまでは〔全共闘の〕学生側に共感を持っていた人たちも次第に離れてくるんですよね。それは同級生でも〔いました〕。〉（『東大闘争の語り』二三一〜二三二頁）

【日本共産党東大党委員会の指導部・教養学部文Ⅲ三年】

■〈Ｊ　あの当時、ストライキ解除派学生の〔つくった〕〝有志連合〟が出てきたし、いわゆる〝右翼〟も出てきていた。〝そいつらと無条件で提携しろ〟ってのが共産党中央の指導だったんですよ。僕らは「とんでもない。それはそうやったら妥結するかもしれないけど、俺たちは全員死亡宣告だ」と。……僕らは結局、「無条件スト解除派といっしょにやるってのは、妥結の上でもかえってダメだ。これこれこういうことになって、かえって収拾が遠のくんだ」って言って、現場指導に来た幹部を押し返したんです。ついこの間まで僕らの主張は、「収集策動粉砕」「加藤執行部の近代化路線粉砕」だったんですからね。それにたいして、全共闘は妥協しようとしてるっていう批判をやってたわけですからね。それが一転して無条件にストライキ解除なんてできるはずがないですよ。だから、当然、ぼくら現場の者が言ってることも現実的だということになっていって、中央としても、4項目要求を実現してくなかで早期解決するっていう方向に、全体の方針はだんだん変わってくんですよ。〉

〈民青は従来の4項目要求を引き下げることはなかったものの、闘争終結に向けてストライキ反対派学生と連携を進めた。ストライキ反対派学生にとっても、民青とは思想上の共感に基づいた連携というよりは、「数の勝負のときは、こっちも勢力が手薄だからやむを得ない」という政治的判断に基づいた連携だった（GGへの聞き取りより）。〉（『東大闘争の語り』二三三頁）

【日本共産党東大党委員会の指導部・教養学部文Ⅲ三年】

■〈J　一一月に入ってから、共産党が指揮する〝外人部隊〟がどんどん入ってくるようになったわけですよ。図書館のゲバルトの11・12の頃から、特に顕著になった。本郷の正門の向こう側の旅館に共産党の闘争指導本部みたいなのが置かれていたんですが、これを運営してたのは党中央の青年学生対策部と民青中央の学生対策部です。ここがいろんな具体的指示や作戦指導を直接やってたんですよ。一一月一二日の図書館実力封鎖阻止というようなのは、僕たちは「図書館封鎖阻止」とは言ったけど、これにたいして闘争指導本部は「実力阻止にしろ」と言ってくる。どこからどういう部隊を動員してくるとか、どこの部隊をどこに持っていくとか、武器の調達だとかも手配をみんな〔そこが〕やってた。これみんな、僕たちがやったんじゃないです。中央の人たちなんですよ。で、そういう軍事指導をしてたのは、収拾方針を指導した中央の人たちとはまた別の人たちです。

……簡単に言うと、まあ、軍事指導部みたいなのがあったんですよ。ゲバルトを指導する人たち、確かに現実にはそれは必要なんですよ。僕らがゲバルトの指導を受けたり、手配をしてもらったりする必要は別個にあって、東大のメンバーもそれには噛んではもちろんいるんだけど、東大の全学委員会が承認してたというような関係とかではなくて。戦争だからしょうがないって言えばしょうがないんだけど、僕らが要請してやってたわけじゃなくて、ゲバルト組織は上から被せられて動かされていたということなんですよね。〉（『東大闘争の語り』二四二頁）

【日本共産党東大党委員会の指導部・教養学部文Ⅲ三年】

■〈――そういう意味じゃ、全共闘と民青の対立も、外からの介入が加速した面はあるよね。〉（聞き取り）

■〈J　もちろんそうですよ。……特に一一月九日の日本共産党中央の方針転換は、あれはひどいよ。『赤旗』にいきなり声明が載ったわけですよ。で、あのときに、僕らには事前にはなんにも連絡も通知もないんですよ。ただ、「撤退しろ」と言うんで、文学部の8日間団交から撤退させられて、しばらくたってから全員集められたんです。で、上層部機関の人間から「お前ら間違ってる」というふうにやられたんでね。ところがそのときには、もうすでに内部的には秘密裏に全部準備されてたんですよ。つまり、民主化行動委員会ってのをつくるとか、どういうメンバーでやって、どういう方向で闘争収拾にもっていくとかいうことは、準備されてたんですよね。そのことはまあ、あとで分かるんだけど。〉（『東大闘争の語り』二四二頁）

【民青系活動家・文学部三年】

■〈G　率直に言って、民青は政治的には押されてたわけだよね。学内影響力としては〔全共闘に押されていた〕。それがそのまま単純に〔東大生間の〕〝軍事局面〟になれば、よっぽど軍事的天才みたいのが出ない限りは勝ち目がないわけだよね。で〝軍事局面〟で圧倒することによって、政治的な局面の転換を可能にしたというのは、やっぱり都学連のゲバルト部隊みたいな、そういう外部からの〝軍隊〟の注入によるものだよ。で、〝軍事制覇〟することで、とにかく、まあ、なんとか勢力均衡を取り返すと、そういうことだったと思うよ。〉（『東大闘争の語り』二四三頁）

医学部学生たちの手の混んだ卒業戦略とストライキ終結に向けた策謀

□〈医学部医学科の無期限ストライキ終結のために、〉日本共産党も絡んだ〈あらゆる策謀が渦巻いていた。〉

医学部医学科の学生数は、M1から四三青医連までの五学年で合計四七三人だった。〈八月二十二日には、医学科百十八人によりストライキ終結が宣言されたが、〉一二月一三日・一四日になって、M2クラスの三六人、M3クラスの四十三人が、ストライキ宣言を撤回して医学部当局を慌てさせた。一体どういうことだったのか？　その思惑を、医学部当局が解説している。〈「その（注：撤回者の）主張は、ストライキを一方的に終結したことを反省して、自治会民主主義を確立した上で、改めて事態を解決しようとするものである」（『弘報』、144頁）〉（『安田講堂』一六六〜一六七頁）

その論理は、「自治会民主主義」によってストライキに突入したが、それによって自分の授業単位は足りたものの、全体のストライキが終わらないのでは、進学が出来ない。そこでもう一度「自治会民主主義」の機能をフル活用して、「ストライキ終結という形で、自分たちの進路を掃き清めたい」というものであった。ある種の「完全主義」というものであろう。いかにも、東大エリートコースの花形＝東大医学部の学生らしい発想であった。

□〈ストライキ終結のためには、医学科の学生大会を開いて「合法性」（の外観）を整える必要がある。しかし、会場が問題である。〉医学部に近く、かつ日本共産党系の牙城である教育学部にも近い理学部二号館を使う。この状況を理学部当局が報告する。〈「この会場に、午後〇時半頃医学部医学科学生約一八〇名が民主化行動委系（注：日本共産党系）の学生約三〇〇人によって導入され、午後一時過ぎより医学科学生大会が開催された。」（『弘報』、171頁）〉（『安田講堂』一六八〜一六九頁）

このように医学部学生大会は、〝あかつき部隊〟護衛の下、漸く開催にこぎつけたのである。こうして、各学部で学生たちがストライキ継続か否かを「民主的に」議論している間に、日本共産党系の理学部自治会委員長―「民主化行動委員会」―医学部の一部学生を指導する裏の組織は、ストライキ終結に向けて連携を取り、さっさと理学部への会場変更手続きを済ませており、「学生大会」を暴力的に貫徹したのである。

□〈医学部当局と政府厚生省、そしてこの権力構造のなかに生存価値を見いだす医学科の学生たちは、そろって、この医学部の闘争に弾圧を加えた。日本共産党系部隊が理学部二号館の防衛にあたり、赤門の外では、警察機動隊が控えている体制は、駒場の代議員大会とまったく同じ構図だった。〉（『安田講堂』一七〇頁）

【フロントの活動家・法学部四年】

■〈W　日大で佐藤栄作〔首相〕が出てきて、いったんは大衆団交で〔学生が〕古田会頭を降伏させ〔て退陣を約束させ〕たのをひっくり返しちゃったでしょう。〝あれは〟っていうのがわれわれの感覚だよね。つまり、とうとう国家権力が前面に出てきたわけ。いままでは機動隊を入れるってことはあったかもしれないが、〔基本的には政府は学園闘争を〕見てただけだよ。〔それが〕とうとう出てきちゃったわけだ。これは行くな、全面戦争かなっていう感じだよね。

――そこで鉾を収める戦略はない〔んでしょうか〕。

W　もうできない。もうここまで行っちゃったから、絶対できないわけだよね。……僕は状況説明は簡単だと思う。つまり、国家権力が前面に出てきている。民青とは激突する。こうなったら、もう退けないわけだよね。前行くしかない。〔だけど〕前に行って、大学当局が降伏する、それも考えられない。〔そうする〕と、言葉は悪いけど〝玉砕〟しかない訳だよね。安田講堂〔攻防戦になるだろう〕って〔方針が〕直結したかどうかわかんないけど、とにかくやるだけやろうぜ、全国化しようぜと。〉（『東大闘争の語り』二四九〜二五〇頁）

一三、1・10秩父宮ラグビー場「七学部集会」へ

二カ月前の総合図書館前の日共・民青の勝利とは逆に、一月九日は、全共闘派が日本共産党部隊を打ち負かし、追い詰める番だった。ここにカッコよく登場したのが、警察力を駆使する加藤代行だった。彼は、日共の苦境を警察部隊の二度にわたる学内導入により救ったのである。全共闘派だけが五〇人以上逮捕され、これにより日共に借りを返した形の加藤代行は、「主導権」をシカと取り戻した。その勢いで、一月一〇日の秩父宮ラグビー場における「七学部集会」になだれ込むのである。

六九年一月九日安田講堂周辺の攻防　日本共産党系の敗勢を救った加藤代行

□〈九日、安田講堂前は、「東大闘争・日大闘争勝利全都総決起集会」に集まった都内九大学全共闘と各派学生三千人であふれたが、日本共産党側も三千人を動員し、彼らはそのまま教育学部と理学部の建物にたてこもった。これに対して全共闘系の青年たちは、教育学部とその前の経済学部へ攻撃をかけ、日本共産党部隊を追いつめ、激烈な乱闘になった。〉〈「加藤総長代行は、（午後）八時一六分に『第一に経済学部で危険な状態にある学生の救出、第二に教育学部で包囲されている学生の救出、およびそれに伴う必要な措置をとるため、警察力の出動を要請する』旨を警察当局に伝えた。（『弘報』、176頁）」〉〈全共闘側が日本共産党系学生を追い

つめる同じ状況は、理学部一号館でも繰り返されたが、機動隊は午後八時十六分と九時三十五分の二度にわたって構内に入り、全共闘派青年のみ五十一人を逮捕し、午後十一時四五分まで駐留した。〉〈この日の勝者は、日本共産党系部隊を追い詰めた全共闘ではなく、機動隊を導入した加藤代行だった。日本共産党といえども、全共闘の全都部隊に対抗できないことが明らかになったが、それを機動隊によって守ってやることで、加藤代行は自己の優位を内外に示した。このときから、東大の様々な組織に勢力を張りめぐらした日本共産党に、加藤代行ははばかる必要がなくなった。〉（『安田講堂』一八六～一八七頁）

1・10秩父宮ラグビー場での全学集会

□この日の〈午後一一時三〇分頃、「かりに代表団の一部に異論があったとしても、集会を予定通り、秩父宮ラグビー場で（明日一〇日）午後〇時三〇分より開くつもりである。」（『弘報』、176～177頁）との掲示が、学内に貼り出された。〉〈こうなれば、学生代表団さえも問題ではなくなった。「一部の異論」は無視できる。学生代表の合意というポーズ〉も不要で、〈学生大会決議も意味がなくなった。この加藤の独演会に対して、〉もはや「日本共産党」＝「七学部代表団」には抵抗の意思も力もなかった。〈「一一時四五分、七学部代表団幹事より、次の二つの条件が満たされるならば、本日の集会に参加すると伝えてきた。その条件とは、⑴集会の時間をなるべく短くすること。⑵集会終了後直ちに代表団団交を行うこと、である。（『弘報』、185頁）〉〈「そんなことかよ！」と言いたくなるほどの条件であり、こうして「代表団」はすでに大学当局に屈服していた。彼らは、全共闘が切り開いた水路で、船を乗っ取ってみせただけである。〉みずから〈水路を開鑿する力がなければ、座礁は見えている。〉秩父宮ラグビー場でのこの日の〈集会は、機動隊が管理し、学生証がなければ入場できなかった。〉

「十項目確認書」がその集会の成果とされるが、教養学部の西村学生部長は、その矛盾を的確に言い当てている。〈「大学当局も、入試復活を第一目的とする学生たちも、機動隊に守られた七学部集会の成功を喜んだ。しかも、その集会での団交の成果としての確認事項には、『大学当局は、原則として学内「紛争」解決の手段として警察力を導入しないことを認める』という一条が含まれているのである。」（西村）〉〈警察当局の報告では、この集会に反対して集まった学生たちは「約九百五十人」という。警視庁は五千九百七十九人を動員し、言わば戒厳令下の集会であった。この日、全共闘側は、百四十九人が逮捕され、このために東大全共闘は、最後の局面で、重要な活動家を多数失うことになった。〉（『安田講堂』一八七〜一九〇頁）

【全共闘派、医学部三年】

■〈医学部の全共闘派であるPP（一九六八年四月時点、医学部M１）は医学部図書館に立て籠もり、〝安田講堂攻防戦〟の初日である一八日に不退去罪と凶器準備集合罪で逮捕されることになる。しかし、ノンセクト・ラディカルであるPPは、個人としては建物占拠・封鎖を進める全共闘の方針に反対の意見を持っていた。〉（『東大闘争の語り』著者）

■〈PP　東大全学を封鎖するっていう方針で、これ〔一月九日の集会〕はやったんですよ。私は、医学部の上のほうの人に、「そんなのはやめたほうがいいんじゃないか」って言ったんです。要するにそんなことできっこないし、やろうと思えば機動隊がまず来るし。で、「そういう方針はちょっと間違ってんじゃないか」って言ったら、上のほうの人は「いや、これは共産党系の人を、東大闘争から叩き出すためにやるんだ」っていうようなことを言って。それでまた私は、「いや、確かに日本共産党は叩き出したほうがいいとは思うけど、共産党を追い出すために全学封鎖します。それで機動隊来ました。それじゃ、みんなあんまり支持してくれないですよ」って言ったら、「いや、それはもう決まったことだから」って言われて、それ以上なんも言えなかったんですけど〔笑い〕。〉（『東大闘争の語り』二七〇〜二七一頁）

一四、機動隊に守られた駒場寮屋上での1・11教養学部代議員大会

「機動隊に守られた七学部集会」は、加藤代行の「東大闘争収拾路線」の象徴であったし、またその二日後の、「機動隊に守られた駒場寮屋上での教養学部代議員大会」は、日本共産党・民青の「東大闘争圧殺路線」の象徴であった。この駒場寮をめぐる闘いには、日大・芸闘委の銀ヘル部隊数百人も西武池袋線・江古田から駆け付けた。宵闇に輝く銀ヘルの戦闘部隊の大活躍は、全共闘部隊を大いに勇気付け、鼓舞し、全員奮い立って闘い抜いたが、しかし、駒場寮の「古くても頑丈な鉄筋の壁」は、今回ばかりは、日本共産党・民青に味方した。われわれ全共闘派は、その「鉄壁」を打ち破ることができなかったのである。

夕闇の駒場寮屋上という世にも奇天烈な時間・場所で開かれた「教養学部代議員大会」は、学内の「あかつき部隊」と、学外に待機しキャンパスを包囲する「警察機動隊」の双方の連携により「開催」され、「成立」を宣言され、「ストライキ解除」を強引に決議していったのである。

みどろの攻防

一月一一日夕刻、駒場寮屋上での教養学部「代議員大会」の開催。それをめぐる〝あかつき部隊〟と全共闘部隊の血

なぜ教養学部代議員大会は、数多ある学内校舎のいずれかで開かれるのではなく、駒場寮の屋上という変わった場所で開かれたのか？　それは、「代議員大会」を武力で防衛する役割の日本共産党系学生と〝あかつき部隊〟にとって、安全に「代議員大会」の開催を保証できる空間が、学内広しといえども、駒場寮の屋上以外に見当たらなかったからである。寮であれば、狭い入り口だけ押さえれば、あとは上に上がる階段だけであり、限られた人数での防衛が可能である。〝あかつき部隊〟はそう判断した。よって、

□〈一月十日の夜、〝あかつき部隊〟千五百人と寮を攻める全共闘部隊千五百人〉が、正面からぶつかり合った。われわれもかねての自分たちの「生活の場」である駒場寮北寮を、外から攻めることになろうとは、夢にも思っていなかった。〈午後八時十五分に始まり、十一時五十分まで三時間半に及んだ〉寮をめぐる攻防戦では、〈市街戦にも似た攻防となり、凄惨な場面も多くくりひろげられた。この乱闘劇を、いつでも出動できる状態で警察機動隊が〉じっと見守りながら待機していた。翌日午後から〈駒場寮の屋上で開かれた「代議員大会」では、午後五時二十分に「ストライキ解除提案」が四百九十一票で可決したとされる。〉真冬の午後五時過ぎは、すでに薄暗かった。〈このストライキ解除決議は駒場の「全学投票」での確認が必要であり、一月十五日の投開票によって、有効投票総数三千七百七十五票、うち賛成三千百七十八票、反対三百二十九票、保留二百四十九票、白票十九票であったという（『弘報』、214頁）。〉〈投票期間を当初の決定から丸一日延長しても、賛成は教養学部の総在籍学生数六千八百三十七人の過半数に達しなかった。〉（『安田講堂』一九二〜一九四頁）

これでストライキ解除決議は「合法的」なのか？　しかし元々が、〝あかつき部隊〟の暴力によって成立

させられた「代議員大会」であり、ストライキ解除決議に「合法」もなにもあるはずがなかった。

【解放派シンパ、法学部三年】

■〈Z　一月九日、一〇日、一一日ってのは三連チャンで、自分で言うのもなんだけど、大活躍というのか全部皆勤したんですね。一月九日が駒場だな。徹夜でやったんですよね。駒場寮に民青が立て籠もって、それを外から攻めるということで行ったんだけども、結局失敗して。民青系が経営している駒場の生協の食堂で略奪行為やったくらいの〔感じでした〕。……で、1・10は7学部集会。あれは午後〔秩父宮ラグビー場へ〕行って。あのとき、秩父宮ラグビー場の外で、解放派がずいぶんあそこでパクられたんだけども。僕はノンヘルで行って、なかに入っちゃって。200人ぐらい全共闘系いたんじゃないかな。で、グラウンドでデモして。それで、一一日に機動隊が来たせいかなんかで、安田講堂が空っぽで民青に取られそうになって。それにたいして、法学部のフロント系の活動家〔が〕「東大闘争がいまこのままでは民青系につぶされそうだ」って〔呼びかけて〕、それまでシンパだけども実際の行動に出てなかった人たちが危機意識でもって、石投げたりして、民青を排除したと。なかなか感動的だったですね。〉（『東大闘争の語り』二七五頁）

一五、駒場第八本館をめぐる日共民青との闘い

本郷での「安田講堂攻防戦」に三日先行して、一月一五日から駒場・第八本館でも「象徴的な闘い」が繰り広げられた。ここ駒場では、反全共闘勢力は、本郷と違い警察機動隊が主役ではなく、代わりに日本共産党・民青の部隊が、包囲・バリケード解除の尖兵となった。彼らのやり口は、安田講堂に対する警察機動隊

のそれよりも「無慈悲」であった。警察とは反対に、マスコミの眼がある昼間は攻撃しないが、夜になると猛攻撃に転じ、電気・水道・ガスを真っ先に止め、トイレの水さえ止め、厳寒の中、北隣り校舎の屋上に据えたピッチングマシーンからの投石により、北側の窓ガラスを全部叩き割ったのである。

こうしたシビアな攻撃に対し、駒場全共闘派は数名の女子学生を含め七〇余名で、最年長の最首悟さんを先頭に、本郷から来た「全闘連」の大学院生も若干名加わり、解放派としては、薛静也さん、井上豊さん、伊東恒夫さんなど、一〇人超が中軸としてよく奮戦し、頑張り抜いたが、一月二〇日、「入試中止」が伝えられ、残念ながら二一日撤収に至った。

教養学部・第八本館防衛の闘い――入試中止

□〈安田講堂攻防戦の陰に隠れてあまり知られていないが、同じころ東大教養学部内では、〉もう一つの闘い、〈第八本館に立てこもった東大全共闘派青年たちへの日本共産党系部隊の攻撃が頂点を迎えていた。〉〈一月一五日、第八本館に立てこもっていた東大全共闘の学生たち百人は、本郷の集会に参加しようとして第八本館を出たところで、今村自治会委員長を含む一団が、日本共産党系部隊に捕まった。〉〈日本共産党系部隊は、第八本館の封鎖解除にとりかかったが、激烈な攻防戦の末、一階の封鎖を解除したところで戦闘は停止した。委員長の身柄は奪われたが、最年長の最首悟助手（助手共闘）のもとで、第八本館防衛隊は頑張〉り抜いたのである。〈このとき、平井教授（評議員）など数名の教官が、日本共産党系部隊の占拠した駒場寮食堂に出向いて説得し、今村委員長らは解放されて第八本館に戻ることができた。〉

〈この日から、日本共産党部隊による第八本館の包囲が始まった。〉〈「まずその日のうちに代々木系が電源

東大教養学部＝駒場キャンパス

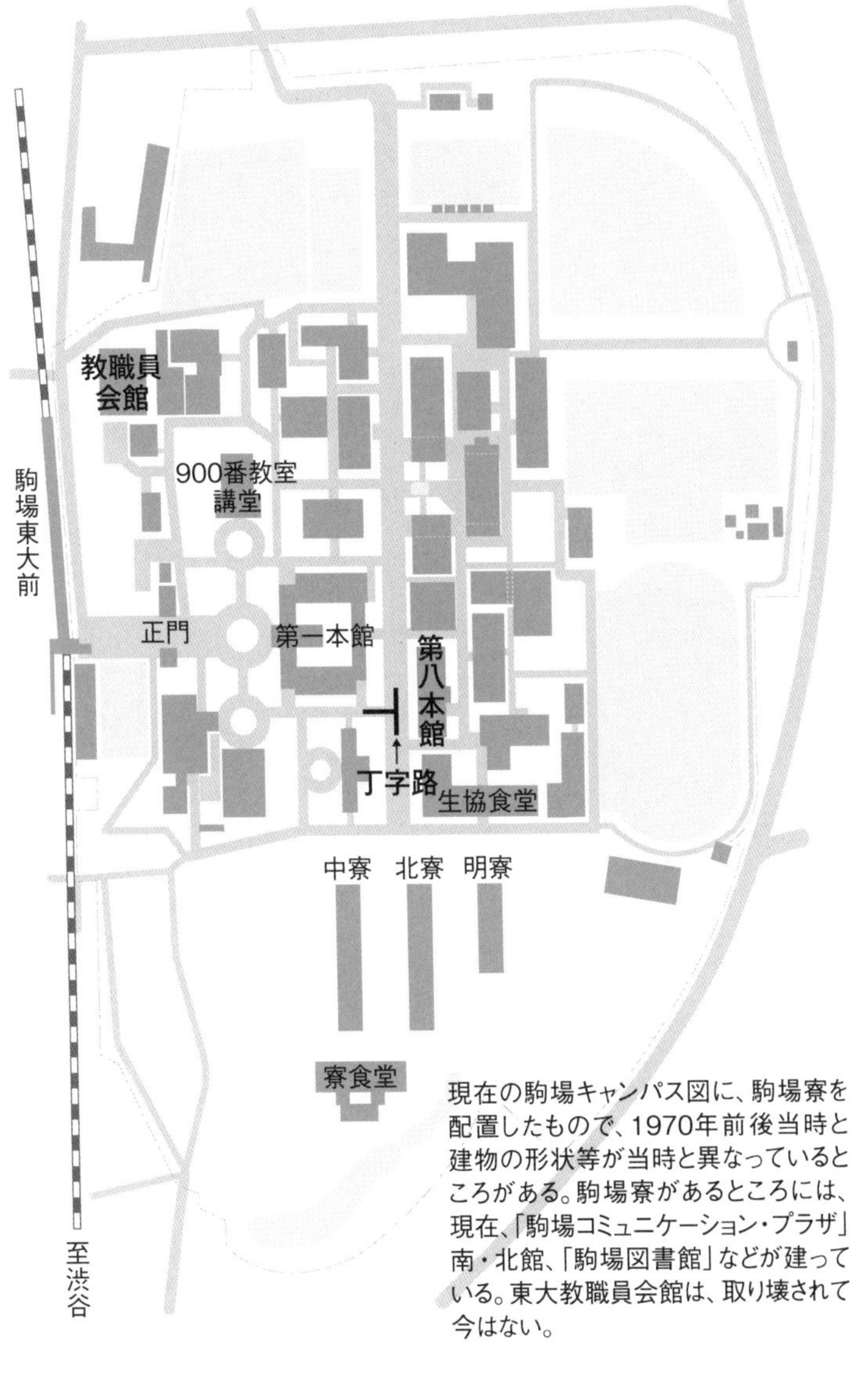

現在の駒場キャンパス図に、駒場寮を配置したもので、1970年前後当時と建物の形状等が当時と異なっているところがある。駒場寮があるところには、現在、「駒場コミュニケーション・プラザ」南・北館、「駒場図書館」などが建っている。東大教職員会館は、取り壊されて今はない。

のある一階を占拠すると、電気・ガス・水道がとまった。これらは、本郷の安田講堂では機動隊が導入された一八日までとまらなかったものだが、駒場では代々木系が大学側を説得して止めさせてしまったともいわれる」(『アサヒグラフ』1969年2月7日号、22頁」)〉〈一月十六日、全共闘側は第八本館の救援のため約三百人が駒場構内に突入し、日本共産党系部隊と衝突した。〉〈この日、駒場の第一研究室に日本共産党系部隊が泊まり込み(『弘報』の用語)、第八本館の電気、水道、ガスを止め、さらに投石機(ピッチングマシーン)を使って石を打ち込み、北側の窓ガラスを全部割った。〉

第八本館は食料がなくなり飢餓状態だと新聞は伝えたが、水道が止められ飲み水にも事欠き、〈何よりもトイレの水を流せなくなったことが、籠城側には苦痛だったという。〉

〈(一月)二十日、新聞は「入試中止」を伝えた。〉〈同日午後三時すぎ、全共闘派百人が第八本館への食糧を持って正門前に到着し、これを妨害しようとした日本共産党系部隊と衝突した。機動隊はこれに介入して全共闘側だけを五人逮捕した。〉

全共闘側はこの弾圧にもめげず、次第に参加者が二〇〇人に増えたというが、食糧補給の目的は達せられなかった。

〈二十一日午前十一時四五分、第八本館に立てこもっていた最首助手以下今村委員長を含む〉東大全共闘・駒場共闘のメンバー七五人(内女子六人)は、〈封鎖を解除して建物から出、支援に来た七十人と合流した。〉〈十一月二十二日、加藤代行は声明をだした。〉〈「遺憾ながら、一月二十日、政府の入学試験中止の決定によって、入学試験の実施は事実上不可能になった。」〉(『安田講堂』二七三〜二七六頁)

1969年01月19日、安田講堂屋上から機動隊に向け火炎びんを投げる全共闘の学生（毎日新聞社）

一六、安田講堂での戦闘状況・結果

一月一八日安田講堂における闘いの開始

□一月一七日〈午後十一時、「学外者と学内者とを問わず、直ちに全員、本郷郊外に退去せよ」と東大当局は「退去命令」を広報車で告げて回った。同時に加藤代行は、「警察力導入に関して学生諸君に訴える」という声明を十七日付で発表し、配布した。〉〈「封鎖の解除そのものは、教職員と学生とが一体となって、あくまで平和的な手段で自主的に行うというわれわれの態度は、今も少しも変わっていない。解除の段取りについては、学生諸君の代表と協議して決めるつもりであるので、諸君の積極的な協力を望みたい」と。〉〈事ここに至って、この声明は〉白ばっくれていた。〈「一体となって」とは、警視庁機動隊八千五百人とであり、「平和的」とは〉一万と佐々が豪語するガス弾を打ち込んでということであり、「自主的」とは、政府の手は借りるが大学当局主体の措置ということであり、〈「積極的な協力」は、むろん「日本共産党系部隊の協力」ということだった。〉〈こうして、東大本郷構内に「戒厳令」が敷かれた。〉〈構内の各建物に立てこもった約五百人の青年たちは、「ついに来た」と闘う決意を新たにした。〉〈電気が切られたのは十八日（ガスは十九日）でこの夜はまだ、安田講堂の中に電灯がついていた。ジャーナリストによる安田講堂内の記録は、この夜の午前〇時で終わっている。〉〈「午前〇時（中略）部屋の空気は、おそろしく冷たかったが、学生たちは何事もないかのように、落ちついた動きをしていた。釘を打ち付ける音、石を割る音なども、一時的かどうか、気にならなかった。すべては、まるで静止しているようであった。」（杉岡、同上）〉

午前五時四五分、安田講堂の「時計台放送」が機動隊の出動を報じた。〈「こちらは時計台防衛司令部。ただいま機動隊は全部、出動しました。すべての学友諸君は、戦闘配置についてください。われわれの闘いは、歴史的、人民的闘いである。」（『朝日新聞』）〉（『安田講堂』二二二～二二四頁）

一月一八日～一九日　警視庁機動隊の攻め方

□〈警視庁は一機から八機（第一機動隊の略、以下同じ）までの八個機動隊四千六百七十八人を総動員し、二個方面機動隊二千五百六十五人をこれに加え、そのほかに予備隊、本部要員一千人強を含めて、合計八千五百十三人が出動した、携行したガス銃は五百挺、ガス弾は一万五百二十八発だった。（佐々、1993＝『東大落城』文藝春秋のこと、引用者）〉〈機動隊は猛烈にガス銃を使った。用意された一万発余のガス弾は、五百人の学生一人当たり二十発ずつである。ガス銃とは、火薬を使った銃であって、飛び出す弾丸が催涙ガスの入ったガス弾というだけであり、この弾は二十メートル離れてベニヤ板を打ち抜く威力がある。このため、直接人を狙った水平射撃は、禁じられている。むろん、危険だからである。しかしこの日、ガス銃の射撃は学生に当てることが目的となっていた。〉〈「機動隊はガス銃の銃手十人を並べ、学生が少しでも顔をのぞかせるとねらい撃つ戦術をとった。ガス弾が一人の学生の口元にあたった。のけぞる学生、（中略）午前八時半、十六人全員が逮捕されたが、顔にガス弾が当たった学生はくちびるがさけてぶら下がっていた」（『朝日』、No.571、473頁）〉〈午前八時半、安田講堂への催涙ガス弾による攻撃が始まった。安田講堂の屋上に出た学生たちを〉直接狙い撃っていた。〈ヘリコプターがガス弾に火をつけ投下、しかし（講堂屋上の）学生が拾って下に落とす。八時三五分、安田講堂への一斉射撃。安田講堂は、白煙に包まれた。（『朝日』、No.571、473頁）〉〈警備車による放水も始まったが、安田講堂などの占拠された建物の窓はベニヤ板で塞がれていたので、放水を跳ね返すことができた。しかし各建物の屋上と時計塔は別で、ここにいた学生たちは一月の凍る空気のなかで、まともに冷水を浴びた。時計塔の部屋のなかには、膝まで水がたまった。それだけではない、催涙ガスとはいうものの、それは佐世保で使った糜爛ガスと同じもので、これに長時間曝された青年たちは、重度の火傷を負うことになった。〉（『安田講堂』二二五～二二九頁）

□〈（翌一九日＝引用者）午後三時五五分、安田講堂正面右手四階の屋上に解放派の青年たち約二十人が整列した。シュプレヒコールが繰り返され「インターナショナル」を歌い、「国際学連の歌」を歌った。このまったく同じときに、神田でも青年たちが同じ歌を歌った。〉〈「四時、解放講堂屋上で、同志たちがインターを合唱。トランジスタラジオから流れ出るこのインターに神田解放区の労働者・学生は唱和、大合唱となった。」（『砦』、530頁）〉（『安田講堂』二六五～二六六頁）

表1　東大構内での負傷状況（『合同救援ニュース』第2号より）

	18日（列品館、法研、医本館）	19日（安田講堂）	計
火傷	48(14)	61(21)	109(35)
打撲	27(5)	60(12)	87(17)
裂傷	25(10)	40(14)	65(24)
骨折	2	6	8
眼球損傷	6	13	19(4＊)

（　）内は重傷者数、（4＊）は重症4人、うち失明1人。火傷はさいるいえきによるもの
出典：『安田講堂』島泰三、中公新書、2005年より

表2　東大闘争関係　逮捕・起訴者数

	『砦』＊1969		磯辺1969			佐々1993	警視庁2005
	逮捕	起訴	逮捕	勾留	起訴	逮捕	逮捕
01月09日	51	11	51	37	14	51	—
01月10日	146	46	149	124	41	149	143
1月18日計	308	204	342	287	209	311	—
神田	55	10	57	39	11	55	—
東大構内	241	179	285	248	198	256＊	257
列品館	38	28	—	—	—	38	38
法研	167	121	—	—	—	169	—
医学部	22	17	—	—	—	15	—
法文2号館	14	13	—	—	—	0	—
1月19日計	478	336	476	441	342	457	—
安田講堂	393	295	397	378	316	377	377
神田他	79	25	79	63	26	80	151＊＊
01月20日	5	3	—	—	—	—	—
合計	988	600	1018	889	606	968	—

＊『砦』数値のうち建物別内訳などの詳細は、『合同救援ニュース』の数値による。このために小計が合致しない。
＊＊18、19日の合計だが、いずれの資料とも一致しない。
出典：『安田講堂』島泰三、中公新書、2005年より

闘いの結果

私はここで、闘いの結果（逮捕・拘留・起訴など）について、島氏『安田講堂』に収録されている若干の資料（表1〜3）に基づき、概観しておきたい。資料は、主に、東京地裁・磯部裁判官の論文による。詳細は、三つの一覧表に譲るが、表3によれば、A東大構内での①逮捕者数　一・一八＝二八五人、一・一九＝三九七人、計六八二人、②拘留者数　一・

表3　安田講堂など東大闘争関係事件で告訴された学生たちの東京地方裁判所によるグループ分けと公訴事実（いわゆる罪名）（控訴趣意書より〔統一後半を要求した被告のみ〕）

場所およびグループ数	被告人数	公訴事実
安田講堂関係1グループ	10	凶器準備集合
安田講堂関係21グループ	248	凶器準備集合、不退去
		公務執行妨害
工学部列品館2グループ	19	凶器準備集合、不退去
		公務執行妨害、放火
医学部総合中央館1グループ	13	凶器準備集合、不退去
法文2号館1グループ	13	不退去
法文3号館＊7グループ	98	凶器準備集合、不退去
		公務執行妨害
神田お茶の水事件（個別）	6	公訴事実は各人別々
本郷3丁目関係1グループ	17	公務執行妨害あるいは凶器準備集合
合　計	424	
秩父宮ラグビー場3グループ	38	凶器準備集合
総　　計	462	

＊法学部研究室、通称「法研」
出典：『安田講堂』島泰三、中公新書、2005年より

一八＝二四八人、一・一九＝三七八人、計六二六人、③起訴者数　一・一八＝一九八人、一・一九＝三七七人、計五七五人、④起訴率　一・一八＝七九・八％、一・一九＝九四・九％人、平均＝九一・八％。B東大構内以外での①逮捕者数　三九二人、②拘留者数：二六三人、③起訴者数：三一人。④起訴率：七・八％。

こうしてみると、東大構内での逮捕者の④起訴率は、東大構内以外での逮捕者の起訴率の一〇倍以上である。同じ逮捕でも、閉塞空間でのそれと、オープンスペースでのそれでは、事案の内容の違いはともかくとして、こんなにも違うのである。それだけ、閉塞空間での建造物侵入罪が絡んだ闘いでは、当たり前であろうが、起訴までいく可能性は一〇倍以上も高いのである。

これを考えれば、安田講堂以下、一・一八―一九の東大構内での闘いに臨んだ仲間たちの「覚悟のほど」が思いやられる。また、表2によれば、一・一八―一九両日での、東大構内での逮捕者中の負傷件数は、総勢三九二人中、火傷＝一〇九件（重症三五件）、打撲＝八七件（同一七件）、裂傷＝

六五件（同二四件）、骨折＝八件、眼球裂傷＝一九件（同四件）と多い。負傷は、複合で負っているケースが多いのでカウントは難しいが、少なくとも、四人に一人かそれ以上は、かなりの負傷（重傷も数十名）を負ったことが推察される。

また、全逮捕者中に占める東大生の割合は、巷間よく取り沙汰されるところであるが、警察の安田講堂攻略作戦の総指揮官・佐々淳行は「東大生は二〇名しかいなかった」と語ったとされている。しかし、実際はかなり違っていて、東大闘争弁護団の記録などからすると、安田講堂には八〇人程度の東大生が、その他の建物を合わせると、一〇〇人前後の東大生が立て籠もったと推定される。佐々の主張は、東大生の闘いを殊更に軽んじ、もって、東大闘争の歴史的意義を貶める意図・目的をもってなされたと考える他はない。

一七、「（権力とは）闘わずして、（闘う他党派に）勝つ」反革命革マル

一二月六日から二週間余、警察機動隊の完全包囲下、駒場キャンパスで解放派の主力部隊を鉄パイプ・投石で攻め続け、大学当局や日共・民青からさえ大顰蹙を買った革マルは、年末漸く鉾を収め撤収し、翌年の「安田講堂決戦」に備えるかに見えたが、彼等はそんなマトモな「玉」ではなかった。今度は、「安田決戦」においても、前日夜陰に紛れて、ほんの少数（一三人）をアリバイ的に残しただけで、そのほとんどが「撤収」してしまったのである。これには、敵の総指揮官・佐々淳行も驚き「拍子抜けした」と語ったと言われる。しかし、こんなことは革マルにとっては、「朝メシ前」であった。そもそも彼等には、敵権力と真剣に闘う意志など、ハナから無かったのだ。「（権力とは）闘わずして、（闘う他党派に）勝つ」というのが、反革命革マ

ルにとっての、基本戦略であった。これが、七〇年代に入り、「他党派解体路線」として「全面開花」（醜い花だが）するに至るのである。「安田講堂からの逃亡」など、ちょろいモノであった。

革マル派の敵前集団逃亡　学生たちの『死』をも覚悟した抵抗　闘いの終焉

□〈午前十時、法文二号館（文学部）への機動隊の攻撃が始まった。ここ（法文二号館）は数百名の革マル派が守っているはずだった。当然激戦が予想されたので、精鋭四機の担当となっていた。ところがここも（注：法文一号館と同様という意味）もぬけの殻、革マル派は一人もいない」（佐々、前掲＝『東大落城』文藝春秋のこと、引用者）〉（『安田講堂』二三四頁）

この点は、少し修正が必要だろう。『弘報』は、「こちらには革マル系の学生が少数いたため」としている。革マルは、一三人（「東京地裁資料」より）を残し、前夜こっそり法文二号館の「戦場」から集団敵前逃亡していたのである。ここでの学生の抵抗は微弱で、他の建物では付いた公務執行妨害罪も凶器準備集合罪も付かず、「不退去罪」のみであった。

まさに、ここに革マルの「本質」がある。権力との闘いは〝振り〟なのだ。そうやって「組織を温存し」、その前後、彼等は他党派を武装襲撃する。いつもの手口＝常套手段である。この革マルがいる筈だった隣の建物・工学部列品館の屋上にいた学生はのちに獄中でこう書いている。

□〈（略）階段を伝わって炎がゴウゴウとものすごい音を立てながら屋上に吹き上げていた。〉（略）〈確かに屋上でたき火をすると、自然に一面に広がるということを知っていた。僕は激しい炎を見ながら、ベトナム南部解放戦線戦士のサイゴン米大使館でのそれこそ英雄的な闘い、そして勇気ある死をはっきり思い浮かべた。『僕達も死ぬかもしれない』これまで多くの闘争の中で考え、相変わらず漠然としていた『死』の実体感がふっと空から降ってきたように僕の身体を占領した。後で他の同志に聞いたら、彼もその時一瞬そう思ったと言っていた。」（『獄中書簡集』第十五号、16頁）（『安田講堂』二三六頁）

第３章　私にとっての東大闘争とは

前節までで、東大闘争の発端となった一九六七年春の医学部処分闘争から一九六九年一月一八日〜一九日安田講堂攻防戦までの概略を見てきた。これからは、その東大闘争に私がどのように影響を受け、どのように関わり、闘っていったのかを振り返りつつ東大闘争とは何であったのかを考えてみたい。

一、「7・2安田講堂再封鎖」の波及力

この年、一九六八年一月からの「東大医学部反処分闘争」は、その後全学に広がり、駒場からもしばしば本郷へ応援に出かけたが、その後動きはやや下火になり、六月も過ぎ、本郷・医学部内での動きも沈静化しつつあった。そのとき、七月二日に至り、突如、解放派（全学）の部隊が、「安田講堂再封鎖」という大方の人々の意表を突く挙に出た。これは、「東大解放派」を中心とし、全闘連（大学院生の闘争組織）と、それに追随する一部諸派の共同行動であった。

この前後、私は別の任務で動いていて、直接、封鎖行動に参加することはなかったが、直前の「方針討議」において、若干の反対意見も出されたとあとから聞かされたものの、おおむね、東C（東大駒場）・東大本郷の活動家のなかでは、驚きとともに、熱烈な支持を得た行動方針であったと記憶している。この「7・2安

田講堂再封鎖」は、当局側は無論のこと、闘う学生の間にも、大きな衝撃と複雑な波紋を広げた。解放派以外の諸党派は、おおむねノリが悪かった。「出し抜かれた」という思いと、「解放（派）ごときに何ができる」という軽侮の念に加え、その「戦術的価値の過小評価」も少なからずあったのではないか。しかし事態は、その直後から、時代を揺るがすような大転換を遂げ始めたのである。

この「局面打開の一大方針」を打ち出したのは、誰あろう「東C解放派の巨魁」＝福島喜久満その人であった。その優れた「戦術眼」＝インスピレーション＝方針提起能力が、膠着状態に陥りつつあった「東大医学部反処分闘争」のせまい殻を打ち破り、「東大全学」→全国大学の「教育学園闘争」の大爆発に至る「突破口」を切り開いたのである。ノリが悪かった諸党派も、その後しぶしぶ後についていくしかなかった。「全国教育学園闘争」の巨大な扉が、一挙に大きく開かれ始めた。「7・2安田講堂再封鎖」は、【全国学生のはち切れんばかりの反大学・反権力闘争のエネルギーを孕んだ巨大なバルーンの薄い皮膜】を一気に突き破る、鋭い「錐の切っ先」の役割を果たしたのである。

「7・2安田講堂再封鎖」を突破口として、闘いは全学に、諸大学へ、学内から街頭へも、そして、時間的にはやや先行する巨大な日大闘争の爆発と相まって、それが、全国に、また大学から高校へ、さらには中学へと、「燎原の火のように」とめどもなく広がっていった。

私は今、ある一冊の分厚い本を手にしている。それは、『全共闘白書』（新潮社、一九九四年）である。今から、約四半世紀前、六九年一月一八日〜一九日、かの全共闘の闘いの頂点＝安田講堂占拠闘争から二五年目の夏、この題名の本は出版された。私は当時、一三年間の党派活動から身を退いて、ある小さな出版社にもぐり込み、

「和英小辞典」（講談社）の下請けの編集作業にいそしんでいた。四三歳でようやく「社会復帰」し、家族（共働きの妻と、男児一人、女児一人の四人家族）を食べさせるための手取り二〇万円くらいの給料であったが、それまで、学習塾のアルバイトか、せいぜいその社員で、夜の仕事しか知らなかった私には、その正社員での昼間の仕事が、性に合った好きな仕事ということもあって、嬉しくて仕方がなかった。バイト以外では、生まれて初めての「昼間の仕事」であった。なんとなく、それまでの学習塾の〝夜の蝶〟的な日陰仕事から、堂々と（？）昼間世間を渡れる仕事に「昇格」できた喜びに浸り、好きな編集作業に没頭していた。

そんな私にとり、この本により四半世紀前の「激闘の日々」と向かい合うのは、〈今さら感〉もあり正直辛かった。だから、購入はしたが、開かなかった。いずれ読むときがくるかも知れないと思って、念のために買い置いた。それが今、四半世紀の時を経て、ようやくページをひも解けるときがきたのである。かつての東大の仲間たちに、この原稿の執筆という直接の契機を与えられて。

そうした私事はさておいて、この『全共闘白書』には、今から半世紀前の全国全共闘の全国的歴史的な広がりが、随所に反映されている。冒頭の第一章、「呼びかけ人座談会」の筆頭には、解放派の学生大衆組織である「全国反帝学評」の当時議長で、解放派学生運動の表看板であった「白面の貴公子」＝三井一征さんのコメントが、他の参加者七名とともに掲載されている。そのあとに、第二章として、「アンケート形式の問い」に応える形での「回答者アンケート」が、愛知大学に始まり、五〇音順につづき早稲田大学で終わる、全国七七大学から「一校一人～三〇人」程度のコメントが相次ぎ、末尾に「高校他」として、四名のコメントが掲載され、懐かしい青木なちこさん（日比谷高校出身、元都議会議員）のコメントで終わっている。

さらに同書は、第三章「回答者座談会」として、七名の参加者による「心は今も全共闘」と題する座談形式の討論、最後に第四章「大学当局者と大学教師による――二五年目の全共闘論」と題して、当時東京大学総長であった加藤一郎氏や、当時早稲田大学教務部長で、元総長の村井資長氏、当時東京大学助手で、のち反公害運動の旗手となった最首悟氏、当時東京都立大学教師で、チェルノブイリ原発事故のあと、反原発運動の一方の旗頭となった原子力物理学者・高木仁三郎氏ら、一一名のコメントが連ねられている。

二、東大闘争が私にもたらしたもの――近代的自我の覚醒

東大闘争の渦中、たぶん六八年春頃か、駒場寮の活動家部屋＝社思研での日常的なフラクション（または小さな学習会）における一場面が思い出される。ある問題提起者が、突如、「スピノザ哲学の今日的意義」というテーマを出してきたのである。「ン？　なんだそれは」という思い・驚きであった。「中学・高校の優等生」ではあっても、所詮、田舎者の私には、まさに、「寝耳に水」の如き衝撃であった。それが、現下の東大闘争やベトナム反戦闘争と、どう関係するのか？　わずか、二歳くらい上で、地方高校から来たこの青年が、なぜこのような本を読み、その哲学に接し、それを噛み砕き、現実の対権力闘争の「理論的裏づけ」にしようとしているのか？

正直私には、皆目「理解の外」であった。そのときの話の内容は、理解の乏しかった私には、おぼろで再現のしようもないが、ただ、その衝撃の大きさだけは、今なお、体感として忘れ得ないものがある。また、それに聞き入り、それなりにそれぞれに吸収し、日々の闘いの糧にしようとしている仲間たちの姿にも感慨深いものがあった。そのうちの一人、手嶋久三さんがイスに座り、熱心に聞き入る姿だけがなぜか今、私の

眼に焼き付いている（彼は、一年半後、後述する六九年秋の安保決戦に加わり、私と東京拘置所で一緒であった）。そこで私は、これまで自分が生きてきた「田舎の小社会」の狭さを思い知り、己れが生きてきた「精神世界」の卑小さを痛感し、東大闘争の只中の駒場キャンパスで、新しい自我＝「近代的自我」に目覚めつつあった。

上記、スピノザに触発され、スピノザまではいかないが、この私も、急速に、近代西洋哲学の一角に食らいつき始めていた。手始めは、確かヘーゲルの『精神現象学』だったか、とにかく新鮮だった。その一行一行が、その論理骨格の鋭利さが、私の古い精神の殻を食い破り、破壊し、解体的に再編していく「地鳴り」が聞こえてくるようであった。

田舎の〈地域―学校―友人―家族関係など〉の「旧い共同体的紐帯」に育まれ、守られ、そのなかにガンジがらめになっていた私の「旧い自我」を内側から食い破り、卵の殻を食い破って出てくるヒナのように、「新しい自我＝近代的自我」が急速に芽生えつつあることを、東大闘争の渦中で、私は実感しつつあった。その後、問題意識はさらに進み、次に、フォイエルバッハの『キリスト教の本質』へと発展した。岩波文庫版の訳者・船山信一氏のコメントによれば、ドイツの哲学者フォイエルバッハ（一八〇四～一八七二年）は、

「独自の人間学的唯物論に拠って、キリスト教的世界観の根底を揺るがす批判を展開、若き日のマルクスに決定的な影響を与えた。本書はその主著であり、人間が人間にとって神であり、神が人間を造ったのではなく、人間が神を造ったのだ、とする彼の根本思想が展開されている」。（『キリスト教の本質』（上）岩波文庫、帯）

その内容に夢中になり、それらを新たな糧としつつ、私は東大闘争―七〇年安保闘争へと突き進んでいった。

気になるそのスピノザは、西欧近代哲学の系譜のなかで、どんなところに位置していたのか？　以下、簡略に見ておこう。ハインリッヒ・ハイネ著『ドイツ古典哲学の本質』（岩波文庫）より引用する。

私は、哲学者達が互いに多少とも血縁の関係にある事情だけは、はっきりと示しておきたい。……スピノザは、ルネ・デカルトの三男である。そしてこの三男が、その主著『倫理学』で述べている哲学は、長男のロックの唯物論とも、また次男のライプニッツの観念論とも大そう違っている。……ベネディクト・スピノザはこう説く。〈ただひとつの実体がある。それは神である。この唯一の実体は無限であり、絶対的である。すべての有限の物は、この実体から分かれて出てくる〉……神について、スピノザほど気高い意見を述べた者はこれまでになかった。スピノザは〈神を否定した〉というよりは、むしろ「人間を否定した」と言うべきだろう。（『ドイツ古典哲学の本質』一一〇〜一一一頁）

今となっては知る由もないが、全国全共闘運動のさなか、多くの大学・高校で、「運動のスピリッツ」としてとび切り頻回に語られた「自己否定論」の底流には、たぶん、スピノザ哲学に代表されるような近代西欧哲学の広大な深い背景があり、問題提起者はその急所＝ポイントを鋭く突いていたのかも知れないなあ、と凡才は、半世紀あとになって追憶するところである。

三、太宰治からの脱却・第一段階

前述のように、「高校生活後半―ベトナム反戦闘争―東大闘争」のなかで、私は、「旧い自我」から脱却しようとノタウチ回っていた。その端的な表われが、高校二年に始まる「太宰治への耽溺―没入」の八年間であった。

ここに、斉藤利彦著『作家太宰治の誕生―「天皇」「帝大」からの解放』（岩波書店、二〇一四年）という書物がある。この書が、さまざまな意味で、斬新な太宰治の見方を提供してくれているので、これに従って、あれだけ深刻に青春時代の私を懊悩させた太宰治の私なりの像を点描してみたいと思う。

戦後最初の画期的と評された太宰治論を著した奥野健男は述べる。〈太宰治の文学を貫くものは、強烈な下降への指向である。たえず自己を破壊し、自己の欠如感覚を決してごまかさず、かえって深化させて行く。そうすることにより、既成の社会に、文学に、一切の現実に、反逆をしようとした〉。（『作家太宰治の誕生―「天皇」「帝大」からの解放』六頁）

以下は、斎藤利彦氏の所論である。

……近代文学にとって、人間と社会の存在論的な深みから、エゴイズムと罪の問題、自己の存立基盤への深い懐疑、矛盾だらけの人間の傷跡、そしてより深い絶望と希望を描くことは、一つの重要なテーマでもあるはずだ。太宰治とは、それらを観想者立場からではなく、あたかも自らの業苦として引き受け描いた作家である。

……彼の生きた時代は、封建社会の遺制を引きずりながら日本的「近代」としての天皇制国家の確立と、産業化の進展の下で深刻化する社会矛盾、帝国主義への展開から軍国主義へ、そして敗戦という激動の歴史そのものであった。

……このような時代状況の下で、新興の大地主の家に生まれたことによる依存と負い目、左翼社会主義運動からの転向と脱落意識、繰り返された情死未遂による責め苦と滅びの意識……。それは、すべての者が一五年間にも及ぶ泥沼のような「戦争の時代」へと赴くことを余儀なくされた時代であった。「滅びへの志向」「滅びへの使徒」と評価される太宰であるが、その生きた時代は、まさに時代そのものが滅亡への道をたどり始めていたことが想起されなければならない。

……この点で、ともすれば「私小説作家」として、時代や歴史状況とは無縁な、個人の資質や才能にのみ依拠したかのように見える太宰の作品は、実はその根底で、「歴史家」や「社会思想家」としての強靱な眼に支えられていたことを見逃すことはできない。

……こうした視点に立ったとき、従来あまり取り上げられてこなかったものの、極めて重要な主題として浮かび上がってくるのが、太宰における「天皇と帝大」という問題である。

……本書においては、太宰における「天皇」という主題を、「天皇個人」として捉えるのみならず「天皇制」および「天皇制国家」としても、また「家父長制」を基盤として「天皇」を親としていただき、臣民をその「赤子」とする「家族国家」としても捉え、以下に検討を進めて行くこととする。（『作家太宰治の誕生―「天皇」「帝大」からの解放』九〜一六頁）

上記のような、奥野氏や斉藤氏の見解からも読み取れるように、太宰治がたどった「精神史」は、「日本的な近代的自我の誕生―懊悩の歴史」の一類型だったとは言えまいか。「日本的……」と「近代的自我」は、本来「対立概念」である。「日本的（アジア的）な旧共同体」のなかに埋没させられてきた「旧い自我」が、その旧共同体の殻を打ち破り飛び出してくるのが、本来の「近代的自我」の誕生であろう。まさに、「西欧的近代的自我」の歴史はそのようなものであった。西欧近代哲学がたどった歴史は、その明示的な足跡である。しかし、日本においては、天皇を頂点とする旧い共同体のくびきが、きわめて強固であった。特にそれは、明治国家の成立とその帝国主義的発展により、さらに強固に打ち固められていった。明治以降の「日本近代の精神史」は、この強固なくびきのもとで、「旧い共同体的自我」が、「近代的自我」に脱皮しようとする闘い・葛藤の歴史であったと概括することができよう。

私が、青春時代、なぜ、自分が太宰治にあれほど傾倒・耽溺したのかと自問するとき、その答えは、太宰が生きて（一九〇九―一九四八年）「近代的自我の真の確立」に向けて懊悩・格闘した軌跡を、太宰の作品群に導かれながら、自分は、約四〇年遅れで「追体験」していったのではなかろうかと考える。太宰が生まれ育った富裕な境遇とは似ても似つかぬ質素な家庭環境（深い家族愛に包まれていたが）ではあったが、私なりに、太宰に深く共感できたのは、「旧い共同体社会」（地域―学校―友人関係―家族）の只中に自分が置かれて精神的に身動きが取れないでいることを、薄々ではあれ、実感できていたからだと言えよう。

その「旧い共同体社会」から抜け出て、大都会に出、加えて、東大闘争の只中に身を置いたことで、私はモミクチャになるまで揉まれ磨かれ、その過程で「旧い共同体の垢」がそぎ落とされ、「近代的自我の覚醒」への第一段階を画することができたのであろうと振り返る。

四、六八年暮れの駒場キャンパス　革マルが解放派を急襲

われわれ駆け出し（一～二年程度）の活動家には知る由もなかったが、一九六八年夏以降の全共闘運動の空前の盛り上がりを受けて、全国的には、三派全学連（中核派、解放派、ブント）と、革マルの間には、党派間レベルで見えない鋭い緊張関係が醸成されつつあったようである。

革マルといえば、われわれ一般活動家の目には、清水谷公園など公園での三派全学連の集会で、必ずその横にくっついて、別のより大きなスピーカーを使いガナリ立てるだけのヘンテコな集団＝党派としての印象しかなかった。いつの頃から言い始めたか、われわれ三派からは、彼らは「寄生虫」と呼ばれ、運動の阻害物として認識されていたように記憶している。しかしその間、ただ横でうるさくガナリ立てるだけで、これと言って、表面的には、とくだん暴力的な事態になることもなく、東大教養学部（駒場）においては日頃の関係は平穏に推移していった。六八年暮れまでは……。

官許の下で仕掛けられた革マル武装襲撃

ところが、六八年春までの過程で、革マルの牙城・早稲田大学において、わが解放派に対する革マルによる暴力的事態――文連、早稲田祭実行委のテロによる乗っ取り策動が始まる（本書三五三頁以降参照）。この時点ではまだ十分には東Ｃ（トンシー）のわれわれには事態が伝わっていなかった――が頻発し、ついに、その延長として、一二月六日、駒場キャンパスに、彼らが大挙して、ヘルメットに鉄パイプで武装し殴り込みをかけてきたのである。それに対応して、わが派は首都圏全域から、急遽、異変を知り駆けつけた仲間と

ともに、駒場キャンパスの南端の井の頭線沿いに建つ「東大教職員会館（鉄筋コンクリート四階建て）」に陣取り、再度の襲撃に備えをしていた。この解放派の約一〇〇人ほどの小部隊に対し、革マルは二〇〇〜二五〇人以上の大集団で、一斉に襲いかかってきたのである。

恐ろしかった。ナンダコレは？　眼の前のわれわれに鉄パイプを振るう革マルの異様な姿もさることながら、その「正体不明さ」、同じ「左翼」のはずなのに、何を考えてこんな襲撃をかけてくるのか？　その意味・意図がサッパリわからない私は、言いようのない不安・恐怖に襲われた。

今から思えば、都合二週間余の攻防だったのか？　党派の指導部の力・判断力によりその場を凌ぎきったわれわれの眼前には、年が明ければすぐに、一・一〇秩父宮ラグビー場での闘いが待っており、その後すぐに、かの六九年一月一八日〜一九日の「安田講堂」の決戦が待ち構えていたのである。

あとから振り返れば、あのときの革マルによる解放派襲撃は、事の前後関係から考えて、明らかに、11・22東大全学封鎖に向けた高揚から約二カ月後の「安田講堂決戦」に向かう東大闘争の盛り上がりに恐怖する「反革命革マル」の先制攻撃であったことは間違いない。「七・二安田講堂再封鎖」に始まる解放派の、特に駒場における領導ぶりから見て、この東大闘争の主軸を担うのは、三派全学連のうち、中核でもブントでもなく、解放派であると、革マルは鋭く見抜いていたに違いない。だからこそ、この解放派の突出を、今叩いておかねば後で面倒なことになるとの「危機感」に基づいての、ある種、党派としての「命運」をかけた武装襲撃——のちに革マルの秘密文書「SY解体の為に」*（本書三六八参照）が発覚する——であったろうと考えられる。

＊ＳＹ＝社青同解放派のこと。革マルの隠語

反革命としての本性をさらけ出す革マル

同時にこれは、駒場キャンパス内の暴力沙汰を十分に情報としてキャッチしながら、数時間どころか、十数日も放置し続けた警察の監視下で革マルによるこの武装襲撃が続けられたということ自体が、当時からすでに、権力・警察が革マルを絶好の「利用対象」として明確に位置づけていたことを、「事実を以って」裏づけているのである。東大においては、「反革命革マル」の本性は、この時以来顕在化した。

翌年の「七〇年安保闘争」の盛り上がりと、その後の日本学生運動—新左翼戦線の「長い沈滞と混迷」の入り口で、「待ってました」とばかりに、まるで「水を得た魚のように」跳梁跋扈し始め、約一〇年間、猖獗を極めた革マルによる〈警察権力と結託しての新左翼襲撃〉。その多くが、当時の新聞・テレビを賑わせたものの、表面には出ない襲撃事件・死者・負傷者の数は驚くほど膨大であった（死者は、革マル：七〇名、中核：三〇名、解放：十数名）。これらに対し、警察は、裏では革マルに情報を流し、表ではおざなりの取り締まりをする以外は、ほとんど見て見ぬふりの対応であった。広島などの激烈なヤクザ抗争顔負けの（当時、広島でのヤクザの抗争をあつかった『仁義なき闘い』など東映ヤクザ映画が巷では流行っていた）、日本左翼運動史上最大の惨劇だった。

革マルの矛先は、思想的には同根（黒田寛一）の革共同全国委・マル学同中核派（以下、中核派）という大組織に主に向けられていたが、さほど大きくはなくとも、鋭い独特の感性で新左翼のなかに新たな地位を占

めつつあったわれわれ解放派にも向けられていた。その手始めが、六七年春から始まる早稲田での解放派へのテロ・暴力であったし、六八年一二月に入ってからのわが解放派に対する駒場での「先制奇襲攻撃」であった。いち早くその動向を察知したわが解放派が、一定数の首都圏を中心とする部隊で、「東大教職員会館」に陣取り、防衛戦を闘ったことにより、この奇襲は革マルの失敗に終わっただけでなく、かえって、それまで長く「正体不明」で、その真の「反革命の意図」を押し隠し続けてきたこの党派が、初めて露骨に〈警察権力と結託して他党派への大規模襲撃〉を試みたことにより、その「反革命の本質」を、大衆の眼前にさらけ出す最初の場面となったのである。

日本左翼運動史に残るその後の約一〇年間にわたる「新左翼党派抗争の実態」は、立花隆著『中核vs革マル』（上・下巻、講談社文庫）で詳しく見ることができるが、後掲の「梯明秀・黒田寛一＝『場所的立場論』『物質的主体性論』の根本的誤謬を突く」にて、革マルの思想的系譜を追究していきたい。

五、安田講堂陥落

その日、私は――

六九年一月一八日～一九日の安田講堂における華々しい闘いは、当時、テレビで全国中継され、四五％ほどの視聴率*を記録したこともあり、全国民―全大学生・高校生・中学生の多くが、昼間っから目の当たりにし、注目を浴び、話題を呼び、後々まで語り継がれることになった「名場面」の数々であった。私が見て記憶にあるのは、安田講堂の屋上で青ヘルをかぶり、「全国反帝学評」の大旗を振る「全国議長・三井一征氏」

の勇姿である。他に、ML派や、中核派のヘルメットが見えただろうか。

＊「テレビに見る一九六〇年代学生運動イメージ—映像アーカイブ調査による一九六〇年代学生運動研究の展開—」小杉亮子　http://hdl.handle.net/10097/60326

このとき、安田講堂に入ったのは、各党派からの選抜部隊であり、東大解放派からは、駒場の三井一征さんを除き、すべて本郷の学生たち二〇名余であった。駒場からは、先の革マルによる急襲の記憶も醒めやらぬ緊張状況の只中で、一・一〇秩父宮ラグビー場での闘い—弾圧による組織の損害も大きく、「駒場防衛の意識」も強く働き、三井さんを除き安田講堂占拠闘争には加わらなかった。私自身も、先の「外務省突入闘争」(本書第1章四参照)の裁判での判決が出たばかりということもあり、さすがに志願する気も起こらず、おとなしく身を潜めていた。確か当日は、本郷—神田界隈でブント・解放派などの学生が中心に行なった、都電通りの敷石をはがして、それを割り、機動隊に投げつける(街頭で火炎瓶が初めて登場)という投石中心の「カルチェラタン闘争」の〝見物人〟として、神田界隈をあてどもなく歩いていた記憶がある。

この両日の闘いは、テレビ・新聞などによる華々しい報道によって、全国津々浦々の民衆の話題を呼び、それまでくすぶっていた全国各大学・高校・中学の学生たち、職場の先進的労働者たちの意識に巨大な衝撃を与え、東大・日大闘争が全国隅々の大学・高校にまで波及してゆく、大きな「発火点」となった。東大安田講堂の闘いは、その後の「全国学園闘争の象徴的な闘い」として輝きを放ち、歴史にその名を刻むことになった。

その後、私は——。

一つには、六八年暮れの自分の裁判（六八年1・17外務省突入闘争）が、三年の執行猶予付きではあれ懲役一年半の判決が下ったこと。二つには、あの華々しかった「安田講堂占拠闘争」が、健闘空しく散ったことの衝撃・落胆。この二つの理由により、私は駒場の他の活動家以上に、いわゆる「消耗」局面に、数カ月間おちいった。二〜三月頃のいわゆる「東大入試粉砕闘争」にも、その位置づけに疑問があり、まるで身が入らなかった。三月頃の、いわゆる「卒業弾劾—自粛強要」運動（?）の風潮にも、「そうは言ってもナー」と、それが駒場学生の問題ではなく、本郷の学生たちの課題であるだけに、とくだん身が入らず、当面の活動目標を失った私は「春の風」に吹かれて、駒場周辺をさまよい歩いていた。

そういう私の状況を見かねたか、四月初旬のある日、「四天王」の一人・近藤弘さんから、声がかかった。それは、「東大—日大の闘いを流布するための全国大学へのキャラバン活動」のプランがあり、私が東大駒場を代表して、そのキャラバン隊に加わらないか、という勧誘であった。あてどもなく彷徨っていた私には、「渡りに舟」の美味しい話であった。日大からは、記憶は定かではないが、たしか田村正敏さんという秋田明大氏に次ぐ、文理学部のリーダーで日大全共闘のナンバー3くらいの人であった。わたしはそんな大物ではなく、しょぼくれた平凡な駒場の活動家に過ぎなかったが、とにかく、重苦しい雰囲気の東京—駒場を離れて、生まれて初めて日本全国—地方都市へ行けることが、とても嬉しかった。こんな私のなけなしの経験談でも、少しは役に立つ部分があるのならばの思いだった。時は四—五月、若葉が芽吹き、多くの人はウキウキするような季節であった。

どこへ行ったか？　定かではないが、うろ覚えに覚えているのは、鳥取大・島根大・愛媛大・高知大・室蘭工大・小樽商大・北大・旭川大などの、各大学の学生寮に寝泊まりしながら、学生たちと親しく語り合い、運動の報告・意見交流にいそしんだことである。学生以外で、当時やや年配の思想家・いいだももさん（共労党系）も、たしか札幌で合流して北大講堂で講演していただいた記憶がある。

この「全国キャラバン隊」の活動に参加して、一つ体感できたことは、「運動の伝播―地域的拡大には一定の時間がかかる」ということであった。言い換えれば、「運動は一定の時間差をもって、発信地（たとえば東京）から伝播先（その他の地域）へと伝播していくものだ」という単純な事実だった。だからこそ、運動では「伝達」が大事であり、それを媒介として、時間とともに、「うねり」のように拡大していく。これはなにも、いわゆる「運動」に限ったことではないだろう。文化もファッションも、その他の社会的事象全般について言えることだろうが、そのように社会は動いていくということを、目の当たりにできたことは、私にとり、「時間・空間のなかでの運動の広がりのダイナミズム」＝「波及の構造」の理解として、重要な発見であった。

しかし、いずれにせよ、この四～五月の「全国キャラバン隊」の活動において、消耗しきっていた私の精神と肉体は、勃然と息を吹き返し、いよいよ秋に全開する「政治闘争―七〇年安保闘争」の季節へと向かうことになる。その最初の復帰の場面は、たしか、七月、横須賀での米原潜寄港反対闘争ではなかったか。そこで私は、再び「政治闘争」のリアリズムをしっかり取り戻すに至っていた。その意味で、このチャンスを私に与えてくれた駒場の指導部のみなさん、とりわけ近藤弘さんの配慮・慧眼には、後々、感謝の念を深めていったことを覚えている。

第4章　私の七〇年安保闘争
そして熾烈を極めた革マルとの党派闘争

一、七〇年安保闘争をめぐる社会・政治状況の概観

ここで、七〇年安保闘争をめぐる社会・政治状況はどのようなものであったかを振り返ってみたい。安保ブントによって領導された六〇年安保闘争から一〇年、今後さらに日米安保条約を継続するのかどうかを決めることになる、その期限が一〇年後の一九七〇年六月に迫ってきた。どちらか一方から条約破棄の通告がなければ、以後同条約は自動延長ということになるのである。そこで、これを阻止しようという運動が当然のように巻き起こってきた。

時代は先述したように、ベトナム戦争反対運動の高まり、市民運動としてべ平連（ベトナムに平和を！市民連合）などの運動が全国で展開されていった。そして東大医学部の処分問題に端を発する東大闘争の勃発、そして不正経理発覚から始まった日大闘争、そして、燎原の火のように全国の大学、高校へと広がっていった教育・学園闘争が闘われていった。一九六九年九月五日には全国一七八大学全共闘、三万四千人が結集して「全国全共闘連合」が結成され、全国の主要な国公立大学や私立大学ではバリケード封鎖が行われ、「七〇年安保粉砕」「沖縄返還問題」「新東京国際空港建設問題＝三里塚空港建設反対」なども課題に上がるなか、

大規模なデモンストレーションと、火炎瓶も使用される武装闘争が展開されていった。

一方、社会党・共産党なども「六月行動委員会」を結成し、六月一四日には東京・代々木公園に、新左翼各派も参加し、六〇年安保闘争以来といわれる七万人を集め闘われた。当日の逮捕者は全国で一七〇〇名にのぼったという。社会党や共産党などは、「七〇年安保闘争」を、沖縄返還をめぐる運動とセットの「国民運動」として位置づけ、七〇年の「自動延長」そのものには六〇年安保闘争ほどの力量を割かなかった。一方、各大学での全共闘と民青との衝突や新左翼各派の内ゲバが激化し、広範な運動からは乖離していった。

七〇年安保期の一九六九年一二月の総選挙では、当時の佐藤栄作内閣を支える自民党は国会での議席を増やす一方、「安保延長」に反対した社会党は約五〇議席を減らして大敗し、一九七一年には沖縄返還協定が調印され、佐藤長期政権は一九七二年の沖縄返還（五月一五日）を見届け、七月に辞職するまで七年八カ月続いた。

二、「六九年10・18対政府中枢ゲリラ戦」への参加

一九六六年から総評（日本労働組合総評議会）の呼びかけでベトナム反戦が呼びかけられ、「10・21国際反戦闘争」が毎年催されることとなっていた。とりわけて、翌「七〇年の安保改定」を控え、その前年秋の闘いということで、「六九年10・21闘争」に焦点が当てられ、諸党派・諸団体によって、全国的にさまざまな取り組みが企てられようとしていた。

そういうなかで、八月＝夏休みの頃から、駒場でもなんらかの動きが始まっていた。私の身辺では、「10・21対政府中枢ゲリラ戦」がささやかれ、自分のなかでも、それはいったいどういうことなんだろう、と想像

と疑問が膨らんでいった。

そこへ、八月下旬の、学生の多くが帰省して学内には人影も少ない暑い夏のある日、私は突然、信頼する二年先輩の白形允《しらかたまこと》さんに呼ばれ、駒場寮北寮の奥の方の一室でサシの話し合いになった。それは、解放派が10・21に計画している「対政府中枢ゲリラ戦」のプランの概容から始まり、最後は「岩井、その指揮をとってくれないか、頼む」という話だった。

事は大きかった。しかもプランは概容だけで、これからターゲット設定、メンバー編成、調査・立案をしなければならないという段階で、その全体のプラン立案自体が、私の任務とされていた。これは、一年九カ月前の、「米空母エンタープライズ佐世保寄港阻止」の一環としての、たった一日（半日）限りの「外務省抗議闘争」（それも、その日無事に帰って来る前提だった）とは、その計画性・規模・社会的影響・結果の重大性・自らの身体的安全の予測などにおいて、これまでの自らの経験の範囲をはるかに超える事態であった。さすがの私も、たぶん、しばらく考える時間を与えてほしいと言ったと思う。それなりに考え抜いたうえで、二日後、再び白形さんと膝を交え、「承諾」の返事をしたように記憶している。

そこから先は、①具体的なターゲット設定、②全国の大学から選抜されるメンバー確認、なかでも首都圏のメンバーとの顔合わせ・打ち合わせ、③そのメンバーによる部隊編成の判断・指示、役割分担・指示、④ターゲットに関する下見調査などの諸作業、⑤日取りの設定が待っていた。

作戦立案・メンバー・実行

前述した課題のなかでも、①が特に重要だった。ターゲットを、「政府中枢機関」と設定するとき、きわめて常識的に、Ａ＝首相官邸、Ｂ＝自民党本部、Ｃ＝経団連などが候補とされたが、私はＤ＝日本生産性本部を思い浮かべた。理由は、大学闘争を「産学協同路線粉砕闘争」として闘い抜いたわが解放派の「独自性」として、日本生産性本部を「産学協同路線展開の牙城」として、大きくクローズアップしておきたかったからである。

主だったメンバーによるさまざまな議論の末、結論的には、上記、Ａ・Ｂ・Ｃ・Ｄの四カ所に絞った。この四カ所を一グループ六～八名の部隊でゲリラ的に急襲し、それぞれ一室を占拠し、マスコミの報道を通し、「七〇年安保改定粉砕」を強く世にアピールするという狙いである。隊長はそれぞれ、ご本人たちの希望を尊重し、Ａ＝楠山茂一さん（上智大）、Ｂ＝平林公一さん（東大駒場）、Ｃ＝？（失念）、Ｄ＝岩井哲（東大駒場）が名乗りを上げ、その全体の統括役を、私・岩井が仰せつかることとなった。

メンバーは、四グループで総勢二五人を超えていた。いずれも、全国各大学から選抜され、派遣された「全国反帝学評の最精鋭の面々」であった。こうした大綱が決まったのが、九月中旬くらいだったろうか。他のグループのメンバーまでは今は記憶にないが、Ｄグループについては、早稲田大の二人、宮信一郎さんと阿部克哉さんが真っ先に思い浮かぶ。

作戦決行の日取りについては、「対政府中枢機関ゲリラ戦」は、全国的・全戦線的に闘いが沸騰する「10・21」に先駆けて、その機運を一段と盛り上げる「導火線」の役割を担うべきと私は考え、各グループの指揮官会議でそのことを提起し、三日前の決行とすることを衆議一決した。すなわち、「10・18決行」である。

そこから先は、各グループに分かれて、独自調査―行動立案に入った。

10・18　決行の日

そして、いよいよ「10・18」当日の実行である。当然時間を合わせ（午前一〇時だったか）、三〇分の時間差をおいての決行に踏み切った。私たちDグループ数名は、渋谷警察署から至近距離の金王坂沿いにある「日本生産性本部」の四階まで一気に駆け上がった。当初の目標は、四階あたりの金王坂に面した一室を占拠し、その窓を開け、大幕を垂らしてアピールする予定だったが、不覚にも建物の内部構造の事前調査が行き届かず、結果、四階だが大通りに面していない小さな一室（企画部長室だったか?）を選び、突入し、中にいた三人くらいを追い出し、そこに内側からイスや机・ロッカーなどのバリケードを積み上げ、立て籠もることになった。駆け付けた警官隊の前に、ものの三〇分くらいは奮闘しただろうか、あえなく「全員逮捕」に至った。またも「公務執行妨害&建造物侵入」罪で留置先は渋谷署であった。私も、よくよくこの罪名に縁があるなーと思った。

毎日新聞（夕刊）
学生、都内でゲリラ
1969.10.18
首相官邸に火炎ビン
自民党本部にも乱入

1969年10月18日、政府中枢へのゲリラ戦を伝える毎日新聞（夕刊）

他の三グループも同様に実行できたことを知ったのは、何日か後、渋谷署での取り調べ官の口からだった。そして、わが解放派以外に、なんと、ML派が、巣鴨刑務所（当時。その後、東京拘置所と名称変更）に突入したことも知った。驚いた！　われわれ四カ所のターゲットは、いずれも政府中枢機関であるのに対し、ML派はよりによって「巣鴨刑務所」とは！　おそらく党派のトップ同士の事前調整で重ならないように決めたのだろうが、わが派の企画が先行した結果だとはいえ、なんともML派には気の毒な選択肢であった。

ともあれ、こうして、二派で計五カ所の政府機関にゲリラ攻撃を加え、政治的アピールを行うことに成功したことは間違いなかった。留置場の中で、私は、このゲリラ攻撃の「統括指揮官」として、十分な満足感に浸っていた。「やったぜ！」と。あとは、街頭における諸党派・無党派市民団体などによる他の諸々の闘いが、いったいどのように展開されたのか、自分たちの闘いが、マスコミによってどのように報道されたのかについてきわめて強い関心はあったが、当面二三日間は、留置所暮らしで、弁護士以外の面会はなく、当該情報が入ってくることは、警察情報以外には期待できなかった。

逮捕・起訴―獄中での集中学習

逮捕後、二三日目にお決まりのように起訴されたが、その後は前回と違い、留置場から短期間で保釈されることなく、ほどなく巣鴨刑務所（現・東京拘置所）に移監され、結果、一〇カ月と一〇日＝翌七〇年九月下旬まで拘留が続くことになった。入獄の日に、一番驚いたのは、「身体検査」であった。服を脱いで全裸にされたあと、「両手を床について、膝を伸ばして前に屈め！」の号令に従いそうすると、なんと刑務官が、背後に回り、「尻の穴」を覗き込むのである。（なにか異物は入ってないか、と）。屈辱的であった。こんなことまでするのか！　凄い「儀式」であった。巨大な「権力」の力により、こんなことまでさせられるとは！とびきり体格のいい刑務官が、大声で号令を発するとき、その姿がそそり立つ「魔王」のように見えたことを、今でもまざまざと覚えている。「敗北のみじめさ」を、否応なしに体感させられた瞬間であった。

拘置所内では、ほとんど全期間を通じて「独房暮らし」であった。「独房」は、約三畳間で、奥には洋式トイレがあり、それに木の蓋がかぶせてあった。その上方に、鉄格子付きの明かり取りの小窓があり、反対側の入り口は重たい鉄扉（開き戸）で、その上方、眼の高さには、監視のための小さな「のぞき窓」、下方には三度の食事の出し入れのための「差し入れ口」が開いていた。寝具は、薄いせんべい敷き布団と、一枚の毛布（冬はそれに薄い掛け布団が加わった）で、起床（朝六時）するとすぐに三つに畳んで、部屋の一隅に重ねる。部屋の中央には小さな木製の座り机があり、それが読書・学習と食事のための大切な道具となっていた。

この独房暮らしが、私には良かった。夜になると、部屋＝独房の小さな鉄格子付きの高窓から、池袋の夜のネオンの瞬きがわずかに見え、就寝（九時）前のラジオからは、当時流行っていた青江美奈の『池袋の夜』が流れていた。昼間は、いしだあゆみの『ブルーライトヨコハマ』の曲に心を弾ませ、五木ひろしの歌、〝ホテルの小部屋〟のメロディーが心をなごませた。私にとり、「独房」はまさに、「ホテルの小部屋」のようだった。

長い寮生活に慣れ、プライバシーなどはなく、日々の活動で、大学の勉強は無論、マルクスなどの分厚い「左翼基本文献」などもほとんど落ちついて学習する暇はなく、ただただ身体を西に東に、右に左に動かしてきただけのせわしい活動家生活だった。そういう私が、突然、孤独で時間の有り余る環境に否応なしに叩き込まれたのである。本来もっていた「学習好き」の本性が一気に開花した。一日一二時間は読書に耽った。必要な本代は、幸い親からの仕送りで賄うことができた（親不孝はここでも続いている）。マルクスの『資本論』、ヘーゲルの『小論理学』『大論理学』、その他、たしか筑摩書房の「経済学全集」などを懸命にノートを取りながら読み込んだ。難解だったが、後がない思いで必死に喰らいついた。そして、合間を縫って、「官本《かんぽん》」（所内の図書室からの貸し出し）で、初めて司馬遼太郎や松本清張などを読み漁った。

「獄中書簡」全国反帝学生評議会連合弾圧対策部機関誌『ローテファーネ』第15号所収

岩井　哲（東京拘置所在監・東大C）

「冬眠からの離脱宣言」を送る。

優雅なる独房より愛をこめて……

「内」「外」の同志諸君！　久しく『ローテファーネ』にご無沙汰していたことを自己批判し、ここに、

僕が、一〇・一八早朝、他の七人の同志とともに、渋谷の日本生産性本部占拠闘争を貫徹し抜いてから、既に五カ月有余経過しているが、とりわけ「内」の同志諸君は健在であろうか。

まず、僕とともに日本生産性本部闘争を闘い抜いた七人の同志諸君！元気かい？『ローテファァーネ』誌上で見る限り、わがグループの戦士たちは、あまり頻繁に顔を出していないようだが、今後僕も大ハッスルして投稿するから、諸君の元気な声も聞かせてほしい。わが一〇・一八の栄光ある闘いをうけて、『ローテファァーネ』誌上でも他のグループを圧して、わがグループが主流派（?）となって、全体を領導して行こうではないか！

わが親愛なる宮信二朗君も、ちょっとショボくれているようだが、ハッスルせよ！

また、東Cの戦士諸君！平林君が時たま顔を見せるくらいで、他の諸君は沈黙を守っているようだが、寂しい限りだ。今後どしどし投稿し、問題意識を交換して行こうではないか。また、本郷の八十島君も応答せよ！

さて、いろいろ書きたいことがあるが、あまり長くなっても困るだろうから、この間、若干裁判のことで疑問になっていることに絞って提起し、すべての同志諸君と問題意識の共有を図って行きたいと考える。

三月に入るまで、一貫して僕は裁判のことなどまるで興味がなくて、最近になって少し頭をひねり始めたばかりなので、いろいろ不十分であり、全く幼稚なことを言うかもしれないが、そこは同志諸君の親切な批

判や忠告や助言を待ちたいと考える。

これから僕が書く内容についての資料は、(一)三枚綴じの「東大裁判闘争中間総括」(二)「三・一八基調報告」、この(一)と(二)の二つに限られている。(他の資料は読んでいないし、この二つが大体まとまっているようですから。)

われわれの闘いは、現存の帝国主義ブルジョワ政府を政治的頂点とする国家共同体に対し、反戦・反ファッショ・反合理化をスローガンとする新たな共同体が、二重権力的団結という形で、現存の共同体の亀裂を喰い破り、公然と自らの新たな共同体を突出せしめんとする闘いであった。

しかしながらわれわれの闘いは、その不十分性のゆえに敗北的前進をたどる闘いの一過程の闘いとして、一定の段階で国家権力の前に敗れ去り、その結果として、逮捕―拘留を余儀なくされてきた。このあるがままの現実から、われわれにとっての裁判闘争の一切が始まる訳である。

裁判闘争の本質は、現存の国家共同体に対して、自らの新たな共同体が持つ、法的・政治的・社会的関係をわれわれ自身が把え返し、その上で、われわれの新たな共同体のより一層の突出を頑強に勝ち取ってゆかんとする以外のものではありえない。

さて、逮捕―拘留というのっぴきならぬ現実的状況から出発した場合、このわれわれの眼前に突き付けられている「裁判」というものに対する、さまざまの対応が在り得るということを、われわれは見ておく必要がある。

いろいろの性格の異なる、あるいは次元の異なった問題が存在するので、僕はひとまずそれら諸種の問題相互の相互関連に関する分析を置いて、どのような種類の問題があり、それらの各問題に対するどのような対応の仕方があるのか、を列挙する形で見ておきたいと思う。

（一）裁判そのものに一切応じない。→終始出廷拒否闘争。刑を受けたら、そのまま服役。（権力の設定する土俵には自ら進んで、一切のぼらないとする立場）

（二）裁判に応じる。（国家共同体の設定する現存の法的〝場〟にともかくも自ら応じ、そこで何らかの対決をしようとする立場）

（A）「前提としての統一公判要求」を掲げない。

（B）「前提としての統一公判要求」を、一応掲げてみる。

（C）「前提としての統一公判要求」をあくまで掲げ続ける。

（あ）裁判闘争を基本的に法廷闘争に切り詰める。

（い）社会全体を貫く大衆的弾圧粉砕―反ファッショ闘争として、全社会的な階級形成の闘いとして闘う。

（a）獲得目標を、暴露及び身柄のみに絞る。

（b）暴露・身柄を問題にしつつも、たとえそれとある局面では対立しようとも、闘いの普遍性、正当性を明らかにする種類の他の要求乃至目標（例えば統一公判要求）を立てる。

（X）思想性と実行行為を切り離した審理を要求する。

（Y）思想・実行行為を一つのものとしての裁判を要求する。

（イ）何もやってないとして、無実・無罪を要求する。（権力のデッチアゲの場合、松川裁判等。または街頭等での全く理由もブルジョワ法的に見ても、怪しげな逮捕の場合等）

（ロ）若干の事実があっても、証拠不十分等で、無罪を主張する。（メーデー裁判、また一般の街頭闘争の場合など）

（ハ）証拠等完全に握られた上で、尚且つ何もやっていない、無実だとして、無罪を主張する。（若干、マンガじみている）

（ニ）証拠等はこちらから積極的に認めないまでも、やったことの内容と意義を基本的に明らかにし、その普遍性・道義性を訴えた上で、無罪（実際には最小限の量刑を、か）を主張する。（〝建造物侵入〟等の場合、何もやってないと言ってもむりである、入ったことは認めるしかない。入ってなぜ悪いというように対応する）

①一審で服役。（理由は各様ありうる）

②一審判決の量刑を不服として、量刑軽減のために二審控訴。

③一審の裁判そのものを認めない。（例えば分離裁判とか欠席裁判等を認めない）

以上が、考えられる主要な問題とそれに対する各種の対応である。太字が、それらに対する僕の判断で選ぶ対応である。判断の根拠については、ここでは一応省いておく。だが、いくつかの問題について、わが弾対部の出された「中間総括」「三・一八基調報告」について、疑問があるので、それを以下列挙してみます。

問題一　まず、統一公判要求の革命性をどう確定するのか、について。「中間総括」は実に曖昧である。次のように言っている。「確かに統一公判要求そのものは、ブルジョワ裁判の枠内の要求であり、現行ブルジョワ法においても可能なものとしてわれわれは考えていた。しかし明確に、国家権力のファッショ的反動化に組み込まれていく司法権力が、統一公判要求の中に自らを脅かすものを見て、あくまでも分離公判を強行し……」と。

これでは、われわれの見通しが甘かった、という反省以外に、何ら積極的な総括がなされていない。この総括には、決定的に次のことが欠けているのではないのか？　すなわち、「統一公判要求の二重性」についてのキチッとした把握である。

その「二重性」とは、①ブルジョワ刑法枠内の要求、②ブルジョワ共同体を超える要求。この二重性をキチッと区別したうえで統一して把握することができないから、上記のようなフヤケタ総括が出るのだと思う。

ここで僕のはっきりわからない点は、①である。例えば、メーデー裁判の場合、統一公判が二〇〇名の規模で勝ち取られて、今なぜ、われわれはそれをなしえないのか？　一体どういう理由があるのか？　権力の対応の変化の根拠は、厳密には何なのか？　また、②については、確かに、現在のブルジョワ共同体を超える要求をブルジョワ法秩序に公然と認めさせることは、極めて革命的なことに違いないのだが、単にムード的に自己満足するのではなく、それが①との区別及び関係において、われわれが現実の状況に置かれているということの中で、一体、法的・政治的・社会的にいかなる意義を持つのかを、はっきりと確定する必要があるのではないのか？「中間総括」には、統一公判要求は、「過渡的要求」だとしているが、そんなことは当たり前のことであり、もっと鮮明に法理論的にも確定する必要があるはずだ。

またさらに、統一公判獲得の必要条件として、分離公判粉砕闘争を今後われわれも闘わねばならぬ訳だが、その具体的な戦術について、はっきりさせなくてはならない。東大裁判闘争については、出廷拒否、またある局面での追及・弾劾など様々に試みてきて、基本的に失敗・敗北してきた訳だが、今後の戦術方針をまず提起してほしい。

この統一公判要求の問題では、われわれ自身の把握自体が不十分であったが故に、多くのML等脱落者とその居直りを許してきたことを痛苦に総括しなければならない。これまでのわれわれのML等に対する対応を見ていると、若干一面的であり、「反革命」などという（確かにそれはそうなのだが）単なるレッテル貼りと決めつけ的性格をでていないキライがある。そういう対応は、安易であり、全く意味のないものである。

問題二「中間総括」には、「思想を裁くのは不当だ」と書かれている。これは、果たしてそう言っていいのか？一方において、「統一公判要求」を掲げることは、われわれの闘いを単にバラバラの個人の実行行為に切り詰めることなく、闘いに参加した者全員の実行行為を貫く一つの共同性・社会性を公然と主張し、これをブルジョワ刑法秩序をして認めることを強制してゆく闘いなのであって、その意味で思想性・共同性・社会性と実行行為を一つのものとして統一して裁判することを、われわれの方から積極的に主張するということではないのか？僕は、そういう風に理解している。

しかるに、「思想を裁くな」と言うことは、基本的には自家撞着であるという気がしてならない。僕が、基本的にはという理由は、一方ではこのことを理由にして「反省者」には執行猶予を付け、そうでない者には実刑を課すということを容認するものではないという意味においてである。これはかなり難問であり、この問題については、ブルジョワ法体系の構造そのものが若干不可解であるし、従ってなおさら、それに対するわれわれの的確な対応については、僕自身はスッキリしたものが全く打ち出せない感じである。

問題三 「三・一八基調報告」では、「日共の松川裁判に比べるならば、……基本的姿勢としては無罪獲得という点で、これは裁判闘争を闘うすべての人達と完全に一致するであろう。しかし、無罪をいかなる過程の闘いを通して勝ち取っていくのかが問題なのである」というような立て方をしている。

だが、この記述の中には、いくつかの問題が孕まれている。まず、松川裁判は、われわれの闘いとは全く質が違うのではないのか？　むしろ、メーデー裁判ならば、比較の対象あるいは一つの基準ともなり得ると思う。

とにかく、われわれの裁判闘争は、弾圧の不当性を主張することではあっても、何もしていないとか、デッチ上げ（松川事件のように）である、ということでもって、国家権力と対決する闘いでは断じてないことを、まずもって明らかにしておく必要があるのではないか？　この点、「基調報告」には若干、混同があると思われる。

さらに、われわれの一〇・一八―一〇・二一―一一・一六等の裁判闘争については、その闘いの具体的性格により、（イ）（ロ）（ハ）（ニ）の各種の対応があると思う。場合によっては、戦術的な配慮、有効性という意味において、（イ）（ロ）の対応をとる場合もあるかと思われる。だが、〝建造物侵入〟などというような性格の闘いの場合、基本的には（ニ）の対応をとるのが原則だと僕は思うが、どうであろうか？　この点についての多くの人の意見を聞かせてほしい。

問題四 二審控訴についてであるが、前述のように③の対応をプロ統派（解放派）は主張していると思うが、この③の対応は、その必然的延長上に、実刑―執行猶予のいずれを問わず、全員一括控訴という方針しか僕はありえないと思うが、『ローテファーネ』等を見ていると、判然としないのであるが、何となく果たして全員一括控訴が貫徹されているのか、若干疑問の点もある。事実はこの点どうなっているのか、弾対部の諸君ははっきり示してほしい。他にもいくつか疑問点があるのですが、今日はひとまずこれだけ。弾対部の諸君、ならびにすべての同志諸君が、僕の**問題一～四**について、積極的な提起を『ローテファーネ』誌上に寄せられんことを期待しています。では、元気で！

・反帝獄評は闘うぞ！
・反革命階級同盟粉砕！
・クロス・カウンターで勝利するぞ！
・ニャロメ！最後まで闘うぞ！

（一九七〇・四・四）

出獄──悲しい恋の物語

私は、「対政府中枢ゲリラ戦」への参加が決まったあと、同じ首都圏反帝学評のメンバーで、日頃の会議や諸行動などでよく見かけ、かねがね秘かに思いを寄せていたT女子大のSさんに自分の想いを打ち明けた後、決戦に打って出たいという気持ちに駆られた。一〇月初め頃か、唐突であったが知り合いを通してデートを申し込み、ほどなく、彼女は意外にも応じてくださり、私は、欣喜雀躍、しかしその喜びを能う限り抑えながら、ある日、渋谷・宇田川町の交差点角にあったビル（現在のSHIBUYA109）のガラス窓の大きいお洒落な喫茶店の二階で会うことができた。当時テレビで売り出し中の中村晃子によく似た、弾けんばかりの笑顔の魅力溢れる美しい女性であった。念願叶って、約二時間ぐらい、私は何を話したろうか。別れ際に、「できれば、拘置所に面会に来てください」と（無理かなと思いつつ）お願いして別れた。

拘留期間・一〇カ月と一〇日、私は翌年（一九七〇年）九月下旬、保釈された。その間、Sさんは、夏頃二回面会に来てくださった。その前後に、彼女のお父様という方から、封書が届いた。「？・？・？」と思いながら封書を開くと、中に、娘を想う切々たる気持ちと、「よって、貴方はこれ以上、ウチの娘に関わらないでほしい」という意味のことが丁重に書かれてあった。驚いたが、一つは彼女が父親に私のことをなんらかの形で伝えた結果の反応であろうという推測と、もう一つは、獄中まで私を追いかけて娘との関係を断ち切らせたいという親の執念は、うだるような暑さの獄中で、たまらないくらいうっとうしかった。確か返事は書かなかった。書きようがなかった。

話は戻るが、Sさんが暑いなかを二度まで、遠路、面会に足を運んでくださったにもかかわらず、なんと、二度とも先に別の面会者が入っていて、会うことが叶わなかった（一日一人、先に来た者という規定があった）。夕刻、看守からの知らせでそのことを知り、地団駄踏んで悔しがったが、もはやどうなるものでもなかった。差し入れの果物だけを有り難くいただいた。

この二度の痛切なスレ違いは、単なる偶然ではなく、ある種運命的な根拠があった。二度とも、以前わずかに付き合っていた女性が同じ日、一足先に来てくれたのである。何たる皮肉。それ自体は有り難いことだったけれども、しかしあまりにも皮肉過ぎた。過去が自分に復讐してくる――初めての経験だった。この二度のうち、せめて一度だけでもSさんと面会できていれば、出獄後の展開もかなり違ったものになったのではないかと、返す返す悔やまれてならない。

保釈の日、その日のうちに、「イの一番に」彼女のもとに会いに行くべきだったが、約束の夕方の時間にやや猶予があったため、たまたま開かれていた東洋大学におけるなにか対（社青同）協会派の「決起集会」に顔を出すことにした。これが間違いの始まりだった。事前の手紙だけでなく、当日電報まで打って（若い人には、今からは想像もつかないであろうが、携帯電話・スマホなど当然なく、固定電話もそう持っている時代ではなかった）、「必ず行きます」と誓っていたにもかかわらず、出獄直後の久方ぶりの集会の興奮に酔いしれた私は、ついつい終電に乗り遅れるまで、泊まり込みの集会に参加し続けた。バカであった。これ以上はない大馬鹿者であった。さらに……。

翌日夕方、待ちくたびれて、たぶん少なからず怒り・不信感を抱えていたはずの彼女の家へ行き、とりあえず平身低頭のお詫びをし、彼女の友人も含めた長い飲食&歓談のあと、友人が帰り、二人でようやく床につくことになって、二段ベッドの一階の布団に並んで横になる段取りになった。彼女は、眼をつむり静かに横になっていた。二人とも無言だった。……そのあとを私はトチってしまった。優しく声をかけて丁寧に接すべきところを、女性をほとんど知らない私は、無言のまま、激情に駆られ唐突に余りにも強く抱きしめてしまったのだ。驚いた彼女は、私を右腕で突き飛ばし、ベッドから跳ね起き、バッとドアを開けて部屋から出て行った。その夜、彼女が戻ってくることはなかった。取り返しのつかない大失敗だった。その後もずっと、彼女が私の腕に戻ってくることはなかった。——私は以来、我を失った。一時期ストーカーにもなった。生まれて初めての私にとっての「本物の恋」は、こうしてあえなく挫折した。そしてさらに一〇年間、私は、彼女を空しく想い続けた。

太宰治からの脱却・第二段階

「太宰治からの脱却・第一段階」は、あとから考えれば、書物を通してのきわめて観念的な「脱却」に過ぎなかった。「第二段階」は思いがけず、「独房生活」のなかからやってきた。一〇カ月以上、独りで暮らすこと自体は、それほど苦痛ではなかった。むしろ、意外と楽しむことができた。しかし、内面でこれまでとは違うなにかが、音もなく進行していた。その最中はあまり気づくことはなかったが、「他人との関係をめぐる感覚のありよう＝距離感」が、少しずつ少しずつ拡がり、結果、大きく変容していったのである。先の「第一段階」で、剥けかかっていた「旧い自我」の皮が、長期の「独房生活」により、実質ほとんど剥けてしまい、そこへ、「具体的な人間関係の断裂」―出獄直後のSさんとの「思わざる破局」、さらには後述する、駒場解放派の旧い人々との関係の「残念な破綻」を通し、私の「旧い自我」は、自覚的に完全に皮が剥がれ、神経は青白く露出し、「孤独地獄」のなかで、とりとめがないほどに、「肥大化」してしまった。「自己制御不能感」―これに私は数年単位で苦しめられた。

この苦しみの過程で、私は、六九年秋の獄中から通算して、二～三年もかかって、「近代的自我の覚醒の第二段階」をくぐり抜けたようだ。と同時に、それは私にとり「太宰治からの脱却・第二段階」の通過をも意味していた。

三、熾烈を極めた革マルとの党派闘争

駒場での前哨戦

七〇年秋、私が出獄して以降、駒場では、革マルとの緊張関係が、年一年と厳しさを増し、七三年秋の「破局」＝（解放派の駒場撤退）に向かってひた走る三年間であった。その間、次第に学内情宣さえ、ゲバ棒・ヘルメットを用意しなければならなくなるのに、そう時間はかからなかった。時は、七二年5・15の沖縄返還へ向けての「沖縄返還協定調印阻止闘争」などの前段闘争など、政治闘争の課題は、目白押しであった。七〇年を境に、学内は一挙にシラけ、政治闘争の機運が著しく後退したなかでも、われわれは、ダウンした戦力をかき集めながら、六九年東大入試が行われなかった影響で、七〇―七一年に新しく入ってきた新入生に対して、懸命の呼びかけを行なっていた。

そういうさなかの七二年春、段階を画する革マルによる解放派襲撃が、駒場キャンパス内で突如起こった。それは銀杏並木のT字路あたりでわれわれ十数名が情宣を行っていたところ、北寮（三つの寮の真ん中）の方角から、数十名の革マルが鉄パイプをかざしヘルメット姿で一挙に襲ってきたのである。われわれは散開しており、武器の違い（こちらはゲバ棒）・隊形・人数差により、背後から襲ってきた革マルに、あっという間に蹴散らされ、西側のグラウンド方向に逃げざるを得なかった。

その過程で若干名が負傷し、病院送りにさせられた。そのなかの一番重症の一名が、当日たまたま大分大学から来て助っ人として参加してくれていた田副憲幸さんであった（彼は、六九年秋政治決戦を東京で闘い、逮捕・拘留され、当時は被告として裁判闘争を戦うため上京し、駒場寮に滞在していた）。その後私は、彼に対して償いきれない不義理をしてしまい、それが、数カ月後の彼の郷里での列車飛び込み自殺という悲劇に繋がったのではないかと、事後に大分大の同志から、私は厳しく糾弾された。

そのとき、私自身は必死に逃げ、辛うじて、グラウンドの西端のコンクリート塀を乗り越え、キャンパス裏のバス通りに達し、なんとか逃げおおせることができた。当日私は、いつもの如く責任者・永井啓之君不在故の「助っ人指揮官」ではあったが、軍事上・政治上の責任を免れることはできない立場であった。私の二三年間にわたる長い活動家人生のなかで、このことが一番の痛恨事である。

さらに、もう一つ不思議なことがあった。革マルに襲われた次の瞬間、前述のように、仲間たちは西側グラウンド方向に向け、一斉に逃げ始めていたが、チラと右側を見ると、ナント、あの永井君が、その日いないはずの永井君が、われわれ必死に逃げる部隊と併走するように、右側並木のすぐ右側を、同じ方向に懸命に走っているではないか！　コースから言って、別に革マルに追われているふうではないのに、そのときの永井君は明らかに、数メートルの距離を置いて右側を、ナゼか、明らかにわれわれと併走していた。

その後の混乱で、本人と事実確認・意見交換をする機会もなく、本人からの釈明・報告なども無論なかったが、その後五〇年を経てもあの光景は忘れがたく眼に焼きついて離れない。一体アレは何だったのか？この日の同じ光景を、仲間のMさんもよく記憶しており、本書の執筆に当たり、この間もその記憶の突き合わせは何回も行なっており、紛れもない「事実」であったことを、お互いいく度も再確認している。ナゼ、あの日あのとき永井君はあそこにいたのか？　そしてあのような行動をとっていたのか？

この疑問が晴れることはもうあり得ない。

七三年９・15神奈川大学対革マル防衛戦

この件は、すでに何回か言及しているが、九月一四日夜、諸党派がそれぞれ、翌日の横須賀における「9・15空母ミッドウェイ母港化阻止闘争」に向け準備をしており、翌朝が早いため、わが派数十名は、東横線・

白楽駅にほど近い神奈川大キャンパス内の三号館三階に泊まり込むことになった。

私は当日夕刻、東Cからの仲間とのグループ参加ではなく、渋谷にあった解放派の弾圧対策部の事務所・青華社から単独で、神奈川大学三号館での泊まり込みに参加していた。数十名の参加者の一員として、夜一一時くらいまで訓練・行動に参加し、翌朝はまた渋谷から横須賀に行くつもりで、一一時過ぎに、神奈川大学のキャンパスを後にした。

黒ずくめの異様な集団と大学前の坂道で遭遇

当時、東門を出た右手に生協があり、その先を左にカーブするなだらかな坂を下っていくと、六角橋交差点、白楽駅に至る。その坂道の途中、下のほうから、多くが黒づくめの服装をした数十名の異様な集団が、三々五々、私から見て右の歩道上を、黙りこくって列をなして大学の方向に上がってくるのに遭遇した。「ン？なんかおかしいぞ」と思い、近寄って、すれ違いざま彼らが下げる布製バッグを軽く蹴ってみると、「カチッ」と音がした。「これは怪しいぞ」と直感が働いたので、念のためもう一度蹴ってみたら、やはり同じ音がした。「やっぱり！　これは間違いない」と確信し、集団をいくらかやり過ごしたのち、近くにあった公衆電話に飛び付き、神奈川大学宮面寮《みやも》の一階事務室の電話のダイヤルを回した。「革マルらしい怪しい集団が、相当数来て学内に入ったようだ。防衛態勢を取ってくれ」と、電話に出た神奈川大学の主要メンバーの一人に指示を出した。そして私は、電話を切るとすぐに、急いで三号館に引き返した。

この日、私が渋谷の事務所に戻るため大学東門を出、白楽の駅に向かう坂道途中で革マル部隊に遭遇し、事態を察知・確認し、電話で宮面寮の主要メンバーに連絡したのち三号館に駆け戻ったことを、私は、長年

1973年　9.15革マルによる神奈川大学夜襲

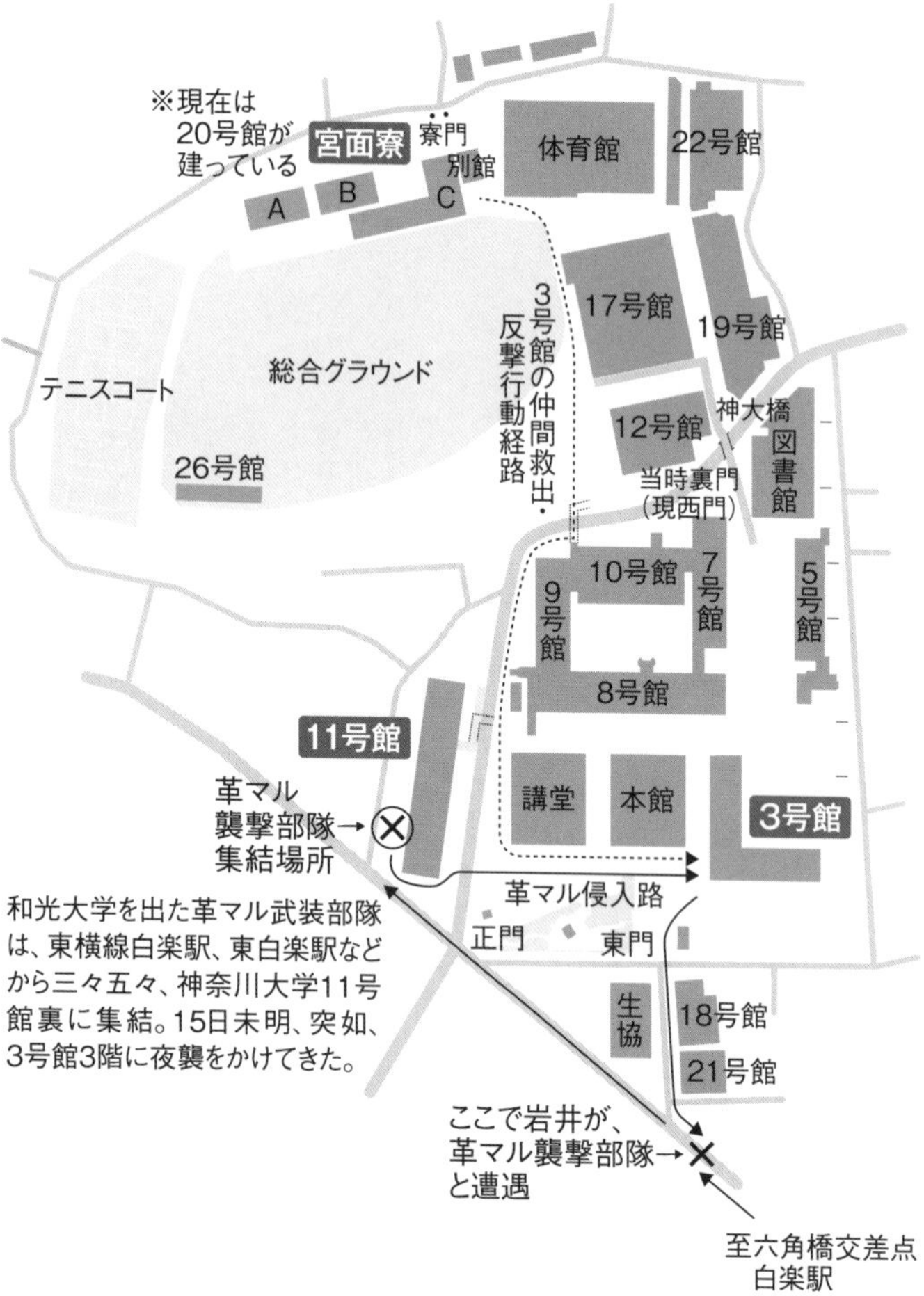

キャンパス図は、現在のものに「宮面寮」を配置した。したがって各建物の形状が当時と異なっているところがある（記憶にあるところは変えた）。

(四五年間)すっかり忘れ去っていたが、本書を執筆するための東京などへの取材旅行の過程で、9・14当夜、私からの緊急電話を寮事務室で受けた、その当のメンバーB君に出会い、その彼から指摘され、やっと、長～い忘却の淵から、この事実を救い出すことができたのである。

三号館に引き返すと、私の電話連絡はすでに伝わっていて、数十名いた仲間たちと、直ちに、三号館での防衛態勢を取ることを意思一致、教室の長机や長イスを使ってバリケードづくりを始め、確か二カ所あった入り口をかなり頑丈に塞ぐことに成功した。たぶん、深夜一二時過ぎくらいであった。

深夜、轟音とともに殺到する革マル

その後、何ごともないかのように不気味な時間が経過し、深夜一時半～二時近く、突如、革マル二〇〇～二五〇名くらいの大部隊(建物内と外を警戒する部隊に分かれていたようである)が、地鳴りのような轟音とともに、鉄パイプ・ヘルメット姿で三号館に駆け上がり、三階大教室入口の二つのドアに殺到してきた。われわれの側は、ゲバ棒さえどれだけあったかどうか、やがてこじ開けられた鉄製(?)ドアの入口を挟んで、敵と距離を保てるめぼしい武器はせいぜい旗竿数本しかなく、私など何人かが、お互い声を大にして励まし合いながら、旗竿の先が鉄パイプで叩かれ〝竹のササラ〟になるまで闘い抜いた。

しかし、激闘二時間余、朝四時頃、ついにバリケードは突破され、全員が床に転がされ仰向けに同じ方向に並べさせられた。さながら「処刑場」だった。私も脚を折られるくらいは覚悟した。しかし、鉄パイプをかざした相手が、順番に近づいてくる直前、咄嗟に私は身を反転させ、脚の脛ではなく、ふくらはぎが上になるよう、身体の向きを変えたのである。これが効を奏した。左のふくらはぎはその後二週間以上、焼け付くように痛んだとはいえ、運良く脛の骨が折られることはなかった。しかし、その前のバリケードを挟んでの鉄パイプとの攻防により、病院に運ばれた後からわかったことだが、私の左顔面には鉄パイプの先で突かれたため丸い穴が開き、鼻の左側はもげかけ、悲惨な状態になっていたようである。

このとき、他の仲間たちが、それぞれどんな状況になっていたかは、私も病院に搬送されたためわからない。もがれかけた私の鼻は、運ばれた横浜の病院の医師による適切なテープ処置のお蔭（病院名も覚えておらず、お名前もわからない方だが、この若い医師には大感謝！）で、針で縫うには至らず、その日の夕刻までには退院でき、一定期間の通院治療の甲斐あって、ありがたいことにその後一応、普通に見れるくらいの顔には回復したようである。

仲間を見捨てた革マル　謎は深い

この日の革マルの動きについて、今思い返してみて、解せない点が何点か残る。

革マルは、①自分たちのレポ二名が戻ってこない（拉致された可能性があると思わなかったのか）ことに、当夜、何時頃気がついたのか？　気がつき、確認できるまでに何時間かかったのか？　②確認後、拉致された（＝捕虜になった）仲間を救出・奪還しようと彼らは試みなかったのか、なんらかの努力をしたのか？　われわれの側から見て、のちに諸情報を集約しても、奪還しようとする努力の形跡が一つも見当たらない。③そうだとすると、午前四時半ころ、革マル数百の部隊がグラウンド（一七〇頁参照）に整列し、〈凱歌を上げながら〉退去した際、彼等は、自分たちの仲間が捕虜になって戻ってこないということを知りつつ、事態を放置して去ったのか？　④それは即ち、「革マル正規軍部隊」数百名は、捕虜二名を「見殺し」にして退去したということを意味するのではないか？　なぜか？　謎は深い――。

事件当夜を知る仲間からの聞き取り証言

以下に記すのは、一九七三年九月一四日当夜、われわれと一緒に神大三号館の泊まり込みに参加していたが、奇しくも、革マルの来襲時、直前に、様子見のために屋上（建物は鉄筋コンクリート四階建て―闘いの現場は三階の大教室）に上がり、敵襲の際、襲撃を避けるため屋上のドアをロックし、そのまま屋上に隠れ、敵撤収の後、ようやく三階の現場に戻ることができた、当時、明治学院大学（明学）の学生だった前田全康さん（故人）から、9・15直後に聞き取りをした、当時、都立大学のリーダーだった川嶋康裕さんから、最近（二〇一八年秋）寄せられた証言記録である（これまた私はすっかり忘れていたが……）。

【前田全康君】革マルが来ているというので、屋上から様子を見ようと思って上にあがった。襲撃の際、最上階までマル（革マルのこと）が上がって来たので、屋上のドアのカギを締めてずっと様子を見ていた。

一．マルが引き揚げた後、教室へ見に降りたら、全員倒れていて気持ちが消沈していたところ、岩井哲がむっくりと上半身を起こして、「顔の半分くらい潰れても階級闘争はできる！」と叫んだので、全員が「うおーっ」と言って、一気に空気が入った。

二．マルの襲撃時、宮面寮の方から救援部隊が来たが、蹴散らされて逃げる途中、Dさん（女性）がコケて、（屋上から見ていて）大丈夫か捕まるんじゃないかと思ったが、すぐ起きて走り出したので、ホッとした。

三マルが引き揚げる前、グラウンドに整列し、そして撤収するために動き出したが、仲間の肩を借りて歩いている者もそこそこいたので、わが方も善戦したのだなと思った。

宮面寮《みやも》から三号館に迫る闘い

これはその後の聞き取り、ならびに9・15神大関係公判資料によるが、神大キャンパスの一角・西側の高台にそびえる宮面寮からは二手に分かれて、三号館部隊の救援（目標は、革マルを構内から一掃し、わが部隊を救出することであったようだが）のために、限られた火炎瓶と貧弱な鉄パイプで武装し、数次にわたり寮内から出撃、構内グラウンドから三号館近くまで迫ったものの、多勢に無勢で蹴散らされ、仕方なく寮側の門から撤退を余儀なくされたようである。三号館でわが部隊を制圧し、蹂躙の限りを尽くした革マルの部隊は、夜が白んでくる前に神大から撤収し、白楽駅に向かい始発電車に乗り、どこかへ姿をくらましたようである。

さらに、のちの伝聞・推定によれば、革マルは事件当日の一四日夕刻、小田急線鶴川駅近くの和光大学（当時、彼らの拠点だった）に襲撃部隊を集結させ、意思統一後、手提げバッグに鉄パイプとヘルメットを忍ばせ、小グループに分かれ、鶴川駅から町田駅に出、そこで横浜線に乗り換え、八つ先の菊名で東横線に乗り換え、二つ先の白楽駅等（白楽以外に隣りの東白楽など）で下車し、神大一一号館裏に集結したもようである。加えて、レポ車、投石用の石、鉄パイプを積んだ車両をも駆使した用意周到な作戦だった。各駅、警察等要所に配置したレポ等を含めれば、二五〇名から三〇〇名にのぼる大部隊による作戦だったと思われる。

この革マルによる9・15神大夜襲は、前年、一九七二年一一月八日、早稲田大で革マルによる川口大三郎君へのリンチ殺人事件以降、早稲田における反革マルの機運の醸成を受けたものだった。とりわけ、一九七三年四月以降、高まるWAC（早大全学行動委員会）を中心とする早大の学友諸君の大衆的決起と、わが解放派の青ヘル部隊が早稲田キャンパスで連続三回にわたって全国動員の革マルを粉砕した闘いにより、当時革マルは、追い詰められていた。それに恐怖した彼らは、夏季休暇から後期の授業再開に向け、WACとともに闘う解放派の部隊への「壊滅を狙う作戦」として9・15神大夜襲を強行したのである。

神大9・15反撃への警察の弾圧は苛烈を極めた。わが解放派の部隊・宮面寮生に対する罪状は、凶器準備集合、殺人、犯人隠避容疑であり、ほとんどは非公開手配で、一九七四年から一九九四年四月二一日までの二〇年半の長きにわたり、逮捕された者は、私、岩井を含めて三三名に達する。神大の学生・寮生が二〇名、解放派学生八名、反戦労働者三名（内、一名は元神大生）等々である。この9・14夜襲に始まる9・15弾圧は、当時の解放派の組織と早大解放闘争と横須賀を中心とする反戦反基地闘争に深刻な打撃を与える大弾圧であり、同時にわが解放派の拠点・神大に対するすさまじい解体攻撃であった。

解放派に対する大弾圧と神大解体攻撃

当時、解放派の「弾圧対策部長」の立場にあった私は、二一～二三日後、身体がやや回復してから数カ月間、現場にたまたま居合わせた多くの一般寮生や反帝学評の仲間たちへの対応・相談などに奔走することになった。五カ月ほどたった七四年二月のある寒い冬の夕刻、品川のアルバイト先の学習塾に黙々と向かう仄暗い路上で、眼前に神奈川県警の刑事二名が突如立ちはだかり、私は抗う間もなく、逮捕―連行された。容疑は、今度は「犯人隠避」罪で、通算七回目の逮捕、留置先は、港北署（横浜市）であった。

二三日間の取り調べの後、私は起訴（三回目）され、ただちに横浜刑務所に移監された。それから再び一〇カ月余の独房生活の後、その年の一二月、私は保釈され、元の任務に戻った。翌年春先の三月一四日、中核派の本多延嘉書記長（中核派からみれば、当時、革共同議長空席。黒田は議長として革マルに）が、潜伏先で革マルの部隊に襲われ死亡した。手斧で頭をかち割られ、即死状態であったという。この報を知った私は、大いに衝撃を受け、ただちに、中核派の前進社に弔電を打ち、哀悼の意と連帯の意思表明をした。七四年は、そんなシビアな年だった。

第5章　七〇年安保闘争後の仲間たちの動き――雲散・霧消

一、「弁護士になるため国へ帰った」――白形允さんとのこと

一九六九年八月下旬、私は白形允さんの依頼＝命を受けて、「10・18対政府中枢ゲリラ戦」の企画・立案・実行を引き受け、他の二〇数名の仲間とともに、その任務を果たし、一〇カ月と一〇日後の七〇年九月下旬に帰還した。その経過は、前述、第4章で記した通りである。それに踏まえ、当然私は、自らが与えられた「任務」の遂行過程を報告しようと考えていた。報告できるものと考えていた。その報告の相手は、「白形允」さんだった。他にはいない。

そのうえで、私は駒場に戻り、仲間のみなさんと「再会」した。しかし、そのなかに、白形允さんの姿はなかった。不思議に思い、まわりに聞くと、「もういない」との答えだった。「えっ……」、唖然・茫然・愕然・虚脱……。彼からのメッセージを私に伝える人もいなかった。「いったい何が起こったのだ?」「何があったのだ?」。サッパリわからなかった。その帰結は、私の理解を絶していた。「命令を下した上官が消える」……こんなことが、この世にあるんだろうか?　……しかし、現実はそうだったのだ。

しばらくして、わずかに私の耳に入ってきた話は、「彼は弁護士になるために四国へ帰った」……。もう

東京にはいない、ということのようだった。居れば私は会いに行けた。彼の現状がどうあろうと、私は会いに行っただろう。しかし四国までは……「幻」を追いかけて四国まで行くことはできない。私は彼との「再会」を諦めた。諦めざるを得なかった。「無念、残念」を、はるかに通り越していた。その「崩落感」は、形容のしようがなかった。

二〇一八年暮れ、指紋押捺拒否（反外登法）闘争で、一九八八年に一緒にアメリカに渡った中村利也さん（元明治大学・ブントの活動家で、一貫して活動を続け、現在も東京で沖縄・辺野古基地移設反対闘争などに携わっておられる）に数年ぶりにお会いした。その前に、本書の原稿を送って読んでいただいたうえで、意見を求めた際、彼は、私が書いた「白形さんとのこと」の部分について、「明治大学やブントではそんなこと（出獄した部下に会いにも来ない）はなかったですよ。ずいぶんでしたね」と言われ、やっぱり、と私は恥ずかしい思いをした。また、この同じ件につき、9・15神大事件について証言してくれた元都立大の川嶋康裕さんにも言われた。曰く「ヤクザ以下じゃん」と。私はまた深い溜息をつかざるをえなかった。

二、それは彼だけにとどまらなかった

今私は、白形允さんのことを述べてきた。しかし、事は白形さんだけにとどまらなかった。白形さんほど酷くはなくても、かつての「四天王」はみんなそうだった。「現場」にいないのだ。個人によって偏差はあれ、みんな運動から退いていた。私は三井一征さん、福嶋喜久満さんを訪ね歩いた。事の「真相」を確かめるべ

く。しかし、結果は空しかった。多くは「腑抜け」になっていた。呆れるほどに……。その後、福嶋さんだけが、二年後くらいに現場（戦線）復帰し、革労協総務委員と現代社（解放派の事務所）で解放派の機関紙『解放』担当として活動されることになったが、他の三人は、杳として活動現場からは姿をくらましたままだった。

「四天王」にとどまらず、一〇カ月前まで、ハツラツとしてキャンパスを、街頭を駆け回り、会議（フラクション）を主宰、意思一致を図り、大衆に熱烈に呼びかけ、反政府闘争の隊列を組み、指揮を執っていたみなさんのほとんどがいなくなっていた。「四天王」以外のみなさんについて、私はここでいちいち名前を挙げない。それぞれ、居ても周辺に散っていて、居ないのと同じだった。こんなことって、あるのか……。私が六七年春から活動を開始して以来初めて目撃する事態を前にして、……「なぜだーっ！」……私は虚空に向かって叫んでいた。「廃墟」に近かった。残っていたのは、六八年入学の井上豊さん、伊東恒夫さんらを除き、七〇年入学の若い活動家ばかりだった（東大には、六九年度の入試が中止となったので「六九年入学生」はいなかった）。

三、「駒場解放派の変質」永井啓之君との関係――何かが違う……

六七年入学の私が、一年前＝六九年秋の「自民党本部突入闘争」から帰還した同期の平林公一君と相携えて、当時、明寮入り口にあった「社思研」の部屋に戻ってきたとき、その部屋でわれわれを出迎えてくれたのは、六六年入学で、ほとんど唯一生き残りの永井啓之君であった。彼は、六八年入学生と七〇年入学生らを従えて、懸命にフラクションを維持し、日々の活動を細々と展開していた。それは、昔の姿を〈縮小した形で〉「再現」しているようにも見えた。しかし、何かが違う。その点を、獄中からの同志・平林君とも、当時、一生懸命語り合った。何が違うのか？　その「違和感」をめぐり、幾夜も幾夜も、語り明かした。

われわれ二人が駒場＝東Cに帰って来たからには、戦力は大いに強化され、永井君や若い仲間とともに、「東C反帝学評」の再建も大いに可能なのではないかと、意気込みも含め、諸提案を行い、議論を持ちかけ、その活性化を図ろうとした。何のために、われわれは、一年前、「対政府中枢ゲリラ戦」に突っ込み、辛い獄中闘争を闘い抜いてきたのか？　必ずしもこうした困難な状況が予測できていたわけではなかったが、永井君に協力し、たとえどんなことがあろうとも、組織展開を支え盛り上げ、頑張り抜こうという熱い意欲に燃えていた。

しかし、何カ月経っても、永井君との関係は、一向に嚙み合うことはなかった。「何かが違う。根本的に違う」。私と平林君は、若い諸君とともに悩み苦しみ多くを共有しつつ、「問題」を解明し、「問題解決」を図ろうと、懸命の努力はしたが、はかばかしい「成果」が見えてこなかった。永井君との討議が嚙み合う兆しは、一向に訪れなかった。永井君との膝詰めの議論は、成立しない。その構えが、相手にはないから。では、会議において議論が嚙み合わせられるか、それも困難であった。何故か？

そこで平林君と私が到達した一つの結論は、①「作風が違う」ということであった。われわれ二人は、入獄まで二人が二年半にわたり体験してきた「解放派の作風」というものをしっかり記憶し、身につけているつもりだった。会議で議論を嚙み合わせ、認識を共有し、さらに議論で問題解決を図り、「活動方針」を編み出していくという、ごくごく当たり前の方法論が、先輩たちが築き上げてきた「解放派の作風」だと理解していた。しかし、一九七〇年を過ぎた「社思研」では、「異なる作風」が横行していた。

もう一つの結論は、②「他者の動かし方の違い」という点であった。私は、他者に動きを期待するとき、あくまで会議を中心に議論を進め、そこで一致点を見いだし、それに基づいて動いてもらうよう、個別に説得を進めるものと考えているが、永井君においては、やり方がだいぶ違った。彼においては、基本は「一本釣り」であった。自分を中心に、「放射状」に人間関係は構成されており、自分から一方的に指示を出して、思うように他者を操る、というのが彼のやり方であった。わかりやすく言えば、「手配師」のスタイルである。その姿は、まさしく「左翼手配師」そのものであった。

この二つの点に気づいたとき、私と平林さんは愕然とした。これでは、お互い議論が噛み合うはずがない。このまま行ったら、駒場解放派の内部諸関係は、一体どうなってしまうのか？ 六九年秋を過ぎて「四天王」が去り、それに代わるリーダーシップが不在の間に（＝岩井・平林などが不在の一〇カ月間に）、永井君による「一元支配」が駒場解放派の只中に、ほぼでき上がっていた。私や平林君が感じた「何かが違う」の違和感＝危機感は、「駒場解放派の変質」……そのものであった。

四、「七〇年代の憂鬱なる党派」＝駒場解放派

①＋②の帰結として、③「集団指導体制構築」は、無理に思えた。永井啓之・野村博（六六年入学）、岩井

哲・平林公一（六七年入学）、伊東恒夫（六八年入学）の五名は、六四年・六五年入学の「四天王」に比べれば輝きはイマイチ・イマニだったが、それは、〈上り調子の時代と下り坂の時代の差〉と言ってしまえば了解できる範囲の、「それはそれ」なりの人財の充実ぶりであった。少なくとも、駒場の他党派に比べれば、「群を抜く充実ぶり」であったと言っても、過言ではない。それは、六八年―六九年の東大闘争―安保闘争を最も果敢に闘い抜いた党派としての「大いなる成果」とも言うべき陣容を誇っていた。「集団指導体制の構築」＝永井啓之・野村博・岩井哲・平林公一・伊東恒夫、この五人が結束しさえすれば、多くのことが可能であろうと、私や平林君は構想した。他の二人にも、折にふれて提案した。だがその企図は、実ることなく、そう時間を経ないうちに、画餅に帰した。何故か？

その理由は、明瞭であった。それは、永井君が「その方向性」＝「集団指導体制構築」を望まなかったからである。それどころか、彼は、お得意の「手配師的手法」によって、その方向性を積極的にぶち壊し、残り四名の「切り崩し」＝「各個撃破」を試み、それなりに成功していったのである。四名それぞれに、足りないところもあり、至らない面も多々あったと思う。しかし、出獄したばかりの岩井と平林は、殊《こと》に意気軒昂であり、他の二人も含めて、蓄積された「潜在能力」はきわめて高く、これらの人財の力が結集され、協力態勢さえできれば、革マルとの党派関係が厳しさを一層増し、沖縄返還阻止闘争の政治的荒波が強まっていた七一年といえども、時代を領導し切り開いていくことは十分可能だったと、私は今でも確信している。

しかしながら、事態はそのようには進まなかった。永井啓之君は結局のところ、「一人独裁」を志向した。

彼は「集団指導体制」の構築を嫌い、一人、突っ走った。私をはじめ、残り四人は、懸命の抵抗を試みたが、成果を生まないままに時間が推移し、七二年も空しく過ぎ、七三年九月一五日の神奈川大学における「運命のあの日」を迎えざるを得なかった。「革マル二名の死」（内、一名は駒場の革マル）によって、「駒場解放派」は、その「存立基盤」＝「駒場キャンパス展開」を失った、永久に。

私個人は、前述したように、神奈川大事件＝七三年九・一五の余波として、七四年二月に「犯人隠避罪」で逮捕―起訴され、七四年暮れまでの一〇カ月間、横浜刑務所に収監され、完全に東Ｃ展開から遠ざからざるを得なかった。その他の三人も、それぞれに、駒場からは離れた動きを余儀なくされた。野村さんは七二年夏に沖縄に渡り、私、岩井は弾圧激化の七一年以降、解放派弾圧対策本部＝青華社（渋谷宇田川町）を主要に張りつきになった。

私は、そこへ至る七一年〜七三年の間、永井君不在（誰にも告げずにフッと何日か、現場から姿を消すことが多い謎の人物だった）ゆえに指揮官の必要に迫られた井上豊さん（六八年入学）・桐谷宗利さん（七一年入学）たちの要請により、早朝頻回に、渋谷・宇田川町の青華社から、駒場展開の応援に「助っ人」として出かけることが多かった。その後、平林君は、あれだけ批判していたはずの永井啓之君に、なぜか路線的に擦り寄っていった。不思議としか、言いようがなかった。

永井啓之君のやり方は、結局のところ、「人々の強みを結集して組織の力としていく」のではなく、「人々の各人の弱みを突いて切り崩し分断し、自分一人の権力を打ち固めて行く」という、きわめて「権力主義的な政治・組織手法」であり、それは、七〇年以前の「解放派の作風」とは似ても似つかぬ「反解放派的手法」ともいうべきモノだった。これに対し、「解放派の正統」を自認し、自負するわれわれは、結局は「無力」であった、遺憾ながら。

かくして、「駒場解放派」は、その「変質―崩壊」により、「七〇年代の憂鬱なる党派」に成り果ててしまった。その先頭をひた走ったのが、他ならぬ永井啓之君であった。

その永井啓之君自身が、自ら選択した政治・組織路線の帰結の「象徴」のように「仲間たち」の手によって殺されてしまった（八九年六月）のが、この「憂鬱なる党派」が、自ら出した「答え」そのものではなかったか？

そして、「駒場解放派」が変質したのみならず、その変質は、永井啓之君と九州大学出身の狭間嘉明氏との提携により、「学生解放派」全体―全国にやがて拡がり、七〇年代後半～八〇年代いっぱいにかけて、その後ますます、広がる一方となっていった。もっとわかりやすく言えば、収拾がつかなくなってしまった……。私がこの党派に在籍したのは、九〇年までであったので、その後の、分裂に分裂を重ねる惨状・現状については、よく知らないため言及できない。

こうして、一九七〇年から一九八〇年までの一〇年間を振り返るとき、私は自分が東C＝東大駒場に在籍していたからなおさら痛感するのであるが、解放派の八〇年分裂の淵源は、早くも七〇年の東Ｃ解放派内部に、すでに胚胎していたのである。正直私は、一九七〇年の秋すでに、永井啓之君と自分の路線の違い、対立の質・根深さから考えて、これはいずれ「殺し合い」になるしかないな、と直感していた。駒場寮・明寮の誰もいない一室で、孤独を噛みしめながら、一人そのように直観し、覚悟を決めていた。

それから一〇年、私の予感は大きく的中し、「内糾派（内部糾弾）という鎧（ヨロイ）」をまとった永井啓之君と私は、「三ＳＣ声明」（後掲）の内容で命懸けで対峙し、袂を分かったのである。それからさらに九年後、今度は、私の予感とは異なり、永井啓之君は、私ではなく、みずから同志と信じた、かつての後輩・部下も含めた「狭間派」の面々によって無惨に殺されたのである。これを、「因果」と言わずして何と言おうか？

七〇年以前、あの明るかった「解放派」が、あたかもカンボジア・ポルポト政権のように、陰惨・陰鬱な党派に成り下がってしまった。その後の「事態」を根本的に克服していくためには、この半世紀の流れを、正面から認識し、その共有化を行なうことからまず始めなければならない。その作業をいったい誰が（誰を中心に）行うか？　この党派の再建（あるいは再結集）が、この先果たして可能であるのか？　私は、はなはだ悲観的である――これまでの延長では。このたびの本書の出版が、その一つの「契機」にでもなれば幸甚である。

第６章　革マルによる中原一氏虐殺

一、七七年二月一一日　中原一氏、革マルによって虐殺される

二月一一日夕刻、私は中原一氏の革マルによる虐殺直後、茨城県取手駅前の病院に駆け付けた！

対権力闘争・対革マル戦の緊張が高まるさなかの一九七七年二月一一日、午後三時過ぎくらいだったか、驚きの一報が青華社（渋谷・宇田川町）に入った。「取手駅前・西口広場で、革労協総務委員の中原一氏が、鉄パイプを振るう革マルらしき一団に襲われ、近くの病院にかつぎ込まれた。重症らしい」という内容だった。すぐに近くの現代社の仲間と連絡を取り合い、青華社から私など二名、現代社からも二～三名が、電車で現場に急行した。

「中原さんの命に別状がなければよいが」と全員が危惧しながら、とにもかくにも現場へ急いだ。誰が一緒だったか？　今はあまり記憶がない。渋谷から電車で一時間ほどの現ＪＲ取手駅（茨城県）へは、確か日暮里で常磐線に乗り換えてたどり着いた。取手駅は、われわれの日常活動にはほとんど縁のない、当時は片田舎の駅だった。着いてみると駅前西口はロータリーになっており、右手にスーパーか何か店が目立つ程度、人通りもそうは多くない昼下がりだったと記憶している。

われわれは、駅を降りるや、中原氏が担ぎ込まれているという駅前西口から五分程度の病院に急いだ。病

室に入ると、大きなベッドに、中原さんが横たわり、頭には白い包帯、酸素マスクなどの医療機器が多数付けられ、一見して危機的状態だということはすぐにわかった。医師からか誰からだったか、病院関係者からすでに亡くなったということが、われわれに告げられた。沈痛な声が全員の口から洩れた。手遅れだった。

そうこうしているうちに、一時間くらい遅れて、中原さんの連れ合いの多嘉子さんが蒼白な顔をして、病室に駆け込んできた。「あなたーッ、どうしたのーッ、起きてーッ」と、多嘉子さんがベッド上の中原氏の遺体に覆いかぶさるように倒れ伏し、切ない悲鳴が部屋中に響き渡った。それから、病室は愁嘆場だった。

われわれは、夕闇迫る駅西口のロータリーに戻り、現場を確認した。警察の現場検証は、すでに一段落して終わっていたようだった。円形のロータリーの左回り六〇度くらいの歩道沿いに襲撃を受けた車が止められてあった。前部がメチャメチャに破壊されているようだった。それほど多くはない通りがかりの市民が、怖ごわと遠巻きに、この惨劇の現場を覗き込んでいた。

二、革労協学生委員会による「内糾」「組織分断策動」が開始された！

中原氏亡きあと、まもなく革労協学生委員会による「内糾」をはじめとする「組織分断策動」が開始された。滝口弘人氏とともに、解放派を一五年以上にわたり支え領導してきた中原氏の存在は大きかった。理論面では滝口氏の役割は大きかったが、実践面・組織面では中原氏の存在が大きかった。まさに、「組織の重鎮」と呼ぶに相応しい存在であり、対権力闘争・党派闘争の重圧のさなか、労・学貫き、さまざまの傾向に引き裂かれんとする組織のタガを締め、なんとか一つの方向性を維持してきた中原氏の存在の重さを、相手の革マルは、その反革命組織特有の嗅覚により、われわれ以上に「熟知」していたのかも知れなかった。だから、そこを叩けば〝解放派は瓦解する〟と革マルは踏んだに違いない。一九七四年三月一四日の中核派・本多書記長の惨殺からまだ三年経っていなかったが、革マルは、相手組織のトップを叩くことの絶大な効果を、われわれ以上に実感をもって知ってきていたに違いない。

誰をもってしても替えがたい〝組織の要《かなめ》〟たる重要な人財を、わが解放派は永久に失ってしまったことを、党派に属する多くの人々が身をもって知らされたのが八〇年の組織分裂とそれに至る三年間の過程であった。中原氏の「不存在」は、三年余という長い時間をかけて、解放派の内部を蝕み、亀裂を深め、ついには「組織分裂」という最悪の事態に至ってしまったのだ。

次に掲げる「革労協学生委員会からの三人の脱会声明」は、組織分裂の最終段階で出されたモノであり、その組織分裂の一断面を、いわゆる「労対派」に所属する私を含む学生戦線メンバーの立場から表明したものであった。一方、労働戦線でも社青同—革労協全体を貫いて、大掛かりな「組織分裂」が仕掛けられ、反戦青年委員会も含め、六〇年代初期の社民内分派闘争の開始以来、時間をかけて養われ培われてきた重層的な労働者組織・地区組織の分裂・解体策動が、狭間嘉明・永井啓之を中心とする「学生委員会」によって企まれ実行されていったのである。

われわれ「革労協学生委員会からの三人の脱会声明」が弾劾の対象とした相手は、明示こそしていないが、狭間・永井、そして神田（高校生戦線の関西出身者。当時、解放派全体を貫く差別問題を利用した内部糾弾闘争において、障がい者解放運動と部落解放運動の二つの戦線を束ね推進する立場で、猛威を振るった第一人者！）というトリオ（当時、

ＮＨＫとも呼ばれた―正しくは、ＨＮＫか？・ＫＨＮか？）の存在が明確に指し示されていたのである。**この三人が、解放派の歴史的に形成されてきた組織骨格を根こそぎ解体してしまった張本人である。**対革マル戦の勝利のためにという「大義」を掲げ、レーニン主義的に路線的歪曲を進めることで、解放派組織を蹂躙し尽くしたのは、この三人を筆頭とする当時の「革労協学生委員会」の中心メンバーの面々だった。その「内糾」の猛威の前に、大多数のメンバーは、学生も労働者も「拉致・監禁・洗脳」という事態を恐れ回避するため、その恐怖の分断策動の前に、「死の沈黙」を強いられたのである。この「恐怖政治」の横行に、組織は混乱し、戦線離脱者、自殺者などが相次ぎ、凄惨な状態に追い込まれてしまった。

一九七七年「2・11中原氏虐殺」の直後から始まったこの「解放派組織の分断策動」は、まさに革マルが狙っていた「解放派瓦解作戦」のシナリオ通り、その尖兵の役割を「革労協学生委員会」が自ら担い、遂行したモノに他ならない。狭間・永井・神田のトリオが、自らどう意識しプランを立て遂行したのかは、今となっては皆目不明であるが、客観的に見て、中原氏亡き後の「解放派の指導力不在の状況」を「好機」と把え、「組織分断―左派の独立」を目指したことは疑いのない歴史的事実である。この遂行過程において、彼等の側からは、一切の証拠文書が意識的に残されていない（すくなくとも、私の手に入る限りでは）ので、トリオのこの三人も今は亡く、残されたわれわれは、「歴史的検証」を行なおうにも、生き証人をたどっていく以外、何らの手がかりもないのである。その生き証人も、今は散りじり、年老いていき、まさに、「歴史の闇」に沈もうとしている。規模こそだいぶ違うとはいえ、一九七〇年代後期、カンボジア・ポルポト政権下で展開された「歴史の闇」と同質の事態が、解放派組織の内部でも進行したといっても過言ではないのではないかと、私、岩井は考える次第である。

そして、こんにちにつながる話として、「噂」によれば、その後一〇年〜二〇年かけて、この「学生解放派」の組織も分裂を重ね、今では杉並区下高井戸を根城とするA派と、台東区下谷を根城とするB派に分かれ、気息奄々、相互に傷つけあいながら、どうにか命脈を保っているとのことだが、八〇年組織分裂が、このような「悲惨な結末」に帰していることを、それぞれの「指導者」はどのように考えているのだろうか。そろそろ、自らの寿命も尽きようとしている今、何らかの明示的な総括が出されてもよいのではなかろうか？

三、八〇年解放派組織分裂と3SC（学生委員）脱会宣言（通称・3SC声明）

革命的労働者党建設と革命的学生運動再建のために――
「革労協学生委員会からの脱会宣言」

署名者・岩井哲／Ü・I／N・Y

（一）国際共産主義運動の根深い路線的分岐の今日的表現として、カンボジアvsベトナム戦争の勃発は国際共同闘争の現実的推進を日本プロレタリアートとその党に突き付けた。

イラン革命の一段の勝利とそのプロレタリア革命の懐胎の苦痛を通して八〇年代は幕を開けた。南朝鮮・光州決起とそのくぐらざるを得なかった階級形成史的試練としての「敗北」は、八二年在韓米地上軍撤退を分岐点とした日帝の文字通りのアジア太平洋圏の憲兵としてのドラスティックな進行の中で、日本プロレタリアートとその党が、この「敗北」を引き受け、引き継ぐ主体として飛躍しうるのか否かを厳しく問われる時点に立っている。

議会制ブルジョワ独裁の崩壊期―ファシズムの現実的危機の下で、三〇年代コミンテルンの血の敗北の総括を引き受けつつ、日本プロレタリア革命を勝利させ得る階級自らの党を建設しうるのか否かが、今日の情勢的緊張下、日本労働者人民のみならずアジア人民の運命を決するものとして問われているのである。

(二) 革命期における党建設の緊張は、まさしくこの時期であるが故にこそ、その立脚すべき原則綱領を、その階級性に照らして厳密に打ち鍛えるべく検証・深化されなければならない。このことの今日的集中環は、一方で被差別大衆の解放闘争の階級的発展であり、国際的には「民族性」を止揚した国際主義的団結の現実的形成を、他方、蜂起―国家権力の打倒へと突き進む党の建設である。

革命期のこの緊張は、同時にまた必然的に、小ブルジョワジーの政治化を生み出し、「戦闘性」の外観の下でのマルクス主義の改竄と放棄として進行する。相対的安定期とは区別されたこの「国家」・「宗派」との緊張下で、それは「革命への真剣さ」と「献身性」という、一見抗い得ない「倫理性」の大義の下で、プロレタリア階級の革命的階級としての形成という巨大な苦闘からの絶望と逃亡に発した階級性の欠落は、実は「革命性」という名を冠した小ブル的戦闘性と手っ取り早い出来合いの党を追い求めるという構造を生み出す。それは、路線的には、レーニン主義の一面的傾向に取りすがり純化する。

(三) こうして一旦はまり込んだこの「確信」―「党建設の論理」は、階級的概念抜きの「党―革命―蜂起」の大義の下に、一切の無原則性を浄化させ、ついには「党内〝左派〟の防衛」の論理を一切の行動原理とするに至るのである。そしてそれは、その必然的末路として「人間的同一性の論理」へと限りなく接近せざるを得ない思想構造を持つに至る。この階級性の改竄―放棄としての「革命主体形成論」は、「立場の転換」の強制の下で、組織としての団結―個人の関係は、もはや隷従的関係としてしか成立しえない。この数年の学生委員会の討論が、そもそも機関討論としての体をなさないのは、単に無理論だからだけではない。階級的団結とその感性を放棄するや否や、もはや生きた理論を生み出す現実的根拠を喪失する。

言わば、当然の「道義性」を踏み絵とする二者択一的な「立場論」（階級的テロルに賛成するのか否か、差別に対し糾弾する立場か否か）が一切である。組織の中では、自己の発展をかけた理論的・路線的深化や論理的整合性を必要としない。例えば、七〇年代中期、「階級闘争と党派闘争の死闘戦思想と共産主義党建設」が強調された時期、社会運動主義として一蹴した筈の「赤堀闘争」は、今、如何なる戦略的・路線的・組織的整合性の下に展開されるのかは問題にならない。

（四）理論的路線的整合性など、党内政策的発想の下では、何の意味も持たないのである。路線的反対者へのレッテル貼りか、さもなければ、ある時は「赤報派」に、ある時は「中核派」理論に依拠するというすさまじい党派性の解体として進行する。だからこそ、この組織の維持―延命は、情報管理と情報操作に基づく個人の分断支配を強化することによってのみ可能となる。自ら運動を組織する路線的思想的生命力をもはや持ちえない学生委員会としては、「党内党」として寄生する以外ないのである。

例えば、A・A研への関わりは、行動委員会運動―労働運動の階級的発展と労学連帯という路線的必然としてではなく、言わば党内多数派獲得戦術として立てられるに過ぎない。何故なら、行動委員会運動は、すでに路線的に放棄してきたのだから。この「党中党」は、空疎な「〝左派〟の防衛」という基底的衝動の下に、その政治的延命を図ろうとするや、団結の発展ではなく、官僚的私党の防衛のためにのみ、組織処分を乱発せざるを得ないのである。

（五）多くの同志の戦線からの脱落、あるいは自殺は、団結の中に引き継がれるのではなく、個人の限界として塗り込められてゆく。こうして、自らは何もしないが故の「無謬性」の維持に汲々とする官僚的自己保身と堕している。その結合関係は、「恐怖の一致」に基づく「運命共同体」でしかないのである。沈黙と隷従！これこそが美徳と延命の方策でしかない組織に未来があるというのか？　ここに至って、われわれはもはや学生委員会に所属することは、党組織の階級的発展に照らして誤りであると判断せざるを得ず、ここに脱会を宣言するものである。すべての革命的学生同志諸君！　学生運動の革命的再建と革命的労働者党建設のために、ともに闘わん！

一九八〇年七月

第7章　何が足りなかったのか？

一、一番の核心的問題は――「リーダーとしての責任感の不足・欠如」

私は、本書の主タイトルに「〝私の〟東大闘争」と付け、副題に「駒場解放派の光と影」と付けた。〈光〉はわずか五〜六年間、〈影〉は一九七〇年以降、半世紀にも及びこんにちに至る。この〈光〉を担った人々は、七〇年を〈転換点〉として、〈影〉の到来とともに表舞台から姿を消した。そこに大きな問題点がある。

われわれは、ベトナム反戦〜東大闘争〜七〇年安保闘争の過程で、「革命」を志した。「プロレタリア革命―永続革命」を標榜した。である以上、その後いかなる困難があろうとも、その完遂を目指して、歯を食いしばり、地を這ってでも、活動を継続すべきであった。そのための「党建設」という目標だったはずであり、元々、数年単位で答えの出るようなテーマではなかった。しかし、かなりの指導的立場にあった人々が、ごく少数を除き、いつの間にか姿を消した。一体、何が問題だったのか？

解放派としての、「戦略論・組織論の弱点」を語る前に、私は、その人々の「指導者としての責任感の不足・欠如」を強く感じざるを得ない。自分がある時期、ある局面で、一般活動家や民衆に向かって力強く語りかけ、熱く呼びかけた内容に対して、どこまで「責任」を持とうとするか？　七〇年直後から、「若気の至りだった」

「あとのことは知らない」に近い所感を漏らす元指導者もいらっしゃったが、それは論外であり、多くの一般活動家が、自らの「歴史的責任」をいかに全うするかで、その後も、さまざまな場所で、さまざまなやり方で、苦闘を重ねていることを私は伝え聞いているし、またその人々の営為を信じている。

二、「党建設」をなぜ前へ進められなかったのか？

①「党建設論」「組織骨格の形成論」の形成途上（六九―七〇年段階）～「その担い手育成のための組織戦略・戦術」の形成過程と挫折（七〇年代後半）

中原一氏は、七五―七六年段階で、次のように提起している（『中原一著作集・第三巻』、三八〇～三八一頁、傍点、太字は引用者、以下同じ）。

我々の組織論は、次のごとき地平を切り開いていった。**第一**、組織の主体を本質的にプロレタリアにおくことにより、団結の質と形態を「機能主義」や「自己完結的なイデオロギー主義」を突破しうる地平を生み出した。「革命の現在性」――「共同性」。**第二**、階級形成と党建設を不可分のものとしてハッキリさせたこと。これは「革命的労働者党」の組織建設方針としての分派闘争論として結実する。**第三**、党組織構造それ自体ではないが、その基本骨格となるべきものをコンミューンの原則から引き出し明確にしたこと。このような歴史的意義にもかかわらず、現在から捉え返して検討を加えれば、次のような傾向が存在していたと思われる。それは、党組織の成立する原則的地平の指摘にとどまっていたため、組織論が本来持たねばならぬ「敵との対抗」「革命性の質を未来に向かって展開する力」という面を、組織論として独自に問題にしていくことが希薄になってしまうということである。換言すれば、「政治的団結」が独自に定立しえず、「共同性一般」の確認をもって終わるというような傾向を生み出したのである。

　党の闘争としては、次のことを意味する。党の闘争とは、第一に、あらゆる自然発生的闘争を、党を軸とする統一戦線へ組織すること。そして第二に、党を軸とする統一戦線によって、目的意識的階級闘争を実現すること。この場合、実現されてゆく統一戦線、つまりソヴィエト運動とは、地区運動である。

これは、プロレタリアートの階級化・革命化は、地区共同による階級的政治闘争によってのみ可能となるということでもあり、組織活動としては、地区共同に凝集されることになる。党の組織構造から言えば、基本組織骨格としての地区党から組織建設が始まり、その地区党から捉えかえされて戦線委や産別委が形成されてゆくことを意味する。

**　この階級的革命的闘争を組織構造上体現しているのが「党組織」であり、従って、党組織は地区党の下に産別委・戦線委等が形成される。かくして産別・戦線の細胞は、「産別運動→産別委」ではなく、地区党、地区運動に媒介された上での産別指導でなければならぬ。**

　以上のように、ようやく七五―七六年段階になってではあるが、中原氏は、きわめて本質的・原則的に、解放派としての「党組織建設論」を整理・展開し切れている。しかし、現実の問題としては、上記太字部に見られるような、「党組織の原則的地平の指摘」「共同性一般の確認」に終わってしまう（中原氏自身が危惧していたような）傾向に陥っていたことは否めない。私自身が当時から感じ、また半世紀後のこんにちから振り返っても残念としか言いようがないが、この「歴史的限界」をあらためて再確認せざるをえない。

そのうえで言えることとは、この「原則論」は、一見すると単なる「観念的なお題目」に見えるかもしれないが、決してそうではなく、六〇年代後半までの「社民内分派闘争」の組織的格闘を踏まえて「革労協建設」に至る過程の産別的・地区的・戦線的な実践的蓄積に踏まえて語られているという意味で、きわめてリアルな組織的実践の格闘の成果であり、かつ今後の方向性が示されたものであったと言うべきであろう。

今、私が一九七〇年直後を振り返って、そうした「形成途上の組織骨格」のうえに、それを踏まえ、引き継ぐ新たな人材の供給を得て、上記の「構想」を実現すべきプロセスが必要とされていたというのが、まさに、七〇年安保闘争終了後の「組織情勢」だったのではなかろうか？　だから、七〇年という時点は、「党建設推進」という課題がもう一歩で飛躍的に前進できる「前夜」まで来ていたというのが実情であっただろうと思われる。

しかし現実には、結果として、そこまで「組織の側」で、「その担い手育成のための組織戦略・戦術」が整っていなかったがゆえに、七〇年安保闘争を果敢に闘い抜き、次なる方向性・身の処し方を一生懸命に模索していた「党建設予備軍」に対して、「実践的な指針を出し切れなかった恨みを残す」ことになったのではなかろうか、と推察される。

私自身は、先述したように一九七〇年の末に約一年弱の「獄中生活」を経て出獄したばかりで、これから「東C（学生戦線）をどう引き継ぎ、再建するか」という課題に迫られており、上記のような全体的組織経過と現実にまでは推察も思いも及ばず、だいぶ後になって振り返り、このような「事後的感想」を抱くものに過ぎないが、結果は「惜しいところで、世代的引継ぎのバトンタッチに成功しなかった」ということになるのではないかという気がしてならない。「ゴマメの歯ぎしり」である。

②とりわけて、学生リーダーの「労戦移行」の問題

上記「残された課題」「残された恨み」を考えるとき、当時「人財の宝庫」であったはずの「学生戦線」において問題はどうだったか、と検証されなければならない。私の推察では、全国の学生戦線には、たとえば、北大・徳島大など、名前もかすかにしか記憶していない「その時点で数年を経ていたリーダー層」が、かなりの数で「戦線移行の方針提起」を待ち焦がれつつ、大量に存在していたのではないかと思われる。東Ｃ＝東大駒場の「四天王中一人を除くお三方」を筆頭に、そのような方々は無数に存在していたと言っても過言ではないのではなかろうか。

当時の「学生リーダー」は、決して「後ろ向き」ではなく、「前向き」に多くのことを暗中模索していたのではないのかと推察するが、結果は、当時の「組織指導の不足」の故に、その時点の「組織実態・実状」とうまく噛み合わず、場合によっては、本人たちの「決断力」も至らないために、「戦線移行」が流れていったというケースが、かなりの数どころか、「層として」存在していたように思われる。そうした方々の「戦線配置」が、しかるべき「組織指導」の下に行われていれば、「党建設予備軍」が「予備軍」ではなく、「現実の党建設の巨大な力」になっていたかも知れないと思うのは「幻」であろうか？　しかし、必ずしも「幻」だったとは私には思われない（私は、肝心要の六九年末〜七〇年一杯、約一年間娑婆にいなかったので情報は皆無で、無論なんらの関与もできなかった）。七〇年当時すでに、「党建設の骨格形成の指針」までは、中原氏の提示する内容で出かかっていたのであるから、「あと一歩」のところであった。

別言すれば、「現実の日常生活」＝「稼ぎの問題の補償等」における「組織経験の不足・未成熟」に根本的な問題があった、という面も大きいであろう。当時（七〇年代前半）のわれわれの「地区」というものが、「ど

れだけの存在であったのか」ということが問われる問題であろう。加えて、「革マルとの党派闘争」の困難さが、そうした基本問題の解決をさらに困難にしたという側面はどうしても否めない。

③「内紛」が組織を意図的に歪め、へし折り、叩き壊した問題

党建設途上の各地区・各戦線における構築中の成果を、狭間・永井派が「内紛」を通し、意図的に歪め、へし折り、叩き壊した問題ともいえる問題がある。

中原氏は、その『著作集・第三巻』三一〇頁において、以下のように看破していた。

> われわれは、党派の始元的発生以来、プロレタリア暴力革命路線をとってきている。それは、我々潮流全体、更に我々の党派の構成員にとって当然のことである。だが、それが階級闘争の階級的発展に対応して強化されてゆかないときには、**一方において暴力革命一般を語りながらも、事実上そこからズリ落ちる傾向を生み出すとともに、もう一方では、それへの反撥も含めて小ブル「暴力革命」路線へのブレが生み出される。**

これ即ち、後者は、狭間・永井路線が、七三年秋以降傾向を強め、中原氏亡き後、完全に陥り、八〇年分裂に向けひた走った「小ブル暴力革命路線」を数年単位で先読みしたものに他ならない。狭間・永井は、「対革マル戦の大義」を盾に、中原氏の生前から、この傾向＝「小ブル暴力革命路線」を強めていたが、中原氏亡き後は、傍若無人に誰憚ることなくこの路線を推し進め、八〇年分裂にたどり着いた。そのテコとされ、武器となったのが、「部落解放・障がい者解放」を名分とし、「被差別人民の解放」運動に依って立つと称す

る「立場の転換論」であった。

※この「**立場の転換論**」なるものは、戦前の日本共産党が、小ブルインテリゲンチャに対し、どうすれば彼らが、労働者階級の隊列に合流できるのかという「設問」に応える「方便」として思いつき与えた「**階級移行論**」の**単純な焼き直し**であった。その発想はきわめて安直で、「要は、AからBに立場＝意識を転換すればよい」というものであった。ところが、「立場」とは言い換えれば、「存在」であり、それは「社会的存在基盤」を離れては存在しえない。ここに本来は、「存在は意識を規定する」というマルクス主義の大原則が立ちはだかるのだが、彼等はこの根本原則を歪めるか無視し、「マヤカシの論理」を唱えることで、人々がかかえる内面的問題への正面からの回答を回避し、ただ「意識を転換すればよい」として、「入党がその証しである」と問題をぶった切った。そこから、戦前・戦中の党員の大量脱落・大量転向が発生したと考えられる。

※**七〇年代の**「**内糾派**」は、この歴史的曰く付きの「階級移行論＝立場の転換論」を無批判に焼き直し、差別問題の克服をめぐる「解答」として方針提示したのである。こうして、「差別者」と「被差別者」の溝・対立が、単なる「意識の転換論」に矮小化されてしまった。その一歩先は、「洗脳」である。オウム真理教となんら変わらない。ここからは、差別を真に克服する運動、そのなかでの差別者側の「意識の変化・転換」の可能性、そのうえでの被差別者と差別者の「真の連帯」の可能性、そこに向けた陣形・戦線構築の方針が出てくるはずがない。よってむしろ、「立場の転換論」は、差別の克服に向けた真の闘いへの「敵対物」に他ならなかったのである。

中原氏はまた、その『著作集・第三巻』三七四頁において、社民内分派闘争の意義について、以下のように提起していた。

『№6』で提起された社民内分派闘争方針は、マルクス主義の原則的地平、つまり組織された産業プロレタリアートを革命の主体として再度明白にした上で提起されている。……これは、プロレタリア革命戦略として見た時、歴史的には次のことを意味している。帝国主義が延命してゆく場合のプロレタリアートへの対策は、本工を組合主義（経済主義—改良主義と議会主義）として抱え込み、予備役を差別分断の中におくということである。……この場合、多くの「暴力革命主義者」は、産業プロレタリアートを体制内化したものとして社民の中に放置し、予備役や学生や貧農の中に革命のエネルギーを見て行った。一九二〇年代のコミンテルンの分化、及び六〇年代の新左翼がそうである。我々が日本階級闘争の中で画期的な役割を占めるのは、……〈組織された産業プロレタリアートの階級性、革命性をいかに発展させるのか、という点に党派性を賭けている〉という点にある。「**矛盾の原点としての帝国主義工場制度**」**への闘争を始元として、そこから本工と予備役の闘争の結合を図ってゆかなければならない**。

狭間・永井派によって、七〇年代末に、「左派の防衛・独立」の名のもとに行われた「党内闘争」なるものは、「**矛盾の原点としての帝国主義工場制度**」**への闘争を始元として、そこから本工と予備役の闘争の結合を図ってゆかなければならない**」という解放派の大原則を、完全に歪め踏みにじるものであった。彼らが「内糾」を通してたどり着いた地平は、六〇年代前半から解放派が営々と築き上げてきた「党建設の基礎を築くための地区・戦線における無数の努力」の蓄積を、短期間で、無惨に叩き壊すことでしかなかった。例えてみれば、中東においてIS（イラク・シリア・イスラム国）やアルカイダが古代からの遺跡を、何の配慮もなく、一撃のもとに叩き壊していったのと似ているといってよい。取り返しのつかない「破壊行為」であった。「覆水盆に返らず」をまさに地で行ったのである。

そのうえで、狭間・永井一派が、後年、八〇年代に入り、山谷などに入り込み、「革命的労働運動の構築を」などと叫んでいたようだが、それは、自らの「歴史的党組織破壊行為」をなんら反省することなく、山谷労働運動を本質的・根本的に侮蔑したうえで、自らがもたらした「廃墟」のうえに、仇花を咲かせようとする空しい試みであった。永井に至っては、狭間との抗争（内容は不明）に敗れて殺される直前の時期に、みずから山谷に入って、何ごとかを為そうとしていたと伝え聞くが、なんとも評しがたい〝悲しい話〟である。中原氏が七〇年代後期、鋭く正しく提起していた「本工―予備役」を貫く「革命的プロレタリアートの闘いの路線と組織骨格」を踏みにじることなく、彼らが忠実に実践・邁進していれば、その後の諸々の悲劇が、八〇年代解放派を襲い、「憂鬱なる党派」になり果てることはなかっただろうと推察される。「返す返すも残念」なことである。

三、「路線的誤謬」に対する修正能力を、党派は持たなければならない

七〇年代後半以降の解放派の、主要に学生組織内部で、一時期、部落差別・障がい者差別・女性差別などの差別問題をめぐり、「内部糾弾闘争」（いわゆる「内糾」）というモノが横行したことがある。その本質は、

前述「永井啓之君との関係」の項で述べた卑劣な手法＝「人々の強みを結集して組織の力としていく」のではなく、「人々の各人の弱みを突いて切り崩し分断し、自称指導部の権力を打ち固めて行こう」という、きわめて「権力主義的な政治・組織手法」であった。それは、「内糾路線」とまで言挙げされ、猛威を振るった。

こうして本来の真摯な思想的格闘ではなく、「党内闘争」の道具としてこの差別問題と「内糾」を利用しようという誤った卑しい動機で奔走した一群の人々・グループがおり、おぞましいことに組織内で「拉致・監禁・洗脳」（中心は神奈川大学宮面寮・五階の監禁部屋において）が日常的に横行したようだ。それはある時（七九年頃か）、私の身近にも迫ってきたが、なんとか個人的力量によって際どく凌ぎ切ることができたものの、見えないところで、多くの「良心的活動家」が、男女を問わず犠牲（監禁・洗脳により転ばされ）になり、そのことがまた、党派としての「路線的誤謬」を増幅したと見られる。

このような卑劣な「恐怖政治」により、解放派の学生組織を掌握した狭間嘉明や永井啓之たちは、自らその「路線的誤謬」を顧みることもなく、対権力闘争・対革マル戦の激化を「大義名分」に、ひたすら突っ走った。その帰結は、組織の疲弊・分裂・再分裂、その繰り返しの道であった。「七〇年代の憂鬱なる党派」は、このようにして形成され、八〇年代にかけて「分裂・衰亡」の道を歩んだのである。

この一事を見ても、党派は「路線的誤謬」に対する修正能力をもたなければならないという「大命題」が浮かび上がってくるのである。

四、「党史」を誰かが書かなければならない

私は今回、あくまで個人的立場から、ベトナム反戦闘争～東大闘争～七〇年安保闘争～それ以降九〇年までの関わりを、自分が記憶する限りで記述し、問題点を摘出したつもりである。

しかし、「党派」というものは、それが党派である限り、「自らの党史」をもたなければならない、書かなければならない。それができなければ、文字をもたなかったが故に歴史を残せなかった「古代諸文明に等しい運命」をたどらざるを得ないであろう。解放派が、果たして書くに値する「歴史」をもっていたのか、今後もちうるのかは私には不明である。しかし、解放派がその「歴史的生命」を主張したければ、石に齧りついてでも、万難を排して、「党史」を残すべきである。そのためには、「党史編纂委員会」が形成されなければならない。その構成は、どのような「人物配置」になるのであろうか？

解放派が、「歴史の藻屑」と消えないためには、上記の作業が残されており、その達成のための時間は、あまりにも少ない。誰かが起ち上がっていただくことを希求して、この項の結びとしたい。

第8章　「東大闘争の限界」をいかに超えて行くか？

――その後の私の足どり

一、「東大闘争」は、果たして孤立したテーマとして語られるべきか？

東大闘争と、政治闘争を切り離して語りたがる一群の人々がいる。それは、この項で語る「教育学園闘争と政治闘争の乖離」という根本テーマを理解しない人々であり、かつまた東大闘争と併存した「政治闘争」への関わりが弱かったか、なかった人々、そして東大闘争が終焉するとともに、政治闘争への関わりを放棄し、「歴史の舞台」から姿を消してしまった人々ではないか。そういう人ほど、「東大闘争」をプロパーとして語りたがり、孤立したテーマ＝「昔話」として語りたがるのであろう。

しかし私は、その立場を断固として排するものである。なぜなら、私自身は、東大闘争の何が弱点であったのか、なぜ負けたのか、多くの人々はその後なぜ姿を消したのかということを私なりに、その直後から追究し続け、一九九〇年まで二〇年間、基本は解放派の党活動に「専従活動家（青華社→連帯社）」として、前半一〇年は無給、後半一〇年は月一〇万円の有給で関わり、細々ながら、当時の機関誌『プロレタリア革命』の編集と三里塚闘争をはじめとする幾多の政治闘争に参加し続けるという経過をたどった。

「東大闘争」は、一九六八年〜六九年の「二年間という横軸」だけで語られるべきではなく、能《あた》う限り、一九六七年〜こんにちという「半世紀の縦軸」においても語られるべきであろう。この「横軸と縦軸のクロスするポイント」に「東大闘争」は確かに存在したのである。

二、八〇年代後半〜「指紋押捺拒否・反外登法闘争」への個人としての参加→渡米闘争

私は、一九九〇年に党派を離れる四年前から、当時「在日差別撤廃」の象徴として激しく闘われていた「反外登法闘争」（反外国人登録法闘争）に、組織決定（そんなものは、あるはずもなく）でも何でもなく、一個人＝一日本人として関わり始め、その過程で、一九八八年五月、在日のみなさんとともに七人のグループ（日本人は三人）で約三週間にわたって渡米し、全米五都市（ロサンジェルス→サンフランシスコ→ニューヨーク→ワシントン→シカゴ）をめぐり、各地の在米韓国人・在米中国人の方々と親しく交流し、日本における「反外登法闘争」の存在と意義を訴え続けた。*

*この八八年の渡米闘争にご一緒したのは、朴容福（パクヨンボクさん、在日韓国人）、金静伊（キムジョンイさん、在日朝鮮人）、李洋秀（イヤンスさん、在日無国籍者）、中村利也さん、私など計七人だった。

その過程で、たまたまニューヨークの隣のニュージャージー州・ラドガーズ大学を訪れて講演を行った当時の中曽根首相を報道によりキャッチし、その面前で「外登法撤廃！　日本政府弾劾！」の大横断幕を掲げ、「レイシスト（人種差別主義者）・ナカソネ」のコールを激しく浴びせたのである。これにはさすがに、厚顔無

의로 5월17일 하오7시(한국시간)을 기해 한국학교 협의회 이상오 회장. 앞으로 타전된 서울올림픽 위원회의 공문(번호259880−5226)에 따르면 "귀협의회의 각별한 성원과 관심에 감사하며 금번의 청소년 체전은 교포2세들에게 88 서울 올림픽을 통해 모국에 대한 자긍심을 심어 줄수있는 기회라 사료되어 당 조직위를 동 행사의 후원단체로 사용할수 있음을 알려드리오며 동 행사의 추진에 참고 하시기 바랍니다"라고 했다. 후원품으로 대형 서울올림픽 회장기와 올림픽 회장 뺏지 5백개, 마스코트 뺏지 5백개, 홍보전단 1천5백매, 포스터 5종 80매, 버튼 1천개, 스티커 1천5백매

천한다.

도 설치 운영한다.

한편 이은영이사장

▲「재팬 팀 어브 라이츠」는 20일 상오 일본의 외국인에 대한 지문 채취정책에 반대하는 시위를 벌였다.

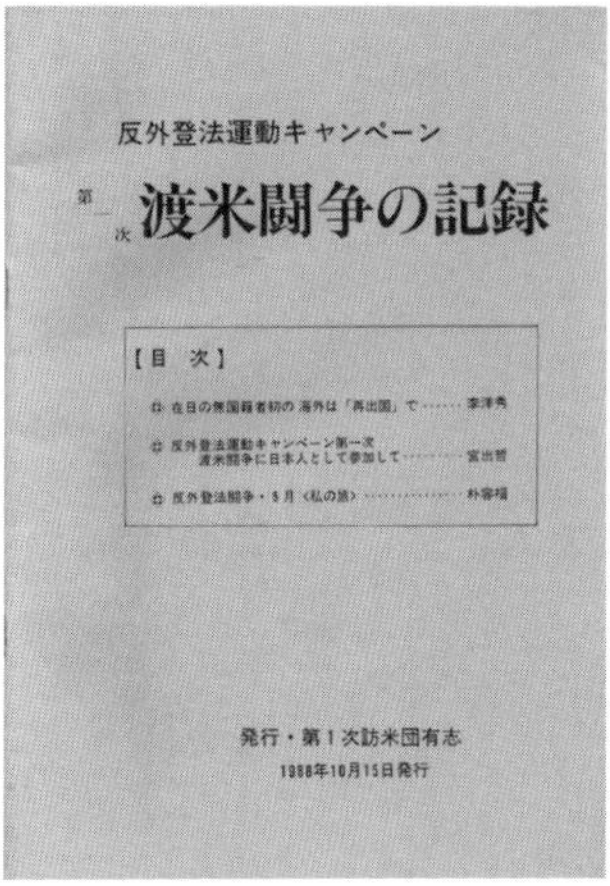
反外登法運動キャンペーン

第一次 渡米闘争の記録

【目 次】

☆ 在日の無国籍者初の海外は「再出国」で……李洋秀

☆ 反外登法運動キャンペーン第一次渡米闘争に日本人として参加して……宮出哲

☆ 反外登法闘争・5月〈私の旅〉……朴容福

発行・第1次訪米団有志

1988年10月15日発行

シカゴの韓国系紙（上）と報告集『渡米闘争の記録』（下）1988年発行（「STOP」看板を掲げる筆者）

恥で鳴る壇上の中曽根首相も、度肝を抜かれた様子であった。

私も含め三人が、中曽根めがけ壇上に駆け上がろうとした次の瞬間、当然のように、殺到した大勢のアメリカ人警官たちに囲まれ、全員が床に突き転がされ後ろ手に羽交い締めにされた。そして、私が身を護ろうとそのとき咄嗟に叫んだ言葉は、「I can't speak English」だった（笑ってください）。われわれは、その後、後ろ手に手錠をかけられ、楽屋裏に連行され、逮捕→ある程度の警察拘留も覚悟したが、幸いにも「即日釈放」の幸運を得た。時代はまだ〝のどか〟だったと言うべきだろう。今なら、その場で射殺されてもおかしくない行為だったかも知れない……「愚かなJAP（ジャップ）」として。

このわれわれの行動は、会場全員の注目を集め、階段教室の三〇〇〜四〇〇人の聴衆のかなり多くの人々が、少なからぬ共感を寄せてくれたように感じている。これは、現地のマスコミ（ロスやシカゴの韓国系紙など）や日本の「朝日新聞」「毎日新聞」などの紙面でも取り上げられ、かなり話題を呼んだセンセーショナルな出来事であった。

三、一九九〇年秋、私が組織を離脱した理由

私は、一九九〇年秋、連帯社（革命的労働者党建設をめざす解放派全国協議会）の事務所勤務を辞め、解放派の組織を離脱した。理由は三つあった。

①直接には、家庭の問題が大きかった。当時一三年ほど共働きで生活をともにしてきたやや病弱だった元妻（当時、目黒区議であった宮本なおみさん達が運営する目黒の共同保育で保母をしていた）が、夏頃、病に倒れたのである。二人合わせて家計を支えてきていて、片方だけでは食えなくなるので、私が党派専従を辞め、一般の会社に就職し、私の稼ぎだけで四人家族を養うことが要求された。私は組織にその旨報告し、止む無しと了承された。仕事は幸い、英語辞書などを作成する小さな出版社の社長・Kさん（元中核派、東大出身）が私の英語力と編集能力を買って拾ってくださり、講談社の和英小辞典の編集担当となり、なんとか稼ぎにはありつけた。

②一九八九年六月四日の「天安門事件」の衝撃は、私にとっても大きかった。それまでスターリニストという限界はあれ、ソ連とともに世界の平和勢力の一翼としてベトナム戦争を勝利に導いてきた中国、その「人民解放軍」が、天安門広場で数百人以上の民衆を戦車で轢き殺すという暴挙を行なった。これは許し難かった。絶望的であった。

③加えて、一九八九年一一月一〇日のベルリンの壁崩壊～ソ連崩壊。これは、その兆しが、すでに一九八〇年代後半の「ペレストロイカ」として表れ始め、八九年に至り、突如顕在化した。「ソ連崩壊」は、天安門事件の勃発とともに、世界史を画する重大事件であった。これら重大事態の連続のなかで、私は「世界革命」の現実的可能性について、きわめて悲観的にならざるを得なかった。加えて、目の前の生活の困難である。私は、九〇年夏の終わり、「最早これまで」と組織活動に見切りを付けた。

それから一〇年、私はなお、東京にとどまり指紋押捺拒否闘争の継続などに細々と関わり、その間、一九九九年夏、諸般の事情により離婚を余儀なくされた。

四、二〇一一年3・11の「福島原発事故」以降の郷里・鹿児島での反原発運動への参加

私が自分の離婚・老親の介護などの事情で郷里・鹿児島に帰ったのが、二〇〇〇年の春（五四歳）であった。それから一一年間は、二人の子どもへの養育費の仕送り（六五歳までが元妻との約束）を軸に、生活苦との闘いであったが、五七歳の時、起業（現在の会社＝医療・介護スタッフの人材紹介業）し、三年後にはやっと黒字が出るようになり、次第に安定軌道に乗って、その後、ごく近年の苦境（県外大資本の県内への大挙参入）も凌ぎつつ、こんにちに至る。

帰鹿後数年間は、政治（あるいは運動体）への関わりは一切絶とうと考えていたが、二〇〇四年、民主党鳩山政権ができ、日本の政治がようやく変わるかな、という時点でやや「血が騒ぎ」はじめ、やむにやまれず、私は身近な友人たち（知り合いの不動産屋さんなど）数人に呼びかけ、『草の根世直し隊・かごしま』を結成、

ブログを起ち上げ、鹿児島一の繁華街＝天文館周辺で小さな街宣車＆「自公政権の復活を許さない」という趣旨の政治スローガンを書いた『世直し隊・かごしま』の数本ののぼり旗を先頭に、三〜四回の「民主党政権応援」のデモを計画し実行した。が、その後、小沢一郎問題等で政権が揺らぎ、まわりの人々の動きも鈍くなり、『世直し隊・かごしま』の動きも下火になって行った。

「もうダメか、もういいか……」。このまま「政治の世界からの引退」を考えていたその矢先、二〇一一年三月一一日、東日本大震災が起き、あの歴史的大事故＝「東京電力福島第一原発事故」が勃発した。

振り返れば、われわれの「東大闘争」の時期に、どの政治党派からも、政治課題として「原発問題」が上げられたことは一度もなかった。皆無だった、見事なほどに。

すでに、一九五五年中曽根康弘らによって「原子力基本法」が成立し、翌五六年には、読売新聞社主・正力松太郎を委員長とする「原子力委員会」が発足していた。そして、東海発電所が、一九六〇年一月に着工し、一九六五年五月四日に初めて臨界に到達、日本初の商業用原子炉となり、一九六七年動力炉・核燃料事業団が発足した。

こうした経過・状況に対し、日本共産党をはじめ、日本の左翼はおおむね「原子力の平和利用」路線に屈服し、新左翼諸派も例外ではなかった。そして、わが解放派もその「問題意識の限界」を脱することはまったくできていなかった。そんな状況のなかで、まず、一九八六年四月二六日に旧ソ連・現在のベラルーシのチェルノブイリ原発で起きた原子炉爆発事故（このとき私は、目黒区議・宮本なおみさんらとともに、東京・環状八号線沿線で、「原子力燃料輸送阻止闘争」にわずかに取り組んだ）が大きく揺さぶりをかけ、その二五年後の二〇一一年三月一一日、東日本大震災が起き、東電福島第一原発はそれによって発生した大津波などに襲われ、運転

2011年4月25日芝公園にて、『草の根世直し隊・かごしま』の旗を掲げて参加(写真中央)

中だった三基（一号機〜三号機）がメルトダウンを起こし、停止中であった四号機が三号機で発生した水素が逆流し水素爆発した「福島原発事故」は、世界を震撼させ、日本列島全体を恐怖のどん底に叩き込んだのである。

この驚天動地の事態のあと、私は鹿児島での仲間もまだ見つからないまま、四月二五日、単身上京し、『草の根世直し隊・かごしま』の大旗＝『日本に、もう原発はいらない』を一人で掲げ、東京・芝公園における大集会に参加した。その会場では、田中良照さんや原田隆さんなど、昔の青華社の仲間たちと、十数年ぶりに懐かしい再会を果たすこともできた。みんな元気で頑張っていた。*

＊かごしま反原発連合とその周辺の仲間たち：松元成一さん、祝迫光治さん（鹿児島共産党長老）、貴島保さん、宮田章さん、園山一則さん（農業、鹿児島市共産党）、松崎まことさん（元共産党鹿児島県議）、園山絵里さん（共産党鹿児島市現職市議）など、少し離れて、小川みさ子さん（鹿児島市現職市議）、鳥原良子さん（川内原発反対連絡協議会・会長）などが、仲間として活躍されている。

【かごしま反原発連合の活動記録】

東京「原発再稼働阻止全国ネットワーク全国交流会」への報告書
「川内原発阻止闘争への取り組みの報告」

かごしま反原連・代表　岩井哲　二〇一五・一〇・三一

一．かごしま反原連の発足↓金曜行動の展開・定着

反原発の知事候補・向原氏を担いで善戦健闘した熱気の余波の中で、二〇一二年七月一三日（金曜日）、岩井の呼びかけで、鹿児島県庁前で、「かごしま反原発連合」（東京・霞ヶ関における「反原発連合」の名にちなみ命名―略称・かごしま反原連）を結成、この日約七〇名が集会に参加した。以後、毎週「金曜行動」として定着、参加人数は八〇人↓九〇人↓一〇〇人と増えたが、やがて秋の深まるころから、回を追うごとに漸減。年末くらいで三〇人～四〇人くらいに減少。二回目からすぐ近くの九電鹿児島支社↓JA鹿児島↓近隣商店街まで、デモ行進の足を伸ばす。以後、現在は一五人程度。また、二〇一四年川内原発一番手再稼働が決まって以来、月四回の行動の内、三回までを鹿児島一の大繁華街〈天文館〉に切り替え、第一金曜日が〈県庁前集会&月一定例相談会〉で、今日まで、計一七一回を数える。

二．川内原発ゲート前行動&阻止ネット全国交流会&金曜行動全国交流会の取り組み

①ゲート前行動：阻止ネット（原発阻止全国ネットワーク・柳田真共同代表）・かごしま反原連・反対連協（川内原発反対連絡協議会・鳥原良子会長）・いのちの会などの共催で、二〇一三年七月二八日を皮切

りに、計四回のゲート前行動（七〇人～三〇〇人）を行なった。この闘いのベースの上に今年八月九～一一日の大規模な連続闘争を組むことが出来た。

②阻止ネット全国交流集会：阻止ネット・かごしま反原連の共催で、二〇一三年七月二八日を皮切りに、計五回（五回目は、二〇一五年一月二四日）の全国交流会を実現することが出来た。五回とも、会場確保&宿泊手配等、すべてかごしま反原連が行なってきた。これが、全国の力を一つに結び付け、川内原発再稼働阻止闘争の全国的広がりを生み出す原動力になった。

③金曜行動全国交流会：二〇一五年に入り、鹿児島反原連の呼びかけで、第一回・一／二四川内御陵下会館（一二〇人）、第二回・六／五福岡市城南市民センター（一二〇人）の二回、金曜行動の全国交流会を持つことが出来た。準備不足のため、全国二五〇～三〇〇団体中の一部分にしか呼びかけは出来なかったが、これまで日本に存在しなかった新たな運動スタイルを横に結び付けて行く最初の試みとしては、その役割を一定果たし得たのではないか。

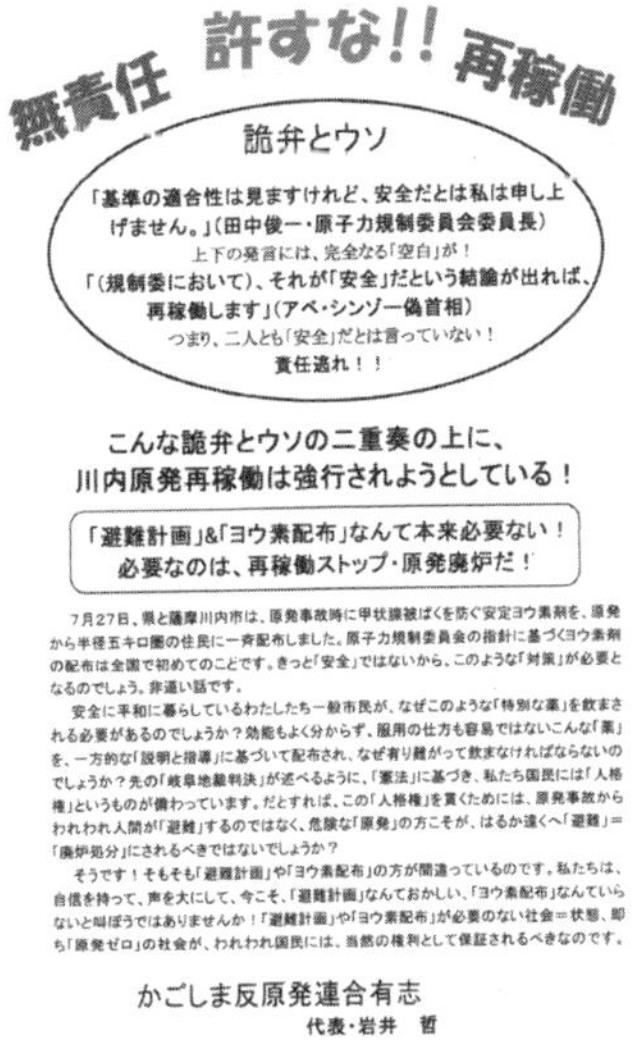
無責任　許すな!!　再稼働

詭弁とウソ

「基準の適合性は見ますけれど、安全だとは私は申し上げません。」（田中俊一・原子力規制委員会委員長）

上下の発言には、完全なる「空白」が！

「（規制委において）、それが「安全」だという結論が出れば、再稼働します」（アベ・シンゾー偽首相）

つまり、二人とも「安全」だとは言っていない！

責任逃れ！！

こんな詭弁とウソの二重奏の上に、
川内原発再稼働は強行されようとしている！

「避難計画」&「ヨウ素配布」なんて本来必要ない！
必要なのは、再稼働ストップ・原発廃炉だ！

7月27日、県と薩摩川内市は、原発事故時に甲状腺被ばくを防ぐ安定ヨウ素剤を、原発から半径五キロ圏の住民に一斉配布しました。原子力規制委員会の指針に基づくヨウ素剤の配布は全国で初めてのことです。きっと「安全」ではないから、このような「対策」が必要となるのでしょう。非道い話です。

安全に平和に暮らしているわたしたち一般市民が、なぜこのような「特別な薬」を飲まされる必要があるのでしょうか？効能もよく分からず、服用の仕方も容易ではないこんな「薬」を、一方的な「説明と指導」に基づいて配布され、なぜ有り難がって飲まなければならないのでしょうか？先の「岐阜地裁判決」が述べるように、「憲法」に基づき、私たち国民には「人格権」というものが備わっています。だとすれば、この「人格権」を貫くためには、原発事故からわれわれ人間が「避難」するのではなく、危険な「原発」の方こそが、はるか遠くへ「避難」＝「廃炉処分」にされるべきではないでしょうか？

そうです！そもそも「避難計画」や「ヨウ素配布」の方が間違っているのです。私たちは、自信を持って、声を大にして、今こそ、「避難計画」なんておかしい、「ヨウ素配布」なんていらないと叫ぼうではありませんか！「避難計画」や「ヨウ素配布」が必要のない社会＝状態、即ち「原発ゼロ」の社会が、われわれ国民には、当然の権利として保証されるべきなのです。

かごしま反原発連合有志
代表・岩井　哲

三．「川内原発民間規制委員会かごしま」の起ち上げ&対九電交渉&パンフレットの発行

①川内原発民間規制委員会かごしま：昨年（二〇一四年）一二月六日、薩摩川内市の旅館で五人のメンバーで発足した。遡る一〇月二五日、東京から物理学者・槌田敦先生をお招きして、最初

の「学習会」を開催、その後、地元の三輪さん（高校の元物理教師）の参加も得て、数回の学習会を重ねることで、難解な「槌田理論」をなんとか噛み砕き、理解を深めることが出来た。

②対九電「一六項目の確認書」提出→対九電「回答―交渉」の開始：一方、実践面では、槌田先生の発案で、九電に対する一六項目の「第一回勧告書」を作成、それを一二月二二日に「回答―交渉」を要求し、漸く三月一〇日に「第一回回答―交渉」が実現した。そこでは、一応一六の各項目について、技術面にわたる一定の「口述回答」がなされたが、われわれは納得せず、その場で全員で筆記し文章化し、それを音読することで先方にも内容確認し、「一六項目の回答書」にすることに成功した。その中の最大の焦点が、【勧告二】中の「**緊急炉心冷却装置＝ＥＣＣＳ」の使用法**に関する問題だった。以下略（別紙参照）

③『誰も書かなかった川内原発の欠陥』のパンフレット（二四頁）の発行：対九電交渉の開始を受けて、その中味を広く市民に分かりやすく訴えて行こうという目的で、四月中旬から数名で編集会議を開き、五月の連休明けくらいから六人の執筆陣がフル稼働で原稿を仕上げ、五月末には入稿、六月五日の発行（福岡の大集会で販売開始）に漸く漕ぎつけた。ある評者によれば、「中学生でも」分かるレベルに、かなりの苦労の末、噛み砕いた内容にすることが出来た。加えて、ある日系米人の協力を得て、**『英語版』まで**が出来上がり、ＡＰ通信やロイターなどを通して、一挙にわれわれの訴え・主張が全世界に広がって行こうとしている。

第9章　東大闘争（全国教育学園闘争）と反安保・政治闘争

一、教育学園闘争と政治闘争との乖離をどう超えるか

私自身の活動家としての出生は、本書第1章で述べたように、ベトナム反戦闘争という政治課題そのものであった。解放派のいわゆる「三反スローガン」＝「反戦・反ファッショ・反合理化」からいえば、その冒頭の「反戦」から出発したことは自分の生い立ちからして当然のことであった。そしてそれは、政治権力とのぶつかり合いを通して、直線的に「反権力・反ファッショ」につながるものであった。ところがここに、「反合理化」という、学生にとっては把握の難しい「戦略スローガン」が介在していた。労働者にとっては直接的な制約としての資本の壁と、その不断の増殖運動である「合理化」というものが眼前に立ちはだかり、それとの闘いなしには「団結形成」が困難であるという現実が、必然のものとして「反合理化闘争」を促していくが、学生にとっては、資本の壁は「直接的制約」としては存在していない。よって私にとっては、「反合理化」というスローガンは、当初、六七年段階では、かなり縁遠いものに思われた。

ところがそこに、解放派は、「学生存在論」という考え方を提起し、「学生存在＝労働力商品の生産・再生産過程」という理論＝「規定」を導入し、学生存在の「社会的位置付け」に成功していた。このことが、**解放派学生運動の独自スローガン＝「産学協同路線反対」**を生み出し、戦後学生運動の限界＝「平和と民主主義路線」

を超えていく原動力となった。解放派以外の諸派（ブント・革共同両派・共産党など）は、六〇年安保ブントの「層としての学生運動」論（武井昭夫）以外、いずれも「学生存在規定」をもたず、ただ急進派〜穏健派の幅のなかでのインテリの政治運動の枠を出ることはできなかった。それは、その後も、今も変わらない。

そこに、六八年二月「東大医学部反処分闘争」が勃発し、それは当初、従来型の「平和と民主主義路線」の地平から出発したように見えながら、大学当局が「学生の処分権」を振りかざして「権力そのもの」として立ち振る舞うことに対する正面からの闘いを通して、「学生存在」そのものを問い返す気運の醸成につながった。そこへ、解放派を軸とする**「七・二安田講堂再封鎖」という急進的行動**が、その「気運」の一挙的爆発の「導火線」となっていった。ここにおいて、私も、「ン！　これまでとは何かが違うぞ」ということに、遅ればせながら気づき始めた。**私のなかで、「東大闘争」はここから始まった。**

一方、それまで政治闘争の契機（経験）をほとんどもたず、東大闘争（医学部反処分闘争）から出発した大多数のキャンパス内の一般学生にとっては、直接的制約は、あくまで大学当局であり、そこにおいては、単なる「平和と民主主義路線」は、ほとんど有効性を発揮しなかった。やはりそこでは、大学当局を国家権力の一部＝産業社会構築の推進役として捉え、そこに「学生存在」を包摂していこうとする権力機構に対して闘いを挑むという考え方が、多数派学生の根源的エネルギーを引き出していく明確な道筋となっていった。「産学協同路線反対」という戦略スローガンは、その新たな闘いの道筋を明るく照らす道標（道しるべ）となり、東大闘争は、日大闘争と相まって、全国教育学園闘争の牽引役となっていった。

そして、全国教育学園闘争は、一九六九年九月五日、「全国全共闘連合」を生み出し、場合によっては「東大処分撤回勝利」や「日大古田体制打倒」などの成果を生み出しながら発展したが、その多くは「部分的勝利」やそれぞれの敗北のなかで、それ自体としては、それ以上の「方向性」を見い出しきれず、収束させられていかざるを得なかった。その意味で、前にも書いたように、「三反スローガン」のうち、「反戦」は「反権力・反ファッショ」に直線的に発展しうるが、「反合理化」あるいは「産学協同路線反対」は、必ずしもそうはならない。そこには、企業や大学などの「個別社会的権力」を超えた「国家—政治権力との対峙」というファクターが介在しない限り、当然ながらそれ以上には発展しきれない。学生にとっては、「卒業—就職」という「社会的関門」が立ちはだかる。当たり前である。以前の時代にはなかったほどの大量のドロップアウト組を出しながらも、それでも大多数の学生は、その関門の前に、膝を屈するか、その自覚もないまま、既存社会の権力構造に「包摂」されていかざるを得なかった。

現実には、東大闘争(全国教育学園闘争)は、本書第4章の冒頭で述べたように、広範な反安保闘争と時間的・空間的に併存しつつ、同時進行の闘いとして進行していたのであり、「国家—政治権力」との対峙という契機は、その広範な反安保闘争の只中に豊富に存在してはいたが、それとの「媒介—結合」は、しかるべき政治勢力による適切な指導があって初めて可能なことであったのかも知れない。そこが、解放派をはじめとする諸党派にとっての大きな課題であったと総括すべきところであろう。

私個人においては、当初からの「反戦」エネルギーは、「産学協同路線反対」の闘いに媒介され、それをくぐることで、「社会運動」のより豊富な内実をもった「反権力・反ファッショ」のエネルギーへと発展していったと自覚しているが、東大闘争(全国教育学園闘争)から出発したキャンパス内の多くの学生たちのエネルギーは、同時進行した広範な反安保闘争における、「政治権力」との対峙という回路をくぐってはじめて、「反権力・反ファッショ」のエネルギーへと発展しえたのではないかと考えられる。その点が、その後の「反合理化」や「産学協同路線反対」の闘いにとっての、最重要課題として浮かび上がってきたのである。

二、二大政治的基軸の「脆弱さ、あるいは欠落」

私はここで、なぜ「脆弱さ、欠落」と語るか? その理由は明確である。

もし当時の解放派に、「二つの政治的基軸」が確立されていたとしたら、七〇年を境とする、諸指導的活動家の消耗・大量脱落は防げていたのではないか（もっと言えば、あり得なかった）と考える。なぜ多くの指導的活動家が、忽然と消えてしまったのか？

それは、「反安保政治闘争」と「天皇制との闘い」という「二大政治的基軸」がきわめて「脆弱あるいは欠落」していたからに他ならない。政治党派としては、あってはならない「致命的弱点」である！ その点では、日本共産党は無論、中核派にも、解放派は劣る。七〇年以降、諸問題発生のなかで、一〇年を経ずして「組織骨格」を維持できなくなったという限界を露呈したのだから。〈七〇年代・革労協学生委員会の暴走〜七〇年代末・「労対派」との組織分裂〉へとたどった〈負の歴史経過〉を正視するならば、それが、議論の余地のない、抗いようのない、弁解不能な「党派性の限界」だったと認める他はないであろう。スターリン主義は、戦略内容はともかく、組織としては強固である。日本共産党、中核派は、その好例である。革マルは、そもそも反権力闘争を闘う組織ではないのだから、はじめから論外である。ブントは、組織としては「ご愛敬」であった。

スターリン主義諸派とは異なり、「行動委員会のなかからの党」を標榜し、一方で「レーニン主義党を超える」と唱えた「解放派の〝党建設路線〟の限界(誤りではない)」だったと、今日からは振り返るしかないだろう。**その限界を自らの肉体的実践で超えて行くべき重大な課題を背負った六〇年代後期の解放派の主要(学生)活動家自身が、結局それを担いきれず七〇年直後に退場していったのが、「解放派のたどった実際の歴史経過」であった。**遺憾ながら……。

①「六〇年安保改定の内容」と「七〇年安保自動延長の歴史的意味」の把握の限界

われわれは、七〇年安保闘争を懸命に闘った。それは間違いない。しかし、こんにち重要なのは、その中身の検証である。五一年安保成立―六〇年安保改定―七〇年安保自動延長と、アメリカ―日本政府の攻撃は段階的に進化してきていた。その敵攻撃の進化にみあった人民の側の闘いが、どう深化できてきているかが問われたのである。

日米安保条約は、一九五一年九月八日午前、サンフランシスコのオペラハウスで「サンフランシスコ講和条約」が吉田茂全権大使によって調印された。そしてその日の夕刻、華やかなオペラハウスでの講和条約調印会場からやや離れた、プレシディオ国立公園内にあるサンフランシスコの第六軍司令部プレシディオの下士官用クラブハウス(下士官、小隊長、分隊長クラスが使うハウス。いかに米国が当時の日本を格下に見ていたかということが窺える)の一室において、吉田茂首相がただ一人で、〝秘密裏〟に署名した。このような〝秘密裏〟の調印は、「全土基地化・自由使用」という「特権」を米国に付与する日本政府が「日本の主権侵害を許した」という攻撃に国内でさらされることを危惧し、それを防ぐためにダレスがとった措置であった。このとき、日本からの全権団も国会も世論も知らされていなかった安保条約の内容を十二分に把握し、「慶賀すべきもの」と賛辞を遠く東京から送っていたのが、他ならぬ〈天皇ヒロヒト〉であった。安保条約の出生には、このような「後ろ暗い」秘密が隠されているのである。

私自身、「六九年10・18対政府中枢ゲリラ戦」を闘い抜いた当時、「六〇年安保改定」と「七〇年安保自動延長」の内容について、どこまで認識できていたかというと、正直、自信がない。

五一年安保の基本骨格についての理解もきわめて不十分であり、それ以上に、「六〇年安保条約」第五条前段において、こんにち安倍政権によって大問題になっている「集団的自衛権」がすでに岸信介によって当時確立されたことについて無自覚であった。半世紀前、岸信介が語っていた「日米不平等の解消」とは、文言にこそ出てはいなかったが、まさに**「日米対等の集団的自衛権」の確立**という課題だったのだ。

ましてや七〇年安保自動延長に付随し、**「韓国・台湾条項」の確認**があり、それが、**七二年に予定される沖縄返還を見据えた措置**であることなど、恥ずかしながら、考えも及ばなかった。ただ単純に、「アメリカによる日本支配の安保条約は悪い、それが自動延長されるのを許すことはできない」という一念だけだったように記憶している。つまり、私も沖縄返還それ自体の問題性はある程度踏まえているつもりだったが、それと安保条約の「韓国・台湾条項」との密接なつながりについては、ほとんど無知だったことを告白せざるを得ない。

以下、しばらく、**豊下楢彦氏の著書『安保条約の成立』**（岩波新書、一九九六年）に基づき、一九五一年九月に締結された「日米安保条約」の基本骨格～六〇年安保改定～七〇年安保自動延長の内容について整理してみたい。

五一年日米安保条約（全五条）の基本骨格（一八九〜一九二頁）

五一年末に刊行された『フォリン・アフェアーズ』誌（一九五二年一月号）に「太平洋の安全保障」と題する論文を寄稿したダレスは、つい数ヶ月前に締結されたばかりの安保条約について、「アメリカは日本とその周辺に陸海空軍を維持し、あるいは日本の安全と独立を保障する、いかなる条約上の義務も負っていない」と明言した。

このダレスの言葉は、安保条約の本質をみごとに表現したものであろう。

まず、安保条約の第一条では、米軍の日本駐留は義務ではなく、米側の「権利」と規定されている。従って米側は、みずからの判断でいつでも「権利」放棄をして米軍を撤退させることが出来るのである。さらにこの米軍は、「日本国の安全に寄与するために使用することができるのであって、ダレスのいうように安全を保障する義務を負ってはいない。しかし、他方において、同じ米軍は、日本の「内乱」に介入し「鎮圧」することができるのである。

より重要な問題は、これら在日米軍の〝任務〟を規定した条文の最初に、「極東条項」がおかれていることである。しかもそこでは、「極東における国際の平和と安全の維持に寄与」するためと述べられているだけで、米軍の〝行動基準〟はなんら示されてはいない。極東とはどの地域を意味するのか明示されていないし、国連との関係についてもまったく触れられていない。要するにこの規定は、米軍が「極東」とみなす広大な地域における、日本を拠点とした米軍の「一方的行動」を〝保障〟したものに他ならないのである。

第二条では、日本はアメリカの「同意」なしに「第三国」に、基地はもちろん軍隊の「通過の権利」も与えてはならないことが規定されている。これによって、米軍による事実上の単独占領から単独駐留への〝移行〟が確認されたのである。

第三条では、米軍の配備を規律する「条件」が行政協定で決定されることが謳われている。五二年二月に締結された行政協定では、基地を設置する地域を特定する規定（米フィリッピン基地協定さえ明記されている）が欠落した「全土基地化」の権利が米軍に保障されている。さらに、基地外で公務中ではない米軍人の犯した犯罪についても、フィリピンにさえ与えられている裁判権が、日本には付与されていない。要するに、米軍には「治外法権」が保障されているのである。なお、米軍駐留にかかる経費については、日本は施設の提供以外に「防衛分担金」を払わされることになったが、それはあたかも、占領期にアメリカの対日援助と「ほぼ同額の占領費」（ドレイパー陸軍次官）を日本が支払っていた構造が引きつがれたかのようである。

第四条では、条約の有効期限について、国連やその他の安全保障措置が「効力を生じた」と、日本ばかりではなく米政府も「認めた時」に失効すると規定されている。つまり米軍には、この安保条約によって日本を〝無期限〟に縛る権利が与えられているのである。

「批准」について規定した第五条もふくむ全五条からなるこの安保条約は、条文の規定内容だけにとどまらない。なにより重要なことは、このように〝植民地的〟ともいえる基地協定・駐軍協定を押しつけられながら、日本側は、米軍駐留は日本の「希望」に応えて米軍が与える「恩恵」であり、前文に述べられた「自国の防衛のため漸増的に自ら責任を負う」という「再軍備」の義務を果たすまでは、日本は米側にいかなる「貢献」もなしていない、いうダレスの〝論理〟を受け入れたことであった。

こうして米側は、こんにちに至るまで長期にわたり、この「安保タダ乗り論」によって、日米関係を〝拘束〟することができたのである。

六〇年安保改定（全一〇条）と沖縄問題のクローズアップ（二二七〜二二九頁）

両国民の信頼関係のうえに成り立つべき安保条約が、逆に両者のミゾを深めて行くという状況のなかで、きわめて図式的に言えば、次の二つの方策がとられることになった。一つは、〝不平等条約〟の一定の是正であって、それが六〇年の安保改定だった。二つは、本土の深刻な基地問題の沖縄への〝しわ寄せ〟であった。

前者の安保改定では、「内乱条項」や第三国への基地「許与」禁止条項の削除、一〇年後以降の「一方的破棄通告」という条約離脱手続きの明確化（第一〇条）、防衛分担金廃止など行政協定の一定の〝改善〟といった「自主性の回復」が図られた。しかし、第三条で再軍備が義務とされ、米軍と自衛隊との一体化が方向付けられ、「極東条項」や「全土基地化」方式が堅持されるなど、のちのベトナム戦争に象徴されるように、実質的にはアメリカの軍事戦略にさらに大きく組み込まれる枠組みが形成されたのである。

……重要なのは第五条であって、その第一項で「日本の施政の下にある領域における、いずれか一方に対する武力攻撃」に対し、「（両国が）共通の危険に対処するよう行動すること」が規定され、二項では、国連安保理への報告など憲章第五一条との関係が明確化された。このように米軍の日本防衛義務が明記されたことによって……日米間における集団的自衛権が、ようやく〝成立〟することになったのである。

第二の方策である沖縄への〝しわ寄せ〟の問題は、六〇年までに本土の米軍基地が四分の一に縮小されたかわりに、沖縄の基地が倍増したことに象徴的に示されている。この結果、本土における基地問題の一定の解消と六〇年代の「安保繁栄論」をもたらす一方で、沖縄における反米基地闘争の激化をまねき、沖縄世論は本土復帰の中にその〝解決〟を求めた。しかし、ここでも沖縄は〝捨て石〟として放置された。たしかに、六〇年の安保改定で地位協定と名称が変わったが、その実態は行政協定とあまり変わらない問題が、沖縄に集中的に〝しわ寄せ〟されることになったのである。

七〇年安保自動延長──「韓国・台湾条項」の確認

一九六九年一一月の佐藤栄作首相とニクソン大統領の会談によって、沖縄の「核抜き本土並み」返還が合意されたが、同時に「韓国の安全は日本自身の安全にとって緊要である」「台湾地域における平和と安全の維持も、日本の安全にとってきわめて重要な要素である」という「韓国・台湾条項」が確認された。これらの条項は、沖縄の返還によって基地機能が変わらざるを得ない事態を前にして、「イエスもあり、ノーもある」という事前協議の建前にもかかわらず、日本政府が、韓国有事や台湾有事の際に米軍が日本の基地を使用するにあたって、「前向きで速やかに」対応することを約したものであった。

②「日米地位協定」の軽視─「日米合同委員会」の認識の欠落
「日米地位協定」は、「在日米軍地位協定」と呼ぶべきモノ

「日米地位協定」という、一見ニュートラルな感じの名称にわれわれ日本人は、長らく誤魔化されてきた。

しかしそれは、ズバリ「在日米軍地位協定」であり、しかもそれが、沖縄の問題に限定されない「**日本全土基地化**」（ダレスの戦略）**をめぐる協定**であることの認識が不十分であった。米軍のウエイトが圧倒的に高い沖縄において、確かに問題は大量に発生してきたが、しかし元々、「日米地位協定」は安保条約と同時に、一九六一年一月アメリカで調印され、同年六月二三日、批准─発効し、以来、安保条約第六条に基づき、「別個の協定」として、日本全土における米軍にさまざまな特権を認める役割を果たしてきた。そして、この「日米地位協定」の解釈と運用は、次項でみる「**日米合同委員会**」**という〈闇の機関〉**で決められてきたのである。

＊「日米行政協定」：「日米地位協定」は、一九五二年の「旧日米安保条約」と同時に発効した「日米行政協定」を前身としている。一九五二年、旧安保に基づく具体的取り決めとして日米行政協定に調印。一九六〇年日本国とアメリカ合衆国との間の相互協力及び安全保障条約（新安保）締結に伴い、日米行政協定を日米地位協定として改正。正式に**条約**とした。

ここで、伊勢崎賢治・布施祐仁氏の著書『**主権なき平和国家**』（集英社クリエイティブ、二〇一七年）からの引用（四八頁）で、「**日米地位協定**」**の概容**を確認しておきたい。

全二八条で構成される日米地位協定は、主に次のような特権を米軍に与えています。
○日本のどこにでも施設・区域の提供を求める権利（二条）

○提供された施設・区域内ですべての管理権を行使する権利（三条）
○施設・区域を返還する際、現状回復・補償の義務を免除される権利（四条）
○米軍の船舶・航空機が日本に出入りする権利、日本国内を自由に移動する権利（五条）
○日本の公共サービスを優先的に利用する権利（七条）
○米兵・軍属・家族が日本に出入国する権利。米兵について入国審査を免除される権利（九条）
○関税・税関審査を免除される権利（一一条）
○課税を免除される権利（一三条）
○公務執行中の刑事事件についてアメリカ側が優先的に裁判権を行使する権利。日本の捜査機関による身柄の拘禁から免除される権利（一七条）
○損害補償、民事裁判権に関するさまざまな免除を受ける権利（一八条）

「日米合同委員会」は、長らく「闇の存在」であった

上記「日米地位協定」の名称以上に、日本国民は「日米合同委員会」という名称に、七〇年近く欺き通されてきた。イヤ、正直その名称すらほとんど知らなかった。この「闇の存在」が暴かれてきたのはごくごく近年であり、主に吉田敏浩氏の著書『日米合同委員会の研究』（創元社、二〇一六年）によってであった。で、どういうものであるのか吉田敏浩氏の同著からみてみよう（一九〜三二頁）。

一九五二年（昭和二七年）四月二八日、対日講和条約・日米安保条約・日米行政協定（現地位協定）が

発効したのに伴い、「日米合同委員会」は発足しました。（英語名は、U.S.-JAPAN Joint Committee または JAPAN — U.S. Joint Committee）……それは、左の条文のとおり「地位協定」第二五条にもとづいています。

「この協定〔＝日米地位協定〕の実施に関して相互間の協議を必要とするすべての事項に関する日本国政府と合衆国政府との間の協議機関として、合同委員会を設置する」

憲法並びに日本政府・国会をも越え、「治外法権」とも言うべき、きわめて強大な権限を有し、日本における米軍の活動全般について広範囲の協議をおこなってきた。それは例えば、

①提供される米軍基地・演習場の場所の決定
②基地にするための私有地の強制収容
③滑走路や兵舎など各種施設の新設や移設の実施計画
④米軍機に関する航空交通管制
⑤オスプレイなど米軍機の訓練飛行や騒音問題
⑥墜落事故などの調査や被害者への補償
⑦米軍が使用する電波の周波数の調整
⑧米軍関係者の犯罪の捜査や裁判権の問題
⑨基地の環境汚染
⑩基地の日本人従業員の雇用・労働条件

などである。

「日米合同委員会」の会合は、日本側代表・外務省北米局長、アメリカ側代表・在日米軍司令部副司令官以下、（だんだん増員され今では）三〇〇名にものぼるメンバー構成で、数十年にわたり、隔週木曜日に、港区南麻布にある「ニューサンノー米軍センター」の一室と外務省の一室で、月二回、秘密裏に（場所は）交代々に行われてきた。日本側は全員文民で、各省庁の高級官僚たち（長官・審議官・参事官・局長・部長・室長・課長クラス以下）であるのに対し、アメリカ側は全員、在日米軍司令部で各分野を管轄する佐官・尉官クラスの軍人たちが居並んでいる異様な構成になっている。

この日米合同委員会の議事録や合意文書は、原則非公開であり、そのあたりさわりのない「要旨」が外務省や防衛省のホームページに掲載されるだけである。その「秘密主義」は、**非公開の根拠となる公文書**も「秘密」という徹底ぶりである。「日米合同委員会」の権限は、日本国憲法を凌駕し、日本政府・国会の権限をはるかに凌ぐ強大なモノであり、かつ、**この「日米合同委員会」の秘密主義が、吉田外交以来の連綿たる「日米密約外交」の温床となってきた**のである。

近年、沖縄問題をめぐって改めてクローズアップされている「日米地位協定」の改廃（そこまで言えるか？それは「安保条約の撤廃」に直結する！）の問題に加え、「日本合同委員会の存在」に思いを致すとき、私は「深い感慨」を禁じ得ない。半世紀前、われわれ日本左翼は、「軍事」「蜂起」の問題をさまざまに論じ、いくつもの「試行錯誤」を試みた。「赤軍派」「日本赤軍」「東アジア反日武装戦線」…等々。一九六九年一一月の赤軍派による大菩薩峠事件など児戯以下であった。だが今日、「日本合同委員会」の「存在と機能」をつぶさに知るに及んで、「日本新左翼運動の浅薄さ」を真底から痛感せざるをえない。機動隊だけではない、六〇年安保でも出動寸前までいったという日本自衛隊の存在。それどころか、そればかりか、いつでも「日本革命鎮圧」のために出動を準備している「在日米軍―日米合同委員会」の存在を正面から見据えない限り、「日本革命―蜂起の地平」を語ることは許されない。アラブ行き、北朝鮮行きなど単なる逃避であり、**日本革命の問題の回避**でしかない哀れな「敗北主義」である。

われわれは、今あらためて「在日米軍―日本自衛隊―日本警察機動隊」の全体を貫いて正面から見据え、相手として闘い抜く政治的かつ軍事的な「陣形」を構築しえない限り、安直に「軍事―蜂起の地平」など語るべきではないという**自戒の念**が腹の底からふつふつと湧いてくるのを禁じ得ない!

第10章　天皇制の問題―「天皇ヒロヒトの戦後犯罪」についての無知

一、この一〇年余で赤裸々になってきた天皇ヒロヒトの「戦後犯罪」

私はこの項のタイトルで「無知」と付けたが、これは何も偉ぶって書いているのではない。自分だけが知っていて、他の人は知らないだろう、などと言っているのではさらさらない。日本の左翼が無知だったとなじっているわけでもない。すべての日本人が「無知」だったと言っているのである。

「天皇の戦争責任」については、戦後七〇余年、膨大に論じられてきた。しかし、それでも論じ尽くされたとは言えず、むろんまだ「結論」が出ているわけでもない。

しかしこの項で、これから明らかにしていこうとしているのは、「天皇の戦争責任」一般ではなく、「**天皇の戦後責任**」＝「**天皇ヒロヒトの戦後犯罪**」であることを、まず鮮明にしておきたい。

「**象徴天皇」とは、ナント！「真っ赤なウソ」だった**のである。「象徴」どころか、ヒロヒトは日本政府や吉田総理をも足下に置き、マッカーサーやダレス、米政府と**直取引**をするなど、強大な権限を長年＝敗戦直後から一九六〇年当たりまで行使し続けたのであり、まさにそれは「日本国憲法」の「逸脱行為」そのものに他ならなかった。**日本人のほとんどが知らないところで、「天皇ヒロヒト」は、まさに「暗躍の限り」を尽くしてきた**のである。これは、ここ数年で暴き出されてきた「**戦後史の暗部**」にほかならない。以下、そのあらましを見ていきたい。

二〇一四年九月に宮内庁から**『昭和天皇実録』**が公表された。この事情を**『昭和天皇の戦後日本』**（岩波書店、二〇一五年）の筆者・豊下楢彦氏はこう語る。

『実録』は宮内庁書陵部編集課の約二〇人のスタッフを軸に、一九九〇年から二四年以上の歳月をかけてまとめ上げられた。全六一巻で一二〇〇〇ページに及ぶ膨大なもので、約四〇件の新資料を含む三一五二件の資料が使われている（『昭和天皇の戦後日本』序 viii頁）

このように、（世界中の人々は無論）日本国民全部が知らない天皇ヒロヒトの事績が、宮内庁自身の手によって公表されて初めて、われわれはその事績の「全貌」を、たとえ宮内庁によるバイアスがかかっているとしても、その範囲で、余すところなく知ることができるようになったのである。それ以前は、多くの学者やジャーナリストが頑張って資料蒐集をしたりしても、所詮「仮説」でしかなかった多くの論点が、この『実録』における「出典資料」によって初めて裏づけられるようになったのである。

この『実録』によって明らかにされた天皇ヒロヒトの事績のうち、私はこの稿で、とりわけ「日本国憲法」公布により「**象徴天皇**」**となったヒロヒト**の戦後における**際だった三つの事績**＝「**戦後犯罪**」に注目し、その概容を明らかにしていく。

天皇ヒロヒトの三つの「**戦後犯罪**」とは、（Ⅰ）日本国憲法制定への積極的介入、（Ⅱ）東京裁判における延命・逃げ切り、(Ⅲ) 講和問題―安保条約制定への積極的関与の三点である。

以下に記す内容のほとんどは、前記・豊下楢彦氏『昭和天皇の戦後責任』に負っていることを最初に明らかにしておきたい。他に出典として『**昭和天皇・マッカーサー会見**』(豊下楢彦著・岩波現代文庫、二〇〇八年)他が上げられることもあろう。このように、出典資料自体が、ここ一〇年以内のものが多く、われわれは、戦後六〇年以上、かなりの期間、「無知の桟敷」におかれてきたことを自覚することが、問題解明の出発点としてまず何よりも重要である。

①「日本国憲法」制定に積極指示・介入した天皇ヒロヒト

一九四五年……九月二一日の『実録』は、昭和天皇が「内大臣木戸幸一をお召しになり、一時間余にわたり、謁を賜う。内大臣は拝謁後、内大臣秘書官長・松平康昌に憲法改正問題につき調査を依頼する」と記している。……昭和天皇の求める憲法改正の作業に取り組んだのが元首相で東久邇宮内閣の「国務相」(無任所相)に就いていた近衛文麿であった。……マッカーサーは……近衛が主導して憲法改正を急ぎ進めることを促した。……ところで、マッカーサーはこの会談を終えるや否や、天皇に関する自由討議、政治犯の即時釈放、治安維持法などの弾圧法規の撤廃を軸とする「人権指令」を発し、同指令を実行できないとする東久邇宮内閣は、翌五日に総辞職を余儀なくされた。かくて近衛は、次の幣原喜重郎内閣が発足する前夜の一〇月八日にアチソンを訪問し、憲法改正に関するアチソンの「非公式見解」を聴取した。……しかし、こうした「天皇の事業」に対し、……内外のメディアや世論、さらにはGHQの周辺からも、そもそも「戦争犯罪人にあたる」であろう近衛に憲法改正作業を担う資格があるのか、という批判が噴出し……結局のところ、マッカーサーによる近衛に対する〝絶縁〟の声明……(『昭和天皇の戦後日本』三〜一〇頁)

一二月六日、GHQは近衛文麿を九人の戦犯の一人に指名し、近衛は出頭期限が切れる前夜に自ら命を絶った。以上のように、天皇ヒロヒトは、敗戦後一ヶ月余という早い時期から、重臣・近衛文麿に命を下し、自らの望む「憲法改正作業」に乗り出したが、近衛の自決により、三ヶ月後には、その作業はいったんは挫折した。

さてGHQは自らの手で新憲法の制定作業を行う一方で、日本政府に対して政府案の提出を促していた。……二月一三日……ホイットニー民政局長は吉田外相……などに対し、「日本案ハ全然受諾シ難キニ付キ、自分ノ方ニテ草案ヲ作成セリ」と述べて、GHQが作成した憲法草案を提示したのである。……結局のところ、幣原内閣は二月二二日の閣議で、GHQ案を基に日本政府案を作成する方向に進むことになり、幣原首相は直ちに以上の経緯を昭和天皇に奏上……同二六日に至って、ようやくで正式の閣議決定がなされた。……奇しくも、この二六日は、ワシントンにおいて極東委員会が発足する、まさにその日であった。(前掲一六〜一七頁)

二月一日に、ホイットニー民政局長がマッカーサーに重要な示唆を与えた。それは、憲法改正問題は、「極東委員会の決定があればわれわれはそれに拘束される」のであるが、同委員会が発足する以前の段階であれば、マッカーサーは最高司令官として「いかなる措置もとりうる」というものであった。つまり、ホイットニーはマッカーサーに一種の〝脱法行為〟を促したのである。……だからこそ、極東委員会が発足する二月二六日までに、あたかも日本政府が自らの手で憲法改正草案をまとめ上げたかのような〝体裁〟をとり繕うことが必須の課題となった。（前掲一八頁）

その後、**天皇訴追に熱心なオーストラリア、それを支持するソ連など一一カ国が参加する「極東委員会」**が一九四六年二月二六日にワシントンで発足する前に、そのギリギリ直前までに、日本政府自身による「憲法改正草案」をまとめさせようとGHQ（マッカーサーとホイットニー）が画策し、**天皇の名において、この「改正案」を発表させようと奔走した。**天皇ヒロヒトは、この経過について、マッカーサーに「**感謝の意**」を表したのである。

②東京裁判における延命・逃げ切りに成功した天皇ヒロヒト

天皇周辺は、敗戦直後から、「東京裁判対策」にかなりのエネルギーを割き、天皇の戦争責任回避＝天皇制護持のために、たいへん心を砕き、さまざまな方策を講じてきた。

昭和天皇が受諾したポツダム宣言の一〇項には、「吾等ノ俘虜ヲ虐待セル者ヲ含ム一切ノ戦争犯罪人ニ対シテハ厳重ナル処罰加ヘラルヘシ」と記され、戦争犯罪人を裁判にかけて厳重に処罰する旨が規定されていた。従って、この問題にいかに対応するかが、自らの処遇の問題も含め、昭和天皇にとってはきわめて深刻かつ困難な課題であった。……米国ではギャラップの世論調査（一九四五年六月）によれば、昭和天皇に処刑や

国外追放などなんらかの処置をとるべきとの声が七〇％に達していた。（『昭和天皇の戦後日本』三九～四三頁）

……昭和天皇の戦争責任が認識されればされるほど、天皇の側近や指導者たちは、降伏以降、「悪くなったら皆東条が悪いのだ。すべての責任を東条にしょっかぶせるのがよいと思うのだ」（東久邇宮）という方針に徹することになった。……だからこそ、後述するように、昭和天皇はマッカーサーとの会見の直前（九月二五日）に、米誌「ニューヨーク・タイムズ」の記者（クルックホーン―引用者・註）と会見し、真珠湾攻撃と宣戦の詔書との関係をめぐって。事実上の「東条非難」を行なうなど、必死の努力を展開したのである。（同四三～四四頁）

このクルックホーンの記事は、日米間で一時物議をかもし、その真偽＝正確さが問われ、結局、内閣情報局は、東条個人への非難を避けた形の記事の「正確な写し」なるモノを発表し、事態収拾を図った。しかしながら、上記会見から六〇年後の二〇〇**六年七月**に至り、テレビジャーナリスト・鈴木昭典氏からの情報公開請求を受け、**宮内庁は「回答正文の控え」をしぶしぶ開示**した。

その内容は、内閣情報局のスポークスマンが示した「正確な写し」ではなく、『ニューヨーク・タイムズ』に掲載された記事と全く同じものであった。つまり昭和天皇は「宣戦の詔書の渙発経過」をめぐり、東条個人の名前を明確に挙げていたのである。（前掲七一頁）

……「ご回答」の作成のために、外務省の加瀬俊一、近衛文麿の秘書官の細川護貞、松平康昌らを軸に、吉田茂、石渡荘太郎宮内相、それに幣原喜重郎らも加わって連絡調整や案文づくりがなされた経緯が反映されている。（前掲六九頁）

「天皇」＝ヒロヒトの「戦後犯罪」図解①

マッカーサー大元帥
米軍による日本の安全保障！
そのための、
沖縄への半永久的な沖縄駐留！
象徴天皇＝ヒロヒト

吉田茂

ホイットニー民政局長が、
ＧＨＱ作成の「憲法草案」を吉田外相に対し提示。

マッカーサーは、
「極東のスイス論」―「憲法9条の意義」を強調。

ホイットニー↓マッカーサーに示唆。
極東委員会（米・英・豪・露など11ヶ国）発足前に、
日本自身による「憲法改正草案」をまとめ上げさせ、
天皇の名において「改正案」を発表させようと画策。
ヒロヒトは、これについてマッカーサーに対し「感謝の意」を表した。

沖縄メッセージ!!
ヒロヒトは、沖縄の半永久的な米軍支配を強く求めた！

こうした大がかりな仕掛けをもって、天皇ヒロヒトは、アメリカのジャーナリズムをも駆使した日米双方の世論操作により、**〈真珠湾への攻撃は自らの意に反して東条が主導したものであった〉ということを強調**し、「東条個人に責任をしょっかぶせ」（東久邇宮）、自らは戦争責任の「訴追対象」からまんまと逃げおおせたのである。

③講和問題—安保条約制定へ積極的に関与した天皇ヒロヒト
昭和天皇はマッカーサーとの会見で、米軍による日本の安全保障を懇請した

一九四七年五月六日（新憲法施行の僅か三日後）に行われた「第四回昭和天皇・マッカーサー会見」の席上、天皇ヒロヒトは、日本の安全保障問題に踏み込んだ。

いまや「象徴天皇」となったはずの天皇とマッカーサーの議論は、冒頭から新憲法、第九条の問題に集中した。まず天皇が、「日本が完全に軍備を撤廃する以上、その安全保障は国連に期待せねばなりませぬ」と述べた上で、しかし「国連が極東委員会の如きものであることは困ると思います」と、四大国が拒否権を持っている極東委員会を引き合いに出して、事実上は国連に期待できない旨を語った。これに対しマッカーサーは「日本が完全に軍備を持たないこと自身が日本のためには最大の安全保障であって、これこそ日本の生きる唯一の道である」と第九条の意義を説き、国連についても「将来の見込みとしては、国連は益々強固になっていくものと思う」と、天皇とは異なる評価を展開した。ここで天皇は痺れを切らしたかのように、「日本の安全保障を図るためにはアングロサクソンの代表者である米国がそのイニシアティブをとることを要するの

「天皇」=ヒロヒトの「戦後犯罪」図解②

１９４５年６月の米・ギャラップ調査では70％が昭和天皇に処刑・国外追放など、なんらかの処置あるべし、と。

ポツダム宣言10項「一切の戦争犯罪人に対し、厳重なる処罰加えらるべし。

重臣達は、ヒロヒトの「戦争責任回避」が最大のテーマ。

「昭和天皇の戦争責任追及」に対し、

ヒロヒトは、「宣戦の詔書」を発した経過のゴマカシと、

「真珠湾攻撃は東條が主導」と匂わす。

ニューヨークタイムズに対し、事実上の「東條非難」を行なう。

東久邇宮発言「すべての責任を東條にしょっかぶせるがよいのだ！」。

他の重臣達は、みな、「そうだ！・そうだ！」。

でありまして、この為元帥の御支援を期待しております」と、〝本筋〟に切り込んだ。これに対しマッカーサーは、……「米国の根本観念は、日本の安全保障を確保することである。この点については、十分ご安心ありたい……」と述べた。（豊下楢彦・著『昭和天皇・マッカーサー会見』岩波現代文庫、二〇〇八年、九七〜九八頁）

その後、朝鮮戦争の勃発を経て、マッカーサーの「極東のスイス論」（＝沖縄のみ軍事基地化）の否定のうえで、米国の極東政策は劇的に転換され、ジョン・ダレスの登場——「全土基地化論」に至るのである。この過程で、吉田首相も昭和天皇も、それぞれ、異なるプロセスではあるが、敗戦直後以来ずっと「自らの庇護者」として頼り切ってきたマッカーサーからダレスに「乗り換える」ことになる。次項では、その吉田首相をも置き去りにして、「米軍直接支配による日本の防衛」へ突き進もうとする、天皇ヒロヒトのあくなき執念を見ておきたい。

吉田茂は「池田ミッション」によりマッカーサーをバイパスした

一九五〇年に入りトルーマン政権は主導的な動きを始め、四月六日にはジョン・フォスター・ダレスをアチソン国務長官の特別顧問に任命した。共和党のダレスを抜擢することで「超党派外交」の体制を形成し、彼に対日講話問題の担当を命じた。……こうした情勢に対応したのが、吉田茂首相であった。吉田は、四月二五日に池田勇人蔵相を、閣僚としては戦後初めて米国に派遣した。これがいわゆる「池田ミッション」である。池田訪米の表向きの目的は、「ドッジ・ライン」で混乱に陥った日本経済の諸問題を背景に、米国の「財政経済の視察」をするというものであった。…訪米した池田は、ドッジとの間で財政問題を中心に会談を重ねたが、最大の眼目は講話問題に関する吉田のメッセージを伝えることにあった。秘書官として池田に同行した宮沢喜一によれば、……吉田のメッセージの内容は、次のようなものであった。「日本政府はできるだけ早い機会に講和条約を結ぶことを希望する。そしてこのような講和条約ができても、おそらくはそれ以降の日本及びアジア地域の安全を保障するために、アメリカの軍隊を日本に駐留させる必要があるであろうが、もしアメリカ側からそのような希望を申し出にくいならば、日本政府としては日本側からそれをオファーするような持ち出し方を研究してもよろしい」。（豊下『安保条約の成立』一二〇頁）

日本の米に対する「基地提供問題」が焦点だった

ここで確認されるべきは、当時の日米関係において最大の焦点は、講和後の日本における米軍基地の問題、具体的には日本の基地提供問題であった。この問題は、基地を確保し続けたいがために講和に反対している米軍部を説得する場合に、決定的な意味を持っていた。だからこそダレスは、この会合から約一か月半後の八月三日にジョンソン国防長官に対し、「日本に、我々が望むだけの軍隊を、我々が望むいかなる場所にも、我々が望む期間だけ維持する権利」を獲得することの重要性を強調していたのである。従って、……吉田茂のメモワールなどに基づいて、日米交渉の最大争点が日本の再軍備問題であったかのように議論を組み立てることは、物事の本質を外したものと言わざるを得ない。（『昭和天皇の戦後日本』一四五頁）

「基地提供問題」について煮え切らない吉田茂に対し、ダレスは激怒した

（一九五〇年六月二二日の―引用者・註）夕刻に、シーボルト大使の公邸で、ダレスと吉田の初めての会談

が行われた……この会談で、講和問題や講和後の日本の安全保障問題について明確な態度表明を期待していたダレスに対し吉田は、「アメリカが日本の自尊心に配慮すれば日本の安全を保障できる」とか、「日本が非武装化された平和愛好の国だということを世界に保証すれば安全は確保できる」といった曖昧模糊とした発言に終始した。会談後にシーボルトに「まるで不思議の国のアリスになった気持ち」と語ったように、吉田の対応にダレスは「烈火の如く」激怒したという。

さて右の会談後に……『ニューズウィーク』東京支局長のパケナムの邸宅で、約三時間にわたり、その後の日本の安全保障問題を考える上で、きわめて重要な会合が開かれた。この会合の参加者は、パケナムに加えてダレス、ダレスに同行してきた同誌外信部長のカーン、国務省北東アジア局長のアリソン、日本側からは、大蔵省でＧＨＱとの連絡部長を務めていた渡辺武、国家地方警察本部企画課長の海原治、元外務次官の澤田廉三、そして式部官長・松平康昌であった。（前掲一四三〜一四四頁）

昭和天皇が事態に介入した独自ルートの形成

さて、改めて六月二二日の会合に戻るならば、まず問わるべきは、マッカーサーが「反動」とか「ファシスト」とか決めつけたカーンやパケナムが催したこの会合の席に、なぜ松平康昌が同席していたのか、ということである。さらに言えば、この会合の夕食を、なぜ天皇の料理人である秋山徳蔵が担当して和食を提供したのか、という問題である。（青木富貴子『昭和天皇とワシントンを結んだ男』一三〇頁・・・『昭和天皇の戦後日本』一四六頁）

天皇側近・松平康昌とニューズウィーク東京支局長・パケナムとの関係

松平とパケナムの関係は、一九四六年六月にパケナムが東京支局長に赴任した時期まで遡る。すでに見たようにパケナムは、戦前から日本の上層部に人脈を広げていたが、赴任早々に訪問した著名人は、昭和天皇の側近の牧野伸顕伯爵、降伏時の首相であった鈴木貫太郎、戦前の駐米大使であった野村吉三郎、そして松平康昌であった。パケナムによれば、彼らが共通して問題としたことは、ＧＨＱが日本共産党の公然たる活動を認めたことであった。（『昭和天皇の戦後日本』一四六頁）

ダレスと昭和天皇を直につないだ男・パケナム

以上に見たような松平や宮中とパケナムの関係を踏まえれば、六月二二日の会合の夕食を昭和天皇の料理人が準備をしたことは、何ら驚くにあたらないのである。それほどに、ダレスの来日は決定的に重要な意味をもっていた。……ここまでダレスの来日を重視していたからこそ天皇は、六月二二日のダレスとの会談を控えていた吉田茂を、当日の午前に招いたのであろう。……しかも、この会合から三日後に、かねて天皇が予見していた朝鮮戦争が勃発したのである。こうした情勢展開を前に、天皇は自らダレスを通してワシントンに働きかける道に踏み出した。それが「口頭メッセージ」である。このメッセージは、戦争勃発の翌二六日、ダレスが帰国する前日に、松平からパケナムを介してダレスに伝えられた。（前掲一四八～一四九頁）

昭和天皇はマッカーサー・吉田茂をバイパスして直にダレスに接近した

「**口頭メッセージ**」で、ヒロヒトはまず、これまでマッカーサーが「追放に処せられた、多くの見識ある日本人」を排除し、彼らとアメリカの当局者たちの接触を阻んできたことに不満を述べ、さらに次のような提案を行った。

講和条約、とりわけその詳細な取り決めに関する最終的な行動が取られる以前に、日本の国民を真に代表し、永続的で両国の利害にかなう講話問題の決着に向けて真の援助をもたらすことのできる、そのような日本人による何らかの形態の諮問会議が設置されるべきであろう。……この昭和天皇の「口頭メッセージ」の重要性は、受け取ったダレスの言葉に示されている。つまりダレスは、このメッセージを「今回の旅行における最も重要な成果」と評し、……さらにダレスは、事態の核心として「宮中がマッカーサーをバイパスするところまできた」ことを挙げた。……ところで昭和天皇は、右のメッセージで、マッカーサーを〝バイパス〟するばかりではなく、講和問題や日本の安全保障の問題を、首相である吉田茂に任せておくことはできないという立場を鮮明に打ち出した。（『昭和天皇の戦後日本』一五〇頁）

④新憲法で「象徴」とされて以降の天皇ヒロヒトの「政治的行為」——まとめ

以下、豊下楢彦氏にしたがって、「象徴天皇」となって以降における**天皇ヒロヒトの重要な「政治的行為」**をまとめておこう。

①「まず、新憲法制定の三日後の五月三日に行われたマッカーサーとの第四回会見で、事実上、米軍による日本防衛を要請したことである。

②さらに、同じ年の九月一九日には、沖縄の半永久的な米軍支配を求めるメッセージ、いわゆる「沖縄

ヒロヒトはマッカーサーとの会見で、
「米軍による日本の安全保障」を懇請。
マッカーサーは、持論「日本は極東のスイス論」を展開。
ダレスは、「全土基地化論」を主張。
ダレスは、吉田の曖昧な対応に、「烈火のごとく」激怒した！

ヒロヒトと吉田は、それぞれマッカーサーからダレスに乗り換えた。
吉田は、「池田ミッション」により、マッカーサーをバイパスした。

ヒロヒトが、事態に介入した「独自ルート」
松平康昌―パケナム（ニューズウィーク・東京支局長）の関係
パケナムは、ヒロヒトとダレスを直につないだ！

ヒロヒトは、首相・吉田茂をバイパスした！
「講和問題や安全保障問題を吉田に任せておくことは出来ない！」と。

メッセージ」を、シーボルトを介してワシントンに送った。
③翌四八年二月二七日には、「アメリカの極東における外殻防衛戦」の設定を求める「天皇の見解」を、再びシーボルトを介してワシントンに送付した。
④一九四九年一一月二六日のマッカーサーとの第九回会見で昭和天皇は、ソ連が唱える早期講和論を批判し、ロイヤル米国防長官の日本放棄説への懸念を表明した。
⑤翌五〇年四月一八日の第一〇回会見では、「イデオロギーに対しては共通の世界観を持った国家の協力によって対抗しなければなりません」とマッカーサーに主張した。
⑥朝鮮戦争が勃発した翌日の五〇年六月二六日には、講和条約に向けて吉田政権とは別に、「日本の国民を真に代表する日本人による諮問会議」の設置を求める「口頭メッセージ」をパケナムを通してダレスに伝えた。
⑦その直後の七月四日には、朝鮮半島における米軍の迅速な行動を賞賛する旨をシーボルトに伝えた。
⑧さらに同八月一九日には、公職追放の緩和と基地の「日本側からの自発的なオファ」を強調する「文書メッセージ」をワシントンに送った。
⑨翌一九五一年一月末から二月にかけて、正式の日米交渉とは別に、鳩山など追放中の有力者とダレスが会合を持つことをカーンやパケナムに要請し、この会合は実現を見た。
⑩さらに、同二月一〇日には、ダレスと会見し、「日本の要請に基づいて米軍が駐留する」とのダレスの論理に「全面的な同意」を表明した。
⑪同八月二七日のリッジウェイとの会見では、講和条約がいかに「公正で寛大」なものであるかについ

て、天皇の「考え」を公表する用意のあることを伝えた。

二、解放派にとっての「天皇制問題」とは？

①「国家論・天皇制論」が完全に欠落

ちょうど今から五〇年前（一九六八年）の春頃、私は他に誰もいない東大駒場キャンパス内にある駒場寮北寮にある社思研の部屋で、福嶋喜久満さんにおずおずと尋ねたことがある。「解放派にとって、天皇制とはどういう位置づけになるんでしょうか？」と。返ってきた答えは、確か「今の段階ではなんとも言えない」という趣旨であった。そのとき私は、「あぁ、やっぱり」という感想を抱いたことをハッキリと覚えている。別にそう期待もしていなかったが、しかしガクッとくる返答内容であった。以来私は、この問題は、この党派の誰に期待しても無理なので、自分のなかで深め煮詰めていくしかない問題なんだナーと考え、そのようにしてきた。

あれから五〇年、私のなかで何が深められたか？　実際は、何も深められないまま時だけがいたずらに過ぎ、七〇年安保闘争では、解放派は天皇制問題にはなんらふれることなく過ぎ、「三島蹶起」にも解放派はなんら感応することもなくやり過ごし、「七・七華青闘告発」にも解放派は冷たく対応（私自身は、七月七日時点では獄中におり情報過疎であったが、出獄後、東Cの状況などを周囲の仲間から聞き取った範囲では、基本的にそうだったらしい）し、その後の部落差別・障がい者差別・女性差別・沖縄差別などをめぐる問題においても、「天皇制」をこれといって取り出して焦点化することもなく、七八年秋以降の「内部糾弾闘争」の過程に突入した。

この「内糾過程」の総括として、滝口弘人氏が、一九八一年八月に書いた文書「目上委差別事件の組織的自己批判の徹底的貫徹と解放派の覚醒―内部糾弾のプロレタリア的貫徹―」(『滝口弘人著作集』第三巻、二二五頁)においては、以下のように展開されている。

目上委差別事件のビラの差別性(その差別観念)に気付かしめられるということは問題の出発点だ。…こうして問題を、まず第一に、「われわれの差別性はどこから来るのか?」と立て切るならば、己れ自身の差別性の由来、根源の自覚として、それは「家族および私有財産」だと言わざるを得ない。…これは、日本の史的現実においては、〈イエ(家)〉であり、その発展のための条件をなす共同体が〈ムラ(村)〉と〈マチ(町)〉である。この〈イエ―ムラ・マチの差別性〉による部落民の〈生まれながらの差別〉! この〈イエ(家)〉の差別性こそは、日本のいわゆる「講座派マルクス主義」がその「封建性」論ないし「封建遺制」論のうちに見まがい、本質的に欠落させているもの―その今日までの無自覚!―であり、日本のいわゆる「労農派マルクス主義」がその「封建制」論のうちに、「その本質的に近代的な家族」という性格をベールに包んで隠蔽しているものである!だから、目上委差別事件の糾弾によって自覚を促された「われわれの差別性」の社会的根源は、〈イエ―ムラ・マチの差別性〉であり、その講座派・労農派のドグマ(教条)を突き抜けた自覚でなければならない。

さて、ここで私は、部落差別に限らず、日本における差別問題を論ずるにあたって、滝口氏が、①「家族および私有財産」の問題とする見解、②〈イエームラ・マチの差別性〉に還元する考え方、に対して根本的な疑問を呈さざるを得ない。また、③講座派・労農派マルクス主義の問題に帰する見解にも異論を唱えたい。今から四〇年以上前の問題・論争であるが、すぐれて、その後の解放派の命運を決した論点であるので、今日もなお、軽々に見過ごすわけには行かない重大問題だと考えるのである。

①については、ナゼ、「家族・私有財産」であり、そこに「国家」が抜けているのであろうか？　②については、〈イエームラ・マチの差別性〉であり、そこにナゼ、〈天皇制〉が抜け落ちているのか？　さらに、③については、ナゼ、講座派・労農派論争の重要な主題の一つであった「天皇制」の問題が抜け落ちているのであろうか？

あの英邁なイデオローグ＝滝口弘人氏が、他ではすぐれた共同体論・ファシズム論・戦争論・政治過程論・〈組織論〉などを展開している滝口氏が、ナゼ、こと「差別問題」「内糾」になった途端に、上記に見る如く、「国家論」がズリ落ちてしまったのであろうか？　理解に苦しむのは私だけではないだろう。しかしそこには、最重要のファクターが絡んでいることを見逃すわけにはいかない。

その核心は、「天皇制問題」である。解放派―滝口弘人氏に一貫して欠落しているのは、「天皇制問題」に関わる把握・分析であった。これは、中原一氏に関してはもっとそうである……遺憾ながら。

日本においては、国家論と天皇制論は、不可分の課題である。明治以降は、①「天皇制君主主義」が確立され、

それが、第二次大戦後、「天皇制民主主義」にスリ替えられた。帝国主義論的な「資本主義の発展段階論」は、それらを経済学的に裏打ちするものではあっても、国家論＝政体論としては、上記、①→②への変化（異同）の把握・分析が、決定的に重要な課題として浮かび上がってこざるを得ない。

いずれも、きわめて重大な問題である。翻れば、「国家論・天皇制論」が完全に欠落した地平で「内部糾弾闘争」を仕掛けてきた狭間・永井・神田派に対し、対すべき滝口氏の論点からも、同様に、「国家論・天皇制論」がズリ落ちていることは、上記の引用から一目瞭然であろう。それらが欠落した論争は、今から考えれば、覆うべくもない「欠陥論争」であった。それでは、「党内闘争」に勝てるわけがない。また、「基軸なき抗争」においては、最後は「暴力装置」を持った者・行使した者が勝つのは自明の理である。解放派においては、まさしくことはその通りに進んだ。ましてや、本来の差別をめぐる諸課題に正面から向き合い、対処できるはずもない。一言でいえば、「内部糾弾闘争」は、「基軸なき抗争」としてきわめて不毛な闘いに終始し、暴力的な決着をみたと言わざるを得ない。

上記①〜③の「欠落点」に加え、もう一点、重要な問題がある。それは、④**「国際主義—国際連帯」の問題**である。われわれはそれまで、「プロレタリア世界革命」を標榜し論じてはきたが、如何せん、その議論に踏まえた「国際連帯の実践」が決定的に不足していた。黒人差別・黒人解放闘争の課題にはまったく手つかず、連帯を求めて誰一人アメリカに行ったこともなく、身の回りにいる在日朝鮮人・在日中国人差別との闘いも・連帯もほとんど未着手、それ以前に、長いベトナム反戦闘争の過程でのベトナム人民との「われわれから海を渡っての交流・連帯」があったのかどうか？　ないとすれば、なぜなかったのか？　結果、当時のわれわれは、「観念」のなかで「国際連帯を夢見ていた」に過ぎなかったのである。その脆弱な足元を、「内紛派」に見事にすくわれた。

そこには、偶然とは言えない「重大な問題」が潜んでいる。それは、**「国家論の不完全さ」＆「天皇制把握」の欠落**であった。その「弱点・欠陥」を「内紛路線」を掲げる狭間・永井・神田らに鮮やかに突かれた。結果、「闘い」は、内向きに内向きにと展開され、最後は「内部が内部の首を絞める」という体の〈**救いなき陰湿なポルポト的対立抗争**〉の末、「開かれた国際連帯」どころではない、「**日本国家という狭い枠内での反対派＝労対派の絞殺劇**」に終わってしまったのである。

お前は、なぜ今になってそんなことを言うのか？という声が外野席から聞こえてきそうである。それはごもっともである。上記のことが、（党内）公開情報・（党内）公開論争として展開されていれば、われわれもそれなりの思考に基づき、結束し、反論・反撃もできたかもしれない。しかし現実は、**暗黙に部落解放同盟の権威をカサに着て**、「論議すること自体が差別」であると断じ、討議文書らしい文書一つ回ってこないような「**秘密主義・恐怖政治**」「**拉致・監禁部屋**」（神大・宮面寮五階）**の分断構造のもとで**「**内紛**」**は展開された。**

そして、それは一定の上部機関でのみ情報が取り扱われ論議され（その秘密主義の強制に上級指導部が、遺憾ながら屈服させられた結果）という経過上、われわれ一般党員・一般活動家、基本組織が不備なためにそこから外れ、外された活動家（さしづめ、私などは、基本組織系統外の、弾対部という部署を司る「下級指揮官」だったか?)にとっては、ほとんど情報は入ってこなかった。したがって、それは「雲の上の論争」であり、「争い」であった。であるがゆえに、「下々の者」は「噂」程度に漏れてくる情報に苛立ちながらも、何ひとつ、手も足も出せなかった、出しようがなかったのである。

すべての決着がマイナスの方向でついたころになって、つまり「組織」がなくなってから、**ほとんどの活動家は、個々に「結果情報」(組織は分裂・瓦解したという結論)のみを知らされたのであった。**

②三島由紀夫の「決起」問題と天皇制

一九七〇年一一月二五日、三島由紀夫は「盾の会」の仲間たちとともに、市ヶ谷の防衛庁に突入し、自衛隊員に「決起」を呼びかけ、しかし当然ながらそれは果たせず、その後に、仲間の森田必勝に介錯を依頼し、日本刀で切腹し自害し果てた。まことに唐突で、日本国民の誰一人予測しえない行動だった。日本社会全体がこの事態に震撼した。しかし、何に「震撼」すればよいのだろう。おそらく当時、日本中の誰一人、その行動のもつ意味を、的確に理解し分析し、他人に対し「解説」できる者などいなかった。

私、岩井個人は、七〇年秋、約一〇カ月と一〇日の東京拘置所での「獄中生活」を経て、駒場キャンパス・明寮(当時は、社思研は一番小さい向かって左端の明寮の入口にあった)に戻ってほどない一一月二五日、突然、三島決起・自刃(→介錯)の報に接した。驚いた! 七〇年安保闘争の社会的激動の直後とはいえ、それまでの日本社会の「平和的な基準」にはおよそなじまない「驚天動地」の事態・事件といっても過言ではなかっただろう。都心・市ヶ谷の防衛庁・東部方面総監室、その只中に刀剣で武装し、集団で乗り込んで、総監を身体的に拘束し、多数の自衛隊員を中庭に集めさせて、バルコニーから「クーデターに蹶起せよ」という演説を行ったのだ。

三島たちが撒いた「檄」にはこうある。

沖縄返還とは何か？　本土の防衛責任とは何か？　アメリカは真の日本の自主的軍隊が日本の国土を守ることを喜ばないのは自明である。あと二年の内に自主性を回復せねば、左派の言う如く、自衛隊は永遠にアメリカの傭兵として終わるであろう。」（菅孝行『三島由紀夫と天皇』平凡社新書、二〇一八年、二〇九〜二一〇頁）

この危機感は、まことに鋭かった。二年後に「沖縄返還」が迫っている。敗戦時に沖縄を捨てた日本国家・日本軍・天皇裕仁、これらは、「返還された沖縄」にどう責任を持とうというのか？　自衛隊は、真に自立して、日本国と沖縄を防衛する気があるのか？　それとも、敗戦以降貶められた「アメリカの傭兵」として、米軍に隷属し、何かあれば、また沖縄を切り離し、アメリカ軍に委ねるのか？　このような問いを、三島は、自衛隊に対してというより、その背後に控える日本国家・天皇裕仁に対して、このとき突きつけたのであろう。

そしてその後展開された現実は、本土の米軍基地をほとんど沖縄に移し、沖縄を米軍の「直轄地」であるかのように振る舞う米軍・アメリカと、それに唯々諾々として従う日本国家の姿、そして自衛隊は、海外派兵に向け、ますます「アメリカの傭兵」化してゆく情けないありさま。**その後半世紀、進行した事態は、まさしく三島が危惧し、警告し、予言したとおり**であった。

③菅孝行氏の「三島決起」に対する見解

この件について、菅孝行氏は、前掲『三島由紀夫と天皇』において、以下のように記している。

〈自衛隊がアメリカの傭兵になる〉という「檄」の指摘は、こんにちの視点から見るとまことに正鵠を得ている。……演説は稚拙である。当然、自衛隊員は蹶起せず、三島に罵言を浴びせる。「演説」のことばは、三島が発したことばの中で、格別に空疎である。こんな演説で人は鼓舞されない。命を懸けて蹶起はしない。これほどことばが語りかける相手に当たらないのは、実は眼前にいるのが三島の相手ではないからではあるまいか。蹶起の煽動が成功しなかったから割腹したという、巷間伝えられている筋書きは実は誤りなのではないか。三島たちの言動が呼びかけている先は、自衛隊員でも東部方面総監でもなく、三島が許容し難いと考えた戦後秩序の堕落の総体に責任を負う天皇裕仁であったと、私は考えている。……三島は、天皇に自分たちの「行動」の意図が伝わることを十二分に計算していた。だから、三島の眼は、皇居の天皇の方を向いていた。三島は天皇を殺しもせず、拘束もせず、皇居に赴きもしなかったが、自衛隊でのこの「行動」を通して、戦後体制の腐朽と、その起源となる敗戦時の天皇の「人間宣言」を責め、天皇のあるべき身の処し方に想到せしめようとした。三島の背後には、特攻隊の兵士たちがいた。更には、二・二六蹶起への天皇裕仁の対応を詰めることも意識していたに違いない。三島の背後には、磯部浅一以下の蹶起将校たちがいた。（『三島由紀夫と天皇』二一〇〜二一二頁）

「七〇年秋」から四八年経った二〇一八年暮れ、約半世紀後に、菅孝行氏は、はじめて上記のように、三島由紀夫の行動に対する彼なりの「理解」を漸く文章化し世に提起した。今、私は彼のこの見解に深く共鳴し、私なりに菅氏との「問題意識の共有化」を図りたいと考える。

私自身の当時の反応はどうだったたか？　駒場寮に戻った私は、先に述べたような同志的関係の困難な状況のなかで、駒場学生運動の再構築を企図して、孤独に奮闘していたが、そのなかで、「岩井さんは、〝三島反革命、三島反革命〟と一人連呼しながら、駒場寮の廊下を歩いていた」と、当時かなり行動をともにしていた元都立大・川嶋康裕さんが証言（自分はやはり忘れていたが、この証言でやっと薄っすら当時の自分の言動が蘇った次第）してくれている。

私の記憶・印象では、永井を筆頭に、自分の身の回りの活動家たちのなかでは、この三島の問題はほとんど問題にされず、むしろ無視ないし軽視されていたようである。つまり、**解放派のなかで、何らかの「危機感」をもってこの事態を捉えようとする人は、ほとんどいなかったのではないか**。そのなかで私は「孤立」を感じながら、当時なりの自分の「危機感」（＝反革命の突出に対する危機感）を周囲に訴えていたようである……。

一方、菅孝行氏の目配りは、**私の愛好する太宰治のスタンスにも及ぶ**。同書で以下のように記す。

> 「あなたじゃないのよあなたじゃない　待っていたのはあなたじゃない」（『春の枯葉』一九四六年六月『展望』初出）太宰治が敗戦後、間もなくに書いた戯曲『春の枯葉』の主人公野中弥一は、ウィスキーを煽りながら、こう言う。太宰治（一九〇九年生まれ）にとって、〈あなた〉とは何であったのか？……〈あなた〉はおそらく占領者アメリカと、アメリカに媚びる自国の権力であることは間違いない。また、その下にあって、軍国主義から「解放」された戦後の日本人の荒廃した精神状況でもあろう。敗戦国日本の大多数の人間の「心ばえ」に対する太宰の幻滅は深かった。そのため、『パンドラの匣（はこ）』の登場人物「越後獅子」は、敗戦後の「便乗思想」を超える真の「自由思想」の叫びとは何かと問われて、「天皇陛下万歳！この叫びだ！　昨日までは古かった。しかし、今日においては最も新しい自由思想だ」とまで語っている。戦後、ＧＨＱがタブーにした「現

人神」としての天皇崇拝こそが、戦後の堕落を糾す起爆剤だというのである。翌年書かれた『春の枯葉』の「あなたじゃない」も、その延長上で、敗戦後の腐敗に対する幻滅を示唆している。せっかく負けたのに、負けた挙句がこんな状況と向き合うことになるとは思ってもみなかった、というのが「あなたじゃない」の含意だろう。

(『三島由紀夫と天皇』一〇～一一頁)

「高踏的な貴族的世界に耽溺する感性」の三島由紀夫が、天皇裕仁の「人間宣言」という裏切りに対し激怒し絶望していったのに対し、対極の「出自を恥じ民衆に寄り添おうとする感性」をもつ太宰治が戦後たどりついた天皇に対する地平は、さらに「逆説的」であり、ねじれていた。GHQやそれに媚びへつらう世間に対する反発のあまり、「天皇陛下万歳」と叫ぶのである。

作家というものは悲しいものである。思いが極まったとき、表現は裏腹にでんぐり返ったりするのであろうか。

④菅孝行氏は、「三島の直観の先駆性」と題して次のように語る

大切なのは、戦後のはじまりにあった。「国体」延命のための天皇の詐術の総体を誰よりも早く直観し、詐術の帰結としての戦後体制二五年の欺瞞を常に自らの創作のモチーフとして引き受け続け、最後にその集大成を自らの死と引き換えに天皇裕仁に突き付けた作家がいたということである。三島が割腹自殺を遂げたとき、一般自衛隊員と三島の言葉の甚だしいディスコミュニケーション、その行動のあまりの仰々しさ、介錯した刀で切られた生首が床を転がるなどの光景のおぞましさなどから、顰蹙と辟易感が社会を覆った。(『三島由紀

夫と天皇』二一六〜二一七頁）

リアルタイムで私が何を感じたかを思い起こしてみたい。まずは、理解を絶していたので言葉がなかった。次に、愚行だ、狂気だ、と騒ぎ立てる佐藤栄作首相をはじめとする保守派の政治家たちの、三島と同類と思われないための保身を卑しいと思った。逆に親交のあった作家や批評家のなかには、三島と自分との特別の関係をさも得意げに語る連中がいてウンザリさせられた。旧左翼とその周囲の革新的な人々、つまりは戦後民主主義派の、三島に対する復古主義批判、暴力主義批判も通りいっぺんで、底が割れていると思った。

「新左翼の思想的敗北だ」と語った滝田修（当時京大助手、本名・竹本信弘。一九六九年京大パルチザンを結成＝引用者注）の発言（翌日の『朝日新聞』一九七〇年一一月二六日付）は、「左」と「右」の内容抜きの本気度と、人々の耳目をそばだたせる力量を比べているだけで下らない、と思った。三島のよい読者ではなかった私は、『仮面の告白』『禁色』『金閣寺』あたりまでの作品にしか関心がなく、『憂国』など「盾の会」など、六〇年代に入ってからの三島の右翼志向に忌避感があった。エロスを政治と直結させる志向にも強い抵抗感があった。（同書二一七〜二一八頁）

やがて私は、徐々に評価を変えた。契機はいくつかあった。ひとつは、左翼にも革新派にも、戦後の天皇制の本格的な批判的分析も極めて乏しいと改めて気づいたことである。そういう視点で三島の作品と言動を再検討すると、立場は正反対だけれども、三島の戦後天皇制批判がとびぬけて鋭利であることに気づかざるをえなかったのである。（同書二一八頁）

菅孝行氏は、七〇年以降、数十年をかけて、世の中の動きを眺めながら、当初大きな違和感を抱いた三島由紀夫の言動に対し、その「先見性」への畏敬の念を抱くようになっていった。私・岩井は、三島の「高踏的な貴族的世界に耽溺する感性」はまるで肌に合わないし、作品も好まずほとんどまともに読んだことはないが、当初抱いた反感＝反革命に対する嫌悪感にもかかわらず、理性的な次元では、「三島の予言」がまさに的中してしまっていることに驚かざるを得ない。

反革命＝三島の予言が、不思議なことに、私＝革命派の不吉な予感と、表裏一体的に合致してしまっているのである。

敗戦後二十五年の過程で、三島が激しい違和感を感じ、批判し、遂に耐え難くなって「事件」の決行に及んだ、異議申し立てのモチーフは、ますます現実的な意味を帯びてきた。天皇制国家日本の文化的・政治的・軍事的対米隷属は深まるばかりだからである。三島死後五〇年、この国の対米隷属は病膏肓の域に達している。国粋主義者も親米保守派も革新派も左翼も、ほかの選択肢を持てなくなるところまで追いつめられているのが現状である。（同書二一九頁）

⑤アメリカの歴史学者、ジョン・ダワー、二〇〇一年の「規定」＝「天皇制民主主義」

降伏の時まで、天皇は国民教化における最高の献身対象であった。兵士はみな携帯用の『戦陣訓』を携えて戦争に行った。戦陣訓は、次のような文章で始まる。「夫れ戦陣は、大命に基づき、皇軍の神髄を発揮し、攻むれば必ず取り、戦えば必ず勝ち、あまねく皇道を宣布し、敵をして仰いで御稜威（みいつ＝天子の威光）

の尊厳を感銘せしむる処（ところ）なり」。真珠湾攻撃の四か月前に出た重要な冊子に、『臣民の道』がある。これは、政府のイデオローグたちが執筆したもので、天皇は天照大神の直系の子孫であり、日本は神の統治し給う国であることを強調していた。すなわち、「皇国臣民の道は自我功利の思想を排し、国家奉仕を第一義とし、天壌無窮の皇運を扶翼し奉るにある」と。『臣民の道』は、孝と忠を皇国の最高の美徳とし、こうした美風をそこなう「個人主義、自由主義、功利主義、唯物主義」を注意深く排斥しようとした文書であった。天皇裕仁は不可侵であり、天皇の率いる戦争は聖戦であった。天皇に体現された徳は、唯一かつ不変であった。
（ジョン・ダワー著『敗北を抱きしめて』下巻、岩波書店、二〇〇一年、三頁、太字は引用者、以下同じ）

ジョン・ダワーという米国の歴史家（一九三八年生まれ、ハーバード大学博士号、マサチューセッツ工科大学名誉教授）がいる。彼は戦後日本を支配したアメリカ人という立場にありながら、支配国・アメリカと被占領国・日本を、いかにも歴史家らしく俯瞰しつつ、**日本という被占領国の盟主・天皇裕仁が、極めて巧妙に立ち回り、自らの生命だけでなく、国体＝天皇制を、その全知・全能を傾けて守り抜こうとした**過程を、きわめて冷静に見抜き、かつ冷徹に記述している。

これを読めば、**戦後、「天皇の臣民たち」が、ＧＨＱの支配下で、マッカーサーに庇護された天皇裕仁の詐術にたぶらかされ、「真の民主主義」ならぬ「天皇制民主主義」を掴まされ、それにいかに翻弄されてきたか**が一目瞭然となる。ダワー自身は軍人ではなく政治家でもなく、したがって「支配者＝権力者」ではないが、それだけにかえって、彼の「**鳥の眼**」を通して、「天皇の臣民＝日本人たち」が、**与えられた「ニセモノの民主主義」を後生大事に抱えて**「日本国憲法」を制定し（たつもりになり）、右往左往しながら戦後復興・経済成長を遂げ、どのように「戦後民主主義国家」なるものを形成してきたかが手に取るように見えてくるのである。そして次のように言う。

のちに明らかになるように、裕仁はしたたかで適応力のある人物であり、天の助け―もっと具体的に言えば、マッカーサーの助け―によって生き残り、満ち足りた人生を送った。他方、裕仁をとりまいた忠良なる臣下達は、みな責任を問われ、公職から追放され、戦争犯罪で訴追され、さらには処刑された者さえいた。天皇が日本の侵略においてどんな役割を果たしたかが、きちんと調査されたことは一度もなかった。アメリカは、天皇の承認のもとに、天皇の名において行なわれた抑圧と暴力に対して、道義的責任すら認めないよう、天皇を説得した。側近たちが天皇退位の可能性を持ち出すと、最高司令官は断乎これに反対した。こうして占領軍当局は、天皇の名において戦われた聖なる戦争そのものと天皇個人を切り離したが、そればかりではなく、占領軍がかかわって作り上げた新生民主主義国家の中心に、天皇を再び据え付けたのであった。(『敗北を抱きしめて』下巻、三~四頁)

こんにちの日本社会における**〈忖度の横行・蔓延の淵源〉は、まさに天皇・天皇制**にある。戦後、天皇裕人は、まずマッカーサー、次にはダレスに乗り換えてひれ伏し、吉田以下歴代首相・閣僚は、天皇・マッカーサー・ダレスに次々にひれ伏し、宮中・諸官は天皇にひれ伏し、以下同様に「ひれ伏し」が続く。これ、言葉を換えれば**「忖度」の連鎖**である。これが「日本社会」固有の美質なのだという、「日本会議」系の論者たちからの主張・反論もなされるが、西欧近代社会には見られない個の圧殺、腐敗した「社会秩序」の連鎖が下へ、下へ、横へ、横へと果てしなく展開される。

言葉を換えれば、「**同調圧力**」**が極めて強い社会**ともいわれる。**子どもたちにとっては**、「**イジメ社会**」の果てしない広がりである。そして、すべてのレベルで、中央官庁・地方官庁から教育委員会・児童相談所に至るまで、「**保身**」**と秩序を守るための**「**隠蔽**」**が重層的に展開される**。このような「忖度社会＝隠蔽を不可欠の属性とする秩序社会」が延々と広がっているのが、こんにちの「日本社会の特質」であろう。職場などでの「同調圧力」がタマラナイ、息がツマル。これが、多くの心ある日本人が「耐えがたい重圧」を感じる日本社会の現実であろう。それが、「社会変革をトコトン阻む壁」、わかりやすく言えば、「**ゆるやかな反革命の秩序風景**」に他ならない。

ジョン・ダワーは、このような社会秩序が形成される仕組みを、異邦人の眼で極めてクリアに観察し、説明した。

> 天皇のこの魔法のような変身は、政治的にも思想的にも広く深い影響を与えた。何が正義かは、権力によって恣意的に決められるものとなり、戦争責任の本格的な追及は矛先をそらされてしまった。国家の最高位にある政治的・精神的指導者がつい最近の事態になんの責任も負わないのなら、どうして普通の臣民たちが我が身を省みることを期待できるだろう？　戦後の政治意識は混濁してしまった。ＧＨＱが草案を作った新憲法では、天皇は「日本国の象徴であり、日本国民統合の象徴であって、この地位は、主権の存する日本国民の総意に基づく」と規定された。そもそも、王制を維持することと裕仁個人を再び神のように持ち上げることとは違うことである。ところが大抵の場合、この二つは同じことであるかのように扱われた。これが、憲法

の言う「主権の存する国民」の地位を大きく傷つけた。「象徴」君主は、あらためて世襲の特権を認められた。象徴天皇制とは、天皇の地位があいかわらず日本国における家父長的権威の最高の紋章であり続けることを意味した。昔は女帝が統治したこともあるが、アメリカは、男子のみが皇位を継承できるという近代に始まった「伝統」の継続を許した。そのうえ、天皇は相変わらず日本のいわゆる人種的純粋さとか文化的同質性なるものの体現者とされた。(『敗北を抱きしめて』下巻、四〜五頁)

こうしてみると、日本国憲法の言う「国民統合」とは、ほとんどかつての「家族国家」イデオロギーを新しく言い換えたに過ぎないと言ってよかった。相変わらず、お互いの和合とか上下関係の維持が、張りつめた争論や個人を尊重することよりも価値あることとされた。新しい象徴天皇は、一九世紀から二〇世紀初めの発明品である「大和民族」なる自己意識を、引き続き象徴するものとなった。そしてそれは、朝鮮人、台湾人、中国人、白人―とにかく異民族すべて―は、「日本人」にはなれないことを意味した。公式には宗教と政治が分離されたにもかかわらず、依然として天皇は日本特有の宗教たる神道の大祭主であり、宮中では神道の密儀を行ない、皇室の先祖神を祭る伊勢神宮に参拝し続けた。こうして相変わらず天皇は、日本人は遺伝的に違うのだという意識を維持させ、「血統」に基づくナショナリズムを象徴する最高の偶像となり、日本人をして他の民族や文化とは、永久に切り離された―しかも上位の―存在たらしめる、架空の本質を体現する存在となったのである。(同書、五頁)

⑥「7・7華青闘告発」の衝撃・意味

一九七〇年は、多くの意味で「時代の分水嶺」の年であった。6・15でいわゆる〈安保決戦〉が「自動延長」ということで終わり、一〇年前の六〇年安保とは違う意味で、新たな崩落と混沌と見たことのない時代の切り口と、時代の再生のわずかな予兆が見え始めていた。

そのなかで、七〇年安保闘争の熱気も冷めやらぬ七月七日の「華青闘の告発」と、秋、一一月二五日の「三島由紀夫の蹶起」という左右両極からの「鋭い突き付け」が時代を揺るがした。左からの「華青闘の告発」は、その衝撃で六〇年代新左翼の「屋台骨」にヒビを入れ、日本社会の隠された亀裂に楔を打ち込み、「差別」をめぐる新たな社会運動を多く生み出し、いくつかの新左翼党派の根底を長期にわたり揺るがし、解放派については、一〇年後遂に「分裂」にまで至らしめた。それは巨大に荒れ狂う奔流の、しかし元は細い「上流」のささやかな「せせらぎ」に過ぎないものに当初は思われた。

そして、右からの「三島蹶起」は見えにくい形で「戦後天皇制の欺瞞」と「戦後民主主義の虚構」に憤りと疑問のメスを入れ、われわれ日本国民に問うてきた。

まず「7・7華青闘の告発」から見ていくことにしよう。前述したように、当時、私は獄中にいて、この「七・七集会」には参加できていないので、文芸評論家の絓秀実《すがひでみ》氏の『革命的な、あまりに革命的な』などを参考に追ってみたい。

それは、一九七〇年七月七日、東京・日比谷野外音楽堂で開かれた「7・7盧溝橋33周年・日帝のアジア再侵略阻止人民大集会」で「華青闘」からの日本人民への告発ということで始まった。

政府は従来の「出入国管理令」に替わり、段階を画する中・韓・アジアとの分断強化のために新たに「出入国管理法」の制定を目指していた。この動きに反対するために、一九六九年三月に結成されたのが「華僑青年闘争委員会」（華青闘）である。「華青闘」は、出入国管理法制定反対運動の中心組織として活動しはじめていた。これに新左翼諸党派も、この運動に関わっていくことになる。「入管闘争」である。

そんななか、七〇年安保闘争の熱気も冷めやらぬなか開かれたのが、前述した七月七日の「7・7盧溝橋33周年・日帝のアジア再侵略阻止人民大集会」であった。それに先立ち行われた同集会の実行委員会事務局の人選をめぐって、華青闘と中核派が対立するようになった。中核派は、当初実行委員会事務局を構成していたべ平連など三団体を除外し、代わって全国全共闘（全共闘の全国組織）と全国反戦連絡会議（反戦青年委員会の全国組織）を入れるよう要求した。華青闘はこの両団体が入管法反対運動について具体的な活動をしていないことを理由に拒否したが、中核派は実行委員会において、この提案をむりやり承認させた。

華青闘は、当事者無視の中核派の行動に反発し、七月七日に日比谷野音での集会当日、挨拶に立った席で、新左翼各派に対して、「当事者の意向を無視し、入管闘争を自らの反体制運動の草刈場としてきた新左翼もまた、アジア人民に対する抑圧者である」という痛烈な批判、決別宣言を出した。これは別名「華青闘告発」ともいわれるものである。華青闘はこの日をもって解散した。

絓秀実《すがひでみ》氏は、その著『革命的な、あまりに革命的な』（ちくま学芸文庫、二〇一八年、三九六頁）で、次のように語っている。

華青闘は、日本のニューレフトを告発して（いわゆる「華青闘告発」）七・七集会の共催から降り、七月七日の日比谷野音は、朝から、津村系ノンセクト、在日中国人・朝鮮人アクティヴィストによる既成ニューレフト糾弾の場と化した。糾弾の声は夜になっても収まらず、四〇〇〇人を集めて予定されていたデモンストレーションは中止された。各党派の幹部が呼び出されて壇上にのぼり、華青闘の告発をうけ―当時、「坊主懺悔的」と揶揄されたところの―自己批判を、会場からの罵声を浴びながら繰り返した。これ以後、ニューレフト諸党派は、民族問題＝差別問題への積極的な取り組みを、いやがおうにも開始せざるをえなくなる。七・七集会は、日本のニューレフトの中に、マイノリティー運動の視点が公然と導入された濫觴であり、運動の決定的なパラダイム転換を印すものとなった。

さらに遡って、絓秀実氏は、著書『一九六八年』（ちくま新書、二〇〇六年）において、「華青闘告発」の内容を、共労党機関紙『統一』（一九七〇年七月一三日号）などを引用し、次のように詳しく紹介していた（一七四頁、太字は引用者）。

華青闘は、まず、「本日の集会に参加された抑圧民族の諸君！」という挑発的な言葉ではじめる。盧溝橋事件を記念したこの集会でも在日朝鮮人・中国人の闘いが日本の階級闘争を告発していることを確認しなければならないからである。なぜなら、「今日まで植民地戦争に関しては帝国主義の経済的膨張の問題としてのみ分析されがちであったが、しかし日本の侵略戦争を許したものは、抑圧民族の排外イデオロギーそのもの」だからだ。（こうして、日本の新左翼に対してはじめて――ということは、日本人に対してはじめて――大衆的に民族責任論が提起された）。

続いて華青闘がなぜ自分たちが実行委員会を退場しなければならなかったかの経緯が語られる。それは、「闘う部分と言われた日本の新左翼のなかにも、明確に排外主義に抗するというイデオロギーが構築されていない」からだが、それはまず、敗戦のポツダム宣言受諾が天皇制によってなされたこと、「日本人民がそれを避けられなかったところ」にある。ここで、戦後天皇制＝戦後民主主義に新左翼も無縁ではないと批判されていることを確認しておこう。

新左翼諸党派は「入管闘争の一貫した取り組みを放棄しており六九年入管闘争を党派として総括できなかった」、それは、「六五年日韓闘争において法的地位協定の問題を直視」しなかったことから続いている。「日韓闘争の敗北によってもたらされた在日朝鮮人民の過酷な実態を直視せず、六九年入管闘争を一〇、一一月決戦に解消し、四・一九朝鮮学生革命への無知をさらけ出しながら世界革命を呼号している」（この部分、共労党機関紙「統一」）のが、日本の新左翼である。「われわれは、言葉においては、もはや諸君を信用できない。実践がされていないではないか。実践がない限り、連帯といってもたわごとでしかない」……

華青闘の告発内容は今や明らかだろう。それは、津村喬の言葉を用いれば、「新左翼ナショナリズム」への批判である。

「華青闘告発」から半世紀、その意味したものは

「華青闘告発」からすでに半世紀が経過した。しかし、上記の「告発内容」は今なお新しい。いやそれどころか、ますます新しい。**「抑圧民族の排外イデオロギー」の指摘は、日本社会にますます深く突き刺さり、私の胸にますます痛い。**そのことは何を意味するか？　こんにち、時代のほうがはるかに先へ進んでしまったのである。半世紀前に上記の告発を受けた「新左翼」は、少なくとも「党派」としては、もはや見る影もない。**かつて正しかった「新左翼ナショナリズム」の批判は、そのあまりの正しさ故に、今では「批判の対象自体」が消えてなくなったのである。「新左翼」は、完璧に「時代」に置き去りにされてしまった。**昨今の政府による意図的な「外国人流入の急増」政策という事態の前に、「党派としての入管闘争の総括」どころの話ではない。かつての「入管闘争」の枠組み自体が吹っ飛んでしまっているのだ。

ことに小泉―安倍政権下での、枚挙にいとまもないほどの改憲攻撃などの反動化の嵐、安保法制定の連続攻撃、米軍との一体化を進め海外派兵目前の自衛隊の変貌、その間の社会におけるあからさまなヘイト攻撃の激化。一言でいえば、「戦前回帰」が一挙に進められていると言ってもいいのではないか。なぜこのような事態になってしまったのか？　いくつかの要因が考えられ、それらは複合的に絡まっている。

なぜこのような事態になってしまったのか？

一**つは、経済的要因による意識変化**。すなわち、戦後日本経済の好調から一転、バブル崩壊という日本経済の地位低下による「日本人の自己意識の変化」という問題。一九八五年前後を頂点とする日本経済の好調から一転しての「プラザ合意」による「転落」。**日本人の「戦中―戦後という過去を忘れた思い上がり」の極からの、あっという間の「経済的転落＝バブル崩壊による自信喪失」**。このなかで、日本人は、「巨大な中国の影」に怯え始めた。その後中国は、極めて短期間に「世界の工場」の段階から、日本をGDP第三位に追い落とし、今やAIIB（アジアインフラ投資銀行）の提唱国という圧倒的な地位を築き上げ、アメリカと渡り合い世界を領導しつつ、「アジアの実質的な盟主」ともいうべき地位に上り詰めんとしている。

ここにおいて、**日本人は、安倍政権という「虚勢を張る」ことを特徴とする「政権」を長期にいただき、対外的に束の間の「安心」を得ようとし、**他方、国内的には法整備を進めて「軍備増強―戦争態勢の構築」を急ぎ、そのために**「排外主義イデオロギー」を打ち固めようと懸命**である。「日本会議」の跋扈、ネトウヨによるヘイト攻撃の激化は、その政治的・イデオロギー的な表れである。それらは、**現今の性急な改憲攻撃に集約される。この大攻勢に、日本のリベラル勢力（新左翼はムロン）はタジタジであり、ほとんど有効な対抗・反撃ができていない。**

「**日本会議**」――私はこの長い文章のなかで、初めてこのグループの名称を取り上げた。「時論」を書くのであれば、これは抜かすことのできない名称であるが、たまたまそうではなかったので、これまで言及できなかった。だが、この「日本会議」とは、わが解放派は、浅からぬ縁があることがわかっている。そのことを、菅野完氏の著書『**日本会議の研究**』（扶桑社新書、二〇一六年、二六八～二七〇頁）より引用しておこう。

全国各地の図書館や資料室を飛び回って、どうにか（「資料」を＝引用者注）一つ、見つけられた。他ならぬ安東巌によるものだ。「特別寄稿　民族派学生による唯一の全国組織『全国学協』の歴史と展望―学園正常化への闘い―」と題された小論には、安東と椛島《かばしま》の出会いから、全国学協結成までの四年間にわたる運動の軌跡が詳細に語られていた。……

「てめえら、どういう考えでこんなビラ配るんだ！！」バシッという平手打ちとともに、樺島さん（原文ママ）の身体が横倒しになった。今朝まで徹夜して作った二千枚のビラが、バラバラとなり踏みにじられる。昭和

41年7月3日、長崎大学正門前でのことである。この日のことを僕は永久に忘れない。なぜなら、この事件こそが、僕らをして学園正常化に走らしめた直接の原因だからである。

……樺島さんと僕の二人で学園正常化有志会を結成、『デモ反対・全学連反対』のビラを配ろうとした矢先のリンチであった。

入学して間もない僕が、これによって大きなショックを受けたとしても、当然のことであろう。くしゃくしゃになったガリ刷りのビラを握りしめながら、こみ上げてくる怒りをぼくはどうしても抑えることが出来なかった。（安東前掲文）

左翼に殴られる……。なんという鮮烈な「運動デビュー」だろうか。冷静に見れば、天皇観も国防論も憲法論も大幅に違うさまざまな宗教団体や市民団体が、「サヨク嫌い」という一点だけで日本会議界隈に蝟集している今現在の彼らの運動の姿は、もうこの段階で芽生えている。

一九六六年夏、これは、私・岩井が東京大学に入学する一年前のことであった。**このとき、長崎大学自治会を握っていたのは、わが解放派の学生組織・反帝学評であった**。この反帝学評とのぶつかり合いから、今を時めく「日本会議」（の学生組織）が誕生したというのは偶然ではない。新左翼学生運動の新たな潮流の旗手・反帝学評が指導する長崎大学自治会を「三六四対二九三」票の票差で破って『全国学協』＝生長の家が、国立大学初の自治会を握り、その後選挙で勝ち続けるという経過をたどったようだ。早い時期に潰しておけば、あるいは、こんにちのような「日本政治の惨状」の到来を阻むこともできたかもしれないと考えると、わが派の「責任」を感じるとともに、日本労働者階級人民にとって、なんとも「無念」というしかない事態であった。「初動」対応を誤ったひとつの典型であろうか。

二つは、地政学的要因。列島環境に規定された「日本人の自己意識の形成過程」という問題。この「日本列島」自体、それほど旧くない時期（一千万年前位）に、中国大陸・朝鮮半島から分離し、東方＝太平洋上にさ迷い出た「ガレキ列島」に他ならない。その間に、南方は台湾・フィリピンなどからの漂着、西方は中国大陸・朝鮮半島からの渡来、北方はロシア・シベリアなどからの渡来の人々が徐々に集積し、一定の人口・生活・産業・文化を作り上げてきたという存在に過ぎない。元はと言えば、地震が頻発し、不断に台風・洪水に見舞われる「ガレキ列島」の上で、不安に駆られながら、健気に生きてきた「**諸民族・人種の混住の島**」であった。これらの人々は、その多様な由来と過酷な自然環境の故に、「自然環境との闘いが主」であり、「排外主義イデオロギー」などとは無縁な生活・人々であったに違いない。江戸時代一一五〇〇年の「鎖国の歴史」は、その日本人の生活・気風をますます「**内向的**」**なもの**に仕立て上げていったと推察される。しかしそれが、**一五〇〇年前の**「**開国**」—「**明治維新**」**により一変していった**のではないか。

以下、要因のいくつかを上げておくことにする。機会があれば、あらためて詳しく述べてみたい。

三つ目は、江戸期以前の古代—中世社会における「**日本人の国家的自己意識の未形成段階**」の様相。

四つ目は、近代史における歴史的要因。「**明治・天皇制君主主義における近代国民国家の形成過程**」の問題。

五つ目は、現代史における歴史的要因。「**戦後・天皇制民主主義における現代国民国家の形成過程**」の問題。

⑦「解放派の明るさ・感性の解放派」＝「近代主義」の限界——「内糾」の表面化

七〇年に至るまでの「解放派の明るさ」は、思想的ベースにヨーロッパ近代思想をとり入れ、ドイツ革命を語り、パリ・コンミューンを革命の一つの「理想形」として掲げ、ローザ・ルクセンブルクを称揚し、レーニンの「外部注入論」を批判する内容に裏打ちされることによって、硬直したスターリン主義の暗さに辟易し、ブントの無思想ぶりに愛想を尽かし、一方、反スタを唱えるスターリニストのエセマルクス主義に欺瞞性を嗅ぎ取る多くの学生・青年労働者たちを、強烈に惹き付けた。

それは良かった。そこまでは良かった。しかし、その「明るさ」の背面に、実は、「華青闘告発」に敏感に感応し対処して行き切れない「暗さ」「重さ」を内蔵していた。当たり前である。日本人である限り、日本社会の抱える歴史的諸問題をそう簡単に「対象化・止揚」できるわけがない。「止揚できる」と思っていたとしたら、それは「思い込み・錯覚」に過ぎない。

その「暗さ」「重さ」は、上記の「明治・天皇制君主主義における近代国民国家形成」と「戦後・天皇制民主主義における現代国民国家形成」の内実を解明し、その「国民国家」における「天皇制下の諸差別を対象化し、それらの現実的解決に向けた闘い」を構築することによってしか克服することのできない問題として、われわれの足下に横たわっていたのである。

その後七〇年代には、部落差別・障がい者差別・女性差別・沖縄差別・民族差別などの諸問題で、**解放派は、**党派としての思想性・体質をかなり深刻に問われたにもかかわらず、**その過程で天皇制についての認識や議論が進み深まってきたかというと、その形跡はほとんどない**。差別問題は、どの分野をとっても、社会の歴史的、かつ構造的諸関係の解明に深く関わる問題なので、その頂点に立つ〈天皇制（国家権力）〉との闘いに不可避的に行き着かざるを得ないはずだが、解放派においては、事はそのようには進まなかった。そのうち、上記、「明るさ」の背面にへばり付いていたポルポト的「暗さ」「重さ」がいつの間にか形をとって露呈し、「内糾」として前面化してしまった。

解放派においては、「差別」をめぐる闘いは、「天皇制」には向かわず、むしろ内攻化し、「内部糾弾」へと突き進み、そのありようを突き詰める論議・思想的営為も不十分なままに、狭間嘉明や永井啓之その他という、階級的内容は空虚、かつ超差別主義者の面々による「拉致・監禁・洗脳」という、誤った粗暴な「解決手段」に奔る行為を大量に許し、彼らに思うがままに党内を蹂躙され、結局は組織分裂＝党派の組織骨格の解体へと突き進んでしまった。こうして、党内権力闘争は決してあってはならない方向へと、痛恨の経過をたどってしまった。

「天皇制の戦略的把握」の欠落と「反安保の政治的基軸」が極めて脆弱であったがゆえに、組織全体が誤った「内糾路線」に身を委ね、党派性の骨格をへし折られ、「八〇年組織分裂」へと追い込まれてしまったのである。

「天皇制」というのは、〈古代以来の日本における天皇を頂点とする身分制＝位階制秩序〉に冠せられた名称である。ではこの用語は、昔からあったのかというとそうではなく、戦前、日本共産党が初めて用い、その後、コミンテルン「三二年テーゼ」に登場し、日本政府側も、その政府答弁（一九三三年）において、当時の内務大臣・山本達雄自らが「天皇制」という表現を用いざるを得ないという段階に立ち至ったのである。

この「天皇制」について、「天皇の戦争責任」を追及することは大前提であり、不可欠であるが、それにとどまらず**「天皇の戦後犯罪」の解明とその追及が決定的に重要**であることを、この稿の後半で縷々論じてきた。では、その議論はどこにつながるか？

⑧「戦後民主主義の虚構」＝「天皇制民主主義」の掌の上での護憲運動の限界

戦後、六〇年安保前後からそれ以降、社会党を中心に「護憲運動」が高揚した時期が続いた。非常に短い期間であったが、社会党委員長であった土井たか子「おたかさん」の時代（一九八九〜一九九〇年）に至る、「戦後民主主義運動」高揚の、「旧き良き時代」であった。しかしそれは、やがて「日本経済が没落」し、自民党（あるいは自公）の強権政治の復活・台頭とともに、社会の片隅に追いやられてしまった。

以後、社会党も大幅に退潮し、社会民主党と名を変えたが、いまや「風前の灯」である。これを、社会党の責任と言っても仕方がない。**内容的には、「天皇制民主主義の下での護憲運動」というものの必然的な限界であった。**わかりやすく言えば、天皇ヒロヒトの「掌（たなごころ）」の上で、民衆・人民の闘いのエネルギーがコロコロと転がされてきたのである。

このことの抜本的対象化と克服なしに、今後の改憲攻撃との対抗は成り立ち得ない。**「日本国憲法・九条」は本当に、どこまで今後の「人民の闘いの橋頭堡」たり得るのか、根本的な検証と闘いの方針の再構築が果たされなければならない**時点にきている。そして今や、「天皇制民主主義」の元凶＝天皇ヒロヒトもこの世に亡く、「好人物」と見られた平成の明仁天皇も退位し、次なる未知数の「令和」・徳仁天皇の時代へと転換し、**「天皇制の目先の変化」を追っているだけでは「何のことやらわからない」混沌の時代**へと、**天皇制をめぐる闘いの地平は、極めて「視界の悪い時代」へとさ迷いこんでいる**と言わねばならない。

この「視界の悪さ」を打破するために、私は上記のように、「天皇制一般」ではなく、歴史的要因④「明治・天皇制君主主義における近代国民国家の形成過程」。歴史的要因⑤「戦後・天皇制民主主義における現代国民国家の形成過程」のように、明確に段階を画した、明治維新以来一五〇年の中での、**「天皇制の変貌」**

に着眼しての「政体の変化の糾明」という課題を、ここに提起したいと考える。

⑨「忖度社会」と天皇制の関連の解明が必要

私は、近年、安倍政権のもとで、安倍総理本人の追及過程で、「忖度」というカテゴリーがマスコミによってクローズアップされ、社会を覆い尽くした感があると見ている。日本は、「忖度社会」であることが、世界的にも国内的にも、隠しようもなく赤裸々になり、多くの日本人やマスコミは、赤塚不二夫張りに「それでいいのだ」と開き直り、それが罷り通ってしまう事態になっている。この「ムラ社会」に特有の「忖度」の眼に余る横行は一体どこに「淵源」をもつのか？　これこそ、**敗戦直後、「天皇の戦争責任」をムリヤリ回避させ、「天皇制護持」のために奔走し、占領軍＝マッカーサーやダレスと取引し、「天皇ヒロヒト」を護り通した旧軍人・保守政治家・官僚・宮廷人たちの足掻き＝「忖度」**が、こんにち、強権安倍の下で、改めて露骨に再浮上・顕在化・全面化するに至ったものと言えるだろう。

この「忖度社会」こそが、歴史的に連綿と続いてきた「天皇制ムラ社会」の特質であり、上を忖度し、下を蔑む「忖度―イジメ社会」は、究極の「差別社会」であると断言せざるを得ない。これこそが、日本社会における「差別秩序維持・延命＝反革命の土壌の本体」であろうと確信する。**この「忖度社会」の構造的打破抜きに、日本における「社会変革の前進」はあり得ない。**よって、「忖度社会」の淵源である「天皇制の糾明とその打破」が重要である。なかでも、「天皇ヒロヒトの戦後犯罪」の解明と追及を、今後さらに、ますます不可欠の課題としていかなければならないと考える。

梯明秀・黒田寛一＝「場所的立場論」「物質的主体性論」の根本的誤謬を突く

「新左翼の仮面をかぶり、左翼の名を騙る反革命組織革マル」の思想的核心点

はじめに

私・岩井は、一九七七年二月一一日、茨城県取手駅前で革マルに虐殺された中原一同志、一九七五年六月二四日、静岡県伊東市の別荘で革マルの襲撃に斃れた石井真作同志をはじめ、幾多の革マルのテロによって斃れた仲間たちへの「**弔い合戦**」のつもりで、この論をまとめた。当時、「反革命的宗派革マル」という規定しかもち得なかったわれわれが、その規程のみを拠りどころに〈命懸けの対革マル戦〉を闘うのは大変しんどかった。その痛恨の思いから、岩井からの個人的提起であり、遅ればせながらではあるが、今回あらためて単なる「宗派」ではなく、「反革命革マル」と規定し直し、斃れた諸同志に対する「**弔辞**」としたい。この稿は、その新たな規定の思想的根拠を世に初めて提示するものである。

本論に入る前に、主な登場人物のプロフィールを掲げておく。

【西田幾多郎】（にしだ・きたろう）一八七〇年～一九四五年、京都大学教授、「京都学派」の創始者。著書『善の研究』『自覚における直観と反省』『一般者の自覚的体系』『場所的論理と宗教的世界観』など、著作多数。

【梯　明秀】（かけはし・あきひで）一九〇二年～一九九六年、京都大学卒、立命館大学名誉教授。著書『社

会の起源』『物質の哲学的概念』『資本論の弁証法的根拠』『戦後精神の探求』など。

【梅本克己】（うめもと・かつみ）一九一二年〜一九七四年、東京大学文学部倫理学科卒。旧制水戸高等学校教授、立命館大学教授を歴任。著書『唯物史観と現代』『過渡期の意識』『革命の思想とその実験』など。

【黒田寛一】（くろだ・かんいち）一九二七年〜二〇〇六年、革共同全国委員会革マル派議長、著書『ヘーゲルとマルクス』『プロレタリア的人間の論理』など。

【吉本隆明】（よしもと・たかあき）一九二四年〜二〇一二年、東京工大電気学科卒、世界文明センター特任教授。安保ブントの著名なイデオローグの一人、著書『自立の思想的拠点』『高村光太郎』『転向論』など。

【小林一喜】（こばやし・かずのぶ）一九三五年生まれ、活動家集団思想運動（武井昭夫らのグループ）、六〇年安保闘争に参加、現状分析研究会会員。著書『吉本隆明論』『黒田寛一論』。

序論　梅本克己の問題提起と、梯&黒田の思想的出発点

どのように戦後は始まったのか？＝「戦後主体性論争」の成り立ち

日本の知識人にとっては、絶対主義天皇制に対して、否みがたい負い目があった。それは他でもなく、日本の軍国主義に対して、有効に対決できなかったということ、言い換えれば戦争の試練に耐えることが出来なかったということである。それは、何らかの意味において、反体制思想にコミットした知識人たちのナダレを打った大量転向として昭和思想史の屈辱の一ページを記したのであった。（小林一喜『吉本隆明論』田畑書店、一九七〇年、二七二頁）

以下、小林氏の同書（二七三〜二七五頁）を参考に、「戦後主体性論争」の成り立ちを簡潔に整理したみたい。「党」や「人民」「階級」を物神化した信仰者たちの「戦前マルクス主義」（＝戦前日本共産党の教義）は、まさに護教論であり、教条主義であり、客観主義であった。このような信仰者たちは、その信仰が強固であればあるほど、現実と有効に拮抗しうる思想をただの一度たりとも提起したことがなく、絶対主義天皇制が無責任の体系であった如く、「党」もまた無責任の体系の上に成り立っていた。にも拘わらず、「戦後マルクス主義」（＝戦後日本共産党の教義）は、あたかもいかなる敗北、いかなる転向、いかなる誤謬もなかったかのごとく、「無謬の正統派」としておのれを表出しようとした厚顔無恥さゆえに、到底、日本の知識層を納得せしめることはなかった。

戦前・戦後を通じ「日本の公式マルクス主義」（＝日本共産党の一貫した教義）が、自意識の欠如した社会意識であったがゆえに、少なくとも「戦後思想」は、戦前・戦中を通じた自他ともどもの敗北を真摯に反省することから出発しようとした。こうして「党」の無謬の認識が全くの誤謬そのものであったという苦い認識から、戦後思想は「自我の確立」を、「主体性の確立」をという形で、「主体性論」を軸に展開されることになったのである。これがいわゆる「戦後主体性論争」の成り立ちであった。

梅本克己によれば、唯物論における主体性論の問題を提起した理由は、次のごとくである。《絶対的無我とか、報いられることを期待せぬ解放への献身とは、決して抽象的な人間一般への献身ではない。いわんや、人間を超えた宗教的対象への献身ではない。それを枢軸として全人間を解放すべき歴史的位置を占める特定階級の自己解放への献身である。その全体性への献身である。さらにその全体性への献身が、同時に、全人間の解放への献身であることを自覚した表現である。この自覚において、愛と闘争との弁証法的統一が、果たされるのである。しかし、このような統一の自覚は、単なる科学的洞察によって果たされうるものではない。それは、「理論」からは省略されている。》（梅本「唯物論と人間」『唯物論と主体性』所収）……この問題提起は、いわば「認識」と「自覚」の関係の問題であり。換言すれば、いかに歴史的必然性について認識を量的に深化させてみても、その認識に従って、自我の内発性＝自覚を発条とした実践への欲求が喚起されるとはかぎらない。したがって、この認識と自覚の「空隙」をどうすべきかという問いであった。同じことを、梅本克己自身の記述から引用するならば、「人間は自己の体験しえぬ未来の人間の幸福のために、いかにして自己の生命を捧げうるのか」という設問になる。そしてこれこそは、「正統派」唯物論の「空隙」を露呈させるための、梅本克己のとっておきの設問だったのである。（小林一喜『黒田寛一論』田畑書店、一九七二年、五七〜五八頁）

「戦後主体性論争」とそれを提起した梅本克己のスタンスは上記の如くであった。このような問題状況にたいして、黒田は分不相応にも、自ら「解答」を用意しようと勢い込んで臨む素振りを見せ、時代に切り込んで「時代の共感」を得ようと大向こう受けを狙った芝居を演じようとした。しかし、いかんせん、到底力及ばず、梅本の提起に応えきれず、のちに見るように、早々と「自覚の論理」を「労働の問題」にスリ替え、「自覚の論理」の掘り下げの「壁」にぶつかったところで、「**マルクス主義**」と「**西田哲学**」の**アマルガム（合金）である**「**物質的主性論**」「**場所的立場論**」**という**「**ニセの論理**」をデッチあげ、六〇年安保直後からの多くの悩める「左翼的」活動家諸君を煙に巻き、「**黒田理論＝革共同の迷路**」へと巧みに誘いこんだのである。

「東亜新秩序のイデーは、
八紘一宇的必然性！」
転向体験の梯明秀
天皇制の穴ボコに
落っこった！
「日本民族の中心は
天皇制！」
「転向するとは
嘘をつくことだった！」
はい上がるのが
たいへん！
「思想の転向よりも、
生活の転向！」
（＝スリカエ）
「実刑回避！実刑回避！」
宗教的自覚の論理
「絶対無の論理」
「場所の論理」
「行為的直観」
西田幾多郎
「あらゆる差別や対立は
揚棄されて絶対矛盾的
自己同一の関係にある」
（西田幾多郎）
「感覚と思惟との
矛盾的自己同一」
「主体的物質―
物質的主体性」
「実践的直観」
西田先生のヨロイを着た！
やった〜！
シャキ〜ン!!
梯
梯明秀
「ヘーゲル概念の
レーニン的転倒！」
（梯明秀）
真っ赤なウソだ。
私はそんなことは
やってない！

ここで見ておくべきは、歴史を遡る梯《かけはし》明秀の存在と黒田の歴史的位置取りとの関係である。梯明秀は一九〇二年生まれの「思想家」であり、経済哲学を標榜し、『資本論』に着目し、その学習を志した人物である。その梯が、何ゆえに「西田哲学」に傾倒するに至ったか？ それは、後に見る『戦後精神の探求に』詳しい。この書自体は、戦中・戦後の自分の苦悩を語ったものであるが、遡ってマルクス主義学習の最初の頃の自分の迷走についても吐露している部分がある（後述）。

梯は、そもそも、その「哲学的生活」の出発において、京都学派・西田幾多郎の門に入り、その薫陶を受け、自らの「経済哲学理論」形成の旅に出たわけであるが、下記に見るように、天皇制下の弾圧により逮捕され、**「実刑回避」（？）のため**「転向」を余儀なくされ、それまでの「理論的蓄積」のすべてが破綻してしまった。敗北と破綻のどん底にあって、戦後、梯がそこから這い上がるために取った方法は、「一段と深い西田哲学への帰依」以外に道はなかったのである。こうして梯は、西田哲学という「宗教哲学の檻」に、「二段構えの構造」で嵌り込んでしまった。このような経過で梯は、**「西田哲学」と「自称マルクス主義」のアマルガム（合金）**構築に勤しむこととなった。**この「奇妙なアマルガム」に黒田は着目・共感し、そこに全面的に依拠しながら、グロテスクな「エセマルクス主義＝黒田哲学」の構築に励むようになった**のである。

『転向声明書イロニー』（梯）の一節

ついに弁証法も棄てた。マルクス主義を棄て、マルクス主義を真理として確信せしめる思弁的方法も棄てたのである。そして展開されているものは、まさしく戦犯哲学ではないか。ここまで嘘をつく必要があったのかと、わたし自身、ここに鉛筆を走らせながら、熱い羞恥に堪えない。しかしながら、さいごの「結び」

の節において、次のごとく書いている。この言葉の意味こそは、現在にまで鮮明に記憶されて、わたしの精神を支えてきたものであった。……既往一〇年間の私の理論的生活を顧みまして、それは、日本人としての歴史的人倫の自覚なく、ヨーロッパ近世の個人主義的な考えのみから、真理の探究に専心しただけであったことは、一国民として、まことに不忠の仕業であったことを、深く反省させられました。……この不忠不孝に恐懼して、私は、心を貧しうし己を空しうして、陛下の命を謹んでお待ちする境地にあります。……転向声明である限り、究極において謝らなければならぬ対象は、個々の誰でもなく天皇でしかない。……しかも、この声明によって実刑を食うか執行猶予になるかの瀬戸際にあるのではないか。（梯明秀『戦後精神の探求』、勁草書房、一九七五年、一七六～一七七頁）

解放派の基本的な思想が掲載されている社青同東大本郷班機関紙『解放No.6』（『滝口弘人著作集・第一巻』、三～四八頁）の著者・滝口弘人氏と並ぶ「解放派の創始者」の一人・中原一《はじめ》氏の著作集・第三巻の末尾（五〇九～五一一頁）に、「**革マルイデオロギーの要約**」という一節があり、（一）〈主体的物質〉、（二）〈物質的自覚〉、（三）〈場所的立場〉、（四）〈対象的論理の否定〉の四点について書かれているが、この内、私はこの書では、（一）物質的主体性、（三）〈場所的立場〉、（四）〈対象的論理の否定〉の順に焦点を当てて考えていきたい。

一、「場所の論理」の正体＝「日本的な近代的自我の受け皿となるアジア的共同性」のエセ哲学的表現

中原一氏は、「**場所の論理**」**の正体＝**「**日本的な近代的自我の受け皿となるアジア的共同性**」のエセ哲学

的表現について、要約的に、次のように述べている。

革マルの「組織的強さ」をあえて問題にするならば、「場所的立場」を基礎とする「主体性論」に他ならない。「場所」という概念は、西田が「ヘーゲルの過程的弁証法」に対して形成したと称するもので、正確に言えば「無の」場所である。これは『絶対に客観できない主観』とされているものであり、要するに「絶対的主体」である。これは西田が仏教的「無」＝「空」のイデオロギーを、生まれつつあった「日本的小ブル的自我」からとらえかえしたものである。「過程的弁証法」―「時間的空間的発展」に対して西田が「場所」＝「空間」に注目しているのは、十二分に資本主義が発達せず、生まれつつあったブルジョワ的個人（市民）が、立体的な分業による「相互関係」を形成しえず、「個」であることの不安の中で、「旧い共同体のエネルギー」＝「無の場所」へ回帰し、「疎外」からのがれようとしていることを示している。ここでは、「個」と「普遍」が「絶対矛盾的自己同一」として、非合理的に「癒着」している。黒田は、この西田の「絶対的主体」＝「個と普遍の癒着」としての場所＝「それ自身としては強固であるが、立体的発達がないため未熟であり、旧い共同体へ融合している個―個と普遍の癒着としての場所」を、田辺の「種」＝「社会」と、梯の「物質」を通して「再編」した。（『中原一著作集第三巻』五一〇頁）

ここで、中原氏の解説冒頭の「**革マルの『組織的強さ』をあえて問題にするならば、『場所的立場』を基礎とする『主体性論』に他ならない**」という見解に、私はあえて異論を唱えておきたい。それは、**革マルの「組織的強さ」は、「場所的立場」を基礎とする「主体性論」という形をとった「宗教心そのもの」であると正面から喝破すべきであった**、と考えるからである。では、何に対する「宗教心」か？　それは、「（西田＝

梯＝）黒田哲学に帰依・信心する心」である。黒田哲学は、一見、西田哲学に帰依する素振りを表面上は見せないが、それは見せかけだけで、実は、**西田哲学に対する直接の強い信心を隠さない梯哲学をそっくり「模写」することで、間接的に西田哲学に対するズブズブの信仰心を内包するという、俗に言う「二人《ににん》羽織」のような構造を有している**のである（「三人《さんにん》羽織」と言ってもよい）。われわれは、黒田哲学の正体を的確に暴くためには、**梯哲学が西田哲学に帰依するカラクリを暴き、「梯哲学経由で、西田哲学につながる黒田哲学の宗教的構造を暴き出す」という手続きを経ることが、実は最短距離**ということになるのである。これは一見面倒な手続きに見えるが、黒田がその出自をみずからは明かしたがらない以上、**不可欠の論証手続きである**と考えられる。無論、面倒な論証なんか素っ飛ばしても、**黒田哲学がまとう仰々しい鎧《ヨロイ》＝思想骨格のほとんどが西田哲学&梯哲学のカテゴリーである**以上、黒田が西田の直系の**孫弟子**であることは、いくら隠しても隠し切れない、「**一見してバレバレの氏素性**」なのではあるが……。

　上記の事情から、まずは、「場所の論理」「絶対矛盾的自己同一」「行為的直観」などの諸カテゴリーを、西田本人の著書（**密教的に**超難解！）よりもかなり平明に解説してくれる**西田の研究者・小坂国継氏**（**一九四三年〜、早稲田大学大学院文学研究科博士課程修了、宗教哲学・近代日本思想史専攻、日本大学大学院総合社会情報研究科教授**）の著書『西田哲学の基層―宗教的自覚の論理』（岩波現代文庫、二〇一一年）によって、丁寧に読み解いていこう。

　西田は常に宗教を学問・道徳の根本と考えていた。彼は晩年さかんに歴史的世界の自己形成とその論理的構造を明らかにしようとしたが、その際、歴史的現実界がその根底において宗教的構造を有しているということを力説してやまなかった。一言でいえば、彼の哲学は宗教的自覚の論理であったといえる。そして、この点で、西田哲学はスピノザ哲学と共通している。スピノザも西田もともに、超越者を外在的超越者とは考えず、反って内在的超越者と考えている。……両者の思想はともに、内在主義的な宗教的自覚の論理と言ってよい。『善の研究』には、最も素朴な形で西田の思想の原型が語られているが、そこでは、明らかにスピノザの汎神論に対して強い共感が示されている。スピノザの思想は、西田の心奥にある琴線に触れるものであった。……スピノザ哲学が絶対有の論理であれば、西田哲学は絶対無の論理である。このように、両者の思想は、際立った対照をなしている。……西田の著作の中に道元の名前やその著作からの引用が頻繁に現れるようになるのは、一九三九年以降のことである。この年の春、田辺元は、『正法眼蔵の哲学私観』を刊行した。……西田自身は、田辺の道元解釈には大いに疑問を抱いていたようで、鈴木大拙にその書評を依頼したりしている。……これがきっかけとなって、西田は道元に関心を持ち、その著作を読み直した模様である。そして、道元の思想と自分の思想が驚くほどに響和していることを自覚し、自分の著作の中で道元の言葉をたびたび、しかもまるで自分の言葉でもあるかのように用いるようになった。……筆者は、いわゆる自己というものが消えてなくなったところから世界を見て行こうとする道元や西田の思想のうちに、真正の日本型思想の原型があると考えている。……筆者は、西田哲学の意義は、従来の西洋の実在観とはまったく異質な、東洋的ないしは大乗仏教的伝統に深く根ざした実在観を提示したところにあると考えている。……そこでは、全体的一と個物的多が相互に対立的で乖離的なものとしてではなく、反対の、一即多・多即一として、相即的・相補的な関係にあるものとして捉えられている。あらゆる差別や対立は揚棄されて、一切のものは絶対矛盾的自己同一的関係にあるものとして捉えられている。……弁証法的世界の創造的な歴史的自己形成を、行為的主体の側から行為的主体の働きに即して見たものが「行為的直観」の思想であり、また弁証法的世界自身がもっている内的・論理的構造を言い表したものが、「絶対矛盾的自己同一」という概念である。（小坂国継『西田哲学の基層—宗教的自覚の論理』、岩波現代文庫、二〇一一年、まえがき ⅵ〜ⅹ頁）

実は「**あらゆる差別や対立は揚棄されて、一切のものは絶対矛盾的自己同一的関係にある**」というこの引用部分に**西田哲学の要諦は端的に表現されている**のである。これは、ある意味「わかりやすい論理」であり、その核心は、「**階級・階層融和の論理**」に他ならない。この西田が提起した「論理」に、梯・黒田は深い共感を示し、有り難がって縦に横に斜めに**こねくり回し**、難解な「論理」＝**西田哲学とマルクス主義の「アマルガム」**（合金）をデッチ上げ、それによって、**左翼的心情を抱きつつも権力に怯え急進主義を忌み嫌う若き青年たち（これが革マルの基本的体質！）**を、西田的世界に誘《いざな》おうと懸命なのである。

上記の小坂氏の引用中に、西田哲学のキーワードが数多く詰め込まれており、それが同時に、梯哲学&黒田哲学のキーワードと重なっていることが見てとれるわけであるが、そのことを、これから順次確認していきたい。

二、梯明秀の迷妄の出発点

以下、少々長いが、梯明秀の「転向声明書」の内容を、その著書『戦後精神の探求』（勁草書房、一九七五年）より、そのまま採録する。その理由は、これが梯自身の個人的内面の吐露であるだけでなく、この梯の思想骨格が、それをそのまま踏襲した黒田寛一の思想内容をも本質的に規定する文章だと判断されるからである。

①梯明秀の「転向声明書」:「転向声明のイロニー」

梯は、自著『戦後精神の探求』一七一~一八二頁で、転向するにあたって、以下のように記している。

予審終結に際して判事殿より、私の過去の研究生活への反省、現在の思想、将来の思索方針についてお尋ねを受けたのでありますが、私自身といたしましては、現在陥っている逆境をいかにして切り抜けうるかについて何らの見通しもなく、将来生活の再建に対して全く自信を持てず、ただ事態の成り行きに任すほかない心境にありましたので、思想の転向ということよりも生活の転向ということが私にとって切実な問題だったのであります。将来において、従来のごとき研究生活が、はたして続けられるか否かについて、一向に見当つかずというよりはむしろ悲観的になっている際に、将来の研究プランの樹立でもあるまいと存じ、ひとたびは(転向声明を書くことを)ご辞退を申し上げたのでありますが、判事殿から転向ということは、単なる社会人として無為徒食することでないし、殊に君から本を奪うことは、君に飯を食わさないと同じことだ、と却って激励のお言葉も賜ったので、これももっともと存じ、将来も従来通りの研究生活が続行できるという仮定を前提することを許して頂いて、ご指示を受けたテーマのもとに、私の所感を展開させて頂くことに致しました。これが、予審調書の末尾に挿入して頂いた「感想」と題する私の序文であります。……一〇年を隔てた私自身の文章を今初めて見て、そして「序」の冒頭からここまで読んできて、私は気分を新たにした。即ち、私は予審判事に対しては、転向声明を一度は拒絶していたのである。この記憶は、私には薄らいでいた。転向声明は三回強要された。警察手記と予審調書と裁判長に提出したこの「感想補記」とである。……私は、伏見警察署の留置場で数か月間の最後まで、この主張(略)で、K警部補に対し、転向の理由がないと頑張り通した。その間、留守宅に四歳の次女が悪性の疫痢で入院するやら、類焼して転宅するやら災難続きに、

> 職業意識を超えた配慮をこの警部補から受けて、人間的に意気投合していた間柄になっていたので、「間接に（共産主義を）宣伝したことにしてはどうか」と来た時、それを承認して無遠慮に、「転向声明は書く気がしないから、そちらで然るべくやってくれ」と答えた。これで、私も官製共産主義者になって、転向声明書に判を押したのである。……転向するとは、要するに嘘をつくことであった。……私自身の築き上げた独自の立場、民族的個性の論理を内容とする絶対有の立場に立って、過去の私の共産主義的思想の自己批判を要約するとともに、現在の思想内容の一端と致しまして、「日本精神史の方法論」及び、「支那事変の論理的解明」をこころみ、さらに、これらの諸試案の具体化を将来の研究方針と致し、時局に際してこれらのプランを遂行するための学者の取るべき態度を、指示した次第であります。……絶対有の論理は、全体主義への自己否定的実践として化けて出ている。西田博士の絶対無の論理が、有の契機を確保しなかった限りで、皇道主義の基礎付けに利用されたのと、軌を一にする。……インド思想と支那思想とが如何なる関係の下に、日本的現実を指導する思想の中に摂取されるべきかということは、東亜新秩序の文化的背景をなすものとして、現段階の課題であるべきこと、「感想」において申し上げた通りであります。……しかし日本民族が、歴史的生活を持続して固有の民族史を形成している限り、この人倫共同体の特殊な日本的中心が天皇制であります。……この八紘一宇的必然性にこそ、東亜新秩序のイデーを論理的に基礎づけられるのであります。（梯明秀『戦後精神の探求』、勁草書房、一九七五年、一七一〜一八二頁）

「思想の転向ということよりも生活の転向」と軽く言い捨てているが、実はここには「**重大な語義のスリ替え**」（語義のスリ替えは、**梯&黒田の得意中の得意技**である！）が行われている。「生活の転向」とは、通常の用語では、

「生活の転換」と言うべきところであり、それは日常、われわれも多く経験していることである。しかし、「**思想の転向**」とは、そのような軽いものではなく、文字通り、思想の抜本的転換＝従来の思想を根本的に放棄し、従来とは正反対の思想に「寝返る」ことである。ここのところを、梯は完全に履き違えて、**自らの転向の事実を自らに対しても隠蔽**しようとしている。**ここに、梯哲学の「根本的誤謬」が、既に胚胎**しているのである。**そこを黒田は不問に付して、梯の思想骨格をそのまま踏襲しているの**だから、結果、トンデモナイ「思想体系」になってしまったことは、何ら不思議なことではない。

さらに、被疑者として〝取調官と意気投合〟という時点において、すでに、いわゆる「完落ち」の状態であるが、この男の**タチの悪さ**は、それを「**転向するとは、要するに嘘をつくこと**」**だ**として、自分の転向の事実を「嘘をついたんだ」と自分に対して言いくるめてしまうところにある。換言すれば、あたかも「**偽装転向であった**」**と「偽装」**しようとしているのである。ズルいとしか言いようがない心性である。その上、タイトルに言う、「**転向声明のイロニー**」だと。「イロニー」＝アイロニー（irony）＝「皮肉」である。**どこが「皮肉」なのか？**「皮肉」ではなく、「敗北の現実」なのではないか？　**どこまでもこの男は自分と向き合っていない**。この「不誠実な姿勢」が、その後の彼の思想展開のすべてを規定していると言っても過言ではない。マルクス主義の本質から外れたところで、駄弁を弄し詭弁を駆使してエセマルクス主義を滔々と構築・展開するその姿は、その忠実な弟子＝黒田寛一にそのまま引き継がれていると見て間違いない。「**この師にして、この弟子あり**」である。

三、梯明秀の哲学の論理構造＝「物質的主体性論」のインチキ性

黒田哲学に踏み込む前に、**西田哲学と黒田哲学の文字通り「橋渡し役」を担った梯《かけはし》哲学**の論理構造を見ておきたい。

①フォイエルバッハを完全にスルーし、「ヘーゲル概念のレーニン的転倒」⁉

> この再出発にあたって、書きつつヘーゲルを理解し、マルクスに学ぼうという甘い目論見を立てたのであった。ヘーゲル哲学を全面的に把握し、『資本論』の論理的構造の十分の見通しを成就したのちに、両者の比較研究をしたのでなかった。『資本論』を体系化するまでのマルクスが、如何にヘーゲルを学んだかに関心したと言うも、（私は）フォイエルバッハを媒介にした思想史的過程を忠実に分析するということを心掛けたわけではなかった。かかる着実な途を落ち着いて歩むには、私はあまりにも性急であった。禍はここに潜んでいた。かくて、労作の一つ一つの構想も、ヘーゲルのかの部分とマルクスのこの部分とをアトランダムに撰んで結合することによって、出来上がった感もないではなかろう。この構想における偶然性が双方の結合を外面的にし、機械的にしたということも出来るかもしれない。ただ私として、範疇の結合が論理的に必然であることを確かめえた限りにおいて、マルクスとヘーゲルとの思想的関連の把握に誤りなかったと後から推定するほかなかった。（梯明秀『資本論の弁証法的根拠』有斐閣、一九五三年、初版跋文　一七一〜一七二頁）

右のように梯は、みずからのマルクス主義学習の〈あまりに粗雑な〉プロセスを反省的に述べている（**梯には、「自らのインチキ性」について、当初は、多少の後ろめたさがあったようだ**）かに見せて、実は、まさに**フォイエルバッハを完全にスルーした**ばかりか、後には開き直ってフォイエルバッハの思想を「彼の学問的方法そのものは、宗教心理学でしかなかった。……宗教的自己疎外の思想」（上記跋文、二四〇頁）などと悪罵を投げつけたことが、梯（と黒田）の致命的誤謬につながったことを指摘しないわけにはいかない。梯自身も気に掛けるごとく、**「ヘーゲル概念の唯物論的転倒」は、まさにフォイエルバッハによって成し遂げられた大事業**であったことは、マルクス主義思想形成史をまともに学んだ者で、誰一人知らない者はいない。

ヘーゲル左派を正面から経験しないマルクス主義理解は偽物である。別言すれば、**「ヘーゲル↓ヘーゲル左派（フォイエルバッハ）↓マルクス」という継承関係自体が、まさに「弁証法的」に成し遂げられているのである。**しかるに、梯がデッチ上げたように、**「ヘーゲル概念のレーニン的転倒」**（梯明秀『資本論の弁証法的根拠』有斐閣、一八八頁）**と言ってしまえば、「ヘーゲル概念のフォイエルバッハ的転倒も」なければ、「フォイエルバッハのマルクス的転倒」も不要になってしまうのである。よって、この非弁証法の典型のような「ヘーゲル概念のレーニン的転倒」なるものは、〝真っ赤なウソ〟である（一体、マルクス以前にレーニンが存在していたとでも言うのか⁉）**という冷厳な歴史的事実を無視して、梯・黒田もろともに、「ヘーゲル概念のレーニン的転倒」というデッチ上げに走ってしまったという〝悲喜劇〟である。

本来ならば「自我」あるいは「人間」という概念を核として、その論理を極限まで突き詰めたところに定立された〝主体性論〟に踏まえ、すなわち「後期近代思想」＝「ヘーゲル左派」を止揚することによってマルクス主義は確立されたのだが、この**ニセ理論＝「ヘーゲル概念のレーニン的転倒」（これほど歴史をスッ飛ばしたという意味で、〝非弁証法的把握〟はあり得ない！）なるインチキ理論を導入**した途端に、マルクス主義における「ヘーゲル左派体験」の持つ意味を、梯・黒田は、まったく理解でき（理解する必要が）なくなってしまったのである。このことが、**梯（&黒田）哲学の「致命的な方法的誤謬」**として災いし、結果、マルクス主義を〝理想主義的心情〟で支えるために、「主体性論」を定立しようと虚しい足掻きを重ね、「**主体性**」**の上に**「**物質**」**なる冠を乗っけて、ありもしない**「**物質的主体性**」**をデッチ上げるという妙案**を捻り出し、この**方法的トリックを糊塗するために、**「**悪無限的な観念的迷走を重ね続ける出発点に立った**」のである。その空隙（＝不安な心情＆架空の論理構造）に入り込みその論理骨格を支えたのが、**西田哲学の**「**場所の論理**」**をはじめとする諸々のカテゴリー操作に満ちた観念論体系と、これまたインチキな**「**レーニン的物質**」概念であった。かくして、**梯・黒田は完全に西田哲学の範疇に取り込まれ、しかし辛うじてレーニンの名を被せることにより、**「**左翼的な**」**装い**（**＝隠れ蓑としてのレーニン礼賛**）を凝らすことに〝成功〟したのであった。レーニンこそ、「いい面の皮」と言うべきであるが、**レーニン自身にこのような**「**デタラメ盗用**」**を許す構造があったことも否めない**（**この点は、別途後述**）。

このインチキ理論に、六〇年安保直後の素朴なブント活動家の多くがコロリと騙された。以来、革マルの活動家は言うに及ばず、中核派も未だに、六〇年～七〇年後の今日もその延長線上にある。おびただしい数の活動家を革共同のエセマルクス主義の迷路に引きづりこんだ仕掛けは、こんな「**単純なインチキ**」だったのである。

②「近代思想の三段階の変遷」

近代思想の展開過程を、その論理構築の変遷に即して考察するとき、初期・中期・後期という三段階……の変遷について、象徴的に指摘するならば、初期近代思想は、デカルトを嚆矢とする前カント期の主知主義的合理論をいい、中期近代思想とはカントに始まりヘーゲルにおいて完結する理想主義をいい、そして後期近代思想とはヘーゲル以後のエゴイズム・ニヒリズムを原理とした、言わば市民社会の自然律を自覚化した現実主義をいうのであった。……マルクス主義にとって、本来止揚の対象でしかない論理を、あたかもマルクス主義の本質であるかのごとく展開してみせた戦後主体性論は、その原理を省みれば、近代的思惟にほかならなかったと言えるが、その発想の起点を戦後において明示してくれたのが他ならぬ梅本克己であり、その論理を市民社会の自然律の自覚において帰結したのが、吉本隆明であった。かかる意味において、日本の市民社会の成熟は、吉本隆明という個性において、日本マルクス主義の周辺とみられる部分から、初めて強力な後期近代主義を生み出した。(小林一喜『黒田寛一論』、田畑書店、一九七二年、一三五頁)

③梅本克己による「マルクス主義の空隙」の指摘→「自覚の論理」の提起

ヘーゲルをマルクス的に転倒させるといっても、物質の自己運動と概念の自己運動とは同じ形にはならない。……そうした観念的立場に対する批判は、かれらが抽象した断片を現実の体系の中に弁証法的に定位せしめることによってはじめて完成するが、この定位づけの仕事を通して唯物論は、自己自身の可能性を自覚し、残された空隙を充填してゆくのである。」(梅本克己『過渡期の意識』現代思想社、一九七五年、一五四頁)

「神秘を存在せしめることは、支配階級にとってこの上ない武器である。だから支配階級のイデオロギーは、その確保のためにあらゆる思弁を集中する。階級社会最後の段階において自己自身の力に目覚めた階級の哲学は、こうした欺瞞を一つ一つ覆したわけである。しかし、このようにして一切を奪い取られた観念論にも、最後の牙城が一つ残っている。物質の自己意識—つまり、物質が自己を超え出て精神となり、自己を超越するものを自己自身の内容として直観する。いわば、物質の自覚の論理である。そして、現在としては、ここにいかにして神秘を残さぬようにするかということに唯物論と観念論との係争点がある。言うまでもなく唯物論は、この論理をどこまでも対象的な発生史的場面でとらえてきた。しかしこの問題の核心は、そうした対象的認識の量的深化が、いかなる点で主体的自覚に質的深化をするかの点にかかわる。（同書一五五～一五六頁）

「物質の自己運動」「物質の自己意識」「物質の自覚の論理」だと。ここにすでに、梯→黒田に至るまでもなく、「機械的唯物論」が梅本の論理に根深く入り込んでいる。社会的存在である人間を、単なる「物質」に貶めたうえで、そこに意識を付与し、自覚を持たせ、「物質の自覚の論理」なる論理へと突き進む。「物質」を語れば「唯物論」であるかのごとき、「唯物論」の履き違えが、早くもここに露骨に発生している。「（史的）唯物論」の要諦は、「（社会的）**存在が、**（社会的）**意識を規定する**」ということであって、それ以外ではありえない。しかるに梅本は、「物質が自覚するのだ」と短絡的に論を進め、「自覚の論理」＝「主体性論」を展開しようとする。ここに、西田の「自覚の論理」も絡んでいる。その二重の誤謬に、黒田がそのまま乗っかったのである。

梅本克己は、マルクス主義を理想主義と解したからこそ、マルクス主義における「認識」を理想主義的範疇において受け止め、それを彼岸の実現目標として設定することによって、此岸の現実における主体の「決断」の問題を問わざるを得なかったのである。彼岸の理想として誰しもが認めざるを得ない「人類の目的」を、誰しもが認めざるを得ないがゆえにおのれが受容した時、その受容の結果、目的実現のための「革命的実践」を要求された時、言い換えれば、「理想」と「現実」を直接的な実践において結合しなければならぬという「当為」を要請された時、多くの人々は、それぞれがかかえた現実生活のゆえに、その「当為」に対して、必然的なひるみやためらいを感じざるをえなかった。……梅本克己における「自覚の論理」は、この必然的なひるみやためらいを根拠に展開されたものであって、それは戦前の日本マルクス主義が人々の生活を無視した

「当為」の具現化にあたって、そのひるみやためらいの根拠を、強引な「階級移行論」によって黙殺した時、必然的に自己崩壊をもたらさざるをえなかった無数の事実の反省の上に成り立った「自覚の論理」であった。「人はいかにして将来の人類のために自己の生命を放棄しうるか」という主体性への問いも、梅本主体性論のとっておきの命題だったといえるが、この設問そのものの持つ論理構造こそは、まさに彼岸の目標である「将来の人類のために」ということと、此岸のおのれの主体的・内発的「決断」への心理的・論理的手続きをどうつけるかという問題であったのだ。(小林『黒田寛一論』九八〜九九頁)

梅本主体性論の「自覚の論理」は、……進歩的知識人の戦後における居直りの論理〈自立論〉であって、この居直りの論理を徹底化」することによって、やがて吉本隆明における自立論が登場するにいたるわけである。(同書一〇〇頁)

梅本主体性論の「自覚の論理」は、戦後におけるインテリゲンチャ=進歩的知識人の抱えた悩みの真摯な表明であったが、それが同時に、日本の公式マルクス主義(=日本共産党の教義)の客観主義的偏向=弱点を鋭く突いたものでもあった。その限りにおいて、戦後という時期における時代的意義を有し、したがって、「時代の共感」を少なからず得ることができた。しかし、その「自覚の論理」の追求に、黒田寛一が相乗りした。

梅本の問題提起は、取り上げられなければならない不可避性を持っている。ただし、第一に、主体性論争における「正統派」唯物論哲学の不毛性、第二に、梅本の問題提起が唯物論の地盤の中に求められたというその性格、しかも第三に唯物論そのものの地盤の中に、いまだ「主体の領域」の問題が理論的に定位づけられていないということ、これら客観的諸条件を反省するならば、当然起こるべくして起こる問題であるから

だ。（黒田寛一『ヘーゲルとマルクス』現代思想社、一九六八年、三一一〜三一二頁）

だが、黒田は、梅本に相乗りし、「時代の共感」を得たかに見せながら、次の瞬間、梅本を切って捨てる。

梅本克己の間違っている点は、個人＝人間をば「抽象的な」社会性のうちにとらえたことではなく、社会的性格を人間に貫徹させなかったという意味における、個人＝主体の抽象的把握にあるのでなければならない。すなわち、労働の所産であるとともに労働力として、言い換えれば技術的実践の担い手として、社会的実践主体として人間がとらえられていなかったということである。これがすなわち、梅本の理論展開における人間の倫理主義的把握の論理的根拠であり、「自覚の論理」が一面的なものになった根本的な理由でもある。（黒田寛一『ヘーゲルとマルクス』三一一〜三一二頁）

そして、黒田による梅本への「相乗り」は、単なる「相乗り」にはとどまらなかった。黒田は、梅本のお蔭で「まじめな左翼思想家」ぶって戦後論壇に登場することができたが、その後、明らかに「**悪乗り**」へと突き進み、そこにおいて**重大な「論点のスリ替え」**が行われたのである。その事情を、小林氏は、次のように鋭く抉り出す。

改めて思い出していただきたいことは、黒田寛一の問題意識は、「直接には梅本克己の問題提起を同時におのれのものとして受け止め」るということから出発していたはずである。ということは、すでに引用しておいたごとく「対象認識の量的深化が、いかなる点で主体的自覚に転化するか」ということであり、ここで言う「主体的自覚」が問われている場は、「認識」者の「革命的実践」の場にいたる経路においての「認識」から「実践」への「決意」の問題であったはずである。だがしかし、……「自覚」＝「労働」＝「実践」の等式の成立を根拠に、「自覚」とは「労働」の問題であると黒田寛一が論証してみせたとき、はっきり言えば、そこで論点のスリ替えが生じたことを知らねばならない。すなわち、梅本克己においては、「革命的実践」にいたる通路での「自覚」の問題であったのが、黒田寛一によって、日常における「生産的実践」の場そのものにおける「労働」の問題が、そのまま「自覚」の問題にされてしまったのだ。言うまでもなく、「労働」が「自覚」と等式で成立するならば、何もあえて、「自覚の論理」について深刻に思い悩むことはなかったではないか。今や私たちは、ここに梅本「主体性」論の消失について宣告しなければならないのだ。……黒田寛一の弁明を聞いてみよう。その著『ヘーゲルとマルクス』において、実は次のような限定が設けられていたのであった。《要するに本書では、労働者階級の革命的実践の創造性をば、その具体的姿態においてではなく、その普遍的規定としての技術的実践においてのみ問題にしたにすぎません。その意味で一面的であることを免れません。》（小林一喜『黒田寛一論』、田畑書店、一九七二年、一一一〜一一二頁）

ここに至って、梅本に「相乗り＝悪乗り」した**黒田の主体性論**は、「**論点の完全なスリ替え**」**が露呈**し、梅本の「主体性論」に呼応し、「決断の問題」に答えを出そうとするかに見えた黒田の試みは、「労働の論理＝技術的実践」を**無媒介的に**突如持ち込むことにより、梅本の「主体性論」の志向性とは似ても似つかぬ**グロテスクなものに転化**したのである。「労働の論理」と言っても、それは多くの労働者の日常活動としての労働以外にはあり得ず、それを、「**技術的実践**」**などという言葉で粉飾**し、さらに**それを**「**社会的実践**」**と言いくるめ**、やがて**それが**、「**革命的実践**」**であると**言い出しかねない「**こじつけ＝ウソ論理**」**へと転落**していくのである。黒田は、多くの詭弁や駄弁を弄して、結局**「思想的詐欺師」の正体を自己暴露**したに過ぎなかった。

この黒田は、別のところで、梅本に対し、**あり得ない悪罵**を投げつけている。

あらゆる問題がそうであるように、梅本克己もまた、西田・田辺哲学的用語にまつわる観念的残滓を多分に残存させてはいる。そのために、核心が明瞭性を欠き、かくして西田哲学の「無」を唯物論的に導入し……（黒田寛一『ヘーゲルとマルクス』三二一頁）

開いた口が塞がらないとはこのことである。梅本ならぬ黒田本人は、**「西田の残滓」どころではなく**、ほとんど完璧に西田の思想骨格に取り込まれ、丸ごと西田に支えられ、それでやっと辛うじて地面に立っていられる黒田。それなのに、いったいこれが、西田のカテゴリー満載の論理展開をするその黒田が、梅本に対し投げつける言葉だろうか？　**「正真正銘の詐欺師」**の面目躍如である。大泥棒が、こそ泥に対して「盗みが足りない」と、「非難の能書き」を垂れている構図である。厚顔無恥・ハチャメチャである。そこで、梯に立ち戻ろう。

④「自己運動する物質」？「レーニンが与えた課題」？「自己運動するがゆえに主体的な物質」？

現在のソビエトの哲学諸教程においては、この「哲学的概念」を物質の客観的実在性という規定にのみ限定して、ここに既に絶対性を主張しうるとしているのに対して、私は、同じくレーニンがそれに与えた今一つの規定としての、その（物質の）自己運動という面にこそ哲学的に解決すべき課題を、レーニンはわれわれに残していたと見ているのである。自己運動する物質を、たんに客観的実在として自然科学的分析の対象に限定するのではなくて、自己運動するがゆえに、主体的な物質としてまず哲学的に把握し、次にその客観的に実在する自己運動の法則を自然科学を媒介にして規定してゆく。すなわち、方法論的には、哲学が世界観として最初の直接性にあり、その内容の自己展開の媒介的手段としてのみ科学の役割を認める。（梯『物質の哲学的概念』青木書店、一九五六年、跋文　二六七頁）

> 世界のすべての過程を、その「自己運動」において、その自発的な発展において、その生き生きとした生命において認識する条件は、それらを対立物の統一として認識することである。発展は対立物の「闘争」である。（レーニン『哲学ノート』下巻、岩波書店、一九七頁）

レーニンは、『哲学ノート』において、上記のように「**世界のすべての過程を、その『自己運動』において**」とは書いているが、**どこにも「物質の自己運動」とは書いていない**。これは**レーニンの改竄の上での密輸入**である。よほど、レーニンの名前が欲しかったのであろう。まして、「**自己運動するがゆえに主体的な物質**」と展開するとき、その我田引水ぶりには、呆れ果てるほかはない。ここでは、「**主体性**」**をめぐる完全な**「**スリ替え**」が行われている。梅本が提起するまでもなく、ことは「人間主体」の「決断」の問題であった。それが突然、「**主体的な物質**」とくる。「**人間**」**だからこそ**「**決断**」「**主体性**」**が問題になる**。であるのに、「物質」に「自己運動」させたうえで、**単なる物質に**「**主体的**」**なる冠**をかぶせる。これは一体、**いかなる種類の**「**手品**」なのか?大道芸人も顔負けの**インチキ**である。ハッキリ言って、「**詐欺**」である。「人間存在」を、単なる物質に貶めることは許されない。梯のこれ以降のエセ唯物論の膨大な過ちは、すべて**根源**をここに発している。

小林氏は、この梯の「詐欺行為」について、最大限の「皮肉」を込めて、以下のようにカラクリを解き明かす。こうなると、梯の営為はすべて、最初の「詐欺行為」の延長として展開される他はない。

ここで物質の自己運動ということに着眼した梯明秀は、物質それ自体に主体性を見出すことによって、物質的主体性論の立論の根拠を明示した。人間の意識を自己の内から生み出し、この意識を媒介にして自己自身の全内容を展開する、いわば自己媒介的な自己運動する客観的実在を、物質的主体性論の根拠に据え……その構想力によって、物体史的自然から生物史的自然へ、そしてさらに社会史的自然へと、自発自展の自己運動する物質をもとらえたのであった。……物質の自己運動とは、力の自己運動であり、それぞれの歴史の発展段階に対応して、物質力、生命力、そして生産力として自発自展の自己運動をするものであった。そして、かかる視点から意志自覚の立場を開示するに至る手続きは次のごとくである。（小林一喜『黒田寛一論』一九八～一九九頁）

「意志自覚の立場」なるたいそうなものを、しかし梯は自力で構築したわけではない。ここでまた、梯は、西田哲学のカテゴリーをそっくり援用する。元々「詐欺行為」に始まった「物質的主体性論」をさらに、西田哲学からの借り物で粉飾するのである。

ヘーゲル哲学とは、人も知るごとく概念の自己運動としての弁証法の観点に立ったものであった。そして、概念の自己運動とは、所詮、自己のうちにおいてただ自己自身を自己としてのみ見る知的自覚の立場でしかなく、どこまでも自己の意識のうちにとどまるほかないものであった。だが、西田哲学の影響のもとに自覚の論理を構想する梯明秀は、西田幾多郎の「意志が知識の根底であって、知識は意志に依って成立するのであるから、知識に対して最初の対象として与えられたるもの、即ち直接の所与は、意志の形でなければならぬ。動的実在でなければならぬ。」（西田全集第二巻）という発想を前提に、意志自覚の立場を提示する。それはまた、「実在の具体的全体を得るには、知識的自我の後に実践的自我の背景を加へねばならぬと思ふのである」（西田全集第二巻）という発言をも斟酌し

た上で、その意志自覚の立場について言及する。（小林一喜『黒田寛一論』一九九頁）

⑤西田の「自我の論理」に、唯物論的意匠をほどこす！

この意志自覚の立場を提示した梯明秀の発想の起点を考察する時、それが西田幾多郎の『自覚における直観と反省』の中で展開された絶対自由の意志の論理を踏襲していることは、言うまでもない。それは、ヘーゲルの知識的自我に対する西田の実践的自我を根拠とするものであり、そこにおける自覚の様態は、ヘーゲルにおける知的自覚に対する西田の意志的自覚の立場でもって提起されたのであった。そしてそれは、ともに自我の論理であることに変わりなく、やがてこの自我の論理に唯物論的意匠をほどこすことになる。その手際の良さは見事であって、うっかりするならば、これぞ真の唯物論だと錯覚するに十分な理論構成がなされているのである。では、その自我の論理が「唯物論」化する契機を見てみよう。その契機は、きわめて単純明快な短い命題の中に、さりげなくある。即ち、「真の意志的自覚は、物質の自己運動を内在化せるものとしての物質的主体の自覚でなければならぬ」という文章の中に。つまり、意志の内容となるものは、精神の基体としてある物質の自己運動であり、物体的自然→生物的自然→社会的自然と自己展開を遂げた歴史的自然なのであった。そしてこの、「歴史的自然」がクセモノであって、西田哲学における「無の論理」の形骸のみを暗黙のうちに受け継いでいるのである。（小林一喜『黒田寛一論』二〇〇頁）

小林氏は、極め付きの「皮肉」で、「**手際の良さは見事**」と感心してみせ、「**これぞ真の唯物論だと錯覚するに十分な理論構成**」と評してみせる。しかし、ここが「危険地帯」である。「**真の唯物論**」と「**機械的唯物論**」

との岐れ目は、まさにココである。ここで、中原一氏による、「物質＝自然」の把握を参照してみよう。

マルクスは、フランス唯物論、イギリスの経済学、ドイツの哲学の批判を、プロレタリアートの階級的反乱の「衝撃」の中から行なう。こうして、『経哲草稿』における「精神労働と肉体労働の分業の批判」「社会的生産の弁証法の構築」をプロレタリア階級の立場から行なう。『ドイツ・イデオロギー』は、その歴史的な体系化の試みである。ここで成立する「物質」＝「自然」の把握は、(一切の小ブル的な勝手なデッチ上げと区別された) 唯物弁証法的な把握である。つまり、「物質」の弁証法的唯物論的な把握は、闘争を通して生まれる「精神労働と肉体労働の分業を突破した階級的団結の地平」によって可能なのである。そこでは、「自然」に対して、「主体的」という小ブル的な形容詞*をつける必要は全くない。何故ならば、自然は「運動」として把握され、自ら自然の一部でありながら、自然と区別され、自然と普遍的にも矛盾関係にある「類的・対象的・感性的存在」としての人間が、「生産」活動として自然にかかわるのである。「主体的」などという問題は、この生産力と生産関係を基礎として生まれる人間社会内部の問題なのである。(『中原一著作集』第二巻、四七二頁)

＊上記引用における「小ブル的な」という無規定な形容詞については、岩井は同意できない。あえて代わりに付すならば、「インテリゲンチャ特有の誤った」あたりとすべきではないか、と考える。

唯物論と観念論の区別の重要なポイントは、①「(社会的) 存在が (社会的) 意識を規定する」(『ドイツ・イデオロギー』) のであり、②「物質の観念からの独立性を承認する」(『哲学ノート』) ことである。しかしその上で、③「**機械的唯物論**」**との違いをしっかりさせる**ことである。スターリン主義哲学、並びに梯＝黒田哲学は、この③**で失敗**している。**レーニンも**、この点で大きな限界を残す。「概念は物質の最高所産たる脳髄の最高所産である」（『哲学ノート』）という規定は、「**機械的唯物論**」**の典型**であり、ハッキリ言って、**誤り**である。「機械的唯物論」の「機械的」という所以は、「（社会的な）人間不在の」という意味である。④「**孤立した物質である脳髄**」**が概念・意識を生み出すのではなく**、「**社会的存在として相互に他者を有する人間存在が、社会的意識を生み出す**」のであり、そこには「**類的・対象的・感性的存在**」**としての人間の社会的活動が介在**しているのである。観念論哲学はすべて、ここにおいて決定的な**誤りないしは限界**を有しているが、中でも**梯＝黒田哲学は**、**③と④において**、**完全に失敗している**。その出発点からして、根本的に誤っているのである。だから、思想骨格をすべて西田哲学にゆだねることで、観念的カテゴリー操作によってマルクス主義を甚だしく歪め、かつ、レーニンの誤りに乗っかって、**エセマルクス・レーニン主義の体系**を構築し、世に憚ってきたのである。戦後日本新左翼の限界は、この**梯＝黒田のエセ唯物論哲学の誤り**を構造的に暴露・批判できず、結果として革マルという組織を「**新左翼の仮面をかぶり、左翼の名を騙る反革命組織**」として延命させてきたことである。

⑥脳髄が概念を生み出し、物質が思惟を生み出すという梯の機械的唯物論

脳髄あるいは思惟が生産されたとき、物質は概念として特殊化されたとすべきであろう。（梯『資本論の弁償法的根拠』一〇頁）

思惟は物質の属性である。（同書一二頁）

⑦「物質的内容」であり、かつ「対象化された自然ではない」歴史的自然⁉

《わたくしは物質的内容としての自然をば歴史的自然とよんだのである。とにかく、それは対象化された自然ではない》（梯『資本論の弁証法的根拠』二〇〇頁）

「物質的内容」であり、かつ「対象化された自然ではない」歴史的自然とは、いったい何であろうか？　ふつう常識的に言うならば、自然とは、対象的自然であり、非対象的存在とはこの世に存在せぬものであった。「非対象的な存在とは、一つの非存在である」（『経哲草稿』）と言ったのはマルクスに他ならない。（小林一喜『黒田寛一論』二〇一頁）

⑧梯明秀における「歴史的自然」は、対象的な実在ではなく、自我の内なる意識作用にすぎない！

梯明秀を理解するにあたっては、西田哲学の論理主義的な面から照明を当てるとき、最も良くその特徴が浮き上がってくるのである。それは、自我の把握において意識する我と、意識された我を立論の根拠にする、それぞれ力点の異なった「自我の論理」が存する……が、西田哲学は「意識する我」に根拠をすえた「無の論理」であった。即ち、眼は眼をみることは出来ないと同様に、「意識する我」とは作用そのものであって、対象的には「無」に他ならない。梯明秀における「歴史的自然」は、自然という概念があたかも唯物論的に思えるので、対象的な実在として理解しがちであるが、実は作用としての意識の面なのであった。ただ、そう言ってしまえば実も蓋もない単なる観念論に成り下がってしまうので、「物質は思惟を属性とするということは、物質が思惟するということである」（『資本論の弁証法的根拠』一九八頁）と、意識を物質化してしまうのである。梯哲学においては、これで西田哲学を唯物論的に止揚し解決したつもりであろうが、このように意識を物質化する解釈によって、たしかに物体的自然から生物的自然をへて社会的自然へと、それぞれ物質力・生命力・生産力を内在的な力として自発自展の自己運動をする主体的物質をとらえたものの、この主体的物質（歴史的自然）が、人間の作用的意識、言い換えれば「無意識」として規定された非対象的意識として、自我の内なる意識作用をとらえたのであった。注目していただきたいのは、あくまでも、それは自我の内なる意識作用であって、対象的な実在ではないのである。（小林一喜『黒田寛一論』二〇一～二〇二頁）

物自体の人間意識への自発自展の必然性を自覚する自由なる主体は、実践主体として、歴史的に創造してゆくものである。すなわち、わたくしのいわゆる物質的主体とは歴史的主体のことであり、したがって、物質的自覚は同時に歴史的自覚になるべき構造にある。ところで、この物質的自覚において、その非合理的質料として直観さるべき自然とは、……自己運動する物質であり、一般的な形相から特殊的な形相へと形態転換を遂げてゆく歴史的な自然である。西田哲学的表現を借りていえば、主体的契機としての「知るもの」における客体的契機としての「働くもの」である。かかる自然の自覚のゆえに、物質的主体は、宇宙的な全内容を自己の直観に潜在する全規定として、これを歴史的に展開してゆく、否、この展開過程がそのまま現実の歴史となる。かく自覚されて歴史となるのは、潜在的にすでに歴史であるからとせねばならぬ。この意味で、私は物質的内容としての自然をば歴史的自然と呼んだのである。とにかくそれは対象化された自然ではない。対象的自然とは、歴史的主体の直観内容の現実化されたものとして特殊な歴史的社会総体である。社会も、対象化される限りでは自然であるのみならず、それ自体でも歴史的最高段階にあるものとして、われわれは人間意識に直接的なるものであること、しばしばくりかえし注意しておいた。（梯明秀『資本論の弁証法的根拠』有斐閣、一九五三年、一九九～二〇〇頁）

この引用の最後の三行は、なにやら訳がわからぬことを言っているが、その直前の「**歴史的自然**……とにかく**それは対象化された自然ではない**」を強調したものと受け止めるしかないようである。ここでわれわれは、梯が西田的世界にどっぷり浸かって「**対象的自然ならぬ歴史的自然**」を規定して悦に入っていることだけを確認しておけばよい。

四、黒田による梯哲学の「模写」の構造

場所的現在における物質的一契機をなす人間的自然……かかる人間的自然が、自己自身をも含めた物質的世界へかかわりあうことにおいて開かれる領域を、すなわち主体的内面性の世界と実践的創造そのものとの両者にまたがる全領域を、場所的＝過程的に照明することこそが、過去においても、また現在でも、目指されている核心的な事柄である。意識内部の世界における、とりわけその概念的運動と、これを突き動かす（人間的自然をもみずからの契機とした）物質的世界のそのものの運動とが、区別における統一として明らかにされる（場所的弁証法）だけでなく、同時に、この場所的世界の構造は物質の自己運動から存在論的にとらえかえされ、基礎づけられる（過程的弁証法）のでなければならない。

だが、まさにこの後者の側面にかんして、なお解決されていない問題が私のなかにある。

……マルクスやレーニンによってとらえられた「物質の自己運動」これを内容的に把握することが目指されているにもかかわらず、この『ヘーゲルとマルクス』は、それに完全に失敗している。だが、それにもかかわらず、この失敗、この誤謬を、いかに打開すべきかの一点において、悲痛なことには、私はなお解決の緒口をつ

かんではいないのである。明らかに『ヘーゲルとマルクス』は私の残骸である。……『ヘーゲルとマルクス』が私の残骸であるゆえんは、まさに場所（的立場）の論理を唯物論的に明らかにすることがめざされているのであるが、しかし自然史的過程の存在論的把握に失敗している、という点にこそあるのである。……梯明秀の戦前の労作の中から「物質の現象学」という視点を意識的に取り出し、それを展開しようとして苦闘したものとさえいえるものが、この『ヘーゲルとマルクス』である。（黒田寛一『ヘーゲルとマルクス』まえがきiii〜iv頁）

「**マルクスやレーニンによってとらえられた『物質の自己運動』**」？？？　マルクスは、そんなことはどこでも言っていない。では、レーニンは何と言っているか？　レーニンでさえも、「世界のすべての過程の自己運動」（『哲学ノート』一九七頁）とは言っているが、「**物質の自己運動」とは言っていない。ここが重要である。**マルクスもレーニンも言っていないことを、イケシャーシャーと二人が言っているかのようにデッチあげ、それをもとに「理論体系」を組み上げる。厚顔無恥にもほどがある。その先は、「**ウソの論理」の積み重ねによる「虚構の体系**」である。梯＝黒田哲学は、まさにそのようなものとして、こんにちその残骸を、われわれの眼前に曝している。

「**場所の論理を唯物論的に明らかにする**」だと？　「場所の論理」と唯物論は、そもそも「水と油」の関係なのである。「水と油」が混ざり合う？　そもそも、そんなことができるわけがない。梯の「物質の現象学」に頼って、それが可能になる？？？　ここで、本論の冒頭で引用した小坂国継氏の『西田哲学の基層―宗教的自覚の論理』に立ち戻ってみよう。「**あらゆる差別や対立は揚棄されて、一切のものは絶対矛盾的自己同一的関係にある**」これが、西田哲学の要諦であり、「場所の論理」の核心であった。これが「**階級・階層対**

立の融和の論理」であることは、誰がどう言おうと明らかだろう。この西田の宗教論理と、素朴な唯物論から唯物弁証法―史的唯物論へと展開される階級的弁証法的論理が、どうやって「融合」されうるのか？　それは、梯や黒田が半世紀以上前に見た「夢物語」に過ぎない。**西田哲学の宗教論理という強固な宗教哲学に取り込まれた梯＝黒田哲学は、どうあがこうとその「宗教哲学の檻」のなかから逃れることはできなかった**のである。その目論見は、結果として「破産」したのではなく、その**出発の当初から構造的に「破産」が組み込まれ、予定された無残な「哲学体系」**（それを「哲学」と呼ぶとすればの話だが）**だった**のである。

西田哲学を讃える

（昭和一二年五月）**2**唯物論者は、物質を絶対化せねばならぬ。絶対化するということは、対象化するということでありえない。物質の対象化とは、対象化するということは、西田博士の述べられてあるごとく、相対化することでしかない。物質の対象化とは、どこまでも対象化することのできない具体的内容として、むしろ逆に、この対象的な物質を、自己自身として自己のうちに主体的に自覚することでなければならない。……われわれが、物質的存在であるとして自覚することは、ゆえに、われわれが単なる物質的被制約物であることに限定することでなくして、かえって実に、われわれが、つねに自己の具体的内容として絶対に接しているということを、識っておくことである。したがって、西田博士の言葉どおりに、物を見るということは絶対的なこの自己の内容を対象化し相対化することであって、しかも、これが同時に絶対的な自己の内容の行為的表現であるところに、すなわち、この自己矛盾的な同一性に、物質の歴史的な自己運動があるといえるであろう。……このように物質の自己運動が、主体即客体の矛盾的自己同一性の弁証法であるとすることは、私としても西田博士の行為的直観の立場にたってのみ、言えたことである。……ヘーゲルは、自己運動する主体を精神と考えた限りで、意識発展の学を『精神の現象学』として説いた。自己運動する主体を物質と考えるわれわれは、「物質の現象学」として、意識の発生を問題にしなければならないのである。……ヘーゲルが、精神を自己運動する主体としたのは、意識の諸規定を精神に帰したかぎりのものでなかったのであるか。とすれば、逆に意識の諸規定を物質に帰するかぎりでも、物質の自己運動を主体的に確立することぐらいは、あながち不可能ではないと思われる。（梯明秀『戦後精神の探求』二九九～三〇八頁）

ここで梯は大それたことを言っている。「**意識の諸規定を物質に帰するかぎりでも、物質の自己運動を主体的に確立することぐらいは、あながち不可能ではないと思われる**」と。「……ぐらいは」とは何であろうか？**もともと珍奇な「物質が思惟する」といった「たわ言」を起点にして組み立ててきた「物質の自己運動」なるものを**、これまた「主体的に確立すること」「**ぐらいは……不可能ではない**」などと、まるで自分の手の平の上でオモチャをひっくり返す様な言いぐさでトンデモナイ結論に読者を導いて行こうとするのである。ここまでくると、この「思想家」の「**思想家としてのいい加減さ**」が、イヤというほど浮かび上がってくるではないか。**この梯に乗っかって「ウソ論理」を展開しまくった黒田は「思想家」ですらない**と断じてよかろう。

物質は、単に客体的な自然的物質ではない、主体性的原理を持ち、したがって能動的実態との対立・矛盾・闘争において交互媒介的に主体的自己形成をとげる「弁証法的物質」である。かかる物質の必然的な自己運動の社会的段階における「人間的自然」は、物質のもっとも具体化された独自な存在であり、かかるものとしての人間存在が自己の「本質」としての物質を自覚すること、または物質の自己運動を内在化したところの意志的自覚、これこそが唯物論的自覚である。それは「物質的自覚」と呼ばれるべき人間の自覚である。（黒

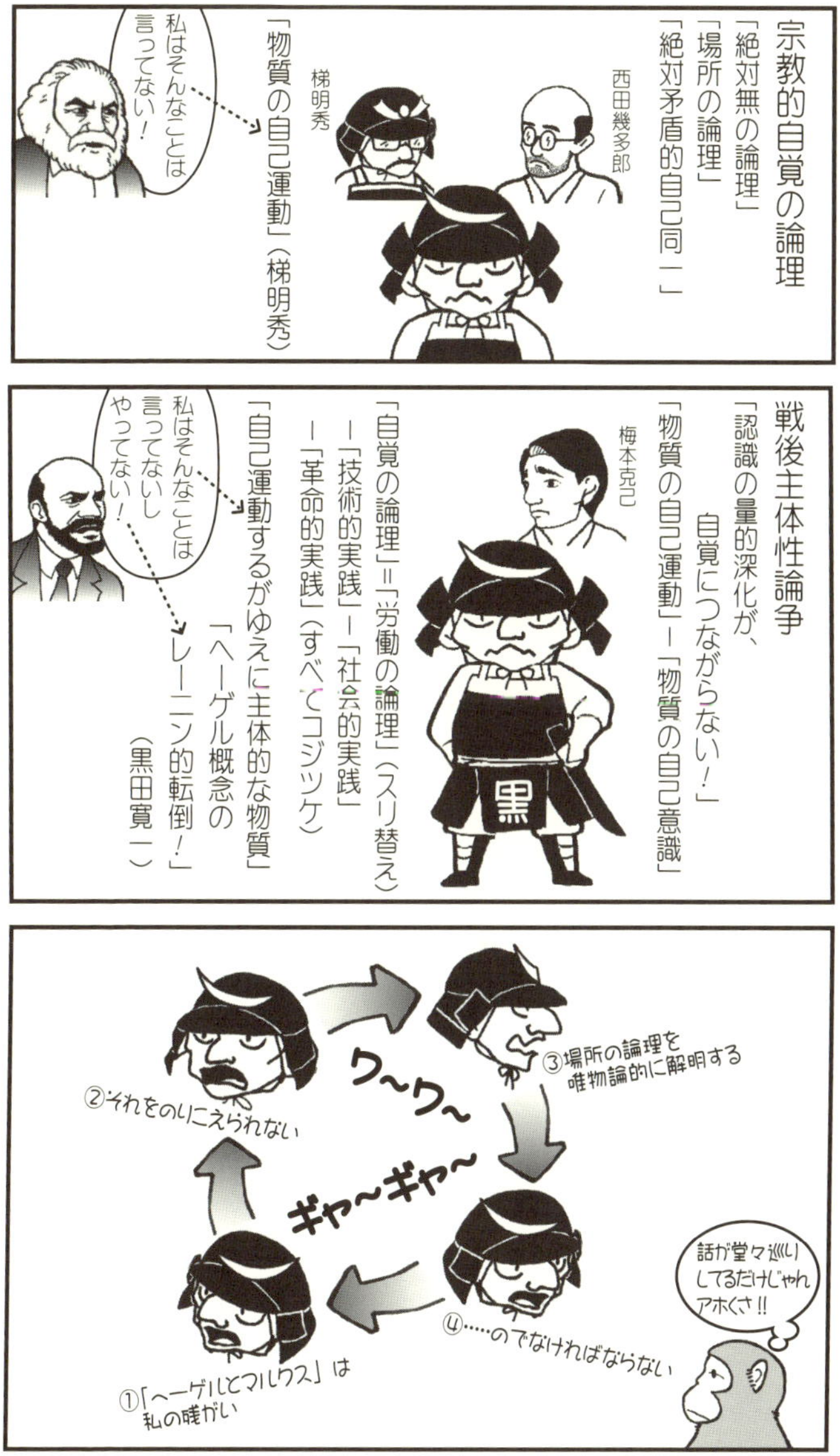
宗教的自覚の論理
「絶対無の論理」
「場所の論理」
「絶対矛盾的自己同一」
西田幾多郎
梯明秀
「物質の自己運動」（梯明秀）
私はそんなことは言ってない！
戦後主体性論争
「認識の量的深化が、自覚につながらない！」
「物質の自己運動」－「物質の自己意識」
梅本克己
「自覚の論理」＝「労働の論理」（スリ替え）
－「技術的実践」－「社会的実践」
－「革命的実践」（すべてコジツケ）
「自己運動するがゆえに主体的な物質」
「ヘーゲル概念のレーニン的転倒！」（黒田寛一）
私はそんなことは言ってないしやってない！
黒
③場所の論理を唯物論的に解明する
ワ〜ワ〜
②それをのりこえられない
ギャ〜ギャ〜
④……のでなければならない
①「ヘーゲルとマルクス」は私の畦がい
話が堂々巡りしてるだけじゃんアホくさ!!

田寛一『ヘーゲルとマルクス』三八八頁）

「物質」の上にいくら「弁証法的」なる冠詞を乗せても、それが「唯物弁証法」になるわけではない。それは「空しい努力、空しい足掻き」なのである。「物質」規定の出発点からして間違っているからである。かくて黒田哲学は、「唯物論…唯物論…唯物論…」という空念仏を唱えながら、西田哲学の助けを借りて、**観念の永遠の空回り**を続けるしかないのである。

わたし（梯）の処方箋―（ニヒリズムに対する私の）この闘病法とは、要するに自己の現在の空虚に徹するということであった。そして、これに対する自己診断のための処方箋は、西田哲学における自覚の論理であった。自己が自己において自己を見るという内部知覚的自己統一の確立によって、ニヒリズムへの危険性を克服しうるわけであった。……わたし自身の哲学がないために、わたしは、便宜的に西田哲学を処方箋として自己診断し、そして、わたし自身の闘病過程を回顧しているのが、わたしの闘病記録としての本稿である。……西田博士は、「この内に超越した一般者を外に見る」というのである。過去から未来へのわれわれ有限な自己の連続を保証する永遠の自己が、有限な現在の自己の底から拡がっていって、外から完全にわれわれを包んでいるというのである。これが、西田博士の「場所」という概念の意味である。……個別的な個人と具体的な一般者との、感性的に触れ合う特殊的全体が、現実の世界であって、そしてこの具体的一般者が自己自身を無限に限定してゆくという現実世界の自覚的過程が、人間の創造的歴史となり、この自覚の深まってゆく一歩一歩の段階が人間歴史の発展諸段階である。そして、各段階に自覚さるべき特殊な一般者が歴史的一般者であって、各段階の社会的文化は、この歴史的一般者が個物的限定を、すなわち個人の創造的行為を、媒介にしたところの一般者の自己限定である。このようにして、一般的限定即個物的限定、空間的円環的限定即時間的直線的限定、外部知覚的限定即内部知覚的限定、場所的限定即意識的限定、非合理即合理、自己否定即自己肯定、無即有、などと西田博士によって呼ばれている弁証法的諸関係が、成り立っている。以上が要するに、わたし自身の精神病理学的分析において、わたしが処方箋としてきた限りの西田哲学の全体である。これだけの精神的諸関係を一つに統一した西田博士の自己を、わたしは精神的に健康であるとみて、わたしは、わたしの自己の失調した諸関係の組み直しのモデルに使用して、わたしの精神的諸関係の失調に対する自己診断のための処方箋としているのである。（梯明秀『戦後精神の探求』七六〜八二頁）

ご覧いただきたい。ほとんどこれは、仏教者の呪文・念仏の如きものの羅列に過ぎないがゆえに、われわれがまともに取り上げる必要がない体のものである。**「宗教的心情」に始まり、「宗教そのもの」に帰結する梯哲学の惨状はかくの如きものである。これをそっくりそのまま「模写」した黒田哲学**が、どれほどデタラメであり、矛盾に満ち満ちたものであるか、われわれはそれを、『ヘーゲルとマルクス』―『プロレタリア的人間の論理』……に順次見ていくことができるが、読み進むほどに、それは「時間の無駄」ということを思い知らされるだけである。「**詐欺**」に始まったものは、どこまでいっても「**見苦しい詐欺**」でしかなく、その見苦しさは、先へ進めば進むほど**いや増す**しかないのである。

マルクスの宗教批判

マルクスは、二世紀近くも前に、以下のように喝破している。

　ドイツにとって、宗教の批判は本質的にはもう果たされているのであり、そして宗教の批判はあらゆる批判の前提なのである。……反宗教的批判の基礎は、人間が宗教をつくるのであり、宗教が人間をつくるのではない、ということにある。……宗教は、人間的本質が真の現実性をもたないがために、人間的本質を空想的に実現したものである。それゆえ、宗教に対する闘争は、間接的には、宗教という精神的芳香を漂わせているこの世界に対する闘争なのである。宗教上の悲惨は、現実的な悲惨の表現でもあるし、現実的な悲惨に対する抗議でもある。宗教は、抑圧された生き物の嘆息であり、非情な世界の心情であるとともに、精神を失った状態の精神である。それは、民衆の阿片である。（マルクス『ヘーゲル法哲学批判・序説』岩波文庫、一九七四年、七一〜七二頁）

「民衆の阿片」：梯＝黒田哲学は、長年にわたり革共同両派、並びにその周辺に集った数多くの活動家にとっては、まさに「**阿片**」**そのもの**であった。彼らは、今その「阿片中毒」から脱却し、「覚醒」しなければならない。果たして、生きているうちに、そんなことが可能であろうか？

「**闘う民衆の抑圧**」→「**他党派解体路線**」→「**反革命として純化**」した革マル

宗教の本質は、「**現実からの逃避**」である。そして「現実からの逃避」に始まって、次には、自己保身のための「**現実の隠蔽**」に至る。支配階級のさまざまに意匠を凝らした「思想体系」は、すべて「現実の隠蔽のためのベール」の役割を果たすものである。さらに革マルの場合、典型例として早稲田大学のケースにおいて「**その隠蔽をはねのけ、現実に抗議し立ち上がる民衆の抑圧**」に至った。そこから、「民衆と闘いをともにする（政治）党派の解体」へは一直線であった。それが即ち、革マルの「他党派解体路線」である。権力に対しては一切刃向かわず、逆に民衆を痛めつけるこんなものが、「革命路線」などであろうはずがない。

「反革命そのもの」である。「民衆の敵」――！！！　革マルは、六〇年代末～七〇年代にかけ、**「闘う民衆の抑圧」に発し、ついに「他党派解体路線」に踏み切り、「反革命として純化」を遂げた。**

「闘う民衆の抑圧」の極である「他党派解体路線」――これこそが、敵権力が最も歓迎し、警察権力などが裏からの支援を与えたがる「反革命革マルの真髄」に他ならない。彼らは、六〇年安保以降、ブントを解体・吸収し、また六〇年代末～七〇年代いっぱいまで、権力が期待する「新左翼の内ゲバ乱戦状況」を演出し、みずからその主役を演じきり、その「反革命の主軸」の役割を十分に果たし切った。その後は鳴りを潜めているかにみえるが、今はまた、次に働くべき時期が到来するのを、虎視眈々と待ち構えているのである。かれらは、決して「権力と闘う」意味での「左翼」ではなく、**「新左翼の仮面」をかぶり「左翼」を装い、「危機の時代」において、「闘う民衆と左翼」の殲滅に生き甲斐を見出す「反革命組織」そのもの**に他ならない。この点、今後、闘いを新たに構築してゆく若い世代へ強い「警鐘」を鳴らしておきたい。

以下は、執筆後の雑感である。

「自己切開」とは？！――思い起こせば、昔彼らは、アジテーションなどでも、ことあるごとに「自己切開」の必要性を語っていた。私はこれを聞きながら、「ナンだろー」と奇妙に感じていた。しかし、「梯―黒田批判」を一段書き終えた今、彼らが拘っていた「自己切開」という語の意味合いが、わずかながらようやくわかってきたような気がする。それは…

読者諸氏も、前掲の「梯マンガ」「黒田マンガ」を見れば、梯―黒田の「奇妙な一致点」に気づかれるのではないだろうか？　「梯―黒田」は、ともに、その論述の冒頭で、片や「転向体験からの脱却の苦悩」を語り、他方は『ヘーゲルとマルクス』は「私の残骸」「それを乗り越えられない」と吐露する。およそ思想家で、「自己破産」の吐露から始める思想家は、この二人を除いて他には見当たらない。ましてその「破産」のうえで、図々しくも、滔々とその「破産した」内容に踏まえ、それを乗り越えられないまま、延々と「破産の瓦礫の山」を築いて行くのである。にわかには信じがたい「熱情」＝「劣情」である。しかし彼らには、たった一つ「救い」があった。それは、西田哲学の「矛盾的自己同一の論理」である。西田の「絶対無の論理」「場所の論理」において、彼らの苦悩は宗教的に救われるのであろう。とくに黒田の「**・・・のでなければならない**」という苦しげな（到達不能な彼岸に向かって絶望的な努力を重ねる者の苦悶の言語的表現と言うべきか）表現は、彼の「絶望的な思想的足掻き」の端的な表れなのであろう。

しかし、黒田や革マルの「絶望的な足掻き」は、それを生み出す「この社会の矛盾や権力や天皇制」には決して向かわない。**「矛盾の根源」には向かわず、矛盾と闘い正面から問題を解決しようとする「闘う民衆」「革命的党派」に彼らの憎悪は向かう**のである。**彼らは、決して権力には刃向かわない**。権力を殺したことなどただの一度もない。革命党派のトップや多くの戦闘的活動家、時には無党派の諸活動家の身体や頭蓋に鉄パイプやマサカリを振り下ろし、百人近くの命を奪い、数千人を超え万にも及ぶ人々の身体を傷つけてきたのである。他方で**権力や「天皇制」には尻尾を振りまくる**。まさに、梯自身が書いているように「**日本民族の中心は天皇制**」であり、したがって、こころは「**陛下の革マル**」そのものなのである。「自己切開」しながら、「反革命の劣情」に駆られ、革命的民衆を憎悪し、ひたすら革命派の頭上に鉄パイプを振るうことに生き甲斐を見いだす「反革命革マル」。この**日本独特の「天皇制に寄生する反革命革マル」**―これとの思想的格闘・現実的衝突のうえでの勝利を経てしか、これからの日本における革命運動は存続・成長し得ないであろう。

早稲田 激動の一九六〇年代後半 革マルの強権的支配とテロの嵐

郡司 幸雄

はじめに

六〇年安保闘争後、学生運動は退潮期に入っていたが、六〇年安保闘争を領導したブント（共産主義者同盟）の分裂を契機に解体状態であった全学連を再建しようとの機運は高まりつつあった。そんななか、一九六四年一二月に都学連再建準備委員会がもたれ、六五年七月にブント、中核派、そして社青同解放派の三派などによって都学連再建大会が開催、都学連が再建された（山本浩二委員長＝早大・解放派）。

そして、年が明けて六六年一月には早稲田で、学費値上げと第二学生会館の管理運営をめぐって、のちに「第一次早大闘争」といわれる学生運動史に特筆される闘いが始まり、各学部、自治会の壁を越えて「全学共闘会議」が初めて結成され、議長には、早大解放派の指導者で、第一政経学部学友会（自治会）委員長の大口昭彦さんが就くことになった。この第一次早大闘争は、以後、一五〇日にもおよぶストライキをもって闘われることになる。

六五年秋には日韓条約批准反対闘争が闘われるという時代であった。

そして、その年の一二月、全学連第一七回大会が開かれ、ブント、中核派、社青同解放派の三派を主流に第四インター（社青同国際主義派）、ML派を含め、いわゆる三派全学連（斎藤克彦委員長＝明治大＝ブント、高橋孝吉副委員長＝早大＝解放派、秋山勝行書記長＝横国大＝中核派）として再建されたのである。

しかし明大闘争のなかで、翌六七年二月に斎藤委員長が明大学費値上げ反対闘争で大学当局と〝ボス交〟を行ったとして批判・解任され、秋山委員長、高橋孝吉書記長体制ができ上がり、それが「10・8羽田闘争」を牽引していくことになる。

そんなさなかの一九六七年春に、私は早稲田大学法学部に入学することになった。

一九六七年という年はどういう年であったかというと、二月一一日が建国記念日として制定され初めての休日に、四月には東京都知事に社共推薦の美濃部亮吉が当選し、革新都知事が誕生。高度成長のなか公害問題がクローズアップされ、沖縄・那覇では沖縄即時無条件返還要求県民大会に一〇万人が結集した。国外では、東南アジア諸国連合（ASEAN）が結成され、混迷深めるベトナム戦争に対して、ワシントンで一〇万人の反戦デモが行われていた。そして、後述することになるが、ベトナム反戦運動の高揚のなか、日本学生運動史に名を刻むことになる羽田闘争（第一次、第二次）が秋に炸裂することになる。

一九六四年の東京オリンピックが終わった翌年、高校三年（都立文京高校）になって、日韓条約批准反対闘争、原潜横須賀寄港反対闘争、そして都電撤去阻止闘争（東交反合理化闘争）に、誘われて参加した。卒業を控えて、三名の生徒の留年が発表されるや、留年反対―阻止の運動がひろがって、自分がいつしかその先頭に立っていた。第一次早大闘争の長期バリケード・ストライキと時を同じくして、文京高校では、留年阻止・産学協同路線反対の運動が展開していた。後述することになるが、同学年に、先述した日韓条約批准反対闘争、原潜横須賀寄港反対闘争、都電撤去阻止闘争に積極的に参加、活動していた現代史研究会（解放派系サークル）の永井さん、高瀬さん、三谷さんらがおり、彼らは卒業後、そろって法政大学に入り、法政を解放派の拠点校へと押し上げる原動力となっていくのである。

六六年三月に卒業となるのだが、大学受験に失敗し、浪人中のその年に、私は社青同に加盟した。その年は、運動にほとんど参加せず、受験勉強（不出来な英語を捨てて、心機一転、フランス語をＡＢＣの初歩から始めた）に集中して、フランス語での受験に備えた。

六七年四月、早稲田大学法学部に入学して、最初のフランス語授業（Ｆ１クラス）の教室に行ったが、いつになっても、誰も来ないので心配していると、担任の町田教授が現れた。「このクラスは、君だけだよ。いつもの年であれば、高校でフランス語を履修して、フランス語での入試を経て来る学生が数名いるのだが、今年は君だけです。君は、高校でフランス語を履修していないですね」。そんな会話をして、「授業は、研究室でやろう」と、広い教室から教授の研究室に移った。それ以来、研究室での授業となった。テキストは、サルトルの小編「汚れた手」と「出口なし」であったが、授業は、現代フランス思想について、コーヒーを飲みながらの対談であった。文学部の数江教授、フランス人神父のビヤール講師とも、幅広いフランス語の歴史的形成や、文化史等伺う機会を得た。そのフランス語の授業も、学生運動にかかわってのケガや逮捕・留置など、こちらの都合で休むのだが、必要な文献資料をいただきレポートに代えさせていただいた。

法学部には、入学後、第一外国語にフランス語を選択した三〇名の学生のフランス語クラス（Ｆ２クラス）があった。そして、学友会のクラス組織は、Ｆ１・Ｆ２合同クラスで、「42年Ｆクラス」となった。授業は、

F1、F2まったく教室も時間も別個であったが、最優先で、F2クラスの授業に合わせてクラス討論に参加し、クラス代議員として働いた。このクラスのメンバーには、私がケガをしたときなどの見舞い、勾留中の差し入れ等、さまざまなところで協力をいただいた。

第二次早大闘争（六九年）で、第二学生会館占拠闘争を青ヘルメットで闘い、逮捕されたKさんも、このFクラスのメンバーであった。

4・28沖縄返還・国際反戦闘争、5・1メーデー中央集会を経て、五月は、自治会・学友会総会が、各学部で連続的に開催される。年度の予算、活動方針が決まり、委員長・執行委員の選挙が行われる。ここで、早稲田の学内政治勢力の分布が決まるのである。そのために、一、二年生のクラス委員への働きかけが重要になる。こんな形で、私の早稲田での学生生活は始まった。

一、六七年早大革マルの凋落　革マル総体の「他党派解体路線」へ突撃

ベトナム戦争が泥沼化し、世界でベトナム反戦運動が高まり始めたなか、私は早稲田に入学し、学生運動＝社青同解放派・反帝学評として活動を始めることになる。一九六七年春からの早稲田大学では、当時、解放派が、第一、第二政経学部自治会を筆頭に、文連（文化団体連合会）・早稲田祭実行員会に大きな影響力をもっていた。しかし、活動は、連日、革マルと、衝突・殴り合いの日々であった。

特に、大隈銅像前、本部前全学集会の開催は、前日からの会場設営をめぐる衝突から始まった。革マルは、早稲田・国学院大を中心に活動家を早稲田に集中させていた。

それに対して、反帝学評は、法政、東大C（駒場）から増援を含めて闘いぬいていた。第一次早大闘争時に結成された「早大全共闘」（第一次）に代わり早大全中闘（全学中央委員会）は、各学部自治会と文連・早稲田祭実行員会により構成されていた。第一次早大闘争後、第二学部が廃止され社会科学部（一九六六年設立）に統合され、法学部は民青、一文・二文、商学部は革マル、という具合であった。教育学部・社会科学部・理工学部（戸山キャンパス）は、全中闘に参加したりしなかったりであった。中核派は、六七年秋には早稲田の表から姿を消し、ブント諸派は、内部混乱により、学内から徐々に姿を消していった。ブント諸派は、「国家権力打倒」国家権力＝暴力装置＝自衛隊粉砕！　を掲げ、「戦闘部隊化」の歩みを進め、学園・クラスから遠ざかっていった。余談だが、本書第1章に登場する岩井さんの高校の先輩である花園紀男はブントの有力な活動家としており、後に塩見孝也（京大）を政治局議長に、田宮高磨（大阪市立大）、上野勝輝（京大）ら七人を政治局員として共産同赤軍派を結成するのは、一九六九年八月のことである。

われわれ反帝学評は、全学集会を開催するとクラス決議、サークル決議をもって参加する大衆動員に支えられて圧倒的な数をもって、常に革マルを圧倒するのが当時の早稲田の状況であった。

革マルは早大全中闘へのすり寄り＝「もぐり込み」に失敗、テロに走る

そんななか、一九六七年五月二八日、砂川基地拡張・強制収容阻止闘争で革マルの転落が明白になった。

全学連（三派全学連）統一行動が、砂川基地拡張予定地で開催することを決定していた。全学連加盟各自治会は、それに呼応して各大学で学内決起集会を開催して、砂川現地で合流する方針であった。それに合わせて、早稲田では、全中闘が全学連統一行動・全学総決起集会を本部前広場で主催することを決定していた。

そこで、全国的にも運動の衰退の一途をたどっていた革マルは、この砂川基地拡張反対闘争に寄生し延命をはかろうと画策する。彼ら革マルは、「全学連（革マル）決起集会」を大隈銅像前で開くと、以前から早大全中闘が予定していた「全学連統一行動・全学総決起集会」にぶつけてきた。そして、あろうことか革マルは、「互いに全学連の名前を下ろして、全学集会を開こう」等と欺瞞を弄し、必死にすり寄り、何とかして「早稲田の学内統一集会」のなかに、得意の〝もぐり込み〟をはかろうとした。

そもそも早稲田では、革マルは単独で学内集会を開いて革マル活動家を寄せ集めても一〇〇名以下しか結集できないのである。そして、こうした姑息なすり寄り・もぐり込みをはからんと革マルは、早稲田に全国動員をかけていた。しかし、全国動員といって根こそぎ動員しても、当時、その数は二〇〇名弱程度であった。

さて、その闘争前夜、革マルの欺瞞的「学内統一集会」の呼びかけは、当然のことであるが、全中闘で全面的に批判を浴び、一蹴された。全中闘は革マル抜きで、本部前での「全学連統一行動・早大総決起集会」開催を宣言した。

全中闘は、一政・二政、二法、社学、理工の各自治会、文連、早稲田祭実行委員会の構成自治組織の呼びかけで、三派全学連系の反帝学評、中核派、社学同派を中心に、一五〇名以上が前夜から泊まり込みで、本部前集会の成功に向けて準備を開始した。

しかし、これが、三派全学連の早稲田学内での最後の統一行動となった。早大全中闘は、革マル「全学連」と真正面から対決することとなり、革マルの理不尽な暴力と闘わざるをえないことになるのである。

その日、キャンパスは朝から春雨に煙っていた。早朝から本部キャンパスは慌ただしかった。革マルは初めから全中闘の集会を破壊せんと大隈銅像前のスロープ上に角材を構えて布陣したのである。早稲田本部キャンパスをご存知ない方のためにいうと、正門（といっても門扉はなく、早稲田は無門の大学として有名であった。道を挟んで反対側に大隈講堂がある）から大隈銅像があるところまでは緩やかな上りの広いスロープになっている。

角材で武装した革マルを見た全中闘部隊一五〇名は、革マルと識別するために旗布を割いて腕に巻き腕章にし（当時は、ヘルメットはかぶっていない）、正門を背に一号館本部と二号館法学部（当時法学部は正門そばにあった）辺りに、旗竿、角材を手に陣形を整えた。スロープ上の革マル二〇〇名と正門を背に全中闘一五〇名が、一五〇メートルの距離で、無言で対峙した。

突如、革マルがこちらにゲバ棒を振りかざして向かって来た。本部・図書館前（現在は會津八一記念博物館）で激突、ゲバ棒と旗竿がぶつかり合う激しい音がする。革マルによる集会破壊を断固として許さないとする全中闘部隊は、一気に革マルの陣形を粉砕し、スロープを駆け上がり、銅像前に突入した。それに慄いた革マルは、銅像裏の商学部一一号館にわれ先にと逃げ込んだ。その時である、左手にある四号館（当時は教育学部、現在の八号館―法学部）二階に潜んでいた革マルがガラス瓶をわれわれに向けて投げつけてきた。われわれは、その集中投擲を受けて、追撃を阻まれた。ガラス瓶の投擲によって追撃の手が怯んだとき、革マルの反撃を許してしまったのである。

われわれはいったん、本部・正門から、大隈庭園脇を抜けて、新目白通りの都電車庫前まで退却せざるを得なかったが、都電の早稲田駅前に再結集して陣形を整えた。大隈銅像前で闘った者のうち十数名が大きな傷を負った。私も、頭部にビンの破片が刺さり出血が止まらず、そこから病院に運ばれて、八針縫合して止血処置を受け、そのまま立川・砂川現地で合流した。当時は、ヘルメットは被っておらず（常時被るようになったのは、羽田闘争からと記憶している）、角材といっても有り合わせのスギの垂木（すぐ折れてしまう）での〝武装〟

であった。

その後の早稲田での模様は、砂川現地で学友から聞いたことである。それによると、再度、安部球場側（現在は総合中央図書館）の北門から革マルを粉砕せんと進撃し銀杏並木で衝突した。そうしたわれわれの部隊に対して、革マルは、全中闘の先頭で指揮する第一次早大闘争時の全共闘議長であり、一政学友会委員長であった早稲田解放派のリーダーである大口昭彦さんに攻撃を集中した。この衝突で大口さんは、頭に重症を負った（傷が治癒した後も、頭痛と体調の不調を訴えていた）。当時、法学部民青のキャップであった宮崎学も、その著書『突破者』（南風社、一九九六年）のなかで、その年の秋の解放派と革マルの衝突の状況を伝えている（後掲）。

われわれ早稲田の部隊一〇〇名は、革マルのテロに抗し、傷つきながら砂川で開催されている全学連統一集会（全体で六〇〇名）に参加した。この全学連統一集会場の後方で、革マルはかき集めた二〇〇名ほどががなり立てていただけであった。なんのことはない、その日の朝、早稲田で闘う学生にゲバ棒をふるい、ガラス瓶を投げつけるなどのテロを働いた全国根こそぎ動員の部隊がそのまま砂川にやってきたのである。

一九六七年の早稲田で、ガラス瓶投擲など卑怯な手口のゲバルトで〝勝った〟はずの革マルではあったが、運動の凋落に歯止めはかからなかった。要は、学生に〝人気〟がまったくなかったということなのである。

以下は、当時、法学部の民青のリーダーであった宮崎学が著した『突破者』からの引用である。同著で、宮崎は当時の早稲田における各派の勢力関係を次のように描く。

各派が入り乱れ、しのぎをけずりながらも、学生の間で運動の主導権を握っていたのは青解（社青同解放派を指す蔑称：引用者）だった。これには、大口昭彦ら主要メンバーの大衆的人気によるところも大だったと思う。大口は武骨で都会的なところなど皆無であったが、たえず先頭でトコトン戦い抜くタイプで、外連味の一切ない人間的に信用できる男であった（新潮文庫版上巻　一五九頁）

対立する民青のリーダーであった宮崎ですら、大口さんをはじめとする大衆に信頼される解放派の優位性に異論をはさむどころか大いに認めている。そうした早稲田における解放派の優位性に〝恐怖〟したからこそ、以後、後述するように、革マルは「解放派解体」＝文連・早稲田祭実行委乗っ取りに向かったといえる。

（早大闘争から）一年ほど後になると、各党派間の確執が次第に激化してきていた。早大では、革マルと青解の対立がことに熾烈になっていた。というのも、早大闘争を機に、革マルはほとんどの学部のある本部キャンパスでは退潮傾向にあり、再浸透の機会をうかがっていた。それを阻止せんとする青解との間で緊張が高まった。実際、水面下ではかなりのことがあったらしい。それが原因で、大学からドロップアウトした活動家は、一人や二人ではなかった。

こんなことが一年ほど続いた六七年の秋、革マルは一気に青解つぶしに転じた。本部前で二〇〇人ほどで集会をしていた青解とそのシンパの群れに、武装した革マルが殴り込みをかけたのである。

大口昭彦をはじめとする青解の面々は不意を突かれながらも応戦し、激烈な肉弾戦を演じた。だが、剣道三段のさしもの大口も素手ではいかんともしがたく、後頭部に重傷を負ってひとまず近くの公園に避難して再起をはかった。結集したのは一〇〇人ほどで、その多くが負傷していた。

いかにも大口らしい話なのだが、意気阻喪した活動家連中に向かって、次のようなアジテーションを行なった。頭部の傷口に巻いたタオルは血で真っ赤に染まり、言葉を絞り出すたびに、タオルから血の泡がぶくぶくと噴き出した。阿修羅の形相での文字通りの血のアジテーションであったそうだ。しかしその効もなく、結局青解は、革マルに敗北した。そして以後は、本部キャンパスでも凋落の一途を辿り、青解主催の集会さえ開けないような惨状を呈することになった。

党派間のゲバルトとはこうしたもので、負ければ主導権はむろんのこと、領土さえ奪われてしまう。戦国大名やヤクザの抗争と何ら変わることはない。こうして、革マル、青解、民青の三国鼎立体制は破綻し、次第に、革マルと民青がぶつかりあう局面が多出するようになってくる。

この乱闘以後、大口の姿が学内からぷつりと消えた。そしてしばらく後に、「大口が再起不能の廃人になった」という噂が流れた。それを聞いて、私は無性に悲しくなった。党派こそ違え、信じるに足りる実にいい男だったし、怪我をすることさえ考えられないようなタフな男だった。あの大口が廃人かと思うと、胸に風穴が開いたようなやる瀬ない想いに襲われた。

この頃には、早大闘争で活躍した活動家の多くが姿を消していた。ある者は自殺し、ある者は行方不明になったりで、明るい噂はなかった。そんな最中だけに、大口のことはやはり寂しかった。

ところがである。それから数年後、大口が京大に入学したとの情報が飛び込んできた。まさかと疑ったが、本当だった。後に福田から聞いた話では、ゲバルト直後は実際廃人同然だったし、長らく外出も出来ないような状態だったらしい。ただ、幸い脳には障害がなかったため、京大でマルクス経済学を勉強し直そうと決意し、受験勉強に励んだとのことであった。ますます暗さを増す学生運動の中で、大口の京大入学は数少ない明るい話題だった。党派を超えて、早大の活動家のすべてが祝福していたのを記憶している。（『突破者』宮崎学著、新潮文庫版上巻、一九四〜一九六頁）

10・8羽田闘争　三派全学連分裂、そして中核派との闘い

同じ頃、革共同のもう一方、中核派の拠点である法政大学に目を転ずれば、解放派・反帝学評は急速にその勢力を伸張させていた。当時、私の高校（都立文京高校）にはすでに現代史研究部を中心に解放派の高校生組織が存在し、同級生らが日韓条約―ベトナム反戦などの街頭政治闘争に日常的に参加していた。また、学内では三人の生徒の留年をきっかけにして、「留年反対闘争」を全校規模で組織し全面撤回を勝ち取るなどの独自の教育闘争も展開していた（因みにその委員長は自分が担った）。こうした活動家のメンバーである永井や高瀬らは、法政大学文学部に入学するや持ち前の行動力・オルグ力によってたちまち解放派の勢力を拡大していった。彼らが入学した時点で、解放派はすでに文連では大きな影響力をもっており、社会学部自治会は構造改革派との連立という勢力になっており、文学部においては中核派の勢力は伸び悩み、解放派ばかりが拡大していくという傾向が顕著であった（「文連から社会学部に組織拡大し、追い風」神津陽著『極私的全共闘史中大1965 - 68』一九四頁、彩流社）。当然この勢いは、端的にはベトナム反戦闘争をめぐって中核派との避けがたい対立を生むことになっていった。法政大学でも自治会、大衆運動をめぐって解放派・反帝学評と中核派との間に確執が生まれ両派がせめぎあっていた。

九月六日、日比谷野外音楽堂で開催されたベトナム反戦全学連総決起集会で、法政大学で起きた中核派に

よる反帝学評のメンバーに対する監禁暴行に対して、解放派が中核派を批判して、壇上で小競り合いが生じた。こうした法政大学での解放派の勢力の浸透とそれに危機感をもった中核派との間に対立が生じたことが中核派の全学連離脱・分裂を引き起こしていくことになり、ますますその傾向が明らかになっていった。

そうして迎えたのが、羽田現地における、10・8佐藤首相訪ベトナム阻止闘争である。いわゆる「10・8（ジュッパチ）羽田闘争」である。前夜の一〇月七日、全学連総決起集会が、お茶の水の中央大学講堂で準備されていた（当時、中央大学は駿河台下にあった。多摩移転は一九七八年）。そして、翌日の闘争戦術・方針を決定する重要な書記局会議が午前一〇時に中央大学で開かれることが予定されていた。しかし、中核派の秋山委員長、吉葉書記局員が時間になっても現われない。待ちかねて、遂に、高橋孝吉書記長、北村都学連委員長、渡木書記局員の三名（ともに解放派）が、法政大学に出向いて、中核派の参加を促しにいった。しかし、中核派は、迎えに行った三名を自治会室に監禁・拘束し、長時間にわたって暴行を加えたのである。そのとき、中核派は独自に全学連総決起集会を法政大学で開いていた。ここにいたって三派全学連の中核派による分裂策動とその結果としての分裂が決定的なものになった。

高橋孝吉さんに最近（二〇一九年）、そのときのことを尋ねると、

当時は、今のように連絡・通信手段が多くあるわけでもなく、実際、法政で何が起きていたか自分たちは知らないでいた。中央大学生会館で七日午前一〇時から予定されていた八日の闘いをめぐっての戦術会議＝全学連書記局会議が予定されており、当日は自分が総指揮をとる手はずにほぼ決まっていた。その再確認と当日の戦術を決めることになっていたのだが、予定の午前一〇時になっても中核が来ない

のでタクシーで迎えに行った。自治会室に急ぎ、「秋山！　吉葉！　書記局会議になぜ来ないのだ」と叫ぶと、隣りで決起集会を開いていた奴らが十数人「高橋が来たぞ！」と飛び出してきた。

そして、一室に連れ込まれ、清水丈夫（当時革共同政治局員、現在は議長）の指揮で角材、樫の棒などで滅多打ちされた。清水も樫の棒で殴り掛かってきた[1]。そして、こっちは全身血だらけ。途中、秋山と吉葉が清水に「もうやめてくれ」とちいさな声で懇願するが、ウンというわけがない。自己批判書を取らないとメンツが立たないというわけだ。隣りの小部屋には本多と北小路が待機していた。

ところで、七日の朝、中核の全学連書記局員青木と丸山が中大に行ったが入り口でわれわれに拒否されたという話があるがそんな事実はない[2]。また、彼らは「法政解放派の活動家二人を解放してほしかったら指導部が身代わりに法大に出向いて来いと通告。……解放派のKY、TS（全学連共闘部長）が法大に出向いた。……そして高橋を呼び出したところ、一人で来た[3]」、などと書いているが、そんな事実もまったくない。「このリンチを清水丈夫が一人でできるわけがない」とも書いているが、それはそうだろう、さっきも言ったが、隣りの小部屋には本多と北小路が待機していたのだから[4]。

そんな中核が構えているところに出かけて行ったわれわれは「飛んで火に入る夏の虫」ならぬ、「人の良すぎる秋の虫」だったというわけだ。

と高橋さんは語った。

翌八日の羽田現地闘争の総指揮を誰にするかに関して、二〇〇六年に中核派を離党した水谷保孝（一九六四年早大入学、革共同政治局員）が二〇一五年に岸宏一と共著で著した『革共同政治局の敗北 1975～2014――あるいは中核派の崩壊』（白順社）で「〝総指揮者は青木か高橋か〟という主導権争いとなった」と書くが、この当時、すでに革共同中核派を離れていた元革共同中核派学対の小野田譲二は、次のように言う。「全学連の役職の序列によって総指揮を決めるのが、三派全学連の慣習である」といい、青木忠（広島大・全学連情宣部長）を出した中核派より、書記長を出した解放派が「総指揮になるのが理である」といい、どうしても取りたいのであれば秋山委員長を出すしかないという。「解放派学生組織の中心的指導者」である高橋孝吉を当てる解放派と「学生組織の中心的指導者二人を温存させる中核派とでは、誰が総指揮になるべきかは議論の余地はない」と自著『新装版　革命的左翼という擬制　1958～1975』（一〇九頁　白順社　二〇〇八年）でいう。

そして、高橋さんは、「そもそも（総指揮者に）青木を中核が出すなどと言う話すら事前に出ていなかった。手を挙げる者もいなかった」という。

なお、三派全学連分裂の契機となったこの「10・8前夜」の法政大学での解放派へのテロはその後、つい最近まで、中核派内部では「なかったこと」とされていたようである。そのことについては、水谷と岸宏一は前掲書で「おそらく、このことを本書で初めて知る革共同の党員・元党員がほとんどであろう」「このリンチ事件を革共同政治局および中核派指導部は中核派学生たちに一切知らせなかった」（四〇五頁、四〇九頁）と書いている。

高橋氏は、その後、年が明けて傷も癒えた一月に長崎佐世保で行われた米原子力空母エンタープライズ寄港阻止闘争で全学連の先頭に立って指揮をとることになる。[5]

(1)　水谷保孝・岸宏一共著『革共同政治局の敗北 1975～2014――あるいは中核派の崩壊』（白順社）で、「ガリ版の鉄ヤスリで」（同書、四〇八頁）と書くがそうではない。

（2）「青木と丸山が出席するために中大に出向くと、全国から結集しつつあったブントの活動家が丸山を殴り負傷させた。……青木と丸山は会議に出席するのは危険と判断してその場から脱出した。」（同書、四〇七頁）

（3）「七日、法政解放派の活動家二人を捕まえ……解放してほしかったら指導部が身代わりに法大に出向いて来いと通告。……解放派のKY、TS（全学連共闘部長）が法大に出向いた。……そして高橋を呼び出した。……高橋は……一人できたが、ただならぬ緊迫を察知しキャンパスを走って逃げた。……そして自治会室に連行した」（同書、四〇七頁）

（4）「本多時代に犯したいくつかの誤りを主体的に総括しなかったことが、清水時代により先鋭かつ歪んだ形での誤りをもたらした」（同書、四〇四頁）と書き、「清水がリンチの指揮官であったが、清水の独断ではありえない。筆者らは今、その場に控えていた本多延嘉の決断と指令で行われたリンチであると判断している。その場には北小路もいた。陶山も法大構内にいた。実質的には政治局決定でリンチが行われたというべき状況だった」（同書、四〇九頁）。「一〇・八前夜リンチ事件は何よりもまず、それ自体が党派間統一戦線を支える信頼関係を破壊したのであり、統一戦線の思想と行動への背反であった」（同書、四一〇頁）

（5）「ところで、佐世保闘争においては、負傷から復帰した高橋が連日、デモ指揮者として敢然と現地闘争の陣頭に立ち逮捕・起訴された」（同書、四〇九頁）

10・8羽田現地へ

解放派、ブント系、そして第四インター系の全学連部隊九〇〇名は、前述したように前月来からの対立の激化で中核派との全面的な衝突は避けられないものと覚悟し、ヘルメット、角材で武装して、中央大学に前夜から泊まり込み態勢で結集し中大講堂で決起集会を開いていた。

そして、翌日、解放派・ブント連合・第四インター、ML派の全学連部隊は全員ヘルメットと角材（ゲバ棒）を持って中大を出発し、京急・大森海岸駅から首都高・鈴ヶ森ランプを駆け上がり、羽田をめざして進撃していった。その後の展開「10・8闘争」については、本書第1章三で岩井さんが詳しく述べている。

水谷・岸は「解放派とブントが中核派にひけをとらない勇敢な奮戦をくりひろげたことは正当に評価すべきことである」などと、まるで中核派だけが一番闘ったかのように書く。しかし、事実は、先に書いたように、解放派、ブント、第四インター、ML派の全学連九〇〇の部隊が鈴ヶ森ランプから突入し高速道路を伝わって羽田空港へ進撃、そのことの第一報を中核派も参加していた萩中公園で開かれていた集会で全学連成島副委員長が報告し喝采を浴びた。それに危機感をもった中核派が、遅れてはならじと慌てて集会を切り上げ、弁天橋に向かったというのが真相である。そこで山﨑君が死亡したことにより弁天橋の激闘が注目されることになった。

このように一九六六年一二月に、主要三派によって再建された全学連は、再建後一年を待たずして六七年10・8羽田闘争を機に分裂して消え去った。六八年七月の全学連大会はそれぞれが別の大会を開催ということになり、ここに三派全学連は名実ともに消えたのである。これ以降、解放派とブント諸派は、「反帝全学連」として結集し、中核派は独自で「全学連」を名乗っていくことになるのである。

革共同両派（中核・革マル）と二正面作戦の党派闘争に

こうして、解放派（反帝学評）は、六七年春から早稲田においては革マルと、秋からは法政大学で中核派と、革共同両派との闘い＝党派闘争に入った。一方、10・8羽田闘争の前夜に解放派のメンバーに対してテロ行為を働いた早稲田の中核派は、10・8以降表立った活動を停止して、活動家の個人オルグに専念していた。理工学部学友会執行委員に留まっていた中核派もいつの間にか姿を消して、理工学部学友会は、反帝学評系の執行部で占められることになった。

10・21早大本部前集会　二〇〇の青ヘルと数百の学生が埋め尽くす

早稲田では、10・8羽田闘争、その羽田闘争で犠牲になった山﨑君虐殺追悼闘争を経て、二週間後の一〇月二一日、折からのベトナム戦争反対の高まりのなかで、10・21国際反戦闘争総決起本部前集会を、全中闘主催で行うこととなった。なおこの全中闘に理工学友会が初めて参加することとなった。この総決起集会では本部前につくられた。演壇前のベンチを二〇〇名の青ヘルメットが埋め尽くし、その周りを数百名の学生が取り囲んでの集会であった。革マルの闘争妨害に抗して一文、二文からは、クラス決議での集会参加が報告され、会場から大きな拍手が沸き起こった。こうして圧倒的な結集をもって勝ち取られた集会の後、早大全中闘の部隊は、各自治会、反帝学評、クラス、サークルの旗を先頭にデモに出発。構内デモののち、第一学生会館（文連）脇を通過して、馬場下交番前交差点まで車道を塞ぐ隊列でデモ行進をし、地下鉄東西線早稲田駅から乗車し、明治公園の中央闘争に合流した。中央演壇前で全学連部隊と合流して、中核派の集会破壊に対して旗竿を構える場面があった。

そして、翌一一月に、「抑圧の鉄鎖を断ち切り、感性の無限の解放を！」の統一スローガンの下で、革マル派サークルの妨害を跳ね除けて早稲田祭が開催された。この年の早稲田祭は、第一次早大闘争が、学費値上げ阻止・第二学生会館自主管理から産学協同路線反対闘争へ押し上げた闘いであるとの総括の意味も込められており、早稲田祭実行委員会のもと盛大に勝ち取られた。

六七年秋、革マルは策謀とテロで自治会「乗っ取り」に踏み込んだ

こうした大衆運動が高まるなか、さて、革マルはというと、全国動員をかけても二〇〇名以下という有り様で、ますます孤立を深めつつあった。五月のゲバルトとその後の文学部キャンパスの暴力支配でもってしても一般大衆、学生からも見放され、凋落傾向を食い止められないことが明らかとなった。

この頃からである。革マルに変化が生じてきた。これまで、自治会やサークル活動の前面に出ていた顔見知りの活動家らの姿が見えなくなり、そして消えていった。革マル内部では、「大衆運動主義」と「党派組織主義」の対立があったと漏れ伝えられた。第一次早大闘争以来の革マル活動家であった、蓮見（現在、宝島社社長）、坂本は出版関係の会社に就職していった。そうして消えていった彼らと入れ替わるように藤原、小山、斎藤等の革マルが学内を跋扈し始めた。同時に「イデ闘」（イデオロギー闘争）なる論争（要はイチャモンつけ）を勝手に吹っかけ、そしてわれわれを口汚く罵り、口より手の方が先に出るような輩が目立つようになったのも、この六七年の早稲田祭の終わり頃からであったと記憶している。

早稲田は、解放派、民青、革マルの三者鼎立状態になった（前掲『突破者』参照）。これまでの自治会大衆運動をめぐっての党派間の闘いは、解放派と革マルの剥き出しの党派闘争の様相を強めた。

解放派には、自分たちの大衆運動─組織をみるのと同じ視点から、革マルの「一文自治会＝大衆組織」と見てしまったという錯誤があった。そもそも、この一文＝第一文学部自治会にしても六〇年安保後、六四年に旧構造改革派＝後のフロントから謀略で乗っ取ったものという（少数派だった革マルは自派だけで自治委員総

会をでっち上げ、うまくいかないとテロに。これをテーマに書かれたのが奥浩平の『青春の墓標』）。革マルにおいては、学生自治は「大衆運動―組織」、「革マル全学連・革マル自治会」と終始一貫し利用すべき下部組織の一つでしかない。実体が、革マルの支配する学生自治会機関であっても、自治会規約上、運営手続きにおいて、形式上は正当なものとして運営しているように装っていた。その限りでは、当時、反帝学評もクラス代表を一文自治会総会に送って独自議案書を提示していた。革マルも、手続き上自分たちの執行部維持に必要な多数派を保てる範囲で反対派の参加を認めていた。

その後、革マルによる早稲田の暴力支配が始まる、その構造は

しかし、それも翌年、六八年春の一文自治会総会が、他党派（民青を含む）のクラス委員が参加する最後の総会となった。それは後述することになるが、その年の秋、早稲田祭の後、革マルによる文連・早稲田祭実行委員会常任委員会乗っ取り策動＝早稲田の大衆組織次元での暴力とテロの嵐が吹き荒れ、革マルによる早稲田の暴力支配が始まるからである。

革マルという組織は、大衆運動・自治会活動自身が発展すると、革マルという党派が「乗り越え」られてしまうと考える。それ故に危機感を相当強くもち始めていった。こうして革マルが唱える「乗り越え」、「はみ出し批判」は大衆運動の高揚によって見事に〝乗り越え〟られ、破産が誰の目にも明らかになっていった。そうした彼らの危機、破産が、彼らの「拠点」早稲田で現実化していったのである。そして、革マルが「他党派解体路線」を全面に押し出し、以後の早稲田の暴力支配への本格的第一歩をしるすことになる。

それにも増して、革マルには、大衆運動次元の問題とは別な、党派としての自治会支配の必要性があった。

それは、要は〝カネの問題〟なのである。学生自治会費は大学当局によって授業料と一緒に徴収されており、その代理徴収の便益を手放せないというところが隠された理由なのだ。自治会費代理徴収を大学当局から止められてしまったら、革マルの組織資金が枯渇する（それは、後でふれるが、実際には一九九〇年代に現実化し、商学部、社会科学部自治会の非公認化として現実化するのである）。

後日、そのためには、「当局の意向に反する行動はしない」という念書を取り交わしていた事実が明らかになる（第一次早大闘争後、商学部自治会をめぐっての当局と交わした「自治権売りわたし」）。当局にとっても、革マルは、学生運動鎮圧のよき道具であった。すなわち、革マルの「他党派解体路線」の当局的利用である。このように革マルは、大学当局と癒着することで、学内自治会執行部権力を維持することができたのだ。それは六八年以降の早稲田暴力支配以後、前述したように自治会・文連・早稲田祭実行委員会が非公認とされる一九九〇年代まで、大学当局との蜜月は続く。

早稲田の学内管理体制は、後述するように六八年総長選挙を通じて時小山《とこやま》総長体制を敷き、革マルを利用して、学生運動を鎮圧することで完成を見ようとしていた。それ故、後述するが革マルは、大学当局との密約上、「総長選挙」を闘争の焦点にできなかったのである。

「乗り越え」られなければ「大衆運動解体＝他党派解体」へ突き進む

これまで見てきたように、彼ら革マルにとって、大衆運動の高揚は自分たちの組織を蚕食するもの以外のものでしかなく、「乗り越え」られないとなるならば、粉砕すべきもの＝「他党派解体」となるのである。

革マルが乗っ取り支配している組織が、いかに「自治会＝大衆運動組織」を名乗ろうと、彼らとの共同行動は断絶しなければならない。革マルの反階級性と反動性を隠し、反革命組織戦術として「共同行動」を掲げてすり寄ってきた場合、まず、われわれが、革マルの正体を暴き、大衆的共同行動から排除し、粉砕して進むべきであった。しかし、この認識＝革マルがこの当時何を企んでいたかを全国レベルで共有化し、意思統一する、タイミングが遅すぎたと言わなければならない。

「大衆運動・組織と党派の区別」にとらわれていたのは、解放派自身であった。東大闘争と全国全共闘運動でも、繰り返しこの問題がもちあがった。それは解放派の共同闘争と統一戦線にかかわる、革マル批判の不徹底によるものであった。

革マルは、「産学協同政策が正しい」という捉え方で、個別早稲田大学の総長選挙は、「政府の政策ではない」ととらえる。したがって、産学協同政策ではないので反対等はしないというのである。屁理屈もここまでくるとお笑いでしかない。おまけに、「労働力商品の生産は、生殖以外にない」に至っては、資本論の理解力の低さを公言してやまない。そしてついに、こうして総長選挙反対闘争を、「他党派解体のための闘争」に、総長選挙反対派＝解放派に反対する党派闘争にすりかえていったのだ。

一事が万事、革マルにとっては、「理論」とは、黒田文献の文字でしかない。自分に都合のよい「単語」を見つけて、それをもとに、並べた字句を「批判」と思い込んでいる。革マルの「理論学習」は、「単語」を暗記して、その出典を当てる、まるで「丸暗記クイズ」の延長であった。

革マルは、闘争の目に見える課題が改良的課題か革命的課題で、絶対的に二分化して改良的課題を掲げることを、改良主義と「批判」したつもりでいた。革マルの革命的課題とは、「反帝・反スタ」のスローガンだけを掲げるだけで、一度たりとも権力闘争などしたことがないのである。権力奪取――権力を自分が取ればいいとするのである。革マルは、スターリン体制下のＧＰＵ（ゲーペーウー、ソ連国家保安委員会＝秘密警察）から学んだのか、以後、陰湿な暴力支配が早稲田を支配していった。革マルは自治会執行委員等、表の顔と、革マルであることを隠したマル学同盟員をクラスやサークルに配置して解放派の情報収集をしていた。

ところが、革マルの「反帝・反スタ」の「世界革命戦略」を直接、現在の階級闘争に「あてはめる」ことはできない。そのような政治情勢ではない。では何をするのか？「改良主義」を批判して、「革命的マルクス主義」（＝「黒田イデオロギー」）を拡大することである。他党派の推進した大衆運動に「イデオロギー（もちろん革マル的な）」的に介入して、他党派を解体して、自派の数を増やすことそれ以外にないのである。

したがって、現在起きているさまざまな事象、現下の闘争にまったく関与できないのである。たとえば、当時大きな課題として持ち上がり、闘争の大きな節目を迎えていた三里塚闘争＝成田空港建設反対闘争においてもしかりである。三里塚闘争に対しては、「農民の土地所有運動」だと規定、ゆえに関わり合う必要などどこにもないとする。彼らにとっては「小ブル的運動」としか映らないのである。六八年の王子野戦病院開設反対闘争についてもしかりである。かれらは「住民運動は、階級闘争ではない」と公言して憚らない。たとえば、一九六七年四月の東京都知事選挙に対して、社共を軸に「革新都政」が美濃部を押して勝利した。解放派は、〝批判的支持〟を表明して、選挙に取り組んだ。

大衆運動・闘争が第一に掲げる課題は、大衆にとって実現すべき課題である。これなしに、大衆運動・闘争は、そもそも成り立たない。即時的な要求の解決を求めて運動が始まるのは当然のことである。その闘いを、「民主的な諸要求運動」に閉じ込め、「選挙」に集約する共産党とどこが違うのか？　何故、運動や闘争が生まれるのか、どのように成長するのかまったく理解できないのが革マルである。この、大衆運動・闘争が、独りで、放置しておいても階級化・革命化するとするのは、あまりに楽天的である。階級化・革命化する前に権力によって粉砕され、消し去られてしまう危機に晒され、革マルのような反革命的組織による乗っ取りの危機に晒される。これは、歴史的教訓である。

レーニン主義「前衛党の指導」「外部注入論」との対決

「大衆運動・闘争を一応認めたうえで、それが、階級化する、革命化する根拠、あるいは必然性の洞察が問われる。大衆運動・闘争は、階級意識（政治意識）、革命の目的意識が欠如しているので、それ自身では、そこにとどまる。したがって、前衛の革命意識が、外から大衆に持ち込まれなければならない」。これが、意識の外部からの持ち込みとしての「前衛党の指導」「外部注入論」の主張であろう。

それは、レーニン以降、スターリン主義者もトロツキストも、反スターリン主義者も、意見の一致するところである。これが、レーニン主義の「ドグマ」として、無批判に受け継がれてきた。まさに、この「ドグマ」が、「革命党」の精髄とされてきた。

大衆運動・闘争の出発点から、運動・闘争のなかで、自分たちの運動・闘争が孤立していないことを学び、他の人々の運動・闘争と関わりながら、より大きな自分たちの運動・闘争を対抗する敵の密集のなかで学ぶことが大切になる。これに失敗すれば、密集した敵の前に敗れる。より密集した敵に対して、共通の運動課題・闘争目標が必要になる。出発時点の課題、目標が見直されて新たに生み出される。運動・闘争の一歩の前進は、単調なものではない。一部の部分が戦列を離れたり、敵対する場合も発生する。大衆運動・闘争の共同的推進が大切であることは言うまでもない。運動・闘争は、形成する闘う団結のダイナミックな展開を抜きには、進みえない。

共産主義者は、外から階級意識や、革命戦略を大衆運動・闘争に持ち込むのではない。より根源的な支配と隷属の原因に向けて、運動・闘争が進むであろう（いまだ実現していない、未来に属する）課題を正確に分析して個々の運動・闘争を共通の課題化するように、結びつけることこそ大切なのである。

個々の運動・闘争の外に立っていてはできないことである。個々の具体的な運動・闘争に深く中に関わり続ける忍耐・謙虚さがなければできないことである。歴史的必然の認識としてのプロレタリア革命戦略を常に、見直し鍛えていくことが、実践的な理論的課題として強く意識される必要がある。

改良的課題を階級的にさせるように闘うか、改良主義にとどめるかが、根本的な分かれ目である。

革マルは大衆運動・闘争それ自体の生成発展としての階級形成に敵対するものであることが明白であった。黒田寛一の自己意識の拡大欲望は、その消費材料として、大衆運動・闘争を必要とするが残飯・屍しか残さない。

こうしてみるように、現実の運動がベトナム反戦闘争などを中心に大きく展開していくなかで、革マルがなすすべもなく凋落が明らかになっていったのが六七年という年であった。

二、激動の一九六八年の幕開け

米空母エンタープライズ寄港阻止・佐世保現地闘争

後に「激動の六八年」として記憶される一九六八年は、一月の米原子力空母エンタープライズ寄港阻止・

佐世保現地闘争から始まった。

前年の秋、10・8佐藤訪ベト阻止（羽田）闘争、から、10・21国際反戦闘争をへて11・12佐藤訪米阻止（羽田）闘争へと二度の羽田闘争を通じて、ベトナム反戦闘争は、「実力闘争」へと闘争力を増していった。一九六八年一月のエンタープライズ寄港阻止現地闘争（エンプラ阻止闘争）は、「武装」を前提に意識的に実力闘争を押し広げ、九州大学教養部・田島寮を出撃拠点に、博多から佐世保に列車で向かい、全学連高橋孝吉書記長の総指揮のもと一週間にわたる現地闘争を華々しく闘い抜いた。

そして、七日間にわたる佐世保現地闘争を闘い抜き東京に戻ると、私の町で起きた米軍王子野戦病院闘争に明け暮れた。ここで詳細を記すことはできないが、地域、住民を巻き込んでの闘いであった。

泥沼化するベトナム戦争で戦死する米兵や負傷する米兵を本国に送り返すまでの中継基地として、手狭になった埼玉・現在の和光市にあったモモテハイツ内の野戦病院だけでは間に合わなくなり、急きょ北区王子にあった戦後米軍に接収されていた「王子キャンプ」が浮上したのである。今の若い人には想像もつかないであろうが、野戦病院設置に反対する住民たちが、われわれ全学連の行動を応援してくれたり、住民が機動隊と対峙する場面も見られた。その王子野戦病院はその後、北区に返還され、建物も当時のまま、現在は北区中央図書館などになっている。

その王子野戦病院闘争の年、一九六八年春になると、早稲田大学の総長選をめぐってにわかに学内がざわついてきたのである。

当時、早大反帝学評をはじめとする解放派の闘争スローガンは下記のようであったと記憶している。

早稲田大学執行部体制の強権的改変粉砕

第二学館自主管理・時小山体制粉砕、産学協同路線反対
大学を戦う労働者・市民に開放せよ！
助手を含む全職員に、投票権を与えよ！
学生に信任権を与えよ！

「総長選挙反対！」闘争は、改良主義か？　改良闘争を階級的に闘うとは！

一九六八年四月一五日、第八代早稲田大学総長阿部賢一（一九六六〜一九六八）が任期途中、後一年半以上を残しての辞任を突然新聞に発表した。第七代大浜信泉（一九五四〜一九六六）が、第一次早大闘争の最中、学費値上げ、第二学生会館管理運営権、第二学部（政経・法・商学部）の廃止と社会科学部への統合（一九六六年設立）等に反対する早大全学共闘会議の主導する無期限ストライキ闘争に敗れ、病気を理由に辞任後、総長代行として、阿部賢一が、ストライキ解除、全共闘の中心学生の処分と刑事告訴をもっての「正常化」を断行して、そのまま第八代総長に就いた。

二年後、「一応の紛争処理を終えた。高齢で体力が続かないので、後進に道を譲りたい」と述べての辞任となった。選挙公示前から、時子山《ときこやま》常三郎理事が、最有力候補としてあげられていた。この「総長選挙」は、初めから阿部辞任と同時に、時子山「総長」が決まっている出来レースであった。時子山は、第一次早大闘争時から、理事会の最右派とみられ、学生ストライキの強行解除に体育会学生を動員するが、失敗するや、機動隊の学内導入―正常化を暴力的に強硬に主張し実行した張本人である。そして、政府が検討していた「大学管理法」を先取りする人物であった。

形式的には、二百余名の評議員の選挙で、総長を「選出」するのであるが、その「選挙」の仕組み等、内容が当局以外にはまったく知らされていなかったのである。

そこで、最近目にした早稲田大学教職員組合パンフレットが、そのときの総長選挙についてふれているので以下に転記する。

「今日のような総長選の仕組みができたのは、一九六九年から七〇年にかけての時期である。当時の教職員組合が大学民主化の一環として、教職員全員による直接選挙や、学生の参加方法（信任投票）の改善などを提案して、学内世論を積極的にリードしたことが大きい。」

同教職員組合パンフレットでは、一九六八年の時小山総長体制の出発点、すなわち「総長選挙反対」の闘争にはふれずに、「学内世論を積極的にリードしたことが大きい」と、歴史を改竄して記している。

当時、どこの大学でも同様かと思うが、新年度が始まる四、五月は、新入生を迎えて、学生自治会は、クラス討論の組織的運営と自治会執行部の改選を含む代議員大会の準備があり、文化団体連合会（文連）加盟サークルは新会員募集と、いつもながらの多忙な季節であった。

解放派は、総長選挙反対運動の取り組みのなかで、その階級的な推進を課題にして、学生運動の自治会運動から、学内での労学連帯運動への深化を課題にしてきたが、教職員組合とは、深い溝、相互の無理解を簡単に飛び越えることはできなかった。労学連帯を考えるには、教職員組合の〝内部から〟、ともに進むための独自の組織的な働きかけが、時間をかけて必要になった。このような引き継つがれた課題が理解されるようになったのは、総長選挙が終わりに掛かってからであった。社青同東京地本新宿支部早稲田大学班としての取り組みの弱さが、運動と組織に表われていた。新宿支部早稲田大学班の準備を促した。

このときまで、早大の学生組織として、「新宿支部早大班」をしっかりと組織上にとらえていなかったといえる。早稲田大学細胞が、学生戦線領域の組織であると同時に、新宿地区組織でもあることが、その後になって深く理解されたのだが、実際の取り組みは、学生戦線の華々しさに比べ細々としたものであった。

総長選挙反対運動、これには第一政経学部・文連、早稲田祭実行委員会だけが、早稲田大学総長選挙反対を表明して取り組んだ。われわれの総長選挙反対運動が広がるとみるや、革マルは、先に見た通り、「アリバイづくり」のために集会を開催した。教育学部、社会科学部、理工学部は、諸党派混戦で自治会単位ではまとまらなかったが、反帝学評を中心にストライキ実行委員会をクラスから組織して進んでいった。

早稲田における労学共闘の困難

われわれは早稲田大学教職員組合に、第一政経学部学友会として共同行動の申し入れを行った。第一に、日常の職場・学びの場の管理執行機関の長である、「総長（理事長兼学長）を、誰が、誰を、どのように選ぶのか」すなわち、「総長選挙制度」そのものを教職員、学生に公開して問題の是非を問うべきである。第二に、大学に関与するすべての教職員・学生に、総長選挙に係わる権利を認めるべきである。教職員を排除して（被選挙権・選挙権が認められていない）、学生を無視している（学生は、大学の提供する授業を、授業料を払って受けるだけでよい。学生が、大学の管理運営、および、授業やカリキュラムに口をはさむなどとんでもない）ということで、総長選挙制度の公開と改善には賛成する面もあるが、大学の管理運営、教学に関しては、同教職員組合と学生自治会で溝が大きかった。同教職員組合との共闘は、不調に終わった。教員と言っても、何処までの範囲にするのか。教授―助教授―講師―助手―研究員、職員の職種と職階、常勤と非常勤の複雑な内部の利害調整なしに、教職員組合として動けなかったのであろう。大学生協まで含めると、当初、自分たちが思っていたより根が深いものであることがわかってきた。

大学が今日果たさなければならない役割について、第二学生会館自主管理とともに、「大学を闘う労働者・市民に開放せよ！」と、学生の社会的存在はもとより、「大学を労働力商品の生産・再生産」の機構から、現下のプロレタリア階級闘争のなかで、「労働者・学生・市民の共同の闘いを結合・深化させる」場所に変えようとする闘いの展望を掲げて取り組んだ。

五月三〇日に行われた「総長選挙反対」の第一政経学部ストライキ学生投票は、過半数にわずかに足りず、ストライキ闘争に至らなかったが、学部校舎入り口で、一人ひとり説得して、半日ストライキを実現した。そうした地道な行動を通して、5・30全学連総決起集会・日比谷野外音楽堂に三〇〇名の大部隊で参加した。

その一方で、王子野戦病院開設反対闘争、三里塚空港建設阻止闘争（六六年六月に建設閣議決定、三里塚芝山連合空港反対同盟は同年八月に結成）、4・28ベトナム反戦・沖縄闘争、5・1メーデーと、現地闘争―中央政治闘争など、きわめて活発で、毎日が闘争の状況であった。

さらに、国鉄第三次合理化反対闘争―五万人首切り反対闘争は、国鉄労働組合運動の組織的明暗を分ける闘いで、四月には、順法闘争が連続し闘われていた。反合理化闘争という、企業の集中合併を伴う資本の側の攻勢に対して、労働者のストライキ闘争をもってする抵抗・反撃が続いた。また、都電撤去阻止闘争の泊まり込み闘争と休みなく進んだ。

また、東大、日大を先頭に闘いが起こり、それは全国の大学に波及していった。そして、これまで学生運動がなかったといわれる大学・短大においても、さらには、高校にも闘いの波は広がっていった。

一九六八、六九年という年は、目を海外に向けても、パリ五月革命、ドイツ（後に運動に関わった世代として「六八年世代」呼ばれるようになる）、イギリスの闘争、アメリカのベトナム反戦・黒人公民権運動の高揚が伝えられていた。南米でも、中東でも、アフリカでも、東欧でも闘争が活発化していた。

革マルとの緊張高まる

早稲田大学における、「総長選挙反対！」闘争は、前述したように第一政経学部学友会（自治会）を先頭にした早大全学反帝学評だけが取り上げた闘争課題でもあった。繰り返しになるが、解放派は第一政経学部学友会執行部を握り、文連、早稲田祭実行委員会常任委員会でも多数派を占めていた。

民青が単独で執行部を占める法学部では、総長選挙問題を学友会総会の議題にも取り上げない。学園民主化の一環程度でまったく気抜けしていた。民青の一部は、「反対闘争をやるべきだが、下手すると、東大の二の舞になって、トロツキストのストライキを呼び込むのでやらない」と政治判断！　をしたようだ。六七年羽田闘争以来、日本共産党・民青は、「反トロ」キャンペーンに終始し、「己の組織が第一」と組織防衛に走っていた。そのため学生の諸要求運動に固執して、独自の運動方針を提起することすら回避する状況であった。

一方、革マルはといえば、六四年に彼らが暴力とテロで執行部を掌握した一文・二文と商学部自治会は、「総長選挙反対は、改良主義で、闘争課題にしてはならない！」などといって沈黙していた。彼らはなんと、「総長選挙反対闘争は改良主義だから、闘わない―闘ってはいけない」「美濃部革新都知事選挙も改良主義でしかない、ブルジョア選挙制度に対する闘争は改良主義であって、革命闘争ではない」などと平然と言い捨て、また、「ブルジョア選挙制度への埋没反対」とわけのわからないことを叫んでいた。

ならば問おう。労働組合の賃金値上げや、彼らが、当時牛耳っていた動労、現下の国鉄で展開されている第三次合理化反対闘争が改良闘争ならば、「それは革命闘争ではないから、闘う必要などない」と言い切らなければおかしいのである。

そもそも革マルには、「闘争の必然性」などどこにもないのだ。「革命的に乗り越える」ことが唯一の「戦略」であるから、そのためには、自分では何もせず、「乗り越えるべき他人の闘争が起こるのを待って」いなければならない。

したがって、何を差し置いても、「大衆運動」を自分は起こさず、他人が闘い起こしたものに「不十分だ」「プチブル的だ」などと難癖をつけ、「それを革命的に乗り越える＝乗っ取る」ことを「運動」と称する醜悪極まりない反革命組織なのである。

そして、前項で述べたが、革マルには、大衆運動次元の問題とは別に、党派としての自治会支配の必要性があった。要は、カネ＝自治会費の代理徴収、それを止められてしまったら革マルとしての組織維持の資金がなくなるということなのである。前述したように当局の意向に反する行動はしないという念書を取り交わし、代理徴収をしてもらっているがため、どうしても「総長選」を焦点化とすることはできなかったのである。

中核派、ブントにしても、大衆運動を、自分たち党派の活動家を「オルグる」場所に矮小化して、「見せかけの革命戦略」をもって、活動家を自派に引き込むだけのものであった。彼らにとって大衆運動は、どこまでいっても、活動家をオルグする場所でしかなかった。サークルなどで活動家を一本釣りするというわけである。

そうしたわけで、第一次早大闘争以降、大学当局に言わせれば、学内は「正常化」した状態にあって、早稲田の革マルの転落ぶりは明白であった。つまり、他人がはじめた闘争に難癖をつけ「乗り越え」と称して介入し、乗っ取る、つまり、便乗・寄生することでしか存在証明をつくれない革マルは、乗っ取り対象がないとなると、何一つとして革マル単独で闘争を組むことはできないのであった。

すなわち、革マルは、「政治権力、資本の社会権力」に対して、闘う組織ではないのである。労働者、学生の権力に対する闘いに、便乗・寄生して、自派の頭数を拡大することのみが目的の組織なのである。こうした早稲田での運動の転落は、早稲田だけでなく、革マル学生運動（革マル全学連）の転落に直結する問題だった。

革マル、二号館地下法学部学友会室乗っ取り襲撃企てるも民青に反撃され退散

革マルは、先述したように反帝学評に暴力的な妨害を執拗に繰り返したが、革マルが、学内で暴力的に振る舞えば振る舞うほど、学生から嫌悪され影響力を失っていった。六八年九月に、革マルは、二号館地下の法学部学友会室を襲撃した。ところが、民青から凄まじい反撃を食って退散した。この法学部襲撃は、まったく理由づけのできないもので、われわれも、民青を批判することを差し控え、革マルの学友会襲撃を批判した。革マルは、法学部に部室等の活動の足がかりがないので、その当時、地下のラウンジを占拠していたブント系を排除して、部室の乗っ取りを計ろうと画策しての行動であったと後で知った。しかし、法学部学友会執行部以下、法学部サークルの総反撃を食らいほうほうの体で逃げ帰ったのである。「民青のゲバルト部隊もやる時はやるもんだ」と、変に感心するサークル員もいた。

早稲田の法学部でも、革マルは嫌われ者であった。法学部学友会代議員大会に、反帝学評は全学連派として、ブント・中核派を含めて、共同提案書を提出してきた。一方、革マルは、法学部では、一度も代議員大会に出られないほど基盤がなかったのである。

反帝学評は、自治会・文連の運動の原則に立って、全中闘の共同行動を推進した。しかし、革マルの目から見れば、「社青同解放派の動員」にしか見えないのだろう。社青同解放派にあって、自分たち革マルにないものが見えなかった。革マルは、「活動家の数では自分たちが上回っているのに、闘争の動員数では負ける」などと言い、その理由がわからなかったのである。

新宿駅米タン輸送阻止闘争

学外へ目を転ずれば、一九六八年春から夏にかけて、高揚するベトナム反戦闘争のなか、米軍タンク輸送阻止闘争が、東京・横田基地—拝島で闘われた。

前年には、新宿駅構内で、米軍の燃料を積んだタンクローリーが火災事故を起こした。日本で最大の過密路線を毎日二便が走っていたのである。その危険性は明らかであり、ベトナム戦争の激化に伴い増えることはあっても、減ることはなかった。安全対策も立てないまま、燃料輸送は続けられた。ベトナム戦争の北爆再開に伴う沖縄嘉手納空軍基地、グアム空軍基地からのB52爆撃機の出撃回数の増加に合わせて、横田基地からの兵站輸送の増加がハッキリと目に見えてわかるようになってきた。そして、連日のジェット燃料輸送は不可欠となった。日米安全保障条約・日米地位協定に基づく、米空軍のジェット燃料補給は、日米反革命階級同盟の有効性如何に直結する問題であった。

一九六八年の10・8新宿駅における米タン輸送阻止闘争は、全学連部隊を中心に、駅ホームから構内に進み、一時は完全に構内を制圧した。新宿駅構内の線路上は、赤旗の波とデモ隊のスクラム行進で覆われ、警察機動隊も、学生部隊を排除できない状態になった。

そうした大衆を巻き込んだ米タン輸送阻止闘争に恐怖した機動隊は、プラットフォーム上に橋頭堡を構え、そこから、構内線路上にいるデモ隊めがけて、ガス弾の水平射撃に移った。辺り一面、催涙ガスで白く覆われた。それに対しデモ隊は、線路の敷石の投石で応戦した。

政府は、この新宿闘争に破防法、騒乱罪の適用にむけ具体的な検討に入った。そして、国鉄は、急遽、新宿駅構内の線路の敷石（バラスト）を投石に使われないようにと、アスファルトで固め、有刺鉄線を張り巡らせ、構内と外を隔てるため、鉄板の柵を設けるまでになっていた。

全学連・反帝学評は、この10・8新宿闘争を踏まえて、10・21国際反戦闘争を、帝国主義ブルジョア政府の中枢＝国会への七〇年安保決戦・実力闘争を提起した。

10・21闘争　全中闘・反帝学評中心に全学総決起集会を三〇〇余名で実現　革マルを圧倒

早稲田における10・21闘争は、全中闘・反帝学評中心に全学総決起集会を三〇〇余名の結集をもって勝ち取り、革マルを圧倒した。

首都圏の学生運動を振り返っても、一九六七年六月や、10・8佐藤訪ベト阻止羽田闘争では、三派全学連全体で九〇〇名の中規模な集会・デモであったものが、六八年には、王子野戦闘争から三里塚闘争と現地実力闘争にもかかわらず、二〇〇〇名を上回る規模に拡大していった。そして秋の10・21国際反戦闘争は、各党派によって行動方針が異なっていたが、その数は数千を下ることはなかった。

早大反帝学評が急激に増えたわけではない。一九六七年と六八年では、大きな変化が早稲田の学生運動に生じていた。早稲田においても、その傾向は顕著であった。三派全学連の分裂を経て、学内・学外の大衆運動は、反帝学評系、革マル系、民青系と大きく分かれていた。民青系は、沈黙を続けた。

革共同中核派は、10・21「新宿騒乱！」をスローガンに、「革命党に対する、騒乱罪、破防法適用を引き出す闘争を」と騒乱拡大を自己目的化し、闘争の向かうべき政治権力闘争を後退させていった。

ブント系は、10・21対防衛庁占拠実力闘争と位置づけ、六本木の防衛庁に闘争を焦点化した。国家権力、即ち、暴力装置＝自衛隊＝防衛庁という単純化であった。ブント系の諸潮流は、対権力闘争・革命を国家権力の暴力装置との軍事的な対決にと、その後、進むことになる。

ところで革マルであるが、彼らは無方針状態であった。そして、あろうことか、中核派に乗っかり、「新宿で、革マルも闘った」とのアリバイづくりに奔走した。まさに「乗りこえ」どころか、新宿騒乱に〝乗っかる〟という醜態であった。

「他党派解体路線」に純化する革マル

圧倒的な大衆を巻き込んで闘われた10・21国際反戦闘争の総括をめぐって、社青同東京地本新宿支部として、労学連帯集会を高田馬場の西部労政会館で開催することを企画し、新宿反戦青年委員会、東水労、東職、シチズン、早稲田大学教職員組合有志の参加を、早大反帝学評もすすめた。それは、六八年春からの運動・組織の大きな課題に向けての一歩となるべきものであった。

しかし、開催直前、会場に向かう労働者、学生のグループが革マルのテロ部隊に路上で急襲され負傷者を出すに至った。このことで、労学連帯の総括集会は、流会させられた。今から思えば、この間の早稲田大学での革マルとの衝突、暴力的衝突が、地域労学に拡大することは予想されたが、残念ながらほとんど対革マルの防衛上の対策が準備されていなかった。

反帝学評・社青同部隊が、事前に会場を確保し、集会に参加する反戦青年委員会、労組、個人を革マルテロ部隊から防衛しつつ反撃する。あるいは革マルテロ部隊の動向を事前に察知するための厳重な警備態勢を敷くなど、具体策が十分練られないまま労学連帯集会を迎え、革マルのテロ部隊により流会となったことは、大きな痛手であった。

この段階で、革マルを、反プロレタリア運動組織として対象化し、党派闘争レベルを一段上げるべきであった。

地域労学連帯が、解放派学生運動の組織にとって戦略的に重要な運動であるにもかかわらず、十分に意識化されていたとはいえない。同時に、早稲田大学における革マルとの党派闘争の意味を、学生戦線の問題から、全労働戦線・全国闘争の問題にすること、そのためにどう対応するかをも含めて取り組みが後手に回った。「大衆運動に党派間のゲバルトを持ち込まない」「内ゲバ反対」などの大衆の動向に対しても、革マルの反革命的な正体を徹底的に暴露すべきであった。

新宿地区労学での六八年10・21の総括集会が流会したことは、革マルが階級闘争に牙を剥き出し暴力的に敵対したものとして、明確に「反革命組織」と規定して対応すべきであった。革マルとの闘いは、もともとは早稲田の学内の大衆運動をめぐっての衝突であったが、新宿西部労政会館での労学連帯集会への攻撃は、早稲田学内の学生大衆運動をめぐる党派闘争から、公然と早稲田の学外で、社青同解放派系労働戦線を狙ってのものであった。革マルは、自らの退潮を隠蔽するために、他党派解体＝解放派解体に本格的に踏み入れた。それは、単なる早大革マルの思いつきや、路線の一時的なブレなのではなかった。革マルとして、計画立案から、情報収集を執拗に繰り返し蓄積し、周到に準備していたのである。

三、早大文連・早稲田祭実行委乗っ取りと、「他党派解体」革マルの本性

一九六八年早稲田祭　陰謀とテロが支配する〝早稲田の杜〟

革マルは、自らの「イデオロギー」的な存亡の危機に入っていた。

第一次早大闘争以降、一九六七年からのベトナム反戦闘争他、あらゆる闘争で早稲田における革マルの自治会・大衆運動の凋落はこれまでみてきたように著しかった。それは、同時に、黒田イデオロギーのさまざまな「理論」的粉飾をかなぐり捨てて、革マルの本性を露わにして、階級化する大衆運動に牙を剥き出し、その指導的部分へのテロに走ったということである。

六八年早稲田祭は、解放派と革マルの避けることのできない衝突となった。

城塚登氏の「経済学・哲学草稿とマルクス」の講演、廣松渉氏の「ドイツイデオロギーとマルクス」の講演、そして解放派の創設者であり、社会運動家である滝口弘人氏の「七〇年安保政治決戦と今日の闘い」の講演を連続講演として早稲田祭実行委員会本部が企画した。

それら連続講演会をただ妨害することのみを目的として、連日、革マルは三〇名ほどで会場に押しかけ、

大声での妨害発言と、止めに入る早稲田祭実行委員会学生への暴行が繰り返された。われわれは何とか、演壇前でスクラムを組み演壇防衛はしたが、気がつけば、全身打撲を負う状態であった。押しかけ、暴行を働く革マルのメンバーは、早稲田の顔見知りの革マルでなく、普段は顔を見ない学外の年長の数名が先頭で大声を上げていた。

ところで革マルは、廣松氏の講演の妨害にあらわれ、「ドイツイデオロギーの○頁○○の何行目に、こう書かれている」と、新発見でもしたように一人が大声で叫ぶと、全員で同じことを何度も繰り返し自慢げに大声を上げるが、相手が悪い。「それは、第XX版のことですね」と、廣松氏に軽くあしらわれ、二の句が継げなくなる醜態をさらけ出していた。革マルの「イデ闘」と称するものは、マルクスの文言の断片を暗記して、相手が知らないのを見て罵倒するというのが基本で、彼らの「イデ闘」とは、要は暗記した知識のひけらかし合戦でしかないのである。そうした底の知れた浅はかさが、図らずも暴露＝露呈されるだけの局面だった。

早稲田祭最終日の一一月一三日、滝口弘人氏の講演会は、最初から様子が前日とは異なった。最初から、早大革マル五〇名ほどが会場に押しかけ演壇を占拠し、壇上の滝口氏を拉致暴行しようと計画されていた。

彼ら革マルは、ほとんど無言で、われわれとスクラムで対峙していたが、突如一挙に詰め寄り、殴る、蹴るを繰り返し、演壇上の滝口氏を捕まえようとした。もはや、われわれは講演の続行は不可能と判断し、滝口氏を囲んで、革マルの包囲を破って会場を後にした。

そのとき、会場で反帝学評の学生一人が革マルに包囲されて、集団暴行を受けていた。それを見た文連委員長の林君が、学生を取り戻そうと単身会場に戻った。そのとき、暴行を繰り返す革マルを彼は所持していたナイフで威嚇し、暴行されていたその学生とともに革マルの暴力包囲を突破したのである。

そして、その日以降、早稲田祭終了とともに、早稲田祭実行委員会総括会議・文化団体連合会総会までの間、革マルの暴力的、テロの包囲網を脱出した林委員長らに対し「ジャックナイフの林君」なるキャンペーンを革マルは張っていくのである。

そうした革マルの欺瞞的キャンペーンに対し、多くの早稲田祭に参加したサークルは、「革マルが仕向けておいて、何を言うのか!」「革マルこそ、早稲田祭に敵対的妨害をしたことを自己批判すべきである」「ジャックナイフ問題をことさらに取り上げることこそ問題である」と声を挙げ反撃したのである。こうして姑息な革マルに対する批判が挙がったのは当然であった。

しかしそれ以降、革マルは、本部キャンパスから離れた文学部キャンパスから、反帝学評さらに、反帝学評に近いクラス委員のクラスに押しかけ、そのクラス委員を見つけ次第暴行するという暴挙、テロに出た。こうしたことが連日のように行われ、クラスのメンバーに守られた学生や、革マルの襲撃・テロに遭い教室の窓から逃げ出した学生は、連日後を絶たなかった。文連加盟サークルに対しても、さまざまな暴力的嫌がらせ、中心メンバーへの恫喝と脅迫が日常化していった。

反帝学評メンバーは、文連・早稲田祭実行委員会の入る第一学館と政経学部(三号館)を中心に活動範囲を制限しながら、一人での行動(革マルに拉致される危険を)は避けて、複数のグループでの行動をとるように注意を払っていった。

早稲田から東大へ　そして全国へ波及した解放派へのテロ

一方、本書第1章で記されているように、東大闘争は、六八年一一月、無期限全学ストライキに向けて大きな一歩を踏み出した。

早稲田で、そんな暴力が恒常化し始めたなかで、一一月二三日に文連・早稲田祭総括会議（以下、文連総会）の開催が予定されていた。しかし、そのころ重大局面を迎えていた東大闘争と日大闘争をめぐって、一一月二二日に東大安田講堂前にて、「11・22東大・日大闘争勝利全国学生総決起大会」（日大全共闘の合流による実質的な全国全共闘結成）が開催されることになり、早稲田大学も全中闘、文連・早稲田祭実行委員会を中心に全力で参加することを決議して、総会を一二月八日に延期することにした。

そして、後掲する「SY解体の為に」（SY＝社青同解放派のこと。S＝社会主義、Y＝青年。革マルの隠語）の路線、早大解放派トップに対する、殺意をもったテロ攻撃が仕掛けられていくのである。

文連総会当日の一二月八日、反帝学評は革マルの妨害を排除するために、第一学生会館に集結していた。その背後で、われわれの隙をつく形で、不覚にも政経学部学友会室に一人残っていた早大解放派の主要メンバーの一人である浜口龍太さんが、十数名の革マルテロ部隊のテロを受け瀕死の重傷を負った。

革マルは、早稲田解放派のキャップに集中して殺人的な攻撃を準備してきた。文連・早稲田祭の総括会議で、多くの耳目がそちらに注がれ、われわれも、そちらに勢力を集中していた。政経学部地下の学友会室に浜口さんが一人でいることを確認して、テロを目的にした十数名の部隊を差し向けての仕業であった。まさに不意を突かれた形であった。

革マルにとってはもはや文連総会などはどうでもよく、早稲田を革マルの支配下に置くためには「他党派解体」という革マルの本性剥き出しで、早大解放派のトップを狙った凶行に及んだのである。それは偶発的な衝突などではない。明らかに、計画的に周到に準備されたものであった。

早稲田祭の総括と文連総会開催日である一二月八日、第一学生会館に緊急招集をかけたが、第一学館は、建物の構造上防御ならびに反撃が難しく、さらに比較的長期の武装対峙をしなければならないと判断して一時的退避を決断した。最後まで早稲田に留まり、革マルと闘い切ることも検討、追求されはした。しかし、前述したように、第一学館は、バリケードでの防御的封鎖（対革マル）も構造的に難しく、政治経済学部（三号館）は、孤立して外部からの補給・通信連絡が確保できない。理工学部（戸山キャンパス）は、部隊を収容できる建物がない。さらに、校舎は現代的な全面ガラス貼り建物であり、そもそも防御に向かない。そうした判断から、とりあえず東大教養学部教職員会館に撤収して部隊の増援補給を行いながら、反撃の機をうかがうことを確認し、危険も差し迫っていることから直ちに早稲田キャンパスから、撤収し、激しさを増す革マルによるテロ・暴力、そして、一二月八日の浜口さんへの反革命テロを機に早大反帝学評・解放派のメンバーは、いったん東大駒場の東大教職員会館へ撤退した。

こうして、その陰謀とテロは早稲田だけでとどまらず、本書第3章でも記されているが、一二月六日、東大闘争さ中の東大駒場で突如、鉄パイプで武装した全国動員の革マル集団が現われ解放派の部隊を襲撃し、以後連日、二週間近くにわたって駒場構内で武力衝突が繰り返されたのである。

殺意をもってのテロ攻撃が仕掛けられてきた解放派への攻撃は、早稲田、東大だけにとどまらなかった。全国の解放派の拠点といわれる至るところに攻撃がかけられた。

そして早稲田では、学内での活動の休止が余儀なくされながらも、自治会、文連、反帝学評の大衆運動の再確立に向けての活動が模索されていった。

革マルは周到に準備していた。革マルは個人テロに走り、反帝学評メンバーを見つけては暴行し、すべてのサークルに対して中心メンバー個人を狙い撃ちにして、恫喝と脅迫を繰り返した。シンパのクラス委員までに恫喝・脅迫はおよび、登校不能にさせていたことは先述のとおりである。

その闘いのさなかに、われわれはマル学同の「SY解体の為に」と銘打った〝秘密文書〟を入手した。革マルも自分たちの文書であるということを認め、この内部文書により、革マルの早大解放派を壊滅するための周到な組織計画が暴露されたのである。このことは、当時ほとんど知られることはなかったので、あらためてその内部文書＝〝秘密文書〟を取り上げ、革マルの陰謀体質、陰謀とテロ暴力の正体を明らかにしておきたい（三六八頁）。

「早稲田キャンパス新聞」への恫喝と反対派を虫けら扱い

その間の状況は、一九六九年一月二五日付の「早稲田キャンパス新聞」が詳しく報道した。しかし、それに対して革マルは早稲田キャンパス新聞編集部に対し「新聞を発行させせない、回収しろ」と恫喝したのである。それに対して同紙編集部は、文連総会をめぐる一連の革マルによる暴力事件を扱った記事部分を白紙とした紙面として再発行した。

こうして早稲田は、六八年の暮れ以降、本部キャンパスから離れた戸山にある理工学部キャンパス以外は、大学当局と癒着した革マルの暴力支配が貫徹されていった。

今から思い返すと、革マルは、六八年に入るや、党派闘争で内部を固めるために、われわれに対する「批判」のトーンが変化した。社青同解放派に対して、「青虫」などと非人間的な呼び方をするようになった。ヒトではない、殺して然るべきものとして革マル内に見せることでしか内部を固められないほどに退廃しきっていたといえる。それは、単に口汚い表現、蔑視では済まされない。こうしたことは、のちに、七二年に起きた川口君殺害事件後、中核派を「ウジ虫」、ブント系を「赤ダニ」、早大全学行動委員会（WAC系、黒ヘル）を「ゴキブリ」などと口汚くののしるようになっていく。これは、たとえばアジア太平洋戦争が始まる前、国家主義・国粋主義を売り物にし、プロパガンダを振りまいていた新聞『日本』が社会主義者はもとよりリベラル派をも「国家の害虫」と呼び、また戦中は、中国東北部（旧満州）で悪名高い七三一部隊が生体実験を行うため捕虜や拉致した中国人やロシア人を「マルタ（丸太）」と呼んだり、また、中国人や朝鮮人、ロシア人を口汚く蔑称したり、英米人を「鬼畜米英」と呼んだことと通底する。ナチスが、ユダヤ人絶滅に手を染めるとき、ユダヤ人を何と呼んだか、忘れてはならない。「社会の害虫」と呼んでいたのだ。

こうした「ウジ虫」だの「青虫」だの「ゴキブリ」だのと口汚く罵ることは、ヒトを殺すことを「正当化」するための、革マル内部での組織的洗脳である。ここに革マル「黒田イデオロギー」の醜悪な本性が露呈している。小野田譲二は、先に引用した著で、人格を否定し、中核派をケルンパーとあざ笑う革マルに「その意地汚い言葉に込められたケチな優越感」と喝破している（前掲書四九、七七頁）。他党派解体路線―殺人を意図的に進めるのを躊躇させるものを取り除くために、他党派を人間の集団としてまともに向き合うことを拒否したのである、こうして他党派を自分たちと違う、ヒトではないものに落とし込めて、殺害することを正当化・奨励したのである。

なぜ、革マルは他党派を命までをも狙い「解体」することを旨とするのか

なぜ、革マルは、他党派を、その構成員の命までをも狙い「解体」することを旨とするのか。それは、

革マルは、「革命的共産主義者の立場―イデオロギーは、その脳髄にある」故に、「イデオロギーの抹殺は、その脳髄の粉砕によって実現される」という、誤れる「機械的唯物論」の極限に必然的に至るのである。ヒトの「脳髄の破壊」は、ヒトを殺すと同義である。革マルは、ヒトを殺すことを、他党派解体＝党派闘争の目的に据えた。

これまでの他党派解体のための「共同闘争」と「イデ闘」に代わり、一九六八年秋には、個別的特殊的な適用として、「SY解体」のためにと称し他党派解体戦略が、全組織的に練り上げられたと考えられる。

革マルの階級闘争への破壊攻撃にどのように対抗し、それを跳ね除け、革マルを粉砕して進むのか？

一九六八年一二月からは、革マルを粉砕して、早稲田における階級的学生運動を如何に再構築するのか？革マルを反革命として解体すること抜きに学生運動が成り立たないときがきた。

革マルの、繰りかえし増大するプロレタリア階級運動・闘争前進への妨害を、粉砕して進むことが日常の課題となった。革マルの運動のなかでの破産の進行は明らかになった。同時に、その「イデオロギー」の破産も覆い隠せなくなった。

「大衆運動の断固とした部分」それ自身、原則的一般論としては「正しい」が、革マルが、反革命的に暴力的に敵対する段階では、大衆運動の断固とした推進と同時に、革マル解体の運動・組織方針が解放派構成員、一人ひとりに至るまで、任務が徹底できない弱さがまだあった。これまでの運動・組織のプロレタリア党への飛躍が求められていた。

一九六八年春から、早稲田に寄り添っての笠原一氏の細胞活動指導の傍らでの戦後学生運動の総括として、黒田批判もそのなかに位置していた。大衆運動が高揚していく、あるいは高揚している場面では、解放派は革マルはじめ他党派に対しては、圧倒的な優位性をもっていた。しかし、大衆運動が厳しい局面に立ち至ったとき、その弱さが顕在化して、その克服のないままに進んでいった。問題は、大衆運動の下降局面、衰退期にこれまでの自らの闘争を総括して、運動と組織をいかに次の闘いに向けてなにを準備するのかが、大衆運動の推進者＝行動員会とは、次元の異なる解放派の視点が問われていたといえる。

プロレタリ階級の部分として、プロレタリア階級に内在して、プロレタリア階級が革命的階級へ自らを形成することが問われていた。運動の「敗北局面」からそれを「前進」に転化していくには、諸個人の思想的な成長と人格的な成長が不可欠であった。それをどのように、運動・組織のなかで展開するのか。繰り返し討論し確認してきたことだった。しかし、現実の運動は、それを越えて先に進んだ。

レーニン・スターリンに引き継がれた、「前衛党組織＝共産党」組織批判の根底に、革命意識の外部からの持ち込み＝意識の外部注入論批判が、「前衛批判」「革命戦略・理論」の弱さの是認になっていなかったのか。弱さがあったとしても、レーニン・スターリン主義的な組織論の舞い戻りは決してあってはならない。そこには、労働者階級の階級への形成に対する確信が解放派にはあった。

次々と明らかになる大学当局との癒着と暴力支配

繰り返しになるが、早稲田大学では、六八年一一月以降、革マルの大学当局と癒着した暴力支配が既成事実化されていった。後日、それは次々と明らかになっていた。

大学当局は時小山総長体制下、学生運動の階級化による全学ストライキの「芽」を摘むために、「左翼」

の仮面を被った革マルを利用した。革マルによるテロ・暴力・陰謀を用いての文連、早稲田祭実行委乗っ取りを黙認し、革マルが牛耳る自治会を使って反帝学評を学外に排除すべく仕向けた。それは、何も解放派・反帝学評に対してだけの問題ではなかった。時をずらして、ノンセクト・闘う一般学生にまでその支配の手法は貫徹されていくのである。こうして、大学当局一体となって「学生にものを言わせぬ体制」を構築していくのである。それを当局は「正常化」と呼んだのである。

革マルは、学生大衆の反撃を暴力で潰して、大学当局からの承認を得て執行部を乗っ取り、見返りに、自治会費、早稲田祭補助金の餌にありついた。

一方、当局は、革マルの階級的学生運動への暴力行為は黙認したが、革マルに対する反撃（理工学部を拠点化して本学への進撃と武装情宣の貫徹）には、警察権力への通報、警察権力の導入を躊躇しなかった。そして、皮肉なことに、大学当局が危惧した学生運動が学内から姿を消すと、当局にとっての革マルの存在意義も失せて、当局と革マルの癒着を示す「覚書」文書が、次々と表に現われた。

こうして革マルの所業＝悪行が、白日の下に明らかにされていった。革マルは、もともと「左翼」ではないのである。小ブルジョア、インテリの「薄汚い自我」を西田―マルクスの用語で粉飾した、世界でも例を見ない反革命集団なのである。既存の学生自治組織に寄生して、その執行部を乗っ取り、自治会費、補助金を掠めとるという陰謀集団ともいえる。

ベトナム反戦闘争はじめあらゆる闘争において、その方針や路線が論破され、大衆運動が退潮しても、唯一の拠り所「黒田イデオロギー」が吹き飛ばされない限り、あらゆる擬態をもって生き延びようとする。「黒田イデオロギー」の担ぎ手を増やす——組織拡大・イデオロギーの自己増殖以外には、何もないのである。

繰り返す反撃の波

大学本部封鎖・第二学館強行突入、占拠——六九年四月第二次早大闘争

早稲田では、運動に参加しようとする学生一人ひとりが個人として参加する、いわゆる「ノンセクト」の学生にも開かれていた。自治会のクラス単位、ゼミ単位、サークル単位で目に見えない日常の活動を通して、全中闘の呼びかけに応えて参加するわけで、全中闘は、あらゆる闘う学生に開かれた共同行動のプラットフォームであった。早稲田の学生運動は、こうした「ノンセクト」学生から、クラス行動委員会、サークル行動委員会、反帝学評を含む広範な運動であったのである。こうして、反帝学評は革マルとの闘いのなかで、開かれた共同行動のプラットフォームを守ってきた。

一九六八年一二月から起きた解放派へのテロによって早稲田からの退却を余儀なくされた四か月後、一九六九年四月、大学本部実力封鎖を合図に闘われた「第二次早大闘争」は、手前味噌と言われるかもしれないが、こうした早大学生運動の土壌の上に実現したのである。この本部封鎖に引き続き、第二学生会館に強行突入し、そして占拠。第二学生会館自主管理闘争の狼煙をあげた。＊

これに、当然のことながら狼狽した革マルは、何の意味もなさない大隈記念講堂を「対抗」上、占拠した（要は今の安倍政権同様、〝やっているふり〟だけ）。ただただ早大全共闘（第二次全共闘、反帝学評、反戦連合他）に対抗するためだけに占拠したというだけである。

＊六九年九月三日、全国全共闘結成を前にして、革マルとの激突を警戒、その年の四月以来、全共闘に占拠されて

いた第二学館に機動隊が導入され、解除される。その後、第二学館は一度も使われることなく取り壊され、現在は26号館＝大隈記念タワーが建っている。（編集部）

七二年一一月　川口君虐殺事件によって早稲田解放闘争が燃えあがった

革マルによる早稲田の暴力支配がはじまった六八年末から四年後の、一九七二年一一月八日、革マルによって早大第一文学部の川口君が拉致虐殺される事件が起きた。それに怒った全学の学生は立ち上がり、革マルを追い詰めた。いわゆる「早稲田解放闘争」である。

奇しくも、また早稲田祭の後の出来事である。その日以降、川口君虐殺糾弾早大行動委員会＝WACの全学的な闘争が燃え上がった。革マルは、「川口君は、中核派のスパイである」「中核派との党派闘争での死であった」と、問題を党派闘争にすり替えて、大衆的糾弾から逃れようと、はじめは低姿勢で「われわれのなかの未熟な者が……」とか「意図したことではない」とかと方便を使っていたが、そんな方便に騙されるような早稲田の学生たちではなかった。各学部、各クラスから次々と革マル糾弾の決議があがっていく。

革マルが牛耳る、一文、二文、商、教育の自治会が、圧倒的な革マル糾弾の学生の手でリコールされた。

しかし、大学当局は、リコール後の新しい学生自治会を認めず、革マルを擁護した。それにより追及は革マルばかりか、大学当局にもおよんだ。こうした嵐のような革マル糾弾の声に、革マルは窮地に陥っていった。そこで革マルは大学当局の暗黙の了承を得て革マル以外のすべての学生へのテロに遂に手をかけはじめたのである。七三年四月以降、革マルのテロなどにより学内でのクラス討論が開けなくなったクラスが、三越デパート屋上に集合してクラス討論をしようすれば、鉄パイプで武装したテロ部隊を送って襲撃する。そのため、おびただしい数の学生が革マルの鉄パイプによって負傷されられていった。そして、どう考えても、公安と革マル情報組織の連携なくしてあり得ない事態が頻発した（これを見て中核派はKK連合と呼んでいたが）。WACも、革マルのテロが、自分たち特定の党派に属さないノンセクトの闘う学生に向けられているのを身をもって経験することで（それまで、反帝学評の参与に消極的であったが）、革マルに対する防衛的反撃をわれわれとともに開始することになる。七三年五〜六月、反帝学評とWACの部隊は、早稲田大学で革マル全国部隊を三度にわたり粉砕し、追撃した。革マルのテロに対して、反帝学評とWACが武装進撃して、本部前で川口君虐殺糾弾、革マル糾弾集会を展開したのである。

そうした闘う早大生、そして反帝学評等の追撃に、六八年一二月以降続いたテロと暴力によっての早大支配が脅かされ追放されるのではないかと、革マルは恐怖した。そして、本書第2章で岩井さんが詳しく書いているが、七三年九月一五日未明、横須賀で行われる米原子力空母ミッドウェー母港化反対闘争のために、神奈川大学に泊まりこんでいた反帝学評の部隊を深夜、官許のもと、大挙して鉄パイプをもって夜襲をかけてきたのである。こうしたことも影響し、結局、革マルを追い詰めながらも、逃げ込みを許してしまった。

因果応報？　〝用済み〟の革マルは、当局に棄てられる

革マルを利用して学内管理を強化した大学当局であったが、革マルを見放すのも時間の問題とまでいわれていた。革マルのテロ・暴力の前にWACの運動が消え、その後の党派間＝中核派・解放派と革マルとの間での内ゲバが多くの死傷者を出すまでになり、また、連合赤軍問題などもあり、学生運動全体が退潮するや、大学当局にとって革マルは「厄介者」となった。

革マルは、さまざまなカネ（早稲田祭での入場料代わりの有料パンフレット代なども）を自派に流用（要は横領）して会計報告すらしなくなった。とうとう、大学当局もこれ以上見過ごすことができなくなったのである。

一九九四年、奥島孝康総長になって、早稲田祭の中止、革マルの巣窟となっていた第一学生会館の取り壊し、商学部、第一、第二文学部、社会科学部の各自治会の認可取り消しが行われていった。革マルが暴力とテロで牛耳っていた「自治会」「文連」「早稲田祭実行委員会」の認可を次々と取り消していったのである。要は革マルの資金源を封じ込めたのである。たとえば、早稲田祭の入場料代わりに購入させられるパンフレット代は、当時で三〇〇〇万円にも上ったといい、これら不認可・取り消しは革マルの活動を抑え込む決定打となった。そして、当然のことながら、革マルは、当局に対して「大衆的反撃」など、今さら組めるはずもない。

しかし、革マルの本丸といえる、「黒田イデオロギー」の全面的・根本的批判に手緩さがあった。革マルは、今も「全学連」を僭称して街頭に現われている。さすがに、当局に潰された自治会を僭称するのは憚られるのか、「早稲田大学学生の会」と意味不明な名前で出ている。市民運動の傍らにすり寄って生き延びようとしている革マルの本性を白日の下に暴き、解体しなければならない。次代を担う人々が、半世紀前の敗北を繰り返すことなく、日々の闘いを進められるようにと願う。

ここ最近のことも記しておこう。

二〇一五年、安倍政権によって安保法制が強行されようとしていたときである。連日国会正門前には安保法制に反対し、なにがなんでも成立を阻止せんと多くの市民が集まり反対、安倍政権打倒の声をあげていた。そうした動きに「もぐり込もう」と革マルも確かに来てはいた。しかし、安保法制の成立を阻止せんとの人々の意思は強く、鉄柵と警官隊の阻止線を突破し、声を届けんと人々が雪崩のように道路に飛び出し国会正門前の道路を占拠した、まさにそのとき、目の前で起こっていることがなんであるのか、何が起きているのか理解できない革マル集団が豆鉄砲を食らった鳩のように呆然と立ち尽くしていた姿を現認している。その市民の怒り、事態の急変に驚き慌てふためいた革マルは、その後もつれる足を何とか右、左と前に繰り出し出てきたはいいが、することといったら、お得意の旗を広げての「記念写真撮影会」である。このことを見ても現実の闘いに革マルがいかに無関係であるかがわかるというものである。

最後にこれだけは付け加えて記しておきたい。六八年夏から秋にかけて、日常の立て看出し、宣伝ビラ刷り・配布、クラス討論、昼休み時間の本部前でのアジ演説等が少なくなっていった。中心的な活動家数が少なくなっていったのである。第一次早大闘争（六五～六六年）を闘った世代が大学を去って、六六～六七年入学の世代（戦後ベビーブーム世代）が、大学二、三年生を占める。早稲田では、第一次早大闘争世代が、運動の指導的立場でいたがその数は限られていた。学生戦線に留まっても、早稲田で直接活動する以外に、他大学のオルグや、全学連書記局等で、多くは活動を継続していた。学生戦線は、三～四年の短いサイクルで、後進の育成を図らなければならない構造をもっている。

早稲田の運動・組織は、「第一次早大闘争の遺産」の上にできていた。以後、それを食いつぶしてきた。第一次早大闘争級の大衆運動の盛り上がりがなければ、活動家を増やすことはなかなか難しい。ベトナム反戦闘争などの政治闘争の高揚からだけでは、運動の組織者を生むのはなかなか難しい面がある。運動の停滞期においても持続する活動家を育成すること、学生戦線固有の世代交代を見通した、戦線移行・配置等のキメ細かな組織運営をわれわれはほとんどできていなかった。六八年は、組織の折り返し点であったのかもしれない。大口さん、浜口さん、多くの先輩活動家の後をどのように引き継ぎながら、運動をすすめるのか等、腰を落ちつけて考えることよりも、日々の闘争に明け暮れていたというほうが実感である。

こうした困難な状況のなか、法政、東大C他、他大学の反帝学評メンバーが早稲田に常駐しながら、大きな支えとなってくれた。そのことに対して今も深く感謝している。

また、対革マルの闘いを打ち進めるなかで、クラスや、ゼミ、サークルの友人たちからの貴重な情報がたくさんあり、大いに助けられたことも、ここに付け加え記しておきたい。

【資料】
革マル秘密文書「解放派解体のために」

まずは手始めに、解放派最大拠点である早稲田大文連・早稲田祭実行委を「特殊的な手段」で乗っ取る！

この革マル「秘密文書」は、早大文連（文化団体連合会）と早稲田祭実行委員会常任委員会を乗っ取るために、どのような手口を使うかを内部確認した文章であり、一九六八年一一月ごろのものと思われる。要は、革マルがいみじくも書いているように「文連執行部の奪取」＝乗っ取り方法の手順を書き記したものなのである。革マル自身も、後に、この文章は自分たちの文章であることを認めている。

そして、それはSY＝解放派解体が主目的であり、早大文連・早稲田祭実行委奪取は「それゆえにこの二大拠点（早大＝第一政経学部自治会・文連、東大駒場＝引用者）をふきとばすこと」の第一段階として位置づけられていた。そして、一九六八年一二月初旬、東大駒場での解放派襲撃事件（本書第2章参照）が画策されたのだ。

この秘密文書には、一九六八年一一月、文連と早稲田祭実行委員会常任委員会を乗っ取るにあたって、早稲田祭総括会議、文連総会をその契機とし、「秘密文書」にある「文連執行部の奪取の展望」にある「一、特殊的な闘い方の二形態」にある a＝「一応合法的にSY系常任委に総会の招集をさせ」と、正当性を担保しようとたくらんだのである。「しかも総会数日前にSY系メンバーのW大周辺での活動を完全にストップさせること」、つまり、謀略＝「合法的に総会を招集させ」、それが済んだら現執行部を握っている解放派（SY系メンバー）の活動を早稲田学内はもとより大学周辺での活動もさせない（W大周辺での活動を完全にストップさせる）、要はテロとリンチ（「特殊的な闘い方」）で暴力的に封じ込め、執行部を奪取する（「Z派独自で総会を組織するかたち」）と書かれている。

そして、これは何も今回（文連・早稲田祭実行委）が初めてではなく、四年前（一九六四年）、革マルが第一文学部自治会を構革派〈フロント系〉から暴力的に奪取したという前例があったのである。それに味をしめた〝成功体験〟が下敷きになっているといえるのである。

そうした革マルのテロ・リンチが全面展開＝東大駒場をはじめ各大学での解放派への襲撃事件が頻発しているさなかに奪取したのが、この「秘密文書」である。

この「秘密文書」を読むにあたって、革マルの隠語について紹介しておかなければならない。

「SY」とは社青同解放派のことである。「Z」は、いうまでもなく革マルのこと。「W」は早稲田、「TC」

は東大駒場、「TH」は東大本郷、「J」は上智大学、「H」は法政大学、「KOM」は駒澤大学のことである。「P1」は第一政経学部のことである。また、「ATYC」とは反戦青年委員会、「PRO」とは労働戦線のことであり、「DY」とは民青のことである。「org」とあるのは、オルグ＝組織化（要は自派に勧誘すること）のことである。

この秘密文書で読み取れることは、こと、早稲田大学一校に限ったことではなく、早大文連・早稲田祭実行委を乗っ取れば、当然、学生戦線、労働戦線にまで波及するであろうことを前提、想定しての革マル全組織を挙げて「他党派解体」＝解放派解体へ着手するということを宣言・意思一致するための内部文書といえる。

マル学同（革マル派）支部代表者会議議案書　抜粋

（四）SY解体の為の組織的闘い

今日SYが根をもっている大学はW、TC、TH、J、H、KOM……であり、そのうち拠点をなしているのは、W（P1、文連）とTCの二つ。

SYを解体する為にはそれゆえにこの二拠点をふきとばすことである。前者の場合には、P1学友会を握っていることによって、いわば学生戦線での政治生命をからくも維持している。そういう意味でW（P1、文連）をふきとばすことはとりわけ重要であり、当面のカギをなすものと言わねばならない。しかも今日のWにおける文連の力関係からして、それは差し迫ったものとして現実性をもっていると言わなければならない。

それゆえわれわれは当面の対SY党派闘争の焦点W文連総会をめぐる闘いはそれのあり方によってW

Ｐ１の闘いと密接に絡まってくるし、各大学における原則的な対ＳＹ党派闘争の展開および政治的諸関係に反作用し、それ自体特殊性を帯びてくる。と同時に政治力学関係やＡＴＹＣ、ＰＲＯ戦線の問題にも反作用するであろう。これはあたりまえのことである。

そこでさしあたり、文連をめぐる闘いの反作用的側面を捨象して、それの勝利的方向を追求してみることにする。

文連執行部の奪取の展望

一、力関係

ａ、大衆闘争での動員合戦ではほぼきっこうしているが活動家層ないし組織的力という点ではＺ派が強いわけである。にもかかわらず、ＳＹ系サークル運動を支えている拠点的サークル（社研、社思研、放研……）のほりくずしは依然成功しておらず、ここからＳＹは動員合戦では対抗できるし、また長年執行部であったことからして大衆的影響力を種々のかたちで保持しているといいうる。文連活動全体をめぐってはＺ派がおしまくっているといえるだろう。

ｂ、文連委員の力関係

		中間層のｏｒｇ	
Ｚ	一五＋五～六	＋一五～一七	三五～三八
ＳＹ	二〇＋四	＋一三～一五	三七～三九
（ＤＹ	五～六）		

文連総会そのものはbできまるわけだが、bは一応原則的な組織的闘いを補完した上での読みである。ところでbの数比でほぼ拮抗しているわけだが、実際にはSYの方には＋（空白）がつくものと考えなければならず、Zの方は逆ではないかと思われる。そこで、文連執行権を確実に奪取するためには、原則的組織活動を基礎としつつ、同時に特殊的な手段を位置づける必要がでてくるわけだ。

二、特殊的な闘い方の二形態

a、一応合法的にSY系常任委に総会の招集をさせ、しかも総会数日前にSY系メンバーのW大周辺での活動を完全にストップさせること。

b、SY系常任委の破産をつきだし、そもそも指導権そのものをZ派が強力に行使し、Z派独自で総会を組織するかたち。その場合には、SYの一切の敵対行為を総会破壊として強力に粉砕することとなる。

以上二つが考えられるがそれぞれどうか。総括b。これは口述する。

三、bをとった場合の種々の反作用について

六〇年代後半　教育学園闘争としての高校生運動

鳥羽　幹雄

はじめに

日本の学生運動を回顧したとき、疑問に思うのは、国家権力（自民党政府）を敵として闘っていた革マルを除く同じ学生同士が、敵である支配階級の幹部誰一人傷つけることなく、なぜあれほどの殺し合いがあったのかということである。死者だけでも一〇〇人以上、重軽傷者を含めたら何千人にもなる大惨事をひきおこしておきながら何ら総括もせず、ましてや、恥じることすらなく消え去っていった日本の学生運動を遅まきながら再検討することは歴史的に意味があるばかりか担ってきたわれわれの義務でもあると思う。

さらに、自戒を込めてあえて言えば、われわれに、そもそも本気で日本の革命を、いや、少なくとも敵権力に本質的打撃を与える気があったのか、はなはだ疑問に感じている。というのは、革命とは、全生活領域の変革を意味し、暴力的街頭闘争は、その沸点にしかすぎないことは、〝革命家〟ならば簡単に理解できていたはずである。また、理解していなければ、おかしな話だが、事実は、おかしな話のまま運動は進行し、そして、街頭での実力闘争が権力の圧倒的暴力で一掃された後、持て余す若さを、「革マルという権力が用意した新左翼の仮面をかぶった反革命組織」の「罠」（いわゆる内ゲバ戦争）にはまってそれ以外の、どの党派も自殺願望よろしく自傷的に傷つき殺しあって自壊したのが日本学生運動の悲劇であったが、幾多の「新左翼本」があるにもかかわらず、まともにそのことを踏まえた論考がまったくないのが現実である。われわれを含めて本質的議論を避けるわが国インテリ（?）の「狭い了見」の結果ではないだろうか。

そうしたなかで、学生運動・高校生運動が最も輝いていた時代を歴史的に回顧し総括できるのは、われわれをおいてほかにないと思っている。なぜかといえば、解放派は、他の新左翼と異なり、日本共産党の元党員による影響はもちろんのこと同党に対する妙な予断と偏見（コンプレックスや優越感）なしに登場し、純粋に「労働者階級の解放は労働者自身の事業でなければならない」（都電撤去反対闘争を戦った東京都交通労組の組合員が、『俺たちの強さは自分の頭で考えて行動しているからだ』と高校生であった私に繰り返し言っていた言葉だった）というカール・マルクスの考えに最も忠実な運動を日本で初めて試みたからである。

私が体験した解放派高校生運動から当時の学生（大学生）運動を比較し、高校生運動の再評価と私なりの提言を本稿で論じたい。しかし、この部分は、同じ時代を共有した者からは、「美化している」とか「今さら言われたくない」とか挙句には「読みたくもない」といった否定的批判が出ることは当然、予期している。しかし、それらを考慮しても、あえて執筆したのは、われわれ亡きあと、解放派の高校生運動、とりわけ、都立文京高校の闘いが、権力者に都合よく、永遠に歴史から消し去られてしまうことを何としても避けたかったからである。さらに、悲惨な戦争の最高責任者であった昭和天皇の「肉声」を伝えると称した「拝謁記」における伝聞での数々の「言い訳や責任逃れ」の「お言葉」を有難がって報道するＮＨＫに対して沈黙してしまう国民の現状において、なお一層のこと正義を信じる若者を勇気づけたい、と思うのである。

つぎに、日本の学生運動＝全共闘運動の最大の魅力でもあった「暴力」について、ロシア革命とドイツ革命から比較考察し、暴力のもつ危険性を明らかにするとともに、同時代の革命家であるにもかかわらず、現在でも有効なローザ・ルクセンブルクの卓越した洞察力による批判を紹介し、新たな運動スタイルを構築するうえでの一助に供したい。

一、高校生運動――都立文京高校の場合

高校生運動といっても多岐にわたり、政治的にはもちろんのこと、地域的、時代的にも大きくその内容や質は違ったものであるから、全体を俯瞰して総合して描き出すことは私の経験・能力からいって不可能である。しかも、この稿の趣旨にも合致しないと考える。そこで、ここでは、私の高校を中心とした私の個人史からみた高校生運動を述べることを通して、学生運動の問題点や今日でもまだ誤解されていることや知られていないことなどを伝えることで、もし、この稿を読んだ現役の高校生が自分たちの政治活動に役立てられるものがあれば幸いと思いながら、述べていこうと思う。

しかし、五〇年の歳月が流れていても、なお実際に書き始めると、運動を描くことは、具体的に活動していた人を描くことになり、多くの各界で活躍中の関係者たちからの批判や反発を覚悟しなければならないことに気づかされる。しかし、私の高校での出来事は、紛れもない歴史的事実であり、事実の捏造や誤謬についてなら結構だが、それ以外の、批判や反発については、誠実に、そして、誇りをもって描くことで、ご容赦いただきたい。

社会に目が開かれていく

私の政治運動参加の契機となる最初の義憤は、父が、戦前、労働者や農民の幸せのために闘っていた労農党・大山郁夫の演説を聞きに行っただけで、治安維持法違反容疑で逮捕され一晩警察署に留置された話を幼少時に聞かされていたこともあって、北区立赤羽小学校時代にまで遡る。その体験は、今盛んに言われている、いじめ問題と私が低学年のときに国会とその周辺を騒然とさせた六〇年安保闘争であった。

いじめに関しては、四年から六年の高学年クラスのときに、今でいう貧困家庭のクラスメートを執拗に虐める学業優秀な男子がいたが、私が、学級委員長だったので、酷いことになる前に話題を変えて、遊びに連れ出したりしていたので、そうしているうちに、いじめる相手がいなくなったその男子がなんと一時登校拒否を起してしまったことである。

安保闘争に関しては、子どもながら、連日報道される理不尽な自民党による強行採決と全学連のデモに対する警官隊の警棒による学生乱打に怒りとともに彼らに共感を感じ胸が熱くなり、自宅にあった戦時中の鉄兜を被って国会に行きたいと思うような小学生だった。

その後、東京・北区立稲付中学時代は、大好きだったブラスバンド部に所属しながら、ベトナム戦争に反対するために当時朝日新聞に連載されていた開高健の「ベトナム戦記」の切り抜きをノートにまとめた物や、「朝日ジャーナル」をクラスに置いたり、教室に当時中国で登場した紅衛兵に倣って、「壁新聞」を出したりしていた。当時の稲中は、日教組の先生方が多くて、たいへん民主的だった。美術の佐藤先生は、東京オリンピックの聖火ランナーを迎えるときに、教え子の生徒から日の丸の小旗を取り上げた武勇伝を私に話してくれたのである。戦地帰りのこの先生が〝二度と教え子を戦場に送らない〟という、日教組の結成以来の精神を忠実に守り実行したことは、尊敬に値するものであると、中学生ながら感じていた。

他方、ブラスバンド部の顧問の大沢先生は、熱心な共産党の「うたごえ運動」を指導していた活動家先生であった。個人的には声楽出身の先生が合唱部のほうをよく指導していたので、先生のことはあまり好きではなかったが、今にして思えば、行進曲の曲目が凄かった。例年三月に行われる「卒業生を送る会」というわれわれの晴れ舞台があったが、私が部長になった二年の時に演奏した数曲のうち、二曲が、ロシア赤軍合唱団（楽団の正式名称は、アレキサンドロフ歌と踊りのアンサンブル）の曲だったのである。一つは、「ポーレシュカ・ポーレ」といって当時日本のテレビでも流され、ロシア民謡ということになっていたが、実は、れっきとした赤軍騎兵隊の軍歌、もう一つは、ナチスドイツとの戦いのために全ロシアで広く歌われ、今でも毎年、モスクワ赤の広場で行われる対独戦勝利の軍事パレードで真っ先に演奏される「聖なる戦い」だった。

そうした環境のなかで、私は、高校に入って政治運動に参加したいと思うようになったのである。当時の東京・第四学区には、地元で評判の〝赤い学校〟が二つあり、一つは都立北園高校、もう一つは都立文京高校だった。北園は、四つ年上の姉が入学していたので、中学生のときに学園祭によく行ったが、ある年の社研の発表では、家永三郎さんの教科書裁判と教科書検定問題を取り上げていたと思う。また講堂での映画会では、エイゼンシュテインの『戦艦ポチョムキン』を見て、ロシア革命の高揚感を感じ、また、北園には制服がなく、行き交う自由服の大人びた北園の生徒に接し、かつ、大学のような重厚な時計台のある校舎を見て、中途半端な大学以上の高校だなと感心した記憶があった。その後、学校群制度の導入二年目ということもあって、担任の勧めに応じて、後に、誤解とわかったが、共産党より緩いと思われた社会党系の社研がある文京高校の学校群（文京・赤城台・向ヶ丘の三校）を受験し、幸運にも文京高校に合格した。

文京高校入学、そして現史研に

一九六八年四月入学したころの都立文京高校・現代史研究部は、学内での政治活動はなく、学習活動、当時の表現でいえば「フラクション活動」が主であった。入学当時の先輩たちは、日本社会党青少年局傘下の日本社会主義青年同盟全都高校生班協議会に所属していたのである。そしてその後、学生戦線や労働戦線に解放派の活動家、それもリーダークラスの活動家を送り出すサークルだった。

そのなかには第一次早大闘争を大口昭彦さんと共に闘い、再建なった都学連委員長になる北村行夫さんや、法政に入学するや持ち前のオルグ力で中核派を凌駕し解放派の一大拠点化をはかることになる永井等さんらがいた。彼は、後に東アジア反日武装戦線に参加して三菱重工爆破事件に関わり死刑判決を受けた大道寺将司さんを法政でオルグしたこともあり、そうした経過から死刑反対運動に参加し大道寺死刑囚（二〇一七年五月、病気のため獄死）の支援活動を続けていた。他にも、早大の郡司さん、法大の高瀬さん、三谷さん、青山学院大の梶山さんなどを記憶している。

その現史研の部活としてのフラクション活動の内容は、マルクス・エンゲルスの著作である『共産党宣言』『賃金・価格及び利潤』『空想から科学へ』『ドイツ・イデオロギー』などの読み合わせであった。その学習成果としての実践活動として、学外の集会に参加することなどだったが、六八年入学当初の新学期から夏までの間は、これと言って一年生には集会参加の要請もなく、デモに行けると期待していた私としては、少々不満な時期であった。その意味では予想通りの比較的柔軟性のある緩い部でもあった。専従部員は少なく（他部との掛け持ちが多かった）、しかも、部員には三年生がいなくて、二年生が多かったが、私の同学年期の学友も含めて、旧館二階のちょっと幅広い通路の一部をベニヤで仕切った暗い部室へ遊びに来る部員以外のメンバーは、それぞれ、水泳部、野球部、テニス部、陸上部、体操部、剣道部と多岐にわたっていたため、学内での実態がよく見えない不思議な部だった。

しかし、何か、〝いざ鎌倉〟となると、スワッと集まってくる部のような印象があり、後日、バリケード闘争や街頭闘争のときに、こうした運動部出身者が活躍してくれることになる。ちなみに、当時の部室の横の廊下を隔てた教室は、エレキ部の練習場になっていて、放課後、ローリング・ストーンズの「ジャンピング・ジャック・フラッシュ」を毎日のように大音響で練習していたのを記憶している。

風雲急を告げる――六〇年代後半の「政治の季節」到来

現代史研究部の牧歌的活動は、早晩、風雲急を告げる学生運動の波に呑み込まれていくのである。私が文京に入学する年の前年、六七年一〇月八日には佐藤訪ベトナム阻止闘争で京大生山﨑博昭さんが機動隊に虐殺され学生運動の社会的影響が強まっていた。そして六八年一月にエンタープライズ寄港阻止闘争や東大医学部では不当処分問題に端を発し、無期限スト突入。四月には使途不明金に端を発した日大闘争が勃発。六月には東京大学安田講堂を医学連が占拠するということが起こる。日大全共闘が結成され、両国講堂を埋め尽くして古田日大会頭との大衆団交が行われるという〝熱い時代〟を迎えつつあった。

そうした状況のなか、高校生も自分の生活基盤から資本主義体制に反逆すべく学園闘争を組織することになる。六月ごろ、解放派中央に高校生対策部（高対）が設けられ、当時、東大法学部の学生であった高崎通浩さんが文京高校に「高対」として派遣されてきたのである。私の感想は、われわれ「にわか活動家」の孤軍奮闘に対してやっと組織中央から本物の学生活動家がやって来たという喜びであった。

そして、七月、東大全共闘が占拠していた本郷の安田講堂に全都の解放派系高校生活動家が集結し、初の顔合わせのような集会がもたれた。「全都反帝高評連合（準備会）」という名目であったが実際は親睦会のようなものだった。そこで確認されたのは、解放派の教育学園闘争は、六六年「第一次早大闘争」で主張された、産学協同路線に反対するというスローガンがすでにでき上がっており、他党派よりも確固とした本質的教育闘争の理論があった。しかし、「教育過程は、労働力商品の生産、ないし再生産過程である」とするこの産学協同路線理論は、労働者の生産現場によってその内容が規定されるので、労学連帯によるゼネストでも展望するしか解決の方向性が出てこない解決困難なものだったが、同時に差し迫った七〇年安保闘争の街頭政治闘争への出撃拠点としての役割を担うというさらなる過大な課題がのしかかってきた。

学生戦線＝早稲田キャンパスに

六八年秋、私にとってはじめての文京祭（文化祭）は、学生戦線の実態との最初の接触でもあった。展示物の資料を遅くまで作成していると、先輩の本橋豊さんが「続きは大学でやろう」と言い出し、大塚駅前から都電に乗って終点の早稲田まで行き、解放派の一大拠点であった早稲田大学へ向かった。早稲田は、「門のない大学」として有名で、政経学部のある建物（三号館）そばの裏門には一部亀裂があり自由に往来できる状態になっていた。私たちもそこから入って一政学友会があった三号館地下の社思研の部室で作業を続けていたが、深夜に革マルらしき一団が構内を徘徊しているという情報が入り、一時緊張したのを覚えている。対権力だけではなく、革マルという別の敵対者の存在を知ることになった。

前年六七年の早稲田祭のメインテーマは「抑圧の鉄鎖を断ち切り、感性の無限の解放を」であった。そしてこの年、六八年は、八月に起きた「プラハの春」を圧殺せんとソ連を中心としたワルシャワ条約機構軍が戦車を投入し、チェコスロバキアの首都プラハに侵攻したこともあり、この年のメインテーマは「ソビエトなきソビエトに、ソビエトを！」だった。

この早稲田祭の後である、本書前稿「早稲田　激動の一九六〇年代後半　革マルの暴力支配とテロの嵐」に詳しいが、革マルは、早稲田キャンパスを暴力的に制圧し、早大解放派を手始めに暴力・テロの嵐をもって全国の解放派に襲いかかってきたのである。その関係で、私たち高校生もこれを最後に早稲田には行けなくなり、代わりに解放派の最大拠点である東大の駒場と本郷キャンパスに頻繁に通うこととなったのである。

そして秋、東大・日大闘争が高揚するなか開かれた11・22安田講堂前集会には青ヘル高校生部隊として後尾につき参加していった。

人間的魅力に溢れていた先輩たち

高校生の学園闘争は、全都より大阪が一足先に進行しており、すでに六八年に、大阪府立市岡高校では、日本で最初の高校生による校長室占拠闘争が闘われた。市岡高校はブント系の社学同高校生委員会の拠点でもあったため、それに呼応するように、同じブントの東の拠点であった都立九段高校でも校内占拠闘争があった。高校学園闘争の急進化では赤ヘルメットのブント系高校生が、マスコミ受けも含めてわれわれよりかなり突出していた。それは、確かに高校生独自の闘いではあったが、母校を卒業した党派学生による指導があったという事情も大きかったようだ。

しかし、わが文京高校では、組織的には解放派の拠点校であったにもかかわらず日韓闘争から六八年春まで、多少の先輩たちとの接触があったにせよあまり影響を受けるでもなく、先述した再建都学連委員長になった北村さんをはじめ文京同窓生の大学生との接触は皆無であった。それどころか、現研の機関紙「流れ」を渡されて、すべて自分なりに考えないといけないような、ある意味、自由な組織であった。そうしたなかで、先輩活動家の足跡を遠目でたどりながら見よう見まねで大学生が闘っていた教育学園闘争の本質に迫ろうとする活動は、ベトナム反戦運動が高揚していたという時代の風潮もあったとはいえ、一部の卓越した能力をもった生徒による正義感と勇気ある行動によるものが大きかった。

そのことを語るうえで、どうしても当時二年生であった川市一夫さんと坂井重仁さんの二人の名前をあげなければならない。このコンビは、行動において、思想性において硬軟対照的な名コンビであり、そして、何よりも人間的魅力に溢れていた。特に坂井さんは、誰にも好かれる性格で人気者だった。二人とも早世し、すでにもうこの世にはいないことが残念でならない。

全都高校生班協の議長だった川市さんが新組織「全都反帝高評（準備会）」の名称で翌年の一九六九年三月の日付で起草したビラが現在私の手元に残っているので、当時の高校生が何を主張し誰に対して闘いを挑んだのかを知る貴重な資料であることから、全文を以下紹介する。

三・一四卒業式を〝怒り〟の団結を以って粉砕せよ！

全ての文京高校学友諸君

我々は卒業式を明日に迎えようとする時点にある。現在的な教育体制の中において〝卒業式〟がどのような位置に存在しているのか考えてみようではないか。

受験教育による苦痛から自殺したり、不良化する学友が全国いたる所で続発している。このような現象を我々は客観的に見ていいものだろうか。資本主義社会に於ける教育は〝労働力商品の再生産過程〟であることは明確である。教育と言う人間の基本的な活動がその人間の人格・意志とは切り離された状態で政府ブルジョワジーに支配されている。そして、学校＝教育工場はより産業に見合った人間を大量生産するという機能を不断に発揮しつつある。高校三年間に於ける教育＝自分（より高い価値をつけるために勉強する。）に対しての〝商品レッテル〟を貼る機能を卒業式が持ち備えているのである。教育全般に深く深く進行しつつある産学協同路線こそ、政府ブルジョワジーの学生に対する最大の隷属攻勢であることに着目しなければならない。我々は、「血と肉」を持った「受苦的存在」でしかないのだ。また、教師と我々との関係を見るならば、教師は我々に対しては、あくまでその頭脳肉体を社会（ブルジョワ）の要請に応じて整備・加工せざるを得ない存在であり、現実には、それが「産学協同路線」にそって行われて以上「産学協同路線」の下手人としてのみ存在することができ、いかに生徒に「理解ある」教師であろうとも、あるいは、労働者として教育・研究との対立という形でその強制労働に矛盾を感じたり賃金面で当局と対立しようとも、学生の社会的苦痛の解放を共に追求しようとするならば教師は「教師」として自分に叛逆せざるをえないのである。しかし、今や教師諸君は、教育攻勢の一環である卒業式を平穏にすませようと、多くの学友に対し個別的弾圧を展開する現在、我々は反産協の怒りの団結を以って卒業式を粉砕しようではないか　それにあたって当日のすべての生徒諸君の登校を提起したい。

スローガン

三・一四卒業式闘争を全学バリケード封鎖を以って勝利せよ！

疎外された受験教育を通じた感性の抑圧・人間の分断競争に代わる怒りの団結を！

中央教育審議会答申粉砕！
反戦・反ファッショ・反合理化（＝反産協）の戦いを推進せよ！
全ての戦う高校生は反帝高評に結集せよ！

全都反帝高校生評議会連合（準）

このビラは直ちに学校当局の警戒するところとなり、六九年三月の文京高校卒業式は中止に追い込まれるが、われわれとしては、バリケード闘争はスローガン的に主張したもので実際は、バリケード闘争などまったく予定しておらず、学校当局の過剰反応にわれわれが逆に驚いたのである。

この年の一月一八、一九日は安田講堂の決戦があった。その後、2・11建国記念日反対闘争があり、この闘争は、「同盟登校」という戦術とともに高校生戦線が担う主要な闘争になったが、私にとっては、初めて天皇制と向き合った問題であった。一八七三年、明治政府が「日本書紀」による神武天皇の即位日を「紀元節」と定めたのがこの日であったが、それは、神話によって現存する天皇制に「神性」を付与することで、「教育勅語」と「軍人勅諭」を正当化、神聖化するためであった。とりわけ、学校教育にあっては、教育勅語は「修身」の骨格をなしており、最も重要な教育となっていたのである。戦前の学校では、二月一一日は、天皇の「御真影」に最敬礼する日であり、教員生徒ともども国家神道＝天皇制イデオロギーに帰依しているかどうかを試される重要な日であったのであり、「神話と道徳」に名を借りた、壮大な大日本帝国による「政治教育」＝「洗脳教育」であった。

甲府にある山梨県庁には、今でも「教育委員会」と「公安委員会」の大看板が入り口の両脇に掲げられているが、その意味を知るものは今やあまりいない。それは、かつてGHQが日本軍国主義を根絶するために地方自治を推進するときに欠かせない要素として、国定教科書の廃止に伴う教育の地方自治体への移譲と国家警察の廃止に伴う地方自治体への移譲によるそれぞれの民主化を推進した名残りである。その意味で、2・11を「建国記念日」として復活することは、戦前の「政治教育復活」へと続く問題をはらんでいたのであるが、高校生運動の広がりとともに、当時の文部省および東京都は、先手を打って、国家による徹底した政治教育を行う前に、まず、高校生の政治活動の禁止を通達し、政治的感性のない「無知で善良な高校生」を生み出さんと画策したのであった。

それは、現在、選挙権が一八歳以上となっても、選挙活動は認められるとしつつも、「高等学校等の生徒による政治的活動等は、無制限に認められるものではなく、必要かつ合理的な範囲内で制約を受けるものと解される。」（「高等学校等における政治的教養の教育と高等学校等の生徒による政治的活動等について（通知）」平成二七年一〇月二九日　文部科学省）として、事実上禁止していることに表されているのである。しかし、右傾化が進行している今にして思えば、高校生が、全国的に建国記念日に反対し抗議して闘ったことは特筆すべき快挙であった。

その「2・11同盟登校」の当日、文京高校には、城北、北高、志村を中心とした北部の反帝高評の学友が青ヘルメット部隊で結集し、抗議集会を開催した。その後、清水谷公園で行われることになっている全都の「紀元節復活反対高校生統一集会」へ参加したのであるが、当日は、革マル系の「反戦高連」に対して「東大闘争からの逃亡を許さない！」との非難が集中して一時騒然となった。集会でのわれわれの立場は、復古的・

回顧的に「紀元節の復活反対」をするのではなく、新たな国家主義と階級対立隠ぺいとしての建国記念日に反対することを明らかにしたのである。集会後、東京駅に向かってデモ行進をしたが、途中、特許庁付近で繰り返された機動隊の、デモ規制をはるかに超えた卑劣な乱暴狼藉は、公務員とは思えないような、高校生の私物を略奪するまでに堕落した行為であった（高校生の逮捕者九名）。

そして、三月には、「全都卒業式闘争総決起集会」が東京・芝公園でもたれた。先の2・11もそうであったが、このころになると高校生も各党派に色分けされての集会となっていた。そして、東大安田講堂攻防戦での革マルの逃亡ということが問題となり、この集会に参加しようと革マルの高校生組織「全都反戦高連」が押しかけてきたが、彼らの集会参加を認めないとピケが張られ、彼らを実力で排除して集会が行われた。これを最後に、高校生集会では、彼ら反戦高連─革マルとは一緒にやることはなくなったし、以後、見かけることもなくなった。

私が二年生になった六九年四月は、全国反戦青年委員会の集会や沖縄反戦デーがあり、新入生と共に出かけた代々木公園や明治公園では、会場を埋める学生、青年労働者、高校生そして中学生が、それぞれ学校別、単産別あるいは、党派別に集会を開き、騒然としつつも胸躍る情景が広がった。その後のデモンストレーションは、機動隊の規制線のない出発地点周辺あたりでは、フランスデモをし、その後、機動隊との激突そして、先頭集団の逮捕と、お馴染みの権力対応が続き、解散地点での総括集会となったが、そこでの総括は、単に政府打倒のスローガンを繰り返すだけのものであった。

六九年秋　印象に残る仲間のひとり

この年の秋、全国の高校で学園闘争が勃発し、バリケード封鎖をもって闘われる高校が続出するが、文京高校においてもバリケード闘争が闘われることとなる。夏休みに、それに向けた全国の高校生有志が、神奈川県の関東学院大学・葉山寮で合宿をすることになった。この合宿では、大挙動員してきた大阪の高校生、とりわけ星光学園、大手前、四條畷高校などの仲間と親しくなり、大いに触発され彼らの自由闊達な態度に、今にして思えば、大阪の独自性を感じた。特に川島さんの大手前高校は、東大全共闘議長山本義隆さんや羽田事件で虐殺された京大生山﨑博昭さんはじめ多くの活動家を輩出した大阪の伝統校である（因みに維新の会創業者・橋下徹も同校出身）。

しかし、そうした名門？以外の地方の高校から一人、二人で参加した高校生に対しては、その熱意・勇気に感激したことを思い出す。地方の高校生に関するエピソードには、いくつか印象に残るものがある。

そのなかで、特に印象深いのは、バリケード闘争後の七〇年に入って、私たちは三年になっていた、そのときと記憶しているが、九州から集会に参加するために上京した高校生がいた。もちろんというか、カネがなくても上京するのである。その行動力は驚くべきもので、なんと彼は、自分とまったく関係のない高校の修学旅行を渡り歩きながら新幹線でやって来たのであった（新幹線は当時、東京・新大阪間だけ）。当然にも合宿終了後も帰るカネがないので、しばらく東京に滞在することになり、新学期が始まると、私と同期で入学当初から現代史研究部に入ったNさんが拠点化した三年D組の学友に引き受けてもらい授業に出たり、クラスメートと遊んだりしていた。彼は「ド・九州」という愛称で親しまれ、とにかくクラスにまったく馴染んでしまい、その結果、担任の教師が困惑していたようであった。そして、彼は、高校近くにある東大豊島寮に宿泊するという奇妙な生活に協力した楽しい思い出がある。その彼が、その後、どうやって帰っていったのか、もう記憶は定かではない。

今では想像すらできないことだと思う。今でいうSNSなどが存在していないのに、当時、私たち高校生のあいだにはそうしたネットワークが形成されていたということである。そして、他校の高校生がクラスに突然やって来て〝クラスメート〟になっても、クラスの団結で、学校当局の排除策動を事前に学内全体で阻止しえる隠然たる力が当時の文京高校の生徒にあったことである。つまり、こうした、自由で、活発で、平等な雰囲気をクラスで確保できたのは、確実に私たちの日々の闘争の成果であることは紛れもない事実だった。

バリケード封鎖闘争

文京高校でのバリケード闘争は、六九年秋の文京祭が闘いの端緒だった。現代史研究部の展示テーマは、「日大闘争」と、今でこそ多くの人たちが知ることになる「米軍横田基地の首都圏制空権の独占」についてであり、他に、視聴覚教室を借りて特別講演会として全国反帝学評議長である東大の三井一征さんの講演を行ったのである。

後夜祭では、事前許可制であったポスターの掲示やタテカンの規制に反対する集会を中庭で行い、学内初のデモンストレーションを敢行した。文京高校創立以来初の「校内闘争の闘争開始宣言」であった。

しかし、この行動は事前に予定されたものではなく、部が持っていたがアンプがなくて使えなかったラウドスピーカーを当時浪人生だったI先輩が、アンプを手作りして当日使用できるようにしてくれたことで、急遽集会が可能になった。

ところで、バリケード闘争を語る前に、文京高校同窓会がまとめた記録がＨＰに載せられているので以下参考に転載してみる。

全校閉鎖（昭和四四年一〇月）

　昭和四四年、前年の大学紛争の影響を受け、他校生を含む過激派生徒が一般生徒を巻き込んで、立看板や不法な全校集会、バリケードによる校舎封鎖などが行われた。文京も「卒業式粉砕」のビラがまかれ四四年三月一四日の卒業式が諸般の事情で中止になった。一〇月には文化祭中に「規制反対」のタテカンを掲げて、参加者五〇名の集会が行われた。学校側は、教師数名が毎晩警備に当たったが、一〇月一九日、深夜一一時頃、他校生を含む数十名のヘルメット部隊が新館を封鎖。校長・教師一〇名近くを朝まで監禁し四項目要求（後に八項目）を出した。翌日全校生徒体育館に集合。阿部乾六校長（第七代　昭和四三〜四六年）より「緊急事態」が報告された。一〇月二九日機動隊導入の恐れがあり、教師による実力解除が始まる。あわや乱闘一歩前まで事態は進むが、文京全学ストライキ実行委員会は自主解除の声明を発表。全校生徒による清掃が行われた。その後全校集会等を経て一二月四日から三時間方式の授業が始まる。文部省規定の授業時間に達するため大学入試中も授業が行われた。三月一〇日お別れの集いが行われ、三年生に卒業証書が渡された。

教育工場をバリケード封鎖で機能不全に

当時のわれわれのバリケード闘争に対する態度は、高校生存在における本質論的決意と覚悟で臨むことにした。たしかに、大義を立てるために八項目要求を作成するが、個別的要求だけであれば、何もバリケード闘争を闘う本質的意味がないとわれわれは考えていたのである。われわれにとって「学校＝高校は、資本制生産様式を維持拡大させるために必要な労働力商品を生産する教育工場である」と規定していたので、その教育工場をバリケードで機能不全に陥らせることは、七〇年安保に対して抗議し、同時に政治ストを打って抗議する労働者に連帯し、さらに高校生自身の自己解放へむけた存在を賭けた闘いでもあるということであった。

この最後の部分は、他党派と大きく異なった、解放派独自の教育闘争の根拠であったのである。つまり、政治闘争は、自分たちの存在基盤そのものから出発した問題でもあるという意味で、プロレタリアートの闘いと連帯できる地平にあるのであり、「労働者の職場末端からの闘い同様に、高校生においても、クラス・サークル末端からの闘いでなければならない」という意味で、われわれにとって原則的闘いでもあり、それは、まさに、一石を投じる闘いであったのである。

決行の時期は、10・21国際反戦デーに向けた政治決戦の一環として、その前々日に行うことになった。

この時の学内での議論の詳細は再現できないが、三年生二年生の現代史研究部メンバーの影響下にある学友の参加で討議した記憶がある。二年生の現研メンバーは私とNさん、Tさん、Oさんの四人だけだったが、実働部隊は二〇人ぐらい参加できた。

三年生にいたっては、現研メンバーの数こそ川市さん、坂井さん、部長の川石さん、笹井さん、本橋さん、Hさんの六人だったが、参加人員は五〇人くらいはいたと思う。その理由は、Nさんや川市さんのクラスなどはクラス全体を拠点化していたからである。他のクラスもシンパを何人か抱えていたから、かなりの動員力があった。それに加えて、川市さんは、学業成績優秀にして雄弁家であり、高校の教師・生徒すべてを圧倒していたのである。さらに、本橋豊さんも成績優秀にして、川市さんに劣らず雄弁家であり、文京祭の後夜祭に行われた学内初の構内集会でも、彼の激烈なアジテーションで始まったのである。学内闘争においては常に先頭で指揮をとるタイプでそのオルグ力には秀でたものがあり、デモ指揮の名人といわれた警察官の親をもつ放送委員のH君や文化常任委員長をオルグしてバリケード闘争後の全校集会の指導権を確保した特筆すべき行動を常にとれる人物であった。

バリケードは、一〇月一九日、学校裏門に近い住宅街にあった先輩のイモ屋さん宅に集結し、深夜、二年生のOさんが斥候役を買って出てくれたが、うまく教員が退去してくれないので、強行突破を覚悟して、井草、城北、江北高校などの仲間と裏門の塀を乗り越えて新館構内に入った。突入の先陣はHさんだったが、折から警戒していた教員数人ともみ合いになったのである。その教員のなかに、困ったことに私の得意だった生物の高田先生がおられた。先生には、私が一年の期末試験で満点をとったときに褒めていただいたのである。そこで、角材は持っていたのだが何とか説得して、四階の図書館を本部にする封鎖を完成させるまで、職員室で待機をお願いしたが、実態は〝軟禁〟状態のようであった。どちらかといえば、保守的な教員よりも、共産党の党員教師のほうが妙にハッスルして抵抗してきたが、数のうえで圧倒するわれわれの説得に応じたというのが事実経過であった。

封鎖をどのようにすればよいのかの技術的指導は、早大理工学部建築学科の反帝学評メンバーが指導担当として来てくれ、彼の指導に従って完成させたのである。

バリケード闘争自体は、連日の学内集会と親を使った学校側の説得工作、保護者会による各活動家の自宅への電話説得工作などがあるが、封鎖されていない旧館にいた拠点化したクラスメートが、呼応してクラスバリケードを決行したり、活動家が存在しない一年生のなかに支援活動をする生徒が出たり、差し入れをしてくれた女子高生のなかから特定の活動家に対する「ファンクラブ」ができたりした。そこで当局側は、穏便に事態を収拾しようと考え、「制服の自由」とか「タテカン規制の撤廃」に通じる、学内での表現の自由など、多くを認める形での収拾案を全学集会で提示してきた。そして、その他の問題も、その後の全学集会で話し合うことを確約せざるをえなくなり、封鎖部隊と連携して組織されていたストライキ実行委員会の代表だったNさんがストライキの終了と自主的退去を宣言して一応一週間のバリケード闘争は終結したのであった。

封鎖解除後の学内は、とにかく面倒な三年生を何とかしたいという学校当局は、一一月佐藤訪米阻止闘争で逮捕されることでつぶされることを期待した。ところが、その中心人物の一人であった坂井先輩は、闘争担当であった東京外大生の多くが日和ったなかでの「池上ゲリラ闘争」に、唯一の高校生闘士として、地下鉄車内で女子大生から着火式火炎瓶を手渡され、機動隊に投擲したあと、彼は何と機動隊のいる方向に〝退去〟して、機動隊の横をすり抜ける奇抜な戦法で逮捕を免れ、続く蒲田での第四梯団も六郷土手の闘いも参加して、雨の中をスクラムで進撃し奇跡の生還を果たすのであった。Nさんは蒲田で逮捕されてしまったが、他のメンバーは大丈夫だった。

しかし、坂井さんは、翌年、卒業間近に自主退学するのであった。彼は、その後、大検を受けて中央大経済学部へ、現研部長だった川石さんとともに進学する。川市さんは、浪人の後、早大法学部へ進学し、七三年、川口君事件渦中の早大本部キャンパスで私と再会することになった。そのときは、すでに二人とも活動から身を引いていた。

運動から去った理由は、革マルとのゲバルトが激烈を深めるなか解放派がレーニン主義に変質しつつあったことと、早大における革マルとの日常的死闘であった。革マルとの闘いは、集会はもとより、ビラ配りやタテカン設置ですら鉄パイプ襲撃の対象となり、今にして思えば、まさに想像を絶するほど激しいものであった。私が入学した七三年当時の早稲田の学生運動は、ＷＡＣ（反革マルの全学行動委員会）をはじめ革マルに対抗するノンセクトなど大衆組織すらも鉄パイプで武装した革マルに襲撃されるという事態が日常的に起きていた。さながら、キャンパスは、ナチ支配下のワルシャワやパリのレジスタンス運動のようなもので、もはや「学生運動」などではなく、殺すか殺されるかの「戦争状態」であった。革マルは、大衆組織の他にテロ専門の訓練された襲撃部隊が存在していたといわれる。私は、こうしたもはや学生運動とはかけ離れた連中には対処できないと判断したのである。自分の思想的弱さだったのかも知れないが、これが理由であり結論だった。

話を戻すと、学校当局から徹底的に弾圧された都立青山高校や学芸大附属高校と違って、われわれは、組織が温存できたために再封鎖をちらつかせながら、当局との団交を繰り返し、青ヘルメット部隊で学内をデモンストレーションするまでになったのである。学内での二重権力的状況ができつつあったが、闘争方針が明確ではなかった。活動家が多かったので他校の封鎖闘争への支援や緊張が増してきた三里塚の現地闘争本部への支援が行われるようになっていたが、一一月の都立北高のバリケード闘争は、長期闘争の様相を呈していた。翌年七〇年の初めに行われた都立江北高校のバリケード封鎖支援活動で、私と同期のＫさんが私服に逮捕されてしまったが、起訴されることなく釈放された。

そうした、六九年秋に全国的に展開された高校バリケード封鎖闘争も収束し、年が明け七〇年になると、毎日立て看板と朝のビラ配りが学園の日常風景となり、そのときの最大の政治目標は七〇年安保改定阻止であった。学業と政治活動の両立はなかなか難しいが、この時期になると、解放派も教育学園闘争から街頭闘争に力を入れるようになり、「内ゲバ」もさらに激しくなる一方で、拠点だった早大から追われ東大駒場にまで攻めてきた革マルと対峙していた、その頃である。駒場で集会があり、教職員会館に籠城し、革マルと対峙する反帝学評の学生と話す機会があったが、そこで耳にした多くの言葉は、「俺も高校時代に活動したかった」というものであった。私のほうは、活動などしていたら東大に受からないと思いつつも、「あっ、そうですか」と話を合わせていた。

高校生部隊も集会の会場とする大学キャンパスが早稲田の理工学部や、東京北部にあるということもあり、解放派のメンバーが多かった池袋の立教大理学部や正門を挟んでの向かいの校舎に替えて行うようになった。また、この年頃から文京の定時制の生徒との交流が始まり、昼夜連帯の運動ができ、その結果、定時制有志の独自の立て看板も校舎入り口に立つようになったのである。

七〇年夏、全国反帝高評議長になる

その後の文京高校の闘争については、六月安保決戦でのデモンストレーションでは、多くのクラスメートの参加を得て、全都反帝高評のなかでも独自の隊列をつくって参加し、また、三里塚闘争には交代で泊まり込み、農作業を手伝いながら闘う高校生を自発的につくり出していった。

この夏、東大駒場で開かれた反帝高評全国大会で、私は全国反帝高評連合の初代議長となり、書記長に江北高校の海江田鉄男君が就き、それまで「準備会」のままだった「反帝高評」が正式な全国組織となった。

このころになると、個別学園闘争よりも政治闘争の色彩が強くなり、高校の入口に毎日出す立て看板やビラも「政府中枢へ総攻撃」とか「首相官邸占拠」とか、当時の私から見ても現実との乖離が大きくなっていた。その翌年七一年、私たちの学年は、卒業で一区切りつけた。大学へ進学する者、退学届を出す者、留年する者、浪人する者などであった。そのとき、私は活動家を続けるつもりでいたので、大学に入って学生運動に参加しようと考えていたが、一方で革マルとの闘いを繰り返す現実が正気の沙汰とは思えなくなっていた。事実、この当時、早大から、わざわざ革マルの学生が文京高校の生徒を襲撃しに来た事件が発生した。

持続可能な運動の構築は可能だったのか

今にして思えば、個別学園闘争としては、大勝利であった。要求項目の多くは認められ、一週間に及ぶバリケード闘争が、機動隊の導入も、処分者もなく終結したことは、高校生側に力があり、事実上の二重権力構造が構築されていたことの証明であったが、当時は、それが見えずに、過激なことに憧れがあり冷静に自分たちを分析できなかった。というのは、高校生個人の運動自体が三年間という時間的制限がありかつ、学業という本来のなすべきものがあり、その前提条件を認めたうえでの政治活動でなければならないことを見失っていたからである。

しかし、私の時代は明日にでも革命が起きて日本が根底的に変わるという前提で、いわば、「革命期」という状況認識から、極論すれば明日はどうでもいい、今がすべてだという考えだったのである。つまり、一揆主義的な運動を自ら推進し、解放派高対の指導によって、高校生を街頭ですり潰すか、学園からドロップアウトさせるような運動であった。このような事態を自民党政府やブルジョアから見たらどうか？　小躍りして喜ぶだろう。私はそうした喜ぶ姿を想像したくない。そのためにも高校生運動とは何であったか、そして、運動を持続可能にするにはどうしたらよかったのかを、当時を振り返りつつ考えてみたい。

高校生運動は、学生運動とは異なり家族や教師との関係が強く、同級生との関係も学生に比べ遥かに身近な関係である。しかも、家族や教師の政治活動に対する理解度が強く影響している。もし、理解ある家庭や教師にめぐり会えれば、高校生の政治活動は、日本の政治に大きく貢献する運動に発展する。しかし、封建的家庭や反動的教師を相手にした場合は、それこそ暴力的な展開になるのである。その意味でまず、高校生の学内生活環境を民主的にしていかなければならない。これが、高校生運動のまずは、最低限の条件であると思っているが、多くの高校では、政治活動をすることが何か犯罪でもあるかのように扱うことが当たり前のような状況であった。

ところで、「高等学校等における政治的教養の教育と高等学校等の生徒による政治的活動等について（通知）」（昭和44年10月31日初等中等教育局長通知）[(1)]が廃止されたのは二〇一五年であった。それは、選挙権が一八歳に引き下げられたことにともなってである。しかし、高校生の政治活動に関しては文科省が出しているQ&A[(2)]をみると、相当な縛りがあることが一目瞭然である。

(1)　http://www.mext.go.jp/b_menu/hakusho/nc/1363082.htm

(2)　http://www.mext.go.jp/a_menu/shotou/seitoshidou/1366767.htm

そのことは今でも変わらないのが、先ほど参考に掲載した、文京高校同窓会のＨＰでの紛争紹介記事である。もう何十年も経っていても、私たちのことをあえて「過激派生徒」と呼び、「一般生徒」と区別しようとしていることや、生徒が自分の学校で行う全校集会をわざわざ「不法な全校集会」と言って恥ずかしくないのは一体どういった神経の持ち主かと言いたくなる。

同窓会の諸君よ！　君たちは、時代を後追いした「よそ者」であり、母校を良くし、日本を良くしようという、当時の高校生の正義感をまったく理解していない、と言いたくなる。しかし、こうした憲法すら読んでいないような人たちの問題は、私にすれば高校生運動では、本質的に重要なことではない。学生運動と違って高校生運動は、市民権すらない日本の政治的に遅れた現状では、そういったことを当然の前提として考えなければならないからである。

重要なことは何か

それでは何が最も重要なことかと言えば、私がこれまで述べてきたことのなかにあるが、それは、活動家の人格であり人間性なのである。自己顕示欲の強い活動家や傲慢で人を見下すような活動家は、学生戦線では出世できるが、高校生戦線では難しいのである。クラスメートはもちろん、教師も家庭も大学とは桁違いに近いので、「嘘偽り」は簡単に見破られるからである。どんなに高邁なそして立派な理論を言っても人柄が駄目な生徒は信頼されない。ここが大事なことである。

私が、坂井先輩や川市先輩から教わったことは、人に信頼される行動をすることであった。そして、社会主義者の基本は、「人の助けになる人間」になることだ。私が一年生の時、坂井さんのクラスから出席日数が足らずに留年して私のクラスに来たHさんを同級生の宮崎さんと一緒に朝、江古田の自宅まで迎えに行って学校に連れて来るのを日課にしていた。しかし、彼は、残念ながら新宿の〝ヒッピー〟になってしまい、自宅へも帰らなくなり登校できなくなってしまった。当時、私は、落ちこぼれや差別やいじめがない高校をめざしていたので、迎えの日課は当然のことであった。このようなことが、クラスメートには直ぐ影響するから、そういった日常における態度の積み重ねが、結果として、実力闘争のときに他の生徒から浮いた存在にならずに自分たちの仲間が闘っているという状況を生み出してきたものと思っているのである。

自らの社会的存在基盤を捨象して現実の政治に向き合うことはできない

現在、高校生が政治活動をするということは、われわれのときと比べて、社会的状況がきわめて保守的に安定しているので、勢いで活動することはない代わりに、たいへんな勇気とそれを可能にする理論的確信が必要となる。今では、それを高校生だけで期待できるものではないので、われわれの世代はもちろん、まわりの大人たちが、自分たちの身近なところに存在する高校生に積極的に関わり、支援して、学園生活と両立できる政治運動をともに考えるようにしていくことが重要だと思う。その他にもSNSを有効に利用することも大事だが、なんと言っても、名称はともかく社研なり現研のような学内公認の文化系サークルの再建を模索できたらと思う。

そして、活動の展開も、街頭闘争やバリケード戦に代わる、新たな戦術としての選挙闘争、たとえば、一八歳に投票権が引き下げられたので、「選挙」をホームルームの議題にして政治を日常的な話題とし、その勢いで、選挙期間中に自民党候補の落選運動や、総理大臣の応援演説に介入し抗議活動をすることもできる。また、本来の社会科学の研究を行い、世界史、倫理、語学などで積極的に研究発表として称して、授業に介入しつつ、クラスメートを啓蒙するような革命的学内運動もあると思う。

しかし、大切なことは、たとえささやかなものであっても、われわれがかつてめざしたように高校それ自体を政治活動の拠点にできるような、そして学園において高校生による民主的な自治が確立し、しかも、地域の労働者、市民とも連帯できるような運動をめざすのが理想である。というのは、学園を飛び出してどんなに過激な政治活動に参加しても、私の経験からすれば、それは単なる「ドロップアウト」であり、自己満足的運動でしかない。ましてや、高校生運動などとはいえない。自らの社会的存在基盤を捨象して現実の政治に向き合うことはできないからだ。

解放派高校生運動の原点は、「はじめに」で述べたように、マルクスそしてローザ・ルクセンブルグと続く「労働者階級の解放は労働者階級自身の事業」の伝統にあり、それは、「プロレタリア革命は、職場生産点からの変革であり、変革の主体となる者が自分の頭で考え行動するものでなければならない」とするところにある。高校生にあっては、自主的に考え行動するクラス・サークル末端からの運動が最も重要であり、それこそが根源的なラジカルな革命運動となり得る。

二、暴力の魔力

「ブント」（共産主義者同盟）の魅力は、その『暴力性』にあった

以前、六〇年安保闘争の時に全学連委員長であった唐牛健太郎が、ある新聞紙上で、ブント（共産主義者同盟）の魅力は、その「暴力性」にあった、と述べていた。この感覚は当時の多くの学生が共有していたものであ

り、当時は、五〇年代の武装共産党時代の記憶も新しい時であったので、多くの正義感ある学生の感性に自然に抵抗感なく受け入れられたのだった。

この唐牛のいう暴力の意味は、かなり広いものであり単に相手を殴ることから集団での「実力闘争」、たとえば、街頭闘争における機動隊との乱闘や学園のバリケードまでか、それ以上のものかは、曖昧であるが、六〇年安保闘争以降、彼の表現した「暴力性」は、現実の運動のなかで、とりとめもなくエスカレートしていったことを考えると、その最初の衝動的行為にこそ、慎重に対処しないと「暴力の魔力」に憑りつかれてしまうことになる、と指摘しておきたい。

しかし、ここでは、あくまで「暴力革命」などと表現される暴力、つまり、敵権力や相手陣営の殺傷を目的とした、まさに一線を越えた暴力、「結果として相手の死を、やむを得ないとする暴力」とする。

それでは、この「暴力」を学生運動に持ち込むことの正当性はどこからきたのかといえば、それは、ロシア革命におけるボルシェヴィキの行動からきていたことは明らかであり、そこで、ボルシェヴィキの場合は、暴力革命＝武装蜂起と、その成功直後から発動する赤色テロルの暴力と二つに分けて簡単に考察し、そこから、ドイツ革命を比較考察して、暴力について考えてみたい。

ボルシェヴィキの行使した革命時における暴力の正当性

ボルシェヴィキの行使した革命時における暴力の正当性は、その革命が成功したことでのみ裏付けられてきた。すなわち、その行使は結果として現在のロシアにつながる独裁政治の歴史をつくるのに大きく貢献した手段であるばかりか、ロシア民衆、とりわけロシアの労働者、農民に決して自由や幸福をもたらさず、社会主義の目的たる人間の解放から、最も外れたものであった。

そこで、考えるべきことは、レーニンがどのように暴力＝軍事力を行使したかを再考する必要がある。最近、ロシア革命一〇〇年を記念して、注目すべき文献が二冊出版された。和田春樹著『ロシア革命―ペトログラード一九一七年二月』（作品社）、と長谷川毅著『The February Revolution Petrograd 1917』（Brill）である。この両著者が「ロシア革命の百年を問い直す」と題して雑誌『世界』（二〇一九年三月号）誌上で対談しており、そのなかで、レーニンの行動すなわち、二月革命に続く一〇月革命を擁護する和田に対して、長谷川は、「一〇月革命で起こったことは、国家の崩壊であり、社会の崩壊でした」として「これは反革命であったと思うのですよね」と結論するのである。これに対して和田は、戦争があったからと、客観的情勢に逃げるしかなく、議論は、ここで中断して終わるのであった。

長谷川が一〇月革命を民主政治から見て反革命と規定したのは、レーニンらは、憲法制定会議でも党派的にも少数派であったのに、都合よく二月革命で成立した臨時革命政府が、外交上の信義を守るという国際的な見栄を張って、東部戦線で六月大攻勢を強行し惨敗したことでロシア軍が崩壊し、混乱状態に陥ってしまい、そこに軍事力を使って、正当に選出されたメンシェビキやエスエルそしてカデットを排除し、政権を奪取したのが一〇月革命の本当の姿だったといえる。

「蜂起は技術である」と公言したレーニンとトロツキーは、民主主義を初めから暴力で否定し弾圧することに躊躇がなかったと言わざるを得ない。自らは「すべての権力をソビエトへ」と喧伝しながらソビエトや憲法制定会議の選挙結果を否定し、民主主義を否定するこの態度に最も危惧したのは、ドイツ社会民主党のローザ・ルクセンブルクであった。

彼女は、革命と民主主義を対立させるこのレーニンのやり方に、同じ社会主義者としての同志的友情を込めて、しかし、徹底的に批判するのであった。それが彼女の『ロシア革命論』（伊藤成彦・丸山敬一訳『ロシア革命』論創社）である。彼女によれば、社会主義革命とは、民主主義の否定ではなく、真の民主主義＝プロレタリア的民主主義の実現であると述べ、さらに、「ただ、トロツキーやレーニンが発見した民主主義一般の除去という救済策は、それが抑えるはずの悪よりもいっそう悪い。それは、あらゆる社会的制度につきものの欠陥を正すことができる唯一のものである生き生きとした泉を、つまり、広範な人民大衆の積極的な、自由な、精力的な政治活動を殺してしまうからである」と述べたうえで「レーニン＝トロツキーが意味する独裁理論の暗黙の前提は、社会主義的変革とは、そのための完成した処方箋が革命政党のカバンの中にあって、それをただ全力をあげて実現させさえすればよいことだ、ということだ。だが、残念ながら――あるいは場合によっては、幸せなことに――そういうものではない」と結論した。

つまり、ロシア一〇月革命の成功は、初めから少数派を前提にしたレーニンの武装蜂起による早期の決着に賛同したトロツキーが、ロシア軍の崩壊後、兵士こそが真の権力を持っていたことを察知し、彼一流の弁舌で迅速に軍を組織し、軍事革命委員会の指揮をして混乱した臨時政府の間隙を上手く突いたことによるものであった。きわめて意図的な暴力行使であり、マルクスの言った「助産婦」としての暴力からは、かけ離れた、まさに二月革命によって生まれた「民主主義を圧殺するための暴力」となっていることがわかる。

次に、赤色テロルの暴力について見ていくことにする。発端は、十月ロシア革命成功直後、一九一八年八月二八日にモスクワで起こった、社会主義者カープランによるレーニン暗殺未遂事件であった。その報復として、まず、ペトログラードの人質五〇〇人を処刑し、その後、全ロシアに報復の嵐は拡大していくのであった。それを担ったのが、一九一七年一二月七日に創設されたチェーカーであり、これにより赤色テロルが本格的に始動するのである。

S・Pメリグーノフ著・梶川伸一訳『ソビエト＝ロシアにおける赤色テロル　1918～23』（社会評論社）によると、「ボルシェヴィキのテロルで具体化された以上に破廉恥な形を想像することはできない。これは暴力を計画的に実施するシステムであり、これは世界中のいかなる権力もまだ到達したことがないような、権力が持つ武器として殺人を公然と礼賛することである」と、述べている。

レーニン存命中の一九二三年出版の本書は、狂気に満ちたおぞましい内容が記録されているが、そのなかでチェーカー長官フェリックス・ジェルジンスキーは、「赤色テロル」について次のように述べている。「我々が敵を殺すとき、彼が悪人だからではまったくなく、他の人々に恐怖を与えるため、我々はテロルという武器を行使する」。つまり、ボルシェビキの「社会主義」を「恐怖」によって貫徹することを公然と表明しているのである。

レーニン・トロツキーの「暴力」は、その後、常態化しスターリンの粛清で頂点に

こうした、レーニン・トロツキーの暴力の用い方は、その後常態化し、スターリンの粛清で頂点に達するが、恐ろしいことに、この、圧倒的な暴力によるイデオロギー強要という手法は、ヒトラーも参考にしたほどで、今日でも多くの独裁国家のなかに生き続けているのである。その「暴力」がつくり出した赤色テロルやラーゲリ（強制収容所）が、その後、政治的には不倶戴天の敵となるナチのSSやゲシュタポ、そして、その統合

組織である国家保安省に影響を与えたことは、何とも歴史の悪い因果としか言いようがない。

このようにボルシェビキの暴力は、民主主義や社会主義の目的から大きく外れる結果を生み出したことがわかる。それでは、それに続くドイツ革命ではどうだったのか。ドイツでは、革命派と反革命派双方がロシア革命を反面教師として学んでいたために暴力＝軍事力に関してはもっと複雑な様相を呈するのである。

このドイツ革命についても、昨年（二〇一八年一二月）貴重な文献が出版された。池田浩士著『ドイツ革命』（現代書館）である。この本で述べられていることを、私見を交えて説明すると、敗戦直後に当時ヨーロッパ最大のマルクス主義的社会主義政党であったドイツ社会民主党（ＳＰＤ）の多数派に軍部が同盟関係を密約するのである。中心人物は、陸軍最高司令部第一参謀次長ヴィルヘルム・グレーナーと連合国＝戦勝国の承認を得るために皇帝の承認なしに当時の宰相マックス・フォン・バーデンより政権を委譲された多数派ＳＰＤ出身の帝国臨時宰相フリードリッヒ・エーベルトであった。グレーナーは一九二五年のある裁判の証言として「陸軍最高司令部が多数派社会民主党と同盟を結ぶのがよい、とわたしは元帥（ヒンデンブルグ）に進言しました」と述べていたのである。ここにおいて、軍部と結託した多数派ＳＰＤは、キール軍港の蜂起を社会主義政党であることで懐柔したノスケを使って、革命派の武装部隊とりわけ、「人民海兵師団」に対抗すべく、いち早く義勇軍団（Freikorps）を組織したのである。これは、レーニンを援助し、敵の敵と組むことで単独講和を成し遂げた軍部の左翼利用策略とボルシェヴィキの世界革命戦略のドイツ国内への波及を恐れた多数派ＳＰＤとの双方の利害の一致としてみることができる。

他方、労働者・兵士たちもロシア革命のソビエトに倣って、ドイツ語の同義語である「ラート」Rat の複数形である「レーテ」Räte を全土で立ち上げた。このドイツ版ソビエトである、レーテ＝労兵評議会は、革命的オプロイテやスパルタクスブントに指導されたのであったのが、政権与党となった多数派ＳＰＤにより懐柔されたため、首都ベルリンで一九一八年一一月一〇日に行われた大ベルリン労兵評議会評議員の選挙において、オプロイテとスパルタクスは敗北し、多数派ＳＰＤが過半数を獲得したために、事実上、臨時政府に対する二重権力たる「レーテ」権力を革命派は失うのである。そこでさらに、レーテ内での二重権力を目指して「行動委員会」の設置を提起するも機能しなかったのである。その直後、ローザ・ルクセンブルクの必死の説得にもかかわらず、ベルリンでの軍事的挑発行為に乗せられて蜂起した武装労働者の敗北の過程で、彼女はカール・リープクネヒトとともに義勇軍団により虐殺される、有名なベルリン一九一九年一月の「スパルタクス蜂起」が起きたのである。

ロシア革命・ドイツ革命に共通して言えること

暴力に関して言えることは、このようにロシア革命もドイツ革命も、共通しているのは、革命派が、革命の主体的組織であるソビエトあるいは憲法制定会議でもレーテでもその権力を掌握できなかったことに対して用いられたという歴史的事実である。ただ両者の違いは大きく、ロシアでは、レーニン、トロツキーにとって憲法制定会議での少数派は想定内であったのに対して、ドイツではレーテの選挙で敗北したことは革命派にとっては想定外だった。

他方、ドイツ革命では、陸軍最高司令部が敗戦処理に多数派社会民主党（ＳＰＤ）を積極的に利用し、同党国会議員のノスケの無知無学に付け込み彼を祭り上げ、そして彼を軸に反革命の軍事的抑圧を準備していたのである。そこに、一九一九年一月のベルリンでの「人民海兵師団」などの軍事的行動を排除するという稚拙な口実で、ローザ・ルクセンブルクやカール・リープクネヒトの虐殺という悲劇が引き起こされたのである。まさに、挑発して殲滅する準備をしていたノスケの術中にはまったのであった。

圧倒的な軍事力の前では、革命派の暴力は無力であるばかりか、無残な犠牲を強いられる典型例である。しかし、世界史的に俯瞰すれば、ドイツ革命の敗北は、皮肉にもロシア革命の成功が原因であったと考える。つまり、ボルシェビキの計画的な「武装蜂起」とそれに続く冷酷な「赤色テロルの嵐」が右翼義勇軍と多数派SPDによって「血のローザ」などと謂った宣伝に利用され、当時の革命家のなかで最も「血」から遠いローザ・ルクセンブルクを虐殺する口実とされてしまったのである。ドイツ革命は、人道に反するロシアの「赤色テロル」の悪影響の結果、その出発時点で第一級の政治的人物にして、ドイツの歴史家セバスチャン・ハフナーが言うように、「見当がつかないほど偉大な女性、二〇世紀最大の女性」指導者を失い、出鼻を挫かれ、挫折させられたと言ってもいいのである。

ドイツ社会民主党内では、一八七一年のパリ・コンミューンの悲劇以降、すでに暴力の行使による政権奪取よりも、選挙制度の最大限の利用を重視するようになっており、その点については、次のような記述がある。「すでに、エンゲルスは、パリにおける一八七一年のそれのような出血に対して警告していた。『奇襲』によって社会変革を達成しようとする企て、つまり、短期間のうちに自然必然的をもって確実に成功を収めなくてはならないような運動は、壊滅させられるか、あるいは少なくともきわめて大きな損傷を受けるであろうという思想は、一八七〇年代末以来、もはや、エンゲルスから離れることはなかった。ドイツ社会民主党による普通選挙権の効果的な利用に影響されて、彼は、この普通選挙権の中に、たとえば、パリ・コンミューンのそれのような時代遅れのバリケード戦とは対照的な本来の革命的手段を見出さなければならない、と考えたのである」とブレーメン大学教授ハンス・ヨーゼフ・シュタインベルグは、『社会主義とドイツ社会民主党』（御茶の水書房）のなかで述べているのである。

日本の学生運動と暴力

日本の学生運動における、革命に暴力が必須であるという信仰にも近い当時の考え方が、なぜ生まれたのかについて、このように考えてくると「歴史に対する無知」としか言いようがないが、今にして思えば、学生個々人の理論的思考や思いというよりも、一九五〇年代に共産党から転向した黒田寛一や太田竜などが、ハンガリー動乱や日本共産党の堕落などを契機に反共運動を反スターリン主義運動と称して立ち上げ、その理論的根拠づけにレフ・ダヴィッドヴィチ・トロツキーの復権と評価を過大にしたことが「時代の空気」となり、ついには学生戦線での「同調圧力」となった結果だったのではないかと思われるのである。

しかし、ロシア革命に関して世界的に有名な英オックスフォード大学のロバート・サーヴィス教授は、トロツキーに関して次のように述べている。

トロツキーは権力時代の自分の業績に誇りを感じていたし、ソビエト政府の革命手段や、それが使った暴力については、なんとか正当化しようとした。人民委員に指名されると、彼が書いたコメントや回想記は、ボルシェビキ活動を最大限に好意的に描いた。……反共産主義的な社会主義者のみならず、スターリン時代を嫌悪する多くの評論家もトロツキーを真剣に受け止めた。トロツキーによる一九一七年二月ロマノフ王朝打倒以来の出来事の記述は、西側の歴史研究に根付いた。トロツキーの著作は印刷され続けた。その伝記は、十月革命とその影響についての一般情報を求めていた読者の間で大人気となった。彼の政治パンフレットはクレムリン批判の共産主義者たちに珍重された。(『トロツキー』上、白水社、一八頁)

そして、トロツキーの自己中心的態度を批判しつつも、傑出した能力による世界的影響力を認めながら、次のように述べる。

トロツキーの主張は、極めて重要な多くの点で間違っている。スターリンは凡庸などではなく、決然としたリーダーシップの才能を含め、驚くほど多様な能力を持ち合わせていた。トロツキーによる共産主義躍進の戦略は、抑圧的な政権の出現を避けるような部分は殆ど無かった。彼の思想や実践は、スターリン時代の政治的、経済的、社会的、さらには文化的な構造の基礎をいくつか提供している。スターリン、トロツキー、レーニンは、反目する部分よりは共通する部分のほうが多かった。(同書、一九頁)

と結論した。つまり、スターリン批判は、トロツキー批判となり、それはレーニン批判につながるのである。トロツキーは、後にその水兵たちを虐殺する、クロンシュタット海軍守備隊に対する錨広場での演説において、十月武装蜂起の敵対者に、驚くべき暴力的な演説をした記録が残っている。

言っておくが、首は飛ぶし血は流れる。(中略)フランス革命の強みは、人民の敵の身長を頭一つ分だけ縮める機械を持っていたことだ。これは素晴らしい装置だ。あらゆる都市に据え付けねばならない。(同書、一五三頁)

当時、新左翼のなかでは唯一、解放派の滝口弘人と中原一だけが、レーニンの限界と、ローザ・ルクセンブルクの評価に気づいていたが、彼ら自身も、そして私を含めてその仲間たちもが、本当にこうしたことを理解するには、時代が許さなかったのであり、あとで述べるようにわれわれの思考方法が未熟であったと言わざるを得ない。そして、ついにその結果、当の解放派自身が、身内同士の「内糾」という名の「赤色テロル」の嵐に薙ぎ倒されてしまったのである。

暴力は無益なばかりか有害ですらあるということを肝に銘じるべきである

われわれにとって暴力は、無益なばかりか有害ですらあるということを肝に銘じるべきである。過激主義者を権力（公安）が利用する例としては、かつて、ツァーリ帝政の秘密警察はレーニンをマリノフスキーというスパイによって利用し泳がすのであった。そのために帝政末期に彼は、多くの同志が逮捕されるのに彼だけは、免れ、しかも、驚くべきことに彼自身、そのことを当のスパイ自身が帝政崩壊後、臨時政府に自白するまで気づかなかったのである。

マリノフスキーの暴力路線を利用できるとツァーリ帝政は考えた。さらに、既述したようにドイツ参謀本部からも利用され亡命先のスイスで革命の成功後の単独講和を密約して補助金を受け取り、「封印列車」まで用意してもらいペトログラードへ送り込まれるのであった。これらのことは当時、既に多くの証拠が挙がっておりケレンスキーの臨時政府により厳しく追及されたが幸運にも女装までして逃げおおせた。しかし、彼には、時間がなかった。十月革命の早急さはそうした事情もあったのである。

日本では戦前、共産党の幹部を処刑せずに、逮捕後に、殴る蹴る、水責め、海老責めによって、権力のスパイとして利用するか、獄死に追い込むか、していたのである。それは処刑によって、下手に「殉教者」をつくるよりも数段「賢い」やり方であった。そうして白色テロ部隊としての特高警察が、餌食にした幹部活動家をスパイに仕立て上げて、「組織全体を権力が乗っ取るという離れ業」が、特高警察のお家芸であった。それが、スパイMこと松村昇、本名飯塚盈延《みつのぶ》だった。彼を使って、大森銀行襲撃事件や熱海事件を引き起こし、その後、Mは忽然と姿をくらまし、さらにその後、大泉というスパイを使って内部を撹乱して、無関係の小畑という党員をスパイ査問中に、宮本顕治が絞め殺してしまう事件へと発展していくのである。

その後も、ソ連の崩壊とともに明らかにされた秘密文書により「闇の男」＝野坂参三の「日米ソ三重スパイ疑惑」が浮上し、スパイ工作の深刻さが改めて浮き彫りとなった。戦後は、さらにもう一歩進んで革マルの黒田寛一が、スパイとか組織を乗っ取るとかいったレベルを超えた「マルクスを語る左翼潰しの組織」を立ち上げたとみてよい。人畜無害となった共産党はさておいて、それ以外の過激な学生若者を潰すための組織を、公安当局は編み出したのである。これは日本独特の「左翼組織」で、戦前のスパイM事件を通じて考察すれば、多くの類似点が浮かび上がってくる。たとえば、暴力を煽りながら、その暴力は決して権力に向かわず、「他党派解体」といって「左翼の解体」に向かうことであり、何よりも、左翼（？）の活動家に対して、「ウジ虫、青虫、赤虫を糞壺へ！」と機関紙で煽り、自分たちと同じ人間ではないと仲間を洗脳して、振り下ろすマサカリに込めたその「殺意」は、戦前の殺人部隊としての特高警察を上回るものがある。たぶん図星だろう。それに気づかなかったわれわれが愚かであった。

しかし、危険なことに今でもこの組織が存在し、「左翼の仲間」のような体裁をとっている。若い人たちに「左翼の仲間」ではないと警告したい。

とにかく、反体制勢力を抹殺するには過激な暴力主義者を最大限利用し共倒れさせるのが古今東西の権力者の弾圧の定石であり、過激であればあるほど、内部組織が不透明で、しかも絶対的な「上意下達」であるから簡単にトップをスパイに仕立て上げることが可能である。その意味で、かなりの異論を覚悟で言えば、連合赤軍事件でも、森恒夫がスパイで、内部粛清と見せかけてメンバーを殺害し、組織を破壊し、逮捕後の自殺が嘘で、獄中で公安に殺害されたと考えれば、完全犯罪よろしく、「完璧な謀略」として成り立つ。さらに、CIAの指導下にある公安関係者が操る革マルのように「左翼を擬態した左翼殺しの組織」＝殺人部隊が存在するに至って、われわれは、正気に返ってあらゆることを想定できる立場に今や立たねばならない。ちなみに、「JR浦和電車区事件」で明らかになったように、権力から見て用済みとなった革マルは、今や誰も相手にされず、「権力謀略論」を唱えることで延命を画策することで自らの出自を逆証してしまっている。

暴力が権力に向かわず、仲間に向かって残酷に行使されたことについて

それらをふまえて、日本の学生運動の場合、暴力が権力そのものに向かわず、革マルを除く仲間に向かって残酷に行使されたことを真剣に反省すると同時に、その原因を検討する義務がわれわれにはあると思う。日本の学生は、諸外国と比べて階級的憎悪が希薄で、かつ島国のために「親分子分」（運動部的）の上下関係は強くとも、対等な関係は苦手である。その結果、横のつながりとなる同朋意識、連帯意識が意外にもなく、見栄もあるが、同僚や仲間（比較的弱い者）に厳しい態度をとることが美徳のように思っている節がある。

そのような学生が、いざ「大それたこと」となると怖気づく傾向にある。その好例が東アジア反日武装戦線による「虹作戦」・昭和天皇のお召列車爆破未遂事件である。その爆弾をあろうことか、大手町のオフィ

ス街にある三菱重工本社ビルに転用したのであった。同じ爆弾闘争でも天と地の違いほどもあるこの選択ミスは、当事者も気づかないほど根が深いと思う。つまり、権力者を直接攻撃しない、このような暴力は、罪のない一般民衆や仲間のみが犠牲を強いられることになり、それは、「弱い者」をより一層萎縮させる効果しかもたらさないのである。

昨今の、相模原市のやまゆり園事件や川崎市のカリタス園児らに対する無差別殺害事件や京都アニメのガソリン爆殺事件やあおり運転による無差別暴力事件も、一見個人の犯罪のように見えるが、「弱い者」を萎縮させるという共通の効果があるので、明らかにこれは「テロ事件」である。ジェルジンスキーが公言したように「他の人に恐怖を与える」ことを、犯人がたとえ意図していなくとも結果的に成功させているのである。その証拠に、先日のあいちトリエンナーレの企画展「表現の不自由展・その後」が中止となった原因をつくった脅迫メールに京都アニメ事件が利用されている。

戦前、軍部と結託した官製右翼テロを別にして、こうした明治維新以来培われてきた日本人の決して「強い者」に向かわない、「身内」や「弱い者」に対する奴隷根性（臣民根性あるいは赤子根性）からの「憂さ晴らしの暴力」も、結果的には、「罪なき一般大衆を抑圧するテロル」となり政治的アパシーの原因となっているのである。このような国民性ないし政治的風土では、学生の「暴力」行使は、過激になればなるほど「弱い者」を萎縮させ、逆に権力者によって都合よく利用され、その刃は自らの心臓を刺し貫くことになることをよくよく思い知るべきである。

『ヴァイマル共和国時代のドイツ共産党』（東邦出版）の著者である、ベルリン自由大学教授、オショップ・K・フレヒトハイムは、すでに一九七〇年に同書の日本語版序文で、ローザ・ルクセンブルクが暴力なき革

命をめざしていたと、書いているのである。そのうえで、

彼女によれば、バリケード闘争は、もはや、革命の主要形態ではなくて、「プロレタリア的大衆運動の全過程における極点の一点、唯一つの瞬間にすぎない」。歴史はこの「革命の新しい形態」を階級闘争を「文明化し緩和する」ための一つの道であることを見出した、と。われわれが今日ヨーロッパとドイツにおいてみる多くのことは、われわれが、ローザ・ルクセンブルクのこのような側面を想起しなければならないということを教えてはいないだろうか?（『ヴァイマル共和国時代のドイツ共産党』東邦出版、九頁）

と述べている。そして、ボルシェビキ化してしまったドイツ共産党に対して、同書の最後に短くこう批判している。「ローザ・ルクセンブルクとカール・リープクネヒトの死後の年月のあいだに、ドイツ共産党は、その殉教者の希望を否定し、『ブルジョワ的』批判者の期待を裏書きするようなあらゆることをした」

日本の学生運動も、暴力によって権力者が喜ぶあらゆることをしたと言えるが、しかし、その効果は同じでも、両者は同列に比較できない。ドイツ共産党は「赤色戦線」によって暴力を徹底的に義勇軍そしてナチに対して行使し、そして強制収容所で数万人ともいえる犠牲者を出した結果であったが、日本の新左翼は、初期の機動隊との肉弾戦を除いて、後半の多くは「仲間殺し」にその暴力を行使したという恥ずべき歴史をもっていることを忘れてはならない。たとえ革マルのテロ部隊に公安警察官が潜入していたとしても、広く世間的には学生同士、左翼同士が殺し合いをやっていたと思われているのである。まず、この恥ずべき歴史をわれわれは負っている自覚が必要である。

そのうえで、日本の左翼は、暴力を使う能力がないと考えたほうがよい。そして、今後は、暴力の放棄そして非暴力を貫くことの覚悟が左翼には必要である。というのは、そもそも社会主義革命は、武装蜂起などといった単純な手段では達成できないからである。ロシアや中国のように「暴力」で勝利した革命は「暴力的抑圧社会」しかつくれないからだ。わが国に転じて考えても、安倍首相や日本会議が、誇らしく語る明治維新という薩長の「暴力」は、司馬遼太郎のいうような美しいものではなく、所詮「原爆を落とされ米国に占領される社会」しかつくれなかったからだ。

現代の革命、つまり政治闘争において最も重要なのは、選挙闘争である。しかし、日本の場合、学生運動の暴力は、選挙闘争から目をそらせるためと、政治的不満のガス抜きの役割を果たしてきただけだった。それをよいことに、今日まで続く自民党政権は、公安警察と機動隊を駆使することで容易に政権を維持できたのである。ここに、「本気で日本の学生運動が革命を起こす気があったのか」という疑問が生じるのである。

スウェーデンが、福祉国家の理想になっていることは知っていても、一九一七年、ロシア革命の年に「世界初の選挙による社会主義革命に成功した国」であることは、知らないのである。ちなみに、地球温暖化対策を求めて学校ストライキを行い「国連気候行動サミット」で怒りをぶつけた、一六歳のグレタ・トゥンベリさんは、スウェーデンの高校生である。

ヒトラーがミュンヘン一揆の失敗の後、「選挙による合法的国民革命」を目指して成功したことを知っていても、日本の学生運動はその重要性をまったく理解できなかったのである。それは、二〇一九年九月一日に実施された東部ドイツ、ブランデンブルグ州とザクセン州における州議会選挙での極右政党ＡｆＤの大躍進でもわかるように、選挙がいかに重要か、いや選挙こそが革命運動であるということを、われわれは、「暴力の魔力」の前に理解できなかったのである。とはいえ、ナチも同様に「暴力の魔力」に憑りつかれ、最後は、世界から暴力的に抹殺される運命となった。しかし、スウェーデンの社会主義革命は、福祉国家として今でも理想とされているのである。

ローザ・ルクセンブルクは、虐殺される直前に、燃えるような情熱で自ら書き上げたドイツ共産党綱領である「スパルタクスブントは何を欲するか?」のなかで、政権獲得に関して次のように明確に述べている。「労働者階級の解放は、労働者階級そのものの仕事でなければならない」と明記したうえで、「スパルタクスブント（共産党）は、労働者大衆をこえて、もしくは労働者大衆によって支配権をえようとする政党ではない」と自らを規定し、そして、次のように綱領最後の部分で労働者大衆による民主的な選挙（選択）によってしか政権に就くことはないと宣言しているのである。

「スパルタクスブント（共産党）は、ドイツのプロレタリア大衆の大多数の自明にして疑う余地のない意思によるにあらざれば、かれらが意識してスパルタクスブントの見通し、目標及び闘争方法に同意するにあらざれば、決して政府権力を引き受けないであろう。

プロレタリア革命は、段階的にのみ、一歩一歩と、自らの苦しい経験とゴルゴダへの道を通って、敗北と勝利によってのみ完全にかつ明白に成熟する。」

「社会主義社会の実現」とは、実は、「成熟した大人の社会を実現」させることであると解釈できるこのローザの含蓄ある言葉で、この稿を締めくくりたい。

あとがき

昨年（二〇一八年）春、東京の昔の友人から、「東大闘争について本を作るので、君も書かないか」との誘いがあった。これはいい機会かなと思い、五〇年目という節目で東大闘争についての何らかのまとめが必要だろうという観点に加え、七〇年安保闘争の敗北後の過程についての冷静な振り返りが必要だろうと考えて、「〝私の〟東大闘争―駒場解放派の光と影」と題して、この稿を書き始めた。その後いろいろな経緯があるなか、単独で書くことになり、東大闘争の事実経過についても、七〇年以降の東Cを中心とする経過についても、記憶力が乏しく、非力な自分の手に余るとは思ったが、とくに後者は、他の誰もまだ書いていない以上、このまま「歴史の闇」に沈ませるわけにはいかない、よって、ここは「自分が蛮勇を奮うしかない」と決断した。

書き始めると止まらなくなった。自分としては、「光より影」の方に力点があり、解放派のその後の運命を決した「内糾」過程の真相に少しでも迫りたい思いで、毎夜・毎夜、夜中に二時間ほど起きては書き、起きては書きの一年半であった。執筆するにあたって、東京などの仲間たちに久しぶりにお会いし話を交わすなか、厳しい早稲田における対革マル戦を闘い抜いた郡司さん、高校生運動を頑張った鳥羽さんから『特別寄稿』を得て、六〇年代後半の状況というものがより膨らみをもって充実した内容となったと思う。

執筆にあたって、記憶力の極端に乏しい私を、特に東大闘争の概略を追ううえで同じ解放派の活動家として東大本郷で活躍され、安田講堂に立てこもり闘い抜き、二〇〇五年に『安田講堂 1968 — 1969』（中公新書）を著わした島泰三さんと、『東大闘争の語り』（新曜社）を二〇一八年に著わした小杉亮子さんのお二方には、同著書から引用するにあたってご了承いただき、感謝の申し上げようもありません。ありがとうございました。なお、本書で、同著書からの引用等々、また、内容等についての責任は当然著者である私に帰する。

本書を著わすにあたって、かつての仲間に当時のことを尋ねに伺うために、頻回に東京・仙台へ出向いたが、その際みんなに、快く取材に応じていただいたことに深く感謝したい。また、長期間、折にふれて電話討議に頻回に応じてくださり精神的にも支えとなってくれた広島の友人、また入手困難な貴重な諸資料を多数提供してくれた伊東恒夫さんなど、さらに、この一年で出会った仲間たち、献身的に頑張り抜いてくださった編集者の阿部進さんを軸とする友人・先輩たちなど多くの人々の精神的支援・実務的協力が大きかった。この方々の協力なくしては、この書はでき上がらなかった。そんな皆さんとの「合作」ともいえる。また、出版事情が厳しい昨今、本書の出版を快く引き受けていただいた柘植書房新社社長の上浦英俊氏、これら多くの人々への感謝の念をあらためてここに表したい。

本書執筆中の本年五月に大腸がんが発覚、以後三度の入院・内視鏡による手術を受けて幸い手術は成功した。

そして最後に、不自由な人生を送らざるを得なかった亡父・永勝と、その父を支え、かつ私の活動家生活に温かい眼を注ぎ続けてくれた亡母・豊子の見えざる後押しあったがゆえに、本書は「親子二代の執念で」書き上げることができたのではないかと感じている。また、本書執筆中、大きな力になったのは、妻・千春の生活面・仕事面での甲斐がいしい支えであった。深く感謝している。ありがとう。

二〇一九年一〇月一九日

岩井　哲

●解放派に関する組織、事項について若干の説明（編集部）

【社青同解放派】日本社会主義青年同盟解放派

日本社会主義青年同盟が一九六〇年一一月、正式に結成される。一九六〇年一〇月一五〜一六日に結成された「全国学生班協議会」いわゆる「全国学協」を指導する学対中執に佐々木慶明（滝口弘人、社青同綱領起草委員）。解放派の理論的指針たる「共産主義＝革命的マルクス主義の旗を奪還する為の闘争宣言」が、一九六一年五月、社青同学生班協機関誌『解放』第6号（いわゆる「No.6」、5号までは社青同東大班の機関誌）に掲載。

これが発表された段階では、「解放派」とは、潮流ないし勢力という意味合いであり、分派ではなかった。

七一年九月、「社青同第一〇回再建大会」を開催。機関紙は『団結の砦』

【『解放』第6号（いわゆる「No.6」）】

綱領的文書である「No.6」の主張を簡潔に、その核心的部分を表現するとすれば、次のようになる。

レーニン＝ボルシェビキとベルンシュタインといった左右の「修正主義」に対して、「二つの修正主義がたれこめる暗く重い二十世紀プロレタリア運動において、共産主義＝革命的マルクス主義の小さな、しかし、真実の灯をかかげ、現実の生きたプロレタリアートが解放の主人公であるという原則をその虐殺される瞬間まで貫き通した人こそ、まれにみる美しい心ときわだった知性によって、共産主義＝革命的マルクス主義の魂を最も正しくつかんでいた人、最も徹底した革命的国際主義者、ローザ・ルクセンブルグであった。（中略）我々は、こういうことができる。スターリン主義かマルクス主義かというすぐれて現代的な問題は、ローザ以後やはり厳としてこうたてられ続けている」（滝口弘人）

【革労協】革命的労働者協会（社会党・社青同解放派）

社青同解放派を中心に一九六九年に結成された。それにより、それまで事実上、解放派の機関紙であった社青同学生班協議会解放派の機関紙『革命』が、革労協結成後、『解放』となる。

八一年分裂後、現代社派は「革労協（社会党・社青同解放派）」を名乗り、反現代社派は、「革労協（解放派）」と名乗る。

【現代社】解放派の政治拠点。一九八一年分裂で、「労対派」が分裂し、「連帯社」を立ち上げる。現代社はその後、いわゆる「狭間派」が継続。一九九九年には、現代社派内で再分裂が起こり、現代社を出された「山田派」（木元派・山茂派とも）は「赤砦社」を名乗り、別事務所を立てる。

【反帝学評】反帝国主義学生評議会。解放派の学生大衆組織。一九六七年秋、全国反帝学評連合を結成。高校生組織として「反帝高評」（反帝国主義高校生評議会）。一九七〇年夏、全国連合として「全国反帝高評連合」を結成。

【青華社】解放派の弾圧対策のセンター。

【労対派】労働者対策部の略称。八〇年分裂でどちらかというと労働戦線多数派を占めていたことから、反現代社派を「労対派」と呼ぶ。また、「革命的労働者党建設をめざす解放派全国協議会」を立ち上げたことから「全協」ともいう。

【革命的労働者党建設をめざす解放派全国協議会】革労協分裂後、労対派系が立ち上げた全国組織のこと。

【連帯社】解放派分裂後、労対派が立てた「革命的労働者党建設をめざす解放派全国協議会」の事務所のこと。

【内糾＝内部糾弾闘争】差別問題に端を発した革労協内部問題のこと。八〇年分裂の引き金になった。本書第6章、7章、8章に詳しい。

【目上委差別事件】部落差別問題を扱った映画上映会の告知ビラが差別的であるとして内部で問題化。革労協内で80年代に起きた「内糾問題」の引き金になった。

引用・参考文献

重複を避けるため、各執筆者共通のものはまとめて記してあります。

小杉亮子『東大闘争の語り――社会運動の予示と戦略』新曜社、二〇一八年
島泰三『安田講堂 1968-1969』中公新書、二〇〇五年
荒岱介『新左翼とは何だったのか』幻冬舎新書、二〇〇八年
宮崎学『突破者――戦後史の影を駆け抜けた50年』上・下 新潮文庫、二〇〇八年
伴野準一『全学連と全共闘』平凡社新書、二〇一〇年
渡辺眸『東大全共闘 1968-1969』角川ソフィア文庫、二〇一八年
北野隆一『プレイバック東大紛争』講談社、一九九〇年
和田英二『東大闘争50年目のメモランダム』ウェイツ、二〇一八年
大野正道『東大駒場全共闘 エリートたちの回転木馬』白順社、二〇一七年
山崎清『東大闘争と産学共同』明文書房、二〇一六年
富田武『歴史としての東大闘争』ちくま新書、二〇一九年
川上徹『素描・1960年代』同時代社、二〇〇七年
小熊英二『1968年』上下巻、新曜社、二〇〇九年
神津陽『極私的全共闘史 中大1965-68』彩流社、二〇〇七年
蔵田計成『新左翼運動全史』流動出版、昭和53年
佐々淳行『東大落城 安田講堂攻防七十二時間』文藝春秋社、一九九三年
津村喬『全共闘 持続と転形』五月社、一九八〇年
立花隆著『中核vs革マル』上・下巻、講談社文庫、一九八三年

絓 秀実『革命的な、あまりに革命的な』ちくま学芸文庫、二〇一八年

絓 秀実『1968年』ちくま新書、二〇〇六年

林 信吾・葛岡智恭著『昔、革命的だったお父さんたちへ』平凡新書、二〇〇五年

菅 孝行『For Beginners 全学連』現代書館、一九八二年

全共闘白書編集委員会『全共闘白書』新潮社、一九九四年

小林良彰『戦後革命運動論争史』三一書房、一九七一年

中原 一『中原一著作集』第一～三巻 中原一著作集編集委員会、一九七八年

滝口弘人『滝口弘人著作集』第一～三巻 滝口弘人著作集刊行委員会、二〇〇〇年

全国反帝学生評議会連合弾圧対策部機関誌『ローテファーネ』第15号

『解放』縮刷版 1967～1972 VOL1 革労協総務委員会機関紙局

『早稲田の自治と民主主義 革マル——その暴虐の歴史』全学連中央機関紙『祖国と学問のために』早大総分局'72年「革マル」暴力事件被害者林君の告訴を支援する会、一九七五年

水谷保孝・岸宏一『革共同政治局の敗北 1975～2014 あるいは中核派の崩壊』白順社、二〇一五年

小野田譲二『新装版 革命的左翼という擬制 1958～1975』白順社、二〇〇八年

小林哲夫『高校紛争 1969-1970——「闘争」の歴史と証言』中公新書、二〇一二年

戸塚秀夫等共著『日本における「新左翼」の労働運動』（下）東京大学産業経済研究叢書、東大出版会、一九七六年

牧 久『暴君 新左翼・松崎明に支配されたJR秘史』小学館、二〇一九年

小林俊一・鈴木隆一『スパイM』文春文庫、一九九四年

増山太助『戦後期左翼人士群像』柘植書房新社、二〇〇〇年

くらせ・みきお『小林多喜二を売った男 スパイ三船留吉と特高警察』白順社、二〇〇四年

毎日新聞『シリーズ20世紀の記憶 1968年』一九九八年

佐々木毅『警官の血』上下巻　新潮文庫、二〇一〇年
舟越美夏『人はなぜ人を殺したのか　ポル・ポト派、語る』毎日新聞出版、二〇一三年
山田寛『ポル・ポト〈革命〉史―虐殺と破壊の四年間』講談社選書メチェ、二〇〇四年
野田又男『哲学の三つの伝統』筑摩書房、一九七四年
小山弘健『日本マルクス主義史』青木新書、一九五六年
白井敏男『反逆の時を生きて』朝日新聞出版、二〇一〇年
三野正洋『わかりやすいベトナム戦争』光文社NF文庫、二〇〇八年
石山昭男『ベトナム解放戦史』三省堂選書、一九七七年
古田元夫『歴史としてのベトナム戦争』大月書店、一九九一年
有賀夏紀『アメリカの20世紀』下巻　中公新書、二〇〇二年
フォイエルバッハ『キリスト教の本質』岩波文庫、一九六五年
フォイエルバッハ『将来の哲学の基本命題』岩波文庫、一九六七年
フォイエルバッハ『唯物論と唯心論』岩波文庫、一九五五年
ハインリッヒ・ハイネ『ドイツ古典哲学の本質』岩波文庫、一九七三年
斉藤利彦『作家太宰治の誕生―「天皇」「帝大」からの解放』岩波書店、二〇一四年
小林一喜『吉本隆明論』田畑書店、一九七〇年
小林一喜『黒田寛一論』田畑書店、一九七二年
小坂国継『西田哲学の基層―宗教的自覚の論理』岩波現代文庫、二〇一一年
梯明秀『戦後精神の探求』勁草書房、一九七五年
梯明秀『資本論の弁証法的根拠』有斐閣、一九五三年
梯明秀『物質の哲学的概念』青木書店、一九五六年

梅本克己『過渡期の意識』現代思想社、一九七五年
黒田寛一『ヘーゲルとマルクス』現代思想社、一九六八年
黒田寛一『プロレタリア的人間の論理』こぶし書房、一九六〇年
マルクス『経済学・哲学草稿』長谷川宏訳、光文社文庫、二〇一〇年
レーニン『哲学ノート』上・下巻、岩波書店、一九七五年
マルクス『ヘーゲル法哲学批判・序説』岩波文庫、一九七四年
豊下楢彦『安保条約の成立』岩波新書、一九九六年
豊下楢彦『昭和天皇の戦後日本』岩波書店、二〇一五年
豊下楢彦『昭和天皇・マッカーサー会見』岩波現代文庫、二〇〇八年
伊勢崎賢治『主権なき平和国家』集英社、二〇一七年
青木富貴子『昭和天皇とワシントンを結んだ男』新潮社、二〇一一年
ジョン・ダワー『敗北を抱きしめて』上・下巻、岩波書店、二〇〇一年
菅 孝行『三島由紀夫と天皇』平凡社新書、二〇一八年
半藤一利『昭和天皇の謎を解く』文春新書、二〇一五年
寺崎英成 M・テラサキ・ミラー『昭和天皇独白録』文春文庫、一九九五年
山崎 弘『戦後回帰「大日本病」の再発』GAKKEN、二〇一五年
長岡新吉『日本資本主義論争の群像』ミネルヴァ書房、一九八四年
藤田 覚『幕末の天皇』講談社学術文庫、二〇一三年
孫崎 享『戦後史の正体』創元社、二〇一二年
吉田敏浩『日米合同委員会の研究―謎の権力構造の正体に迫る』創元社、二〇一六年
三島由紀夫『英霊の聲』河出文庫、二〇〇五年

磯部浅一『獄中私記』中公文庫、二〇一六年
茶谷誠一『象徴天皇制の成立』NHKブックス、二〇一七年
家永望『平成の天皇制とは何か』岩波書店、二〇一七年
神山茂夫『天皇制に関する理論的諸問題』葦会、一九五三年
梅本克己『唯物史観と現代』岩波新書、一九七四年
菅野完『日本会議の研究』芙桑社新書、二〇一六年
青木理『日本会議の正体』平凡社新書、二〇一六年
藤生明『ドキュメント日本会議』ちくま新書、二〇一七年
上杉聰『日本会議とは何か』合同出版、二〇一六年
俵義文『日本会議の全貌』花伝社、二〇一六年
ロバート・サーヴィス『レーニン』上下　岩波書店、二〇〇二年
　同上『トロツキー』上下　白水社、二〇一三年
S・P・メリグーノフ『ソビエト＝ロシアにおける赤色テロル（1918～1923）』社会評論社、二〇一〇年
サイモン・セバーグ・モンテフィオーリ『スターリン　青春と革命の時代』白水社、二〇一〇年
ローザ・ルクセンブルク『ロシア革命論』論創社、一九九〇年
和田春樹『ロシア革命　ペトログラード1917年2月』作品社、二〇一八年
「ロシア革命100年を問い直す」月刊『世界』二〇一九年三月号、岩波書店
池田浩士『ドイツ革命』現代書館、二〇一八年
野村修編『ドイツ革命』ドキュメント現代史2　平凡社、一九七四年
ハンス・ヨーゼフ・シュタインベルク『社会主義とドイツ社会民主党』お茶の水書房、一九八三年
オショップ・K・フレヒトハイム『ヴァイマール共和国時代のドイツ共産党』東邦出版、一九七一年

トリストラム・ハント『エンゲルス』筑摩書房、二〇一六年
セバスティアン・ハフナー『裏切られたドイツ革命』平凡社、一九八九年
　同上『ヒトラーとは何か』草思社文庫、二〇一七年
ハンス・モゼム『ヴァイマール共和国史』水声社、二〇一七年
K・Dブラッハー『ドイツの独裁』ⅠⅡ　岩波書店、二〇〇九年
ロベルト・ゲルヴァルト『ヒトラーの絞首人ハイドリヒ』白水社、二〇一六年
岡沢憲芙『スウェーデンの挑戦』岩波新書、一九九一年
Franz Walter : Die SPD. Alexander Fest Verlag Berlin　2002
Sebastian Haffner : Die deutsche Revolution 1918/19. AnacondaVerlag Köln 2008
Annelies Lanschtza : Im Lebensrausch trotz allem Rosa Luxemburg Eine Biographie. Aufbau Taschenbuch Verlag Berlin 2002
＊「テレビに見る1960年代学生運動イメージ：映像アーカイブ調査による1960年代学生運動研究の展開」小杉亮子　http://hdl.handle.net/10097/60326
＊そのほか関連書多数。また、インターネット上での情報もここに一つひとつ記すことはできないが使わせていただいた。感謝する。

■著者　岩井　哲（いわい　てつ）

1946年生まれ　鹿児島県出身、鹿児島ラサール中学・高校卒業
1967年　東京大学入学　73年秋中退
1967年10月8日　羽田10.8闘争参加
1968年1月17日　エンプラ寄港反対　外務省突入闘争　逮捕—起訴
1969年10月18日　日本生産性本部突入・占拠闘争　逮捕—起訴
1971年～約20年間、党派の専従（弾圧対策—機関誌）を務める
1973年9月15日　神奈川大対革マル戦３号館戦闘・迎撃
1974年2月　神大9. 15弾圧で逮捕—起訴
1988年　指紋押捺拒否闘争で在日の仲間等７名でアメリカに渡り闘う
1990年　党籍離脱。その後約10年、いくつかの出版社に勤務
2000年　帰鹿
2003年　医療関係人材紹介業を起業。こんにちに至る
2012年　鹿児島で「かごしま反原発連合」を起ち上げる（代表)、その後共同代表に

"私の"東大闘争——駒場解放派の光と影

2019年12月20日　初版１刷発行　定価3500円＋税
2020年 1月10日　　第２刷

著　　者　岩井　哲
発　　行　柘植《つげ》書房新社
〒113-0001　東京都文京区白山1-2-10-102
TEL03(3818)9270　FAX03(3818)9274
郵便振替00160-4-113372
https://tsugeshobo.com
装　　幀　市村繁和（i-Media)
印刷・製本　創栄図書印刷株式会社

乱丁・落丁はお取り替えいたします。　ISBN978-4-8068-0735-3 C0030